Marcus Tullius Cicero

Ausgewählte Briefe

Marcus Tullius Cicero
Ausgewählte Briefe
ISBN/EAN: 9783744719254

Hergestellt in Europa, USA, Kanada, Australien, Japan

Cover: Foto ©ninafisch / pixelio.de

Weitere Bücher finden Sie auf **www.hansebooks.com**

AUSGEWÄHLTE BRIEFE

VON

M. TULLIUS CICERO.

HERAUSGEGEBEN

VON

FRIEDRICH HOFMANN.

I. BAENDCHEN.

ZWEITE AUFLAGE.

BERLIN,
WEIDMANNSCHE BUCHHANDLUNG.
1865.

INHALT.

		Pag.
EINLEITUNG		1
ERSTES BUCH. Ciceros Verbannung		19
Epistola I. — ad fam. V, 1		21
,, II. — ad fam. V, 2		22
,, III. — ad fam. V, 7		29
,, IV. — ad Att. I, 16		31
,, V. — ad Att. I, 19		44
,, VI. — ad Att. II, 16		51
,, VII. — ad Att. II, 21		56
,, VIII. — ad Att. III, 1		59
,, IX. — ad Att. III, 3		60
,, X. — ad Att. III, 4		61
,, XI. — ad Att. III, 5		62
,, XII. — ad Att. III, 2		62
,, XIII. — ad Att. III, 6		64
,, XIV. — ad Att. III, 7		64
,, XV. — ad fam. XIV, 4		67
,, XVI. — ad Att. III, 15		69
,, XVII. — ad fam. XIV, 2		75
,, XVIII. — ad Att. III, 23		77
,, XIX. — ad Att. IV, 1		81
,, XX. — ad Att. IV, 2		86
ZWEITES BUCH. Ciceros Proconsulat.		93
Epistola I. — ad fam. V, 12		95
,, II. — ad fam. I, 7		102
,, III. — ad fam. II, 4		110
,, IV. — ad fam. II, 5		112
,, V. — ad fam. II, 6		113
,, VI. — ad fam. III, 2		116

INHALT.

Epistola	VII. — ad fam. III, 3	117
,,	VIII. — ad fam. VIII, 1	119
,,	IX. — ad Att. V, 15	122
,,	X. — ad Att. V, 16	124
,,	XI. — ad fam. XV, 7	126
,,	XII. — ad fam. XV, 12	127
,,	XIII. — ad fam. XV, 1	128
,,	XIV. — ad fam. VIII, 8	131
,,	XV. — ad fam. XV, 4	139
,,	XVI. — ad fam. XV, 5	148
,,	XVII. — ad fam. II, 18	149
,,	XVIII. — ad fam. II, 19	151
,,	XIX. — ad fam. III, 11	152
,,	XX. — ad fam. XV, 6	155

DRITTES BUCH.	Der Krieg zwischen Caesar und Pompeius.	159
Epistola	I. — ad fam. XIV, 5	161
,,	II. — ad fam. XVI, 1	162
,,	III. — ad fam. XVI, 9	163
,,	IV. — ad Att. VII, 3	165
,,	V. — ad Att. VII, 9	174
,,	VI. — ad fam. XVI, 11	177
,,	VII. — ad Att. VII, 10	180
,,	VIII. — ad fam. XVI, 12	180
,,	IX. — ad Att. VIII, 3	184
,,	X. — ad Att. VIII, 12, C	189
,,	XI. — ad Att. IX, 6, A	191
,,	XII. — ad Att. IX, 11, A	191
,,	XIII. — ad Att. IX, 13, A	193
,,	XIV. — ad Att. IX, 15, A	194
,,	XV. — ad Att. IX, 16	195
,,	XVI. — ad Att. IX, 18	196
,,	XVII. — ad fam. VIII, 16	198
,,	XVIII. — ad fam. II, 16	201
,,	XIX. — ad fam. IV, 2	206
,,	XX. — ad Att. X, 8	208
,,	XXI. — ad fam. XIV, 7	216
,,	XXII. — ad fam. IX, 9	217
,,	XXIII. — ad Att. XI, 5	220
,,	XXIV. — ad Att. XI, 6	221
,,	XXV. — ad fam. XV, 15	225
VARIANTENVERZEICHNISS.		229

EINLEITUNG.

Im Alterthum hatte man weit mehr Briefe von Cicero als wir jetzt besitzen. Es citirt Macrobius Saturn. II, 1 ein zweites Buch epistolarum ad Cornelium Nepotem, Priscian IX, 10, 54 ein erstes ad Licinium Calvum, Nonius Marcellus p. 286 ed. Gerlach und Roth ein neuntes ad Brutum, p. 305 ein neuntes ad Hirtium, p. 201 ein viertes ad Pompeium, p. 196 ein drittes ad Caesarem, p. 289 ein drittes ad Caesarem iuniorem, p. 65 ein drittes ad Pansam, p. 348 ein zweites ad Axium, p. 188 ein zweites ad filium und p. 190 ein erstes ad Cassium. Rechnen wir diese Bücher zusammen, so dass wir annehmen, wo ein erstes Buch citirt ist, sei mindestens noch ein zweites vorhanden gewesen, und nehmen wir dann die noch vorhandenen Bücher hinzu, so ergiebt sich, dass, abgesehen von den an andern Stellen citirten einzelnen Briefen, wenigstens 76 Bücher Ciceronischer Briefe im Alterthum bekannt gewesen sein müssen.

Uns sind als Ciceronische Briefe überliefert worden:
1) Epistolarum ad M. Brutum libri II,
2) Epistolarum ad Quintum fratrem libri III,
3) Epistola ad Octavianum,
4) Epistolarum ad Atticum libri XVI,
5) Epistolarum ad familiares libri XVI.

Aber nicht alle diese Briefe werden für ächt gehalten.

Zuerst ist die epistola ad Octavianum Cicero abgesprochen worden. Schon Malaspina hat es gethan und wie sehr Victorius schwankte, ergiebt sich aus seinen Worten: *nunc suum quisque iudicium consulat et quod ei rectum videtur id sequatur.* Jetzt ist niemand, der diesen Brief für ächt hielte.

Weit weniger Uebereinstimmung herrscht in Betreff der

Briefe an M. Brutus. Die Unächtheit dieser Sammlung hat zuerst Tunstall behauptet in der *Epistola ad virum eruditum Conyers Middleton, Cantabrigae* 1741. Auf diesen Angriff hat Middleton geantwortet mit seiner Ausgabe der angefochtenen Briefe, London 1743, und dagegen ist dann zuerst wieder Tunstall aufgetreten mit *Observations on the present collection of epistles between Cicero and M. Brutus, London* 1744, und im folgenden Jahre Jeremias Markland mit seinen *Remarks on the epistles of Cicero to Brutus and of Brutus to Cicero, London* 1745. Seit dieser Zeit haben fast alle Gelehrten die Briefe an Brutus für unächt gehalten, bis in neuester Zeit K. F. Hermann in Göttingen sich ihrer angenommen hat, ohne jedoch seiner Ansicht, dass die Briefe ächt wären, allgemeine Anerkennung verschaffen zu können. Seine drei Schriften über diesen Gegenstand: *Vindiciae Latinitatis epistolarum Ciceronis ad M. Brutum et Bruti ad Ciceronem, Gottingae* 1844, Zur Rechtfertigung der Aechtheit des erhaltenen Briefwechsels zwischen Cicero und Brutus, 1. und 2. Abth. 1845, und *Vindiciarum Brutinarum epimetrum* 1845 sind bekämpft worden von A. W. Zumpt zuerst mit der Abhandlung *De M. Tullii Ciceronis ad M. Brutum et Bruti ad Ciceronem epistolis, quae vulgo feruntur, Berolini* 1845, dann mit einer ausführlichen Recension in den Berliner Jahrbüchern für wissenschaftliche Kritik im Novemberheft 1845.

Schon die Zahl der in dieser Sache gewechselten Streitschriften und noch mehr der Name ihrer Verfasser zeigt, dass hier eine weitschichtige, verwickelte und schwer zu entscheidende Streitfrage vorliegt, in welcher Niemand, ohne den Vorwurf der Anmassung auf sich zu ziehen, ein Urtheil abgeben kann, wenn er nicht vorher alle Argumente, mit welchen von beiden Seiten gekämpft worden ist, sorgfältig gegen einander abgewogen hat. Da nun eine solche Prüfung theils wegen der nicht zu vermeidenden Weitläufigkeit, theils weil dabei sehr viele sonst nicht gerade sehr wichtige historische und grammatische Fragen zur Sprache kommen, dem Zwecke dieser meiner Schrift sehr wenig entsprechend sein würde, so werde ich die eigentlichen Streitpunkte, d. i. die Verstösse gegen die Geschichte und die Abweichungen von der Ciceronischen Schreibart, die in diesen Briefen zu finden sein sollen, ganz unerwähnt lassen und mich begnügen in aller Kürze anzugeben, inwiefern die Art, wie diese Briefe uns überliefert sind, für oder gegen ihre Aechtheit spricht.

Bei dieser Frage müssen wir das erste und das zweite Buch

der in Rede stehenden Briefe wohl auseinander halten. Das erste Buch findet sich in der Handschrift des Petrarca, durch welche uns auch die Briefe an Quintus Cicero und an Atticus erhalten sind, und zwar steht es am Anfang der Handschrift unmittelbar vor den Briefen an Quintus Cicero. Ferner wird von Ammianus Marcellinus XXIX, 5, 24 die Sentenz *salutaris rigor vincit inanem speciem clementiae* als Ciceronisch angeführt und diese Stelle findet sich mit einer ganz unwesentlichen Abweichung im zweiten Briefe unseres Buches. Ebenso findet sich im ersten Briefe eine Stelle, die Nonius Marcellus p. 286 ed. Gerlach so anführt: *Cicero ad Brutum lib. VIIII: Lucilius Clodius, tribunus plebis designatus, valde me diligit, vel, ut enfaticoteron dicam, valde me amat*, und es kann nicht befremden, dass diese Stelle von Nonius als aus dem neunten Buche angeführt wird, während sie in unserem ersten Buche steht, da von K. F. Hermann aus dem Inhalt der Briefe genügend bewiesen ist, dass unser erstes Buch dem zweiten nachgesetzt werden muss und dass es von den neun Büchern das letzte gewesen ist. Endlich stimmen drei längere Stellen bei Plutarch, nämlich Brut. 21, 26 und Cic. 45, mit drei Briefen dieses Buches, dem sechzehnten, dritten und siebzehnten, in den Gedanken so sehr überein, dass man annehmen kann, Plutarch habe sie bei der Abfassung jener Stellen vor Augen gehabt. Dieses ist es, was für die Aechtheit der Briefe spricht. Dagegen macht man geltend: erstens der Umstand, dass das Buch in der Handschrift Petrarcas steht, beweist nichts, denn in derselben steht auch die anerkannt unächte epistola ad Octavianum. Zweitens die Citate des Nonius und Ammianus Marcellinus verlieren ihre Beweiskraft, wenn man annimmt, dass unsere Briefe schon vor der Zeit dieser Männer angefertigt sind. Was drittens endlich die Stellen aus Plutarch betrifft, so beziehen sich die erste und dritte auf eine andere Zeit als die Briefe, aus denen sie entlehnt sein sollen, und in der zweiten Stelle, Brut. 26: χρόνον μὲν οὖν πολὺν ἐν τιμῇ τὸν Γάϊον (C. Antonius) ἦγε καὶ τὰ παράσημα τῆς ἀρχῆς οὐκ ἀφῄρει, καίπερ, ὥς φασιν, ἄλλων τε πολλῶν καὶ Κικέρωνος ἀπὸ Ῥώμης γραφόντων καὶ κελευόντων ἀναιρεῖν, erhellt aus dem hinzugefügten ὥς φασιν, dass unser dritter Brief, der zu dieser Stelle in Beziehung stehen soll, von Plutarch entweder dabei nicht benutzt worden ist oder, wenn er es ist, für nicht unzweifelhaft ächt gehalten worden ist; denn dass es zu Plutarchs Zeit unächte Briefe wenigstens von Brutus gab, sagt Plutarch selbst Brut. 53. So weit die Gegner. Man sieht, in diesem Punkte verhalten sie sich nur abwehrend; sie suchen zu beweisen, dass die Briefe trotz der guten Beglaubigung doch recht wohl gefälscht sein können; dass sie es wirklich sind, bleibt ihnen mit anderen Beweisen darzuthun.

Viel besser ist ihre Stellung bei dem zweiten Buche. Die sieben darin enthaltenen, theilweise verstümmelten Briefe, nach K. F. Hermann ein Bruchstück des achten Buches, das sammt den vorhergehenden aus der von Petrarca gefundenen Handschrift durch irgend einen Zufall abhanden gekommen wäre, sind zuerst in der Ausgabe von Cratander, Basel 1528, erschienen, und die Handschrift, der sie entnommen sind, ist völlig unbekannt geblieben*). Auch wird keine Stelle aus diesen Briefen von einem der alten Schriftsteller angeführt. Bei diesen Briefen muss also der Vertheidiger sich darauf beschränken, die Möglichkeit zu zeigen, dass sie trotz der mangelhaften Beglaubigung doch von Cicero herrühren können, und, wenn ihm das gelungen ist, hat er mit andern Mitteln den Beweis zu führen, dass sie wirklich von Cicero und keinem Andern geschrieben sind. Es ist das eine schwer zu erfüllende Verpflichtung und der Vertheidiger scheint sich ihrer nicht hinlänglich bewusst gewesen zu sein, denn er begnügt sich auch bei diesen Briefen damit, die Angriffe der Gegner zurückzuweisen.

Wir kommen nun zu den drei Briefsammlungen, deren Aechtheit unbestritten ist. Sie enthalten gegen 850 Briefe, die an Cicero gerichteten Anderer mit gerechnet. Der erste Brief ist im Jahre 68 geschrieben, d. i. im Jahre nach Ciceros Aedilität, der letzte am 28. Juli 43, wenige Monate vor seiner Ermordung. Aber die Correspondenz, wie sie uns vorliegt, ist nicht immer gleich lebhaft unterhalten worden; manchmal ist sie sogar längere Zeit ganz unterbrochen. So haben wir aus Ciceros Consulat gar keinen Brief und verhältnissmässig viel weniger aus der Zeit vor dem Ausbruch des Bürgerkriegs zwischen Caesar und Pompeius als aus der Zeit nachher. Dennoch haben wir keinen Grund anzunehmen, dass die erhaltenen Sammlungen, was die Zahl der Bücher und die Abtheilung derselben betrifft, im Alterthum eine erheblich andere Gestalt gehabt haben.

Was zuerst die drei Bücher ad Quintum fratrem betrifft, so

---

*) Cratander bemerkt dazu am Rande: *Hanc et sequentes quinque epistolas ad Brutum, quod a Ciceroniana dictione abhorrere non videbantur et in vetusto codice primum locum obtinerent, nos haudquaquam praetermittendas existimavimus.*

wird von Sueton Aug. 3 auf zwei Stellen aus ihnen verwiesen, die sich I, 1, 21 und I, 2, 7 finden. Ferner wird von Diomedes ars gramm. p. 381 ed. Keil eine Stelle aus dem zweiten Buche angeführt, die II, 1, 2 steht. Wenn also die uns erhaltene Sammlung auch erst im Jahre 60 beginnt und schon mit dem Jahre 54 schliesst und wenn es auch in der Natur der Sache liegt und überdies durch ausdrückliche Zeugnisse bewiesen werden kann, dass sowohl vorher als nachher M. und Q. Cicero viele Briefe mit einander gewechselt haben, so müssen wir doch annehmen, dass im Alterthum auch nur die uns erhaltenen drei Bücher veröffentlicht worden sind.

Ueber die Briefe an Atticus berichtet Nepos im Leben des Atticus 16: *eum* (Atticum) *praecipue dilexit Cicero, ut ne frater quidem ei Quintus carior fuerit aut familiarior. Ei rei sunt indicio praeter eos libros, in quibus de eo facit mentionem, qui in vulgus sunt editi, undecim volumina epistolarum ab consulatu eius usque ad extremum tempus ad Atticum missarum, quae qui legat non multum desideret historiam contextam eorum temporum. Sic enim omnia de studiis principum, vitiis ducum, mutationibus rei publicae perscripta sunt, ut nihil in his non appareat et facile existimari possit prudentiam quodammodo esse divinationem; non enim Cicero ea solum, quae vivo se acciderunt, futura praedixit, sed etiam quae nunc usu veniunt cecinit ut vates.* Hiernach würde die Sammlung, die Nepos sah, in der Zahl der Bücher und im Anfangs- und Endpunkt von der unsrigen abgewichen sein, und es müsste die Veränderung vorgenommen sein entweder bei oder nach der Herausgabe der Sammlung, denn Nepos schrieb diese Stelle nur wenige Jahre vorher und in diesen wird sich schwerlich eine Veranlassung gefunden haben, die seit langen Jahren zurückgelegte Sammlung einer Revision zu unterwerfen. Wenn man nun aber bedenkt, dass auch von unserer Sammlung recht wohl gesagt werden kann, sie reiche *usque ad extremum tempus*, obgleich der letzte noch vorhandene Brief fast genau ein Jahr vor Ciceros Tode geschrieben ist, und dass bei einer ungefähren Angabe, und nur eine solche beabsichtigte Nepos, selbst der von ihm angegebene Anfangspunkt zur Noth auch von unserer Sammlung gelten könnte, obgleich in ihr elf Briefe aus der Zeit vor dem Consulat und gar keine aus dem Consulat und dem Jahre nachher sich finden; wenn man ferner berücksichtigt, dass die Zahlenangaben in den Handschriften sehr häufig verderbt sind, und wenn man endlich nicht ausser Acht lässt, dass der Herausgeber nicht einmal so viel Sorgfalt angewandt hat, dass er überall die Briefe in chronologische Ordnung brachte, so wird man weit eher geneigt sein, die Bücherzahl XI in XVI zu verändern und sich mit Nepos ungefähren Zeitangaben zufrieden zu geben, als anzunehmen, dass die von dem pünktlichen Geschäftsmann Atticus geordnete und sorgsam aufbewahrte Sammlung bei der Herausgabe um einige unbedeutende Briefe vermehrt, um viele wichtige vermindert und überhaupt in eine andere Ordnung gebracht worden wäre. Es bliebe die Möglichkeit, dass nach der Herausgabe irgend einmal die Aenderung gemacht wäre. Aber die Citate bei Seneca ep. 97, 4 aus dem ersten Buche, bei Gellius IV, 9, 6 aus dem neunten, bei Nonius p. 145 aus dem zweiten, p. 63 aus dem vierten, p. 257 aus dem neunten, p. 326 aus dem funfzehnten, welche Citate sich alle in den angegebenen Büchern finden, beweisen genügend, dass, was den Umfang, die Bücherzahl und die Abtheilung der einzelnen Bücher betrifft, die im Alterthum cursirenden Sammlungen mit der auf uns gekommenen vollkommen übereinstimmten. Damit soll indessen nicht gesagt sein, dass nicht einzelne Stellen oder wohl auch einzelne Briefe, die im Alterthum in der Sammlung standen, uns verloren gegangen sein könnten. Ich meine damit nicht die Briefe, auf die sich Cicero in andern Briefen bezieht und die gleichwohl in unserer Sammlung fehlen; denn diese können von Atticus, wie erweislich einige andere, verloren oder vernichtet worden sein. Aber die bei Seneca de brev. vitae 5 so genau bezeichnete Stelle suchen wir in unsern Briefen vergebens; Beweis genug, dass so manches uns durch die Schuld der Abschreiber verloren gegangen ist.

Weit schwieriger als bei den Briefen an Quintus Cicero und an Atticus ist es, bei den sogenannten Briefen ad familiares ins Reine zu kommen über den ursprünglichen Umfang dieser Sammlung und den Plan, nach dem sie gemacht worden ist.

Der Gesammttitel, den diese Sammlung in unseren Ausgaben führt, ist neueren Ursprungs und hat im Laufe der Zeit sich geändert. In den ältesten Ausgaben hiess sie *epistolae familiares*, in der Ausgabe des Stephanus 1526 wurde dieser Titel geändert in *epistolae ad familiares*, Victorius 1536 setzte dafür *epistolarum libri XVI* und Cellarius gab seiner Ausgabe 1698 den Titel: *epistolarum ad diversos libri XVI**). Von diesen Ti-

---

*) Ebenso sind diese Briefe schon benannt in einer in der Pariser Bibliothek befindlichen Ausgabe, deren Titel vollständig so lautet: *Episto-*

teln sind die beiden ältesten schon deshalb zu verwerfen, weil die wenigsten Briefe in unserer Sammlung 'vertraute' Briefe sind, und der von Cellarius, weil, 'an Verschiedene' Lateinisch nicht *ad diversos* heisst. Allen aber steht die Auctorität der Handschriften entgegen. Zwar findet sich im Codex Parisinus, den ich im Anhang näher bezeichnet habe, die Ueberschrift: *Marci Tullii Ciceronis epistolarum liber primus incipit* und nachher unter den einzelnen Büchern Subscriptionen, wie diese: *M. T. C. epistolarum ad P. Lentulum lib. primus expl. Incipit eiusdem ad curionem feliciter secundus*, und damit stimmen auch der Palatinus primus und drei Dresdner Handschriften, die Benedict benutzte, überein, ja im Palatinus tertius soll sogar stehen: *Marci Tulli Ciceronis epistolarum familiarium liber primus incipit*. Indessen diese Handschriften sind aus dem Mediceus geflossen und haben, wenn dieser widerspricht, keine Auctorität. Im Mediceus aber findet sich keine allgemeine Ueberschrift und die Subscriptionen unter den einzelnen Büchern lauten immer im Wesentlichen wie beim ersten Buche: *Marci Tullii Ciceronis epistolarum ad Publium Lentulum explicit. Incipit eiusdem ad consulem curionem* (d. i. C. Curionem) *feliciter*.

Ebenso verhält es sich auch mit den bei den Alten vorkommenden Citaten aus diesen Büchern. Man citirt entweder ganz unbestimmt den Brief nach dem Namen des Empfängers, wie Nonius p. 199 mit dem Citat *M. Tullius epistola ad Cassium* den Brief ad fam. XV, 16 in dem Buche *ad senatum et ceteros* meint; — oder man nennt den Titel des Buchs, wie Gellius XII, 13, 21: *in libro M. Tullii epistularum ad Servium Sulpicium*, d. i. ad fam. IV, 4; — oder man führt den Titel des Buches an und bezeichnet noch auserdem den Brief durch den Namen des Absenders oder des Empfängers, wie ad fam. X, 33 von Gellius I, 22, 19 citirt wird: *in libro epistularum M. Ciceronis ad L. Plancum et in epistula Asini Pollionis,* und ad fam. IX, 20 von Nonius p. 59: *Cicero ad Varronem epistola Peti,* d. i. in einem Briefe an Paetus in dem Buche *ad Varronem et ceteros*. Nirgends finden wir also in unserer Ueberlieferung eine Andeutung, dass die Bücher ad familiares im Alterthum eine besondere Sammlung, ein Ganzes für sich gebildet hätten.

Anders stellt sich aber die Sache, wenn wir die Sammlung

---

larum M. T. C. ad diversos missarum, quae hactenus familiares dictae, libri quindecim ex Petri Victorii castigatione. Apud Seb. Gryphium Lugduni 1540.

selbst betrachten und sie mit den andern Sammlungen Ciceronischer Briefe vergleichen.

Alle übrigen Briefe Ciceros sind, so weit wir es bestimmen können, und wir können es fast bei allen, nach den Empfängern geordnet gewesen; in unserer Sammlung allein sind Briefe an verschiedene Personen vereinigt und zwar so, dass nur vier Bücher, das dritte, achte, vierzehnte und sechzehnte, nicht Briefe an Mehrere enthalten. Dies allein würde allerdings noch nichts beweisen, denn das sonst überall beobachtete Eintheilungsprincip könnte hier blos darum nicht beobachtet sein, weil es sich nicht beobachten liess, indem nicht mehr genug Briefe an eine Person vorhanden waren, eine eigne Sammlung oder auch nur ein eignes Buch damit zu füllen. Es hätte nichts Auffallendes, wenn neben den sechzehn Büchern an Atticus und den drei an Quintus u. s. w. ein Buch an Lentulus und Andere stände, wenn an Lentulus nicht mehr Briefe vorhanden waren oder wenigstens nicht mehr zur Veröffentlichung sich eigneten. Aber so ist es nicht. Das vierte Buch ist überschrieben *ad Servilium* (d. i. Servium) *Sulpicium* und es enthält 5 Briefe an diesen Mann, 2 von ihm und 8 Briefe an andere Personen. Dennoch finden sich im dreizehnten Buche, welches *ad Memmium et ceteros* überschrieben ist, noch 13 Briefe an Sulpicius, und diese haben zusammen ungefähr denselben Umfang, wie jene 8 Briefe des vierten Buches an andere Personen, wären also recht gut geeignet gewesen das vierte Buch zu füllen. Ebenso haben wir im funfzehnten Buche 5 Briefe von Cicero an Cassius und einen Brief von diesem an Cicero, obgleich das zwölfte Buch mit dem Titel *ad C. Cassium et ceteros* ausser 10 Briefen von Cicero an Cassius und 3 von diesem an Cicero noch 17 Briefe von Anderen oder an Andere enthält. Endlich steht im dreizehnten Buche ein Brief von L. Plancus, obgleich das zehnte Buch, das *ad L. Plancum* überschrieben ist, für diesen Brief Raum genug gehabt hätte.

Hierzu kommt noch ein anderer Umstand. Wären unsere Bücher ad familiares nur eine Fortsetzung oder Vervollständigung der andern Sammlungen, stünden sie neben diesen, wie die Bücher an Atticus neben denen an Quintus Cicero, so dürften Briefe, die anderswo ihren geeigneten Platz gefunden hatten, nicht noch einmal in unsern Büchern vorkommen. Wir würden es nicht auffallend finden, dass ein Brief des Caelius und einer an Dolabella, die als Beilagen bei ad Att. X, 9 und XIV, 17 stehen, noch einmal ad fam. VIII, 16 und IX, 14 sich finden, wie ja auch ein Brief an Pompeius, der ad Att. VIII, 11 beigelegt war und bei diesem Briefe noch steht, von Nonius p. 201 so citirt wird: *M. Tullius ad Pompeium lib. IIII.* Wir würden es auch erklärlich finden, wenn hin und wieder aus Versehen ein selbstständiger Brief aus einer andern Sammlung auch in unsern Büchern eine Stelle gefunden hätte. Wenn aber in ihnen 5 Briefe an M. Brutus, 3 an C. Caesar, 1 an Cn. Pompeius und viele an C. Cassius vorkommen, obgleich, wie p. 1 zeigt, für Briefe an diese Männer eigne, zum Theil sehr umfangreiche Sammlungen vorhanden waren, so können wir uns wohl kaum der Annahme entziehen, dass unsere Sammlung nach einem von dem der übrigen abweichenden Plane angelegt ist und dass sie von jeher ein Ganzes für sich gebildet hat, das mit den andern Sammlungen in keiner Verbindung stand.

Fragen wir nun, wie eine solche Sammlung entstanden sein kann, so lassen sich, soviel ich sehe, drei Möglichkeiten denken: entweder die Bücher ad familiares sind Trümmer der verloren gegangenen grösseren Sammlungen, oder sie sind eine Auswahl der beststilisirten oder sonst interessantesten Briefe für Leser, denen die andern Sammlungen zu umfangreich waren, oder endlich sie sind herausgegeben, bevor die vollständigen Sammlungen veröffentlicht wurden, von einem Manne, welchem andere Ciceronische Briefe, solche wenigstens, deren Herausgabe ihm unbedenklich erschienen wäre, nicht zu Gebote standen. Von diesen Annahmen ist die erste unstatthaft, weil die oben p. 1 und p. 7 angeführten Citate von Gellius und Nonius deutlich zeigen, dass zur Zeit dieser Männer unsere Sammlung schon vorhanden war und die andern noch nicht verloren waren. Der zweiten Annahme würde es nicht sehr widersprechen, dass unter den Briefen ad familiares mehrere sich finden, die in den grösseren, nach den Empfängern geordneten Sammlungen nicht wohl gestanden haben können, wie z. B. die beiden Berichte Ciceros an den Senat ad fam. XV, 1 und 2, denn es wäre recht wohl möglich, dass man einer Auswahl der besten Briefe einige Inedita hinzugefügt hätte. Aber unvereinbar ist es mit dieser Annahme, dass so auffallend viele Briefe anderer Personen aufgenommen sind, von denen einige gar nicht an Cicero gerichtet sind und sehr viele zum Verständniss der übrigen Briefe nicht das Mindeste beitragen; dass ferner neben einer allerdings grossen Anzahl meisterhaft stilisirter und auch sonst sehr interessanter Briefe auch eine nicht unbedeutende Menge kleiner und durch Nichts ausgezeichneter Platz gefunden hat, deren Aufnahme nur durch die Rücksicht auf Vollständigkeit veranlasst sein kann;

dass endlich aus den uns nur dem Namen nach bekannt gewordenen Sammlungen, in denen gewiss viele höchst ausgezeichnete Briefe sich fanden, verhältnissmässig nur wenige, und aus den Briefen an Atticus und Quintus Cicero, deren Vorzüge wir aus eigener Anschauung kennen, gar keine in unsere Sammlung aufgenommen sind. Ich berufe mich für das erste Argument auf das achte Buch, welches nur Briefe von Cälius an Cicero enthält, ferner auf die Briefe von Cicero dem Sohn und Quintus Cicero an Tiro, ad fam. XVI, 21, 25, 26, 27, und auf die von D. Brutus an Antonius, ad fam. XI, 1—3. Für das zweite wird eine Verweisung auf die letzten Briefe des Buchs *ad Terentiam uxorem* genügen. Bei dem dritten endlich lege ich besonders Gewicht auf den Brief an Cn. Pompeius ad fam. V, 7; denn da Cicero in diesem Briefe sein Befremden darüber ausdrückt, dass der Bericht über sein Consulat, den er an Pompeius geschickt hatte, von diesem so kalt aufgenommen war, so wüsste ich nicht zu sagen, wie einer, der eine Auswahl der wichtigsten Briefe herausgeben wollte, diesen Bericht hätte weglassen können, da er doch veröffentlicht worden war, und da über seine Wichtigkeit kein Zweifel sein kann. Vergl. pro Sulla 24, 67 und Scholia Bobiensia p. 270 ed Orelli. Somit bleibt nur die dritte Annahme übrig.

Ist diese Annahme richtig, und ich finde nichts, was ihr widerspräche, so können wir nach der Beschaffenheit unserer Quellen nur entweder Tiro oder Atticus für den Herausgeber unserer Sammlung halten. Denn wenn es auch nicht unmöglich ist, dass auch andere Personen in den Besitz einer grösseren Anzahl nicht an sie selbst gerichteter Ciceronischer Briefe gekommen sind, so wissen wir das doch nur von jenen beiden. Von Tiro lässt es sich aus seiner Stellung zu Cicero vermuthen und wird auch ausdrücklich bezeugt ad Att. XVI, 5, 5, und dass an Atticus von Cicero oft Abschriften seiner an Andere gerichteten Briefe geschickt worden sind, ersehen wir z. B. aus ad Att. VIII, 11, 6, IX, 11, 4, XIII, 6, 3, XIV, 13, 6, XIV, 17, 4, XVI, 16, 1. Sehen wir also, welchem von beiden mit grösserer Wahrscheinlichkeit die Autorschaft unserer Sammlung zugeschrieben werden kann.

Wenn zugegeben werden muss, dass sowohl Atticus als Tiro durch Cicero selbst eine nicht unerhebliche Anzahl Abschriften seiner Briefe erhalten haben, so kann doch auch andererseits nicht geläugnet werden, dass nicht alle Briefe unserer Sammlung auf diese Weise in ihre Hände gekommen sind; denn dass Cicero nicht von allen diesen Briefen Abschriften hat machen lassen, zeigen unter andern die Briefe ad fam. XII, 20 und XV, 18. Es muss also der Herausgeber manche Briefe mittelbar oder unmittelbar von dem Empfänger erhalten haben, und zwar, wie sich nicht anders denken lässt, auf sein Ansuchen und zu dem Zwecke sie herauszugeben. Nun hat Atticus, wie weiter unten gezeigt werden wird, die sehr bedeutende Sammlung der an ihn gerichteten Ciceronischen Briefe erst nach seinem Tode veröffentlichen lassen. Wie hätte er also andere angehen können, ihm ihre Briefe zur Herausgabe zu überlassen, da er entschlossen war die seinigen zurückzuhalten? Und auch von Tiro müsste er sich die Briefe ausgebeten haben, die dieser in Besitz hatte; denn dass Cicero von den meistens unbedeutenden Briefen an Tiro, die in unserer Sammlung sich finden, Abschriften an Atticus geschickt haben sollte, ist durchaus nicht glaublich. Wie hätte aber Tiro hierzu geneigt sein sollen, da er, wie wir aus ad Att. XVI, 5 und aus ad fam. XVI, 17 wissen, längere Zeit mit dem Plane umging, mit Ciceros Bewilligung und unter dessen Oberaufsicht eine Sammlung von dessen Briefen herauszugeben, und da nach Ciceros Willen Atticus ihm hierzu Briefe aus seiner Sammlung beisteuern sollte? Endlich wäre auch nicht abzusehen, warum Atticus, wenn er die Herausgabe unserer Sammlung besorgt hätte, von den vielen wichtigen Briefen, von denen Abschriften an ihn geschickt wurden und die nach seinem Tode in der Sammlung der an ihn gerichteten Briefe der Oeffentlichkeit übergeben wurden, nur zwei, den an Caelius ad fam. VIII, 16 und den an Dolabella ad fam. IX, 14, aufgenommen hätte. Dieses scheint mir auszureichen, um es wahrscheinlich zu machen, dass nicht Atticus, sondern Tiro die Herausgabe der Bücher ad familiares besorgt hat.

Sonach wäre das Resultat unserer Untersuchung über die epistolae ad familiares in Kurzem dieses. Diese Bücher bildeten auch im Alterthum eine für sich bestehende Sammlung, wahrscheinlich mit dem Titel, den Victorius gewählt hat: *M. Tulli Ciceronis epistolarum libri XVI*. Sie sind die älteste von allen Sammlungen Ciceronischer Briefe und sind veröffentlicht worden von M. Tullius Tiro, Ciceros Freigelassenen und treuem Gehülfen bei seiner Correspondenz und seinen gelehrten Arbeiten. Es hat aber Tiro, wofern nicht politische oder persönliche Rücksichten es verboten haben mögen, die Briefe, die er gesammelt hatte und die er in Ciceros Nachlass fand und die ihm Freunde des Verstorbenen mittheilten, alle veröffentlicht, ohne auf ihren Werth oder Unwerth grosse Rücksicht zu nehmen und ohne auf die Anordnung sonderlichen Fleiss zu verwenden, wiewohl sein Bestreben, die Briefe theils nach den Empfängern, theils nach der Aehnlichkeit des Inhalts zu ordnen, nicht zu verkennen ist. Später, wo Ciceros Ansehn immer höher stieg und wo jedes Blatt von ihm wichtig zu sein schien, mögen dann die, mit denen Cicero in Correspondenz gestanden hatte, oder deren Erben die Bekanntmachung der andern Sammlungen bewirkt haben, wie ja auch in unserer Zeit Briefe von Göthe und andern berühmten Männern meistens von denen veröffentlicht worden sind, an die sie gerichtet waren.

Wir kommen jetzt zu der Frage, in welcher Zeit unsere Sammlungen bekannt gemacht worden sind. Hierfür ist die Hauptstelle neben der oben p. 5 aus Cornelius Nepos angeführten Cicero ad Atticum XVI, 5, 5: *mearum epistolarum nulla est συναγωγή, sed habet Tiro instar septuaginta. Equidem sunt a te quaedam sumendae. Eas ego oportet perspiciam, corrigam; tum denique edentur.* Für diese Stelle bietet der Mediceus keine erhebliche Variante, denn *sumenda* für *sumendae* ist ein in dieser Handschrift oft vorkommender Schreibfehler und auch *inistar* für *instar* kann kaum Bedenken erregen, da *instar* hier gebraucht ist, wie bei Velleius II, 29: *cuius viri magnitudo multorum voluminum instar exigit*, in der Bedeutung: ich habe die Briefe nicht gezählt, aber sie bildeten ein Volumen, wie 70 es zu bilden pflegen. Wir können also die Stelle, wie sie oben abgedruckt ist, unbedenklich für unsern Zweck verwenden. Man ersieht aber daraus, dass Cicero seine Briefe nicht gesammelt und aufbewahrt hat und dass auch Tiro nur eine kleine Anzahl davon besass; ferner dass am VII Id. Quint. 44, an welchem Tage der Brief, aus dem wir die Stelle angeführt haben, geschrieben ist, noch keine Sammlung Ciceronischer Briefe erschienen war; endlich dass Cicero wohl beabsichtigte eine solche erscheinen zu lassen, aber in weit geringerem Umfange als dies später geschehen ist, und nur, nachdem er selbst sie durchgesehen und verbessert hätte. Dies reicht aus zu beweisen, dass bei Ciceros Lebzeiten Briefe von ihm weder von Tiro noch von Atticus veröffentlicht worden sind; denn in dem vielbewegten letzten Lebensjahre hatte Cicero sicherlich weder Zeit noch Lust zu einer Revision seiner Briefe und mit der Durchsicht wird es ihm wohl Ernst gewesen sein, da Atticus, der viele Bücherabschreiber unterhielt und meistens mit der Herausgabe von Ciceros Schriften beauftragt wurde, nicht immer besonders discret dabei verfahren war (ad Att. XIII, 21, 4). Wir haben somit ein Datum, vor welchem keine unserer

Briefsammlungen erschienen sein kann. Für die übrigen Sammlungen muss es dabei sein Bewenden haben; für die Briefe an Atticus aber sind wir in der Lage, den Termin erheblich weiter hinauszustecken zu können. In der oben p. 5 aus dem Leben des Atticus von Cornelius Nepos angeführten Stelle werden die *undecim volumina epistolarum ad Atticum missarum* den *libri qui in vulgus sunt editi* gegenüber gestellt; es können also jene Briefe noch nicht veröffentlicht gewesen sein zu der Zeit, wo der Theil von Atticus Leben, in dem jene Stelle enthalten ist, herausgegeben wurde. Da dieses nun erst in einem der drei Jahre 35, 34, 33 v. Chr., wahrscheinlich 34, geschehen ist, also zwei Jahre vor Atticus im Jahre 32 erfolgtem Tode, und da die Gründe, die Atticus bestimmten 10 Jahre lang die Briefe zurückzuhalten, wohl auch noch ein Paar Jahre weiter ihre Geltung behalten haben werden, so ist es sehr wahrscheinlich, dass die Briefe nach Atticus Tode aus seinem Nachlass und auf seine Verordnung herausgegeben worden sind.

Wir haben nun noch das nächste Datum zu suchen, nach welchem die Herausgabe unserer Briefsammlungen nicht erfolgt sein kann. Das einzige Mittel hierzu sind die bei den Alten vorkommenden Citate. Es werden aber citirt von Seneca, welcher 65 nach Chr. starb, dial. X, 5, 2 und ep. 97, 4 und 118, 1 die Briefe an Atticus, von Quintilian, der seine Institutiones oratoriae um das Jahr 90 schrieb, VI, 3, 109, VIII, 3, 32 eben diese, I, 7, 34 ein Brief an Cicero den Sohn, VI, 3, 112 ein Brief an die Cerellia, VI, 3, 20 die Briefe an Brutus, VIII, 3, 35 ein Brief an Appius Pulcher, der jetzt ad familiares III, 8 sich findet, endlich von Sueton, dessen Buch de vita Caesarum 120 nach Chr. erschienen ist, Tib. 7 und de Gramm. 14 und 16 die Briefe an Atticus, Caes. 9 ein Brief an Axius, ebenda 55 ein Brief an Cornelius Nepos, de Rhetor. 2 ein Brief an M. Titinnius, Aug. 3 die Briefe an Quintus Cicero und de Gramm. 14 der Brief an Dolabella, der jetzt ad familiares IX, 10 steht. Dieses sind die ältesten Anführungen der Ciceronischen Briefe. Sie sind aber sämmtlich aus so später Zeit, dass sie für die Entscheidung unserer Frage von geringem Belang sind; denn dass alle Sammlungen der Ciceronischen Briefe noch während Augustus Regierung erschienen sind, kann für den, welcher alle Verhältnisse, die hierauf Bezug haben, wohl erwägt, kaum zweifelhaft sein.

Soviel über die Entstehung der Ciceronischen Briefsammlungen und die Gestalt, die sie im Alterthum gehabt haben; es bleibt noch anzugeben, wie die noch vorhandenen auf uns gekommen sind und welchen Anspruch auf Berücksichtigung bei der Texteskritik die von den Herausgebern benutzten Handschriften erheben können.

Wie eifrig Ciceros Briefe bis in die letzten Zeiten des weströmischen Reichs und noch darüber hinaus gelesen, excerpirt und nachgeahmt wurden, können wir ersehen aus Plinius ep. IX, 2, Fronto ad Marcum Caes. I, 1, ad Anton. Imp. II, 5, und Sidonius Apollinaris ep. I, 1. Auch aus den ersten Jahrhunderten des Mittelalters finden wir noch einige Erwähnungen derselben, welche von Orelli in seiner Historia critica epistolarum Ciceronis ad familiares p. VI—XI gesammelt worden sind. Aber seit der Mitte des 12. Jahrhunderts sind die Briefe so völlig verschollen, dass, als Franz Petrarca (geb. 1304, gest. 1374) zwei Jahrhunderte später in einer Handschrift die Briefe an Brutus, Quintus Cicero und Atticus, in einer andern die ad familiares fand, sowohl er selbst als auch die Gelehrten seiner Zeit diesen Fund als die Wiederauffindung eines längst verlorenen und aufgegebenen Werkes feierten.

An welchem Orte die Handschriften gefunden sind, ist von Petrarca selbst nirgends ausdrücklich angegeben. Wir haben aber eine hierauf bezügliche Nachricht in einem Briefe von Coluccius Salutatus an den Cremoneser Pasquinus aus dem Jahre 1390, welchen Brief Haupt in dem Berliner Lectionscatalog für den Winter 1856—1857 veröffentlicht hat. In diesem Briefe bedankt sich Coluccius bei Pasquinus für die Uebersendung einer Sammlung Ciceronischer Briefe, welche nach allem, was er davon sagt, Briefe ad familiares gewesen sein müssen, und fährt dann fort: *Sentio quidem epistolarum Ciceronis plurimum abesse putoque quod has habueris ab ecclesia Vercellensi, verum compertum habeo quod in ecclesia Veronensi solebat aliud et epistolarum esse volumen, cuius, ut per aliquas epistolas inde desumtas, quas habeo, et per excerpta Petrarcae clarissime video, [quod] inter has penitus nihil extat. Quamobrem ut integre possim omnes habere, te per aeterni numinis maiestatem . . . deprecor et obtestor, quod illas etiam inquiri facias et diligenter, ut has alias, exemplari, ut omnes, qui magna iam ex parte suscepi tuo munere, consequar epistolas Arpinatis.* Wenn Coluccius Briefe ad familiares aus Vercelli hat und nun noch die in der Veronensischen Handschrift enthaltenen Briefe zugesendet haben will, um so in den Besitz aller vorhandenen Ciceronischen Briefe zu kommen, so muss nach seiner Meinung die Veronensische Handschrift jedenfalls die Briefe an Quintus Cicero und an Atticus enthalten haben. Wenn ferner Coluccius schreibt, er ersähe aus einigen Briefen, die er aus der Veronensischen Handschrift besässe und aus Excerpten von Petrarca, dass von dieser Handschrift nichts unter seinen Briefen sich befände, so müsste ein merkwürdiger Zufall obgewaltet haben, wenn die Briefe der Vercellensischen auch in der Veronensischen Handschrift gestanden hätten. Wenn also nicht ein Theil der Briefe ad familiares in der einen, ein anderer in der andern Handschrift gestanden hat, was sehr unwahrscheinlich ist, so bleibt uns nur die Annahme übrig, dass die Handschrift der Briefe an Brutus, Quintus Cicero und Atticus von Petrarca in Verona und die der Briefe ad familiares von eben demselben in Vercelli gefunden worden ist.

Zu demselben Resultat gelangen wir durch Betrachtung dreier von Orelli a. a. O. p. XII und XIII citirter Stellen. Flavius Blondus, welcher 14 Jahre nach Petrarcas Tode geboren wurde, der also die nachfolgende Notiz leicht aus einem nachher verloren gegangenen Briefe Petrarcas oder von einem seiner Freunde haben konnte, berichtet in seinem Buche Italia illustrata p. 346 ed. Bas. über Petrarca: *ipse . . . . epistolas Ciceronis Lentulo inscriptas Vercellis reperisse gloriatus est.* Blondus sagt also ausdrücklich, dass die Briefe ad familiares, denn das sind die *epistolae Lentulo inscriptae*, von Petrarca in Vercelli gefunden worden sind. Ferner: Petrarca schreibt in der Praefat. Epp. de rebus fam. a. 3. b. Lugd.: *Epicurus . . . . epistolas suas duobus aut tribus inscripsit, Idomeneo, Polyaeno et Metrodoro. Totidem paene suas Cicero, Bruto, Attico et Ciceronibus suis, fratri scilicet ac filio.* Petrarca hat also die Handschrift der Briefe an Brutus, Quintus Cicero und Atticus zuerst gefunden und eine Zeitlang allein besessen; denn wenn er die Briefe ad familiares gekannt hätte, würde er nicht haben schreiben können, Cicero hätte seine Briefe an fast ebensoviele Personen gerichtet als Epicur. Dass aber Petrarca von Briefen Ciceros an seinen Sohn spricht, braucht nicht zu befremden, da er aus Anführungen älterer Schriftsteller Kenntniss davon erhalten haben kann, dass auch eine solche Briefsammlung im Alterthum vorhanden war. Endlich ist für uns von Wichtigkeit, was Petrarca Ad Viros illustr. p. 661. Lugd. schreibt: *M. T. Ciceroni. Epistolas tuas diu multumque perquisitas atque, ubi minime rebar, inventas avidissime perlegi* cet. *Apud superos ad dexteram Athesis ripam in colonia Veronensium Transpadanae Italiae XVI Kalend. Quintiles anno ab ortu Dei illius, quem tu non noveras,* MCCCXLV. Denn, da dieser Brief offenbar in der ersten Freude über die Entdeckung geschrieben ist, so kann er als Beweis dafür dienen, dass die von Petrarca zuerst gefundenen Briefe, und das sind, wie eben gezeigt worden ist, die an Atticus, in Verona gefunden worden sind.

Von den beiden Handschriften, welche Petrarca gefunden hat, besitzen wir noch die der Briefe ad familiares, eine Handschrift aus dem 10ten Jahrhundert, jetzt Cod. Medic. Plut. XLIX, N. IX. Die andere, welche die Briefe an Brutus, Quintus Cicero und Atticus enthielt, ist verloren gegangen; wir haben aber noch Petrarcas Abschrift davon, jetzt Cod. Medic. Plut. XLIX, N. XVIII. Von der ersten Handschrift hat Orelli in seiner Historia critica epistolarum Ciceronis auf überzeugende Weise nachgewiesen, dass aus ihr mittelbar oder unmittelbar alle übrigen von den Neueren benutzten Handschriften der Briefe ad familiares geflossen sind, dass also sie allein bei der Gestaltung des Textes in diesen Büchern massgebend sein muss. Weniger begründet ist sein Urtheil über die Handschriften der Briefe an Atticus. Er unterscheidet hier zwei Handschriftenfamilien, die italienische, deren Hauptrepräsentant Petrarcas Abschrift wäre, und die nach seiner Meinung weit vorzüglichere französische, zu welcher er drei nicht mehr vorhandene Codices rechnet, die beiden Bosianischen, den Decurtatus und Crusellinus, und den Turnesianus, der ausser von Bosius auch von Turnebus und Lambin benutzt worden ist. Es hat aber Moritz Haupt im Berliner Lectionscatalog für den Sommer 1855 aus einer Vergleichung der gedruckten Anmerkungen des Bosius mit den von ihm vorher niedergeschriebenen, welche in der Pariser Bibliothek aufbewahrt werden und von Th. Mommsen genau durchgesehen worden sind, auf das Ueberzeugendste dargethan, dass Bosius die angeblich aus seinen Codices entlehnten Lesarten erfunden hat, um damit seine bisweilen vortrefflichen, oft aber auch verfehlten Conjecturen zu stützen. Da sonach nicht bloss die Lesarten des Decurtatus und Crusellinus, sondern auch die von Bosius allein angeführten des Turnesianus ihre Glaubwürdigkeit verloren haben, und da dies gerade die Lesarten sind, deretwegen Orelli die drei Codices für so vortrefflich hielt, so müssen wir abweichend von Orelli die Handschrift des Petrarca als Grundlage bei der Textkritik annehmen. Es kann jedoch nicht verkannt werden, dass von der von Petrarca gefundenen und nachher verschollenen Handschrift ausser seiner Abschrift noch andere gemacht worden sind, dass daher mehrere der nachher benutzten Handschriften ihren Ursprung gehabt haben und dass eine solche dem Coluccius Salutatus vorgelegen haben muss, von welchem die Verbesserungen der zweiten Hand in die Handschrift des Petrarca eingetragen worden sind. Während wir also bei den Briefen ad familiares nur den Lesarten des Mediceus, und zwar nur denen der ersten Hand, Auctorität zugestehen können, werden wir hier den Verbesserungen der zweiten Hand, sofern sie nicht augenscheinlich blosse Conjecturen sind, grosse Wichtigkeit beilegen müssen und auch die Lesarten der Handschriften nicht vernachlässigen können, welche, wie der Turnesianus, nicht aus der Abschrift des Petrarca abgeschrieben zu sein scheinen.

Erstes Buch.

Ciceros Verbannung.

EPISTOLA I.
(AD FAM. V, 1.)
Q. METELLUS Q. F. CELER PROCOS. S. D. M. TULLIO CICERONI.

Si vales, bene est. Existimaram pro mutuo inter nos ani- 1
mo et pro reconciliata gratia nec absentem ludibrio laesum iri

EPISTOLA I.
Der Brief ist geschrieben im Januar 62 v. Chr. Q. Caecilius Metellus Celer hatte im Jahre vorher als Praetor den Consul Cicero bei der Unterdrückung der Catilinarischen Verschwörung eifrig unterstützt und war jetzt Proconsul von Gallia cisalpina. Sein Bruder Q. Caecilius Metellus Nepos, trib. pl. seit a. d. IV Id. Dec. 63, hatte gleich nach dem Antritt seines Amtes den Cicero wegen seines Verfahrens gegen die Catilinarier angegriffen und ihn gehindert die herkömmliche Rede beim Abgang vom Consulat zu halten. Dass Cicero ihm hierauf mehrfach entgegentrat, gab dem Bruder Veranlassung zu diesem Briefe. Die Abkürzungen in der Ueberschrift bedeuten: Q. F. = Quinti filius, S. D. = salutem dicit.

bene est] Da *esse* nicht blos Copula ist, sondern auch die Bedeutungen vorhanden sein, sich wo aufhalten, sich verhalten annehmen kann, so kann die Art und Weise dieses Seins durch ein Adverbium ausgedrückt werden; z. B. *satis est, parum est*, es genügt, es genügt nicht, Cic. in Verr. III, 95, 221: ferner in Pis. 5, 11: *mitto quae negari possunt, haec commemoro, quae sunt palam*: ad Att. XIV, 22, 2: *qui mihi videntur ubivis tutius quam in senatu fore*; pro Deiot. 7, 19: *cum in convivio comiter et iucunde fuisses;* pro Sest. 42: *qui sibi licere vult tuto esse in foro;* auch so, dass der Ort aus dem Zusammenhange zu ergänzen ist: ad Att. XVI, 7, 1: *ibi cum ventum exspectarem, erat enim villa Valerii nostri, ut familiariter essem et libenter;* ad Att. IV, 1, 8: *ita sunt res nostrae*; pro Rosc. Am. 30, 84: *sic vita hominum est;* ad Att. XVI, 11, 1: *de Sicca ita est, ut scribis;* ad fam. IV, 9, 2: *deinde non habet, ut nunc quidem est, id vitii res;* ad Q. fr. III, 9, 2: *cetera recte sunt*; ad Att. I, 7: *apud matrem recte est;* von einer Person gewöhnlich mit dem Dativ; z. B. ad fam. XVI, 22, 1: *spero ex tuis litteris tibi melius esse*; in Verr. IV, 43, 95: *nunquam tam male est Siculis;* aber bei Hor. sat. II, 3, 162 auch *recte est aeger*, und ebenso ad Att. I, 16, 11: *apud bonos iidem sumus, quos reliquisti, apud sordem urbis et faecem multo melius nunc quam reliquisti.*

1. *nec absentem*] d. i. Q. Metellus Celer selbst.

nec Metellum fratrem ob dictum capite ac fortunis per te oppugnatum iri. Quem si parum pudor ipsius defendebat, debebat vel familiae nostrae dignitas vel meum studium erga vos remque publicam satis sublevare. Nunc video illum circumventum, me

2 desertum, a quibus minime conveniebat. Itaque in luctu et squalore sum, qui provinciae, qui exercitui praesum, qui bellum gero. Quae quoniam nec ratione nec maiorum nostrorum clementia administrastis, non erit mirandum, si vos paenitebit. Te tam mobili in me meosque esse animo non sperabam. Me interea nec domesticus dolor nec cuiusquam iniuria ab re publica abducet.

EPISTOLA II.
(AD FAM. V, 2.)
M. TULLIUS M. F. CICERO Q. METELLO Q. F. CELERI PROCOS. S. D.

1 Si tu exercitusque valetis, bene est. Scribis ad me te existimasse 'pro mutuo inter nos animo et pro reconciliata gratia

capite ac fortunis] caput bezeichnet das ganze persönliche Recht (libertas, civitas, familia) im Gegensatz zu dem Vermögen; z. B. *capite deminui* und *bonis deminui*. Es war aber Metellus Nepos gefährdet, weil der Senat, als jener den Cicero mit einer Anklage bedrohte, beschlossen hatte, wer den Cicero oder einen, der ihm beigestanden hätte, anklagen würde, sollte als Feind der Republik angesehen werden.

Nunc] oder *nunc vero* so aber, zur Einführung des wirklich Stattfindenden nach einem Nichtwirklichen. Er hätte geschützt sein sollen, so aber.

2. *qui provinciae*] der ich für die Republik mich abmühe und also solche Behandlung am wenigsten verdiene. Er führte im Vereine mit C. Antonius Krieg gegen Catilina, der erst Ende Februar besiegt wurde.

EPISTOLA II.
Diese Antwort auf den vorigen Brief ist geschrieben in Rom Ende Januar oder Anfang Februar 62.

1. Gedankengang: Ich habe gesagt, du hättest deinen Verwandten zu Liebe die Lobrede auf mich nicht gehalten, die du hättest halten wollen. Daran könntest du Anstoss nehmen, einmal weil ich dich damit einer Hinneigung zu den Uebelgesinnten beschuldigt hätte, zweitens weil über meine Aeusserung gelacht worden ist. Ich habe aber deine Mitwirkung bei der Wiederherstellung der Ordnung gebührend anerkannt und gerade diese als Ursache angegeben, warum deine Verwandten dich mir abwendig zu machen versucht hätten; also ist der erste Vorwurf unbegründet. Mein Wunsch aber, von dir gelobt zu werden, hat Lachen über mich, nicht über dich erregt; für dich konnte er nur ehrenvoll sein.

nunquam te a me ludibrio laesum iri.' Quod cuiusmodi sit satis intellegere non possum, sed tamen suspicor ad te esse allatum me, in senatu cum disputarem permultos esse, qui rem publicam a me conservatam dolerent, dixisse, a te propinquos tuos, quibus negare non potuisses, impetrasse, ut ea, quae statuisses tibi in senatu de mea laude esse dicenda, reticeres. Quod cum dicerem, illud adiunxi, mihi tecum ita dispertitum officium fuisse in rei publicae salute retinenda, ut ego urbem a domesticis insidiis et ab intestino scelere, tu Italiam et ab armatis hostibus et ab occulta coniuratione defenderes, atque hanc nostram tanti et tam praeclari muneris societatem a tuis propinquis labefactatam, qui, cum tu a me rebus amplissimis atque honorificentissimis ornatus esses, timuissent, ne qua mihi pars abs te voluntatis mutuae tribueretur. Hoc in sermone cum a me exponeretur quae mea **2** exspectatio fuisset orationis tuae quantoque in errore versatus essem, visa est oratio non iniucunda et mediocris quidam est risus consecutus, non in te, sed magis in errorem meum et quod me abs te cupisse laudari aperte atque ingenue confitebar. Iam hoc non potest in te non honorifice esse dictum, me in clarissimis meis atque amplissimis rebus tamen aliquod testimonium tuae vocis habere voluisse.

Quod autem ita scribis, 'pro mutuo inter nos animo,' quid **3**

a domesticis insidiis] Die Verschiedenheit liegt nicht in *domesticus* und *intestinus*, denn beide Wörter bedeuten einheimisch im Gegensatz zu ausländisch, sondern in *insidiae* und *scelus*, *hostes* und *coniuratio*, die sich wie Anschlag und Ausführung zu einander verhalten.

tu Italiam] Sall. Cat. 30: *Praetores Q. Pompeius Rufus Capuam, Q. Metellus Celer in agrum Picenum* (missi) *hisque permissum, uti pro tempore atque periculo exercitum compararent.*

2. *Hoc in sermone*] Auctor ad Herenn. III, 13, 23: *sermo est oratio remissa et finitima quotidianae locutioni; contentio est oratio acris et ad confirmandum et ad confutandum accommodata; amplificatio est oratio, quae aut in iracundiam inducit aut ad misericordiam trahit auditoris animum.*

Iam] zur Einführung der zweiten Praemisse im Schlusse: nun aber. Hier ist die conclusio, also kann es dich nicht verletzen, ausgelassen, wie pro Cluent. 16: *His Fabriciis semper est usus Oppianicus familiarissime. Iam hoc fere scitis omnes quantam vim habeat ad coniungendas amicitias studiorum ac naturae similitudo.* S. Seyffert, scholae Lat. I, pag. 188. Vgl. auch das *iam* in § 4, wo es, wie gewöhnlich, zur Anknüpfung von etwas Neuem dient, was von dem Vorhergehenden nicht generisch verschieden ist. S. Seyffert a. a. O. I, p. 33.

testimonium tuae vocis] wie ep. ad fam. XV, 6: *testimonium sententiae dictae*, ein Zeugniss, welches mir durch deine Rede oder dein Gutachten gegeben wird; gewöhnlicher ist *testimonium alicuius rei*, das Zeugniss für eine Sache.

tu existimes esse in amicitia mutuum nescio; equidem hoc arbitror, cum par voluntas accipitur et redditur. Ego, si hoc dicam, me tua causa praetermisisse provinciam, tibi ipse levior videar esse; meae enim rationes ita tulerunt atque eius mei consilii maiorem in dies singulos fructum voluptatemque capio. Illud dico, me, ut primum in contione provinciam deposuerim, statim quemadmodum eam tibi traderem cogitare coepisse. Nihil dico de sortitione vestra; tantum te suspicari volo nihil in ea re per collegam meum me insciente esse factum. Recordare cetera,

3. *Ego si hoc dicam*] In den Stilgattungen, die der gewöhnlichen Rede fernstehen, setzt man ein persönliches Pronomen, wenn ein Gegensatz zu Andern vorhanden ist, oder wenn die Beschaffenheit der Person hervorgehoben werden soll: z. B. Cic. Phil. II, 21: *et tu* (ein solcher Mann) *apud patres conscriptos contra me dicere ausus es?* oder um die beliebte Nebeneinanderstellung zweier Pronomina zu ermöglichen; z. B. pro Sext. Roscio 1, 1: *credo ego vos, iudices u. s. w.*, pro Caec. 13: *reieci ego te armatis hominibus, non deieci;* oder pleonastisch vor quidem; z. B. de fato 2: *oratorias exercitationes non tu quidem reliquisti, sed certe philosophiam illis anteposuisti;* oder in Antworten: *ego vero, tu vero*. In den Briefen ist der Gebrauch ausgedehnter, denn es steht *ego vero* auch im Anfang eines Briefes als Antwort auf eine in dem beantworteten Briefe enthaltene Frage; z. B. ad Att. XVI, 3: *tu vero sapienter*, XI, 9: *ego vero et incaute, ut scribis, et celerius quam oportuit feci;* ferner statt *equidem*, in der That, freilich, ad Att. IV, 1, 3: *tuarum non tam facultatum, quas ego nostras esse iudico, quam consiliorum indigemus;* ferner sehr häufig am Anfang eines neuen Absatzes, ohne dass ein Gegensatz vorhanden ist, ad Att. VI, 9, 4: *ego tabellarios postero die ad vos eram missurus*, ad fam. II, 15, 4: *ego de provincia decedens quaestorem Caelium praeposui provin-* *ciae*, II, 13, 2: *ego Appium valde diligo*, II, 1, 2: *ego te afuisse tam diu a nobis dolui*. Endlich steht das Pronomen, wenn eine Apposition folgt, oder vor einem Nebensatz, wenn das Pronomen Subiect zu diesem und dem Hauptsatz ist; so hier, ebenso in Cat. I, 12: *his ego sanctissimis rei publicae vocibus et eorum hominum, qui hoc idem sentiunt, mentibus pauca respondebo. Ego si hoc optimum factu iudicarem, patres conscripti, Catilinam morte multari u. s. w.*

praetermisisse provinciam] Die consularischen Provinzen des Jahres 63 waren Macedonien und Gallia cisalpina. Cicero hatte die erstere Provinz erhalten, überliess sie aber seinem Collegen Antonius, um diesen in der Catilinarischen Sache für seine Partei zu gewinnen. Nachher verzichtete er auch auf Gallien und wusste es zu bewirken dass der Praetor Metellus diese Provinz erhielt.

nihil dico de sortitione vestra] Nach einem Gesetz des C. Gracchus wurden jährlich vor den Wahlcomitien vom Senat die Provinzen bestimmt, welche nachher die designirten Consuln und die im Amte befindlichen Prätoren unter sich verloosten. Wahrscheinlich ist die vom Consul zurückgewiesene Provinz Gallia cisalpina nicht den Prätoren mit zur Verloosung gestellt worden, sondern Metellus hat sie, nachdem er irgend eine andere erloost hatte, sine sorte extra ordinem erhalten;

quam cito senatum illo die facta sortitione coegerim, quam multa de te verba fecerim, cum tu ipse mihi dixisti orationem meam non solum in te honorificam, sed etiam in collegas tuos contumeliosam fuisse. Iam illud senatus consultum, quod eo die factum 4 est, ea praescriptione est, ut, dum id exstabit, officium meum in te obscurum esse non possit. Postea vero quam profectus es, velim recordere quae ego de te in senatu egerim, quae in contionibus dixerim, quas ad te litteras miserim. Quae cum omnia collegeris, tu ipse velim iudices satisne videatur his omnibus rebus tuus adventus, cum proxime Romam venisti, mutue respondisse.

Quod scribis de reconciliata nostra gratia, non intellego cur 5 reconciliatam esse dicas, quae nunquam imminuta est. Quod scribis non oportuisse Metellum fratrem tuum ob dictum a me 6 oppugnari, primum hoc velim existimes, animum mihi istum tuum vehementer probari et fraternam plenam humanitatis ac pietatis voluntatem; deinde, si qua ego in re fratri tuo rei publi-

denn an einen Betrug bei der Verloosung ist nicht zu denken; auch hätte Cicero nicht nöthig gehabt im Senat für Metellus zu sprechen, wenn Gallien ihm durchs Loos zugefallen wäre.

4. *ea praescriptione est*] Die praescriptio senatus consulti enthielt die Namen der Senatoren, die als Redactionsausschuss bei der Abfassung zugegen waren (*scribendo adfuerunt*). Das sind die auctoritates praescriptae; so Cic. de or. III, 2: *constabat . . . . eundem, id quod in auctoritatibus praescriptis exstat, scribendo adfuisse*. Je gewichtigere Personen ihre Namen einem Ehrenbeschlusse vorsetzen liessen, für um so grösser galt die Ehre; und hierzu für Metellus gewirkt zu haben rühmt sich Cicero.

Postea vero quam] zu construiren: *velim recordere quae ego, posteaquam*. Der Indicativ *profectus es* wie Asinius ad fam. X, 31: *minime mirum tibi debet videri nihil me scripsisse de re publica, posteaquam itum est ad arma*: Cic. ad fam. XII, 6: *Qui status rerum fuerit tum, cum has litteras dedi, scire poteris;*

ad Att. IX, 9, 2: *illud me praeclare admones, cum illum videro, ne nimis indulgenter loquar;* XIV, 22, 1: *cupio, antequam Romam venio, odorari diligentius quid futurum sit.* S. zu II, 2, 4. II, 6, 2. II, 14, 9.

cum proxime] d. h. das letzte Mal, wo du in Rom warst. Vgl. ad fam. VII, 3, 1: *solet in mentem venire illius temporis, quo proxime fuimus una*. Metellus war als Prätor nach dem ager Picenus geschickt worden, um hier gegen Catilina ein Heer zu sammeln; Sall. b. Cat. 30. Von dort wird er einmal nach Rom gekommen sein, wahrscheinlich um das für die Uebernahme seiner Provinz Gallia cisalpina Erforderliche zu besorgen.

5. *de reconciliata nostra gratia*] Das Zerwürfniss, dessen Ursache wir nicht kennen, muss vor dem Ausbruch der Catilinarischen Verschwörung stattgefunden haben.

6. *si qua ego in re*] Wortstellung wie weiter unten §. 9. *lenis a te et facilis existimari debeo;* ad fam. VII, 33, 2: *tuas mihi litteras longissimas quasque gratissimas fore.* S. zu II, 1, 5.

cae causa restiterim, ut mihi ignoscas; tam enim sum amicus rei publicae quam qui maxime; si vero meam salutem contra illius impetum in me crudelissimum defenderim, satis habeas nihil me etiam tecum de tui fratris iniuria conqueri. Quem ego cum comperissem omnem sui tribunatus conatum in meam perniciem parare atque meditari, egi cum Claudia, uxore tua, et cum vestra sorore Mucia, cuius erga me studium pro Cn. Pompeii necessitudine multis in rebus perspexeram, ut cum ab

7 illa iniuria deterrerent. Atque ille, quod te audisse certo scio, pridie Kal. Ianuarias, qua iniuria nemo unquam in infimo magistratu improbissimus civis affectus est, ea me consulem affecit, cum rem publicam conservassem, atque abeuntem magistratu contionis habendae potestate privavit. Cuius iniuria mihi tamen honori summo fuit: nam cum ille mihi nihil, nisi ut iurarem, permitteret, magna voce iuravi verissimum pulcherrimumque ius

omnem sui tribunatus conatum meditor aliquid ich sinne auf etwas und ich überlege etwas; *conatus* die Hinneigung, dann die Bemühung, Anstrengung, Kraft, endlich der Versuch. Also: mit Ueberlegung, planmässig machte er bereit die ganze Kraft seines Tribunats zu meinem Verderben. Vgl. Liv. VIII, 7, 7: *dum dies ista venit, qua magno conatu exercitus moveatis.*

Claudia] oder Clodia, Schwester des Appius Claudius und P. Clodius, Ciceros nachherige Feindin, der sie oft Quadrantaria und βοῶπις nennt und sie mit den heftigsten Schmähungen überhäuft.

Mucia] Gemahlin des Pompeius und Geschwisterkind mit den beiden Metellern. Wie hier Mucia soror der Meteller, so werden diese pro Caelio 24, 60 Brüder des P. Clodius genannt, weil ihr Vater und Clodius Mutter Geschwister waren.

pro Cn. Pompeii necessitudine] zu verbinden mit *studium*, nicht mit *perspexeram*: das bei ihrer Verwandtschaft mit dem mir befreundeten Pompeius so natürliche Wohlwollen gegen mich. Aehnlich de or. II, 5, 20: *et tot locis sessiones*; III, 3, 10: *Carbonis eodem illo die mors*; Phil. VIII, 4, 13: *bonus et utiles et e re publica cives*; Tusc. II, 3, 7: *lectionem sine ulla delectatione neglego* (die unerquickliche Lectüre); I, 22, 51: *qui negant animum sine corpore se intellegere posse*; Sall. Iug. 10, 1: *parvum ego te, ... sine spe, sine opibus in meum regnum accepi.*

7. *abeuntem magistratu*] Am letzten Tage ihres Amtes pflegten die römischen Magistrate dem Volke von ihrer Amtsführung Rechenschaft abzulegen und dann den gesetzlichen Schwur zu leisten, dass sie nichts gegen die Gesetze gethan hätten.

contionis habendae] Gell. N. A. XIII, 16, 3: *Cum populo agere est rogare quid populum, quod suffragiis suis aut iubeat aut vetet, contionem autem habere est verba facere ad populum sine ulla rogatione.*

ius iurandum] in Pis. 3, 6: *ego, cum in contione abiens magistratu dicere a tribuno pl. prohiberer quae constitueram, cumque is mihi tantummodo ut iurarem permitteret, sine ulla dubitatione iuravi rem publicam atque hanc urbem mea unius opera esse salvam. Mihi populus Romanus universus illa in contione non unius diei gratulationem, sed aeternitatem immortalitatemque donavit, cum meum ius iurandum tale*

iurandum, quod populus idem magna voce me vere iurasse iuravit. Hac accepta tam insigni iniuria, tamen illo ipso die misi ad 8 Metellum communes amicos, qui agerent cum eo, ut de illa mente desisteret. Quibus ille respondit sibi non esse integrum; etenim paullo ante in contione dixerat ei, qui in alios animum advertisset indicta causa, dicendi ipsi potestatem fieri non oportere. Hominem gravem et civem egregium! qui, qua poena senatus consensu bonorum omnium eos affecerat, qui urbem incendere et magistratus ac senatum trucidare, bellum maximum conflare voluissent, eadem dignum iudicaret eum, qui curiam caede, urbem incendiis, Italiam bello liberasset. Itaque ego Metello, fratri tuo, praesenti restiti. Nam in senatu Kal. Ian. sic cum eo de re publica disputavi, ut sentiret sibi cum viro forti et constanti esse pugnandum. A. d. tertium Non. Ianuar. cum agere coepisset, tertio quoque verbo orationis suae me appellabat, mihi minaba-

ac tantum iuratus ipse una voce et consensu approbavit.

quod populus idem] Verbinde *quod idem*: und dass dieser Schwur Wort für Wort der Wahrheit gemäss sei. Idem kann einem andern Pronomen beigesetzt werden, wenn mehr hervorgehoben werden soll, dass das dadurch bezeichnete ganz dasselbe ist als etwas vorher erwähntes; pro Q. Rosc. 16, 46: *quae poena ab dis immortalibus periuro, haec eadem mendaci constituta est;* Sall. Iug. 14, 21: *utinam illum eadem haec simulantem videam;* de off. I, 32, 116: *Africanus eloquentia cumulavit bellicam gloriam, quod idem fecit Timotheus;* ad fam. VI, 3, 2: *nec vero quicquam video, quod non idem te videre certo scio;* ad Att. I, 19, 3: *hoc idem post me Pompeio accidit.*

8. *tam insigni iniuria*] *tam* hat gewöhnlich ein *quam* oder *ut* nach sich; es findet sich jedoch auch, wie im Deutschen, ohne diese Beziehung, die indessen fast immer aus dem Zusammenhange leicht ergänzt werden kann; z. B. ad Att. XII, 19, 2: *ita ut in ea re te, cum tam occupatus sis, non multum operae velim ponere;* VII, 2, 3: *Alexidis manum amabam, quod tam prope accedebat ad similitudinem tuae litterae.* Caecina ad fam. VI, 7, 1: *quod tibi non tam celeriter liber est redditus, ignosce timori nostro.* Tusc. IV, 3, 7: *quodque maximum argumentum est, non dici illa subtiliter, quod et tam facile ediscantur et ab indoctis probentur, id illi firmamentum esse disciplinae putant.*

bellum maximum] und so, asyndeton summativum. Nach drei oder mehreren asyndetisch nebeneinander gestellten Begriffen wird der Gesammtbegriff oder das Resultat durch ein vorgesetztes et kenntlich gemacht, nach zwei durch et verbundenen Begriffen durch das Asyndeton; z. B. Liv. XXIII, 33, 10: *amicitiam iungit legibus his, ut Philippus rex quam maxima classe in Italiam traiiceret et vastaret maritimam oram, bellum pro parte sua terra marique gereret;* XXI, 58, 5: *tum vero ingenti sono caelum strepere et inter horrendos fragores micare ignes; captis auribus et oculis metu omnes torpere.*

agere coepisset] Metellus Nepos stellte den Antrag, Pompeius sollte mit seinem Heere aus Asien zurückgerufen werden, um die zerrüttete Republik wieder in Ordnung zu bringen.

tur; neque illi quicquam deliberatius fuit quam me, quacunque ratione posset, non iudicio neque disceptatione, sed vi atque impressione evertere. Huius ego temeritati si virtute atque animo non restitissem, quis esset, qui me in consulatu non casu potius existimaret quam consilio fortem fuisse?

9   Haec si tu Metellum cogitare de me nescisti, debes existimare te maximis de rebus a fratre esse celatum; sin autem aliquid impertivit tibi sui consilii, lenis a te et facilis existimari debeo, qui nihil tecum de his ipsis rebus expostulem. Et si intellegis non me dicto Metelli, ut scribis, sed consilio eius animoque in me inimicissimo esse commotum, cognosce nunc humanitatem meam, si humanitas appellanda est in acerbissima iniuria remissio animi ac dissolutio. Nulla est a me unquam sententia dicta in fratrem tuum; quotienscunque aliquid est actum, sedens his assensi, qui mihi lenissime sentire visi sunt. Addam illud etiam, quod iam ego curare non debui, sed tamen fieri non mo-

non casu potius] nach einem vorbedachten Plane, und nicht vielmehr durch Zufall.

9. *non me dicto*] statt *me non dicto*. Wenn Pronomina zu zwei durch *non – sed* einander entgegengesetzten Satzgliedern gehören, so stehen sie gewöhnlich hinter der Negation; z. B. weiter unten §. 10: *non ego repugnavi*; ad Att. VII, 9, 4: *tenuisti provinciam per decem annos, non tibi a senatu, sed a te ipso per vim et per factionem datos;* ad fam. VI, 1, 5: *quo quidem tempore non ego causam nostram, sed consilium improbabam;* de imp. Cn. Pomp. 21, 62: *L. Philippus dixisse dicitur non se illum sua sententia pro consule, sed pro consulibus mittere* (statt se illum non pro consule).

remissio animi ac dissolutio] Wortstellung s. zu II, 1, 7.

sedens his assensi] Wenn im Senat ein Consul, Prätor oder Volkstribun einen Antrag gestellt hatte (*referre de aliqua re, relationem facere*) und dann die einzelnen Senatoren um ihre Meinung befragte (*sententiam aliquem rogare*), so gaben diese entweder ein selbstständiges Gutachten ab (*stans sententiam dicit*) oder sie stimmten einem schon geäusserten Gutachten bei (*sedens verbo assentitur*). War die Umfrage (perrogatio) beendet, so wurde auf die Aufforderung des Vorsitzenden: *qui haec sentitis, in hanc partem, qui alia omnia, in illam partem ite, qua sentitis*, durch Auseinandertreten (discessio) über jedes einzelne Gutachten abgestimmt (*pedibus in sententiam ibant*).

quod iam ego curare] Man kann construiren: dass, nachdem die Sache soweit gediehen war, ich am wenigsten mich darum zu kümmern gehabt hätte, dass mein Feind milde behandelt würde, dass ich es aber doch gethan habe. Dann ist aber die Stellung der Sätze ungewöhnlich und der Zusatz quia tuus frater erat störend. Besser ist es, wenn wir *quod* für *id quod* nehmen; denn parenthetische Sätze mit *id quod* oder *ut* stehen gewöhnlich dem Hauptsatz voran; z. B. de orat. I, 44, 195: *si nos, id quod maxime debet, nostra patria delectat;* dass es aber nicht *quod senati consulto* u. s. w. heisst, erklärt sich dadurch, dass die Fortsetzung des Hauptgedankens häufig einem Zwischensatze angeschlossen wird. S. II, 3, 1.

leste tuli atque etiam, ut ita fieret, pro mea parte adiuvi, ut senati consulto meus inimicus, quia tuus frater erat, sublevaretur. Quare non ego oppugnavi fratrem tuum, sed fratri tuo repugnavi; nec in te, ut scribis, animo fui mobili, sed ita stabili, ut in mea erga te voluntate etiam desertus ab officiis tuis permanerem. Atque hoc ipso tempore tibi paene minitanti nobis per litteras hoc rescribo atque respondeo: ego dolori tuo non solum ignosco, sed summam etiam laudem tribuo; meus enim me sensus quanta vis fraterni sit amoris admonet. A te peto, ut tu quoque aequum te iudicem dolori meo praebeas: si acerbe, si crudeliter, si sine causa sum a tuis oppugnatus, ut statuas mihi non modo non cedendum, sed etiam tuo atque exercitus tui auxilio in eiusmodi causa utendum fuisse. Ego te mihi semper amicum esse volui; me ut tibi amicissimum esse intellegeres, laboravi. Maneo in voluntate et, quoad voles tu, permanebo citiusque amore tui fratrem tuum odisse desinam quam illius odio quicquam de nostra benevolentia detraham.

EPISTOLA III.
(AD FAM. V, 7.)
M. TULLIUS M. F. CICERO S. D. CN. POMPEIO CN. F. MAGNO IMPERATORI.

S. T. E. Q. V. B. E. Ex litteris tuis, quas publice misisti, cepi una cum omnibus incredibilem voluptatem; tantam enim spem otii ostendisti, quantam ego semper omnibus te uno fretus

---

10. *desertus ab officiis tuis*] auch jetzt, wo ich Gefälligkeiten von dir nicht mehr erwarten kann. So pro Cluent. 40, 110: *locum a tribunicia voce desertum;* Tusc. I, 46, 110: *fama deseret Curium;* Sall. Iug. 48, 4: *planities deserta penuria aquae.*

EPISTOLA III.
Da die Catilinarier am 5. December 63 bestraft worden sind und Pompeius sich damals in Asien aufhielt, wohin Briefe von Rom im Winter gewöhnlich zwei Monate brauchten, so kann Pompeius Brief nicht vor dem Februar und Ciceros Antwort nicht vor dem April 62 geschrieben sein.

1. *S. T. E. Q. V. B. E.*] si tu exercitusque valetis, bene est.

ex litteris] *litterae* wird von officiellen Schreiben und Privatbriefen, *epistola* nicht von den ersteren gebraucht. *Epistola* bezeichnet das beschriebene und versiegelte Papier, das einem geschickt wird, *litterae* mehr den Inhalt des Schreibens; doch wird der Unterschied nicht immer beobachtet. Vergl. ad Q. fr. III, 1, 8: *venio nunc ad tuas litteras, quas pluribus epistolis accepi.*

spem otii ostendisti] durch die

pollicebar. Sed hoc scito, tuos veteres hostes, novos amicos, vehementer litteris perculsos atque ex magna spe deturbatos iacere. Ad me autem litteras, quas misisti, quamquam exiguam significationem tuae erga me voluntatis habebant, tamen mihi scito iucundas fuisse; nulla enim re tam laetari soleo quam meorum officiorum conscientia, quibus si quando non mutue respondetur, apud me plus officii residere facillime patior. Illud non dubito, quin, si te mea summa erga te studia parum mihi adiunxerint, res publica nos inter nos conciliatura coniuncturaque sit.

3 Ac ne ignores quid ego in tuis litteris desiderarim, scribam aperte, sicut et mea natura et nostra amicitia postulat. Res eas gessi, quarum aliquam in tuis litteris et nostrae necessitudinis et rei publicae causa gratulationem exspectavi; quam ego abs te praetermissam esse arbitror, quod vererere, ne cuius animum offenderes. Sed scito ea, quae nos pro salute patriae gessimus, orbis terrae iudicio ac testimonio comprobari. Quae, cum veneris, tanto consilio tantaque animi magnitudine a me gesta esse cognosces, ut tibi multo maiori quam Africanus fuit me non multo

---

Beendigung des Mithridatischen Krieges und die Beruhigung Asiens.

tuos veteres hostes] die Männer der Volkspartei. Seit seinem Consulat im J. 70 hatte sich Pompeius dieser Partei angeschlossen und dadurch erst die Führung im Seeräuberkriege, dann die im Kriege gegen Mithridates erhalten. Die Männer dieser Partei waren ihm also *veteres hostes* und *novi amici.* Jetzt näherte er sich wieder den Optimaten.

2. *exiguam significationem*] Pompeius hatte in seinem Briefe Ciceros Verfahren bei der Unterdrückung der Catilinarischen Verschwörung nicht so unbedingt gebilligt als dieser es erwartete.

summa erga te studia] Cicero hatte als Prätor für die lex Manilia geredet und als Consul im Senat den Antrag gestellt, dass dem Pompeius ein zehntägiges Dankfest bewilligt würde.

3. *exspectavi*] Ein Relativsatz steht im Indicativ, wenn er dem Beziehungsworte ein in dem vorliegenden Zusammenhange unwesentliches Merkmal hinzufügt, oder wenn er den ganzen Begriff des Beziehungswortes enthält und dieser nicht, wie bei sunt qui, ein blos gedachter ist, dessen Existenz erst ausgesagt wird. Er steht dagegen im Coniunctiv, wenn er eine in dem vorliegenden Zusammenhange unentbehrliche Ergänzung des Begriffes des Beziehungswortes enthält; z. B. ad fam. XV, 4, 11: *tu es is, qui me tuis sententiis saepissime ornasti;* V, 19, 2: *ut, si nos ii simus, qui esse debemus, id est studio digni ac litteris nostris;* I, 6, 2: *praesta te eum, qui mihi a teneris unguiculis es cognitus;* V, 21, 2: *ego sum, qui nullius vim plus valere volui quam honestum otium;* dagegen V, 21, 2: *ego is sum, qui nihil unquam mea potius quam meorum civium causa fecerim.* Im ersten Fall ist das Beziehungswort an sich nichts: der, welcher gewollt hat, bin ich; im zweiten ist es etwas: ich bin ein Mensch, der unter anderen Eigenschaften auch die hat, dass er u.s.w. In unserer Stelle steht *res eas* für *ea* und der Relativsatz enthält den gan-

minorem quam Laelium facile et in re publica et in amicitia adiunctum esse patiare.

EPISTOLA IV.
(AD ATT. I, 16.)
CICERO ATTICO S.

Quaeris ex me quid acciderit de iudicio, quod tam praeter 1
opinionem omnium factum sit, et simul vis scire quomodo ego

zen Begriff **Ruhmwürdiges**, wie de orat. I, 51, 219: *nobis satis est ea de moribus hominum et scire et dicere, quae non abhorrent ab hominum moribus.* Anders ist es in de nat. deor. I, 42, 117: *quid est autem, quod deos veneremur propter admirationem eius naturae, in qua egregium nihil videmus?*

quam Laelium] müsste eigentlich, wie vorher, *quam Laelius fuit* heissen; aber wenn das erste Glied der Vergleichung ein Accusativ ist, kann dieser Casus im zweiten beibehalten werden, obgleich das Verbum sich hier nicht ergänzen lässt. Doch findet sich auch ad Attic. IX, 11, A: *magis idoneum quam ego sum ad eam causam profecto reperies neminem.*

EPISTOLA IV.
Die vornehmen römischen Frauen feierten jährlich einmal in Gegenwart der Vestalinnen im Hause eines Consuls oder Prätors ein nächtliches Fest der Bôna Dea, bei welchem kein Mann zugegen sein durfte. Als dieses Fest im Anfang des December 62 im Hause des Praetor C. Cäsar gefeiert wurde, hatte sich der designirte Quaestor P. Clodius, der mit Caesars Gemahlin Pompeia ein Liebesverhältniss hatte, als Saitenspielerin verkleidet eingeschlichen und war dabei entdeckt worden. In Folge davon hatte im Januar 61 der Senat beschlossen, es sollte ein ausserordentlicher Gerichtshof, zu welchem der Praetor, der dem Gericht vorsass, die Richter wählen sollte, niedergesetzt werden, und die Consuln M. Piso und M. Messalla sollten das Senatus consultum vom Volke bestätigen lassen. Die Rogation war auch in den letzten Tagen des Januar dem Volke vorgelegt worden, ihre Annahme aber durch die Lauheit des Consul Piso und durch die Banden des Clodius hintertrieben worden. Hierauf hatte der Tribun Fufius nach den Idus Febr. einen dem Clodius günstigeren Gesetzentwurf eingebracht, wonach die Richter, wie gewöhnlich, erloost werden sollten, und dieses Gesetz war vor den Idus Mart. angenommen und darnach ein Gerichtshof niedergesetzt worden. Was weiter in dieser Sache geschah, berichtet der Brief, welcher in der zweiten Hälfte des Mai 61 geschrieben ist unter dem Consulat des M. Pupius Piso und M. Valerius Messalla. — T. Pomponius Atticus, geb. 109, gest. 32 v. Chr., war von Jugend auf mit Cicero auf das engste befreundet. Er hielt sich von den Staatsgeschäften fern und erwarb sich durch Geldgeschäfte grosse Reichthümer. Wegen seiner Vorliebe für Griechenland und griechische Litteratur erhielt er den Beinamen Atticus.

minus quam soleam proeliatus sim. Respondebo tibi ὕςερον πρότερον, Ὁμηρικῶς. Ego enim, quam diu senatus auctoritas mihi defendenda fuit, sic acriter et vehementer proeliatus sum, ut clamor concursusque maxima cum mea laude fierent. Quod si tibi unquam sum visus in re publica fortis, certe me in illa causa admiratus esses. Cum enim ille ad contiones confugisset in iisque meo nomine ad invidiam uteretur, dii immortales! quas ego pugnas et quantas strages edidi! quos impetus in Pisonem, in Curionem, in totam illam manum feci! quomodo sum insectatus levitatem senum, libidinem iuventutis! Saepe, ita me dii iuvent! te non solum auctorem consiliorum meorum, verum 2 etiam spectatorem pugnarum mirificarum desideravi. Postea vero quam Hortensius excogitavit, ut legem de religione Fufius tribunus plebis ferret, in qua nihil aliud a consulari rogatione

1. *respondebo tibi ὕστερον πρότερον*] also zuerst auf den zweiten Punkt. Ὁμηρικῶς mit Beziehung auf die im griechischen Volksepos sehr häufige Figur des πρωθύστερον oder der ὑστερολογία, in welcher der Dichter das Endergebniss eines Gedankens zuerst ins Auge fasst und mit plastischer Deutlichkeit voranstellt, Nebenumstände aber oder, was zu diesem Resultate geführt hat, nachträglich hinzufügt. Freilich kommt das Wesen der Figur bei unserer Stelle nicht zur Anwendung; indessen eine entfernte Aehnlichkeit damit hat Ciceros Verfahren doch, indem er von den beiden Fragen auf die zweite zuerst eingeht.
Ego enim] enim zum Uebergang von der Disposition zur Auseinandersetzung, wie Cic. de imperio Cn. Pompei 2: *Primum mihi videtur de genere belli, deinde de magnitudine, tum de imperatore deligendo esse dicendum. Genus est enim belli eiusmodi* cet.
ad contiones confugisset] ad Att. I, 14, 5: *Clodius contiones miseras habebat, in quibus Lucullum, Hortensium, C. Pisonem, Messallam consulem contumeliose laedebat, me tantum 'comperisse omnia' criminabatur*. Dieses Ausdrucks hatte sich Cicero bei der Catilinarischen Verschwörung oft bedient und er wurde ihm auch von anderen zum Vorwurf gemacht: ad fam. V, 5, 2: *nam comperisse me non audeo dicere, ne forte id ipsum verbum ponam, quod abs te aiunt falso in me solere conferri*.

in Pisonem] Der Consul Piso und der ältere Curio, der Vater des Volkstribunen vom Jahre 50, nahmen sich der Sache des Clodius an.

levitatem senum, libidinem iuventutis] die schlechte Gesinnung der Gegner. Zwei Begriffe, die zusammen einen höheren bezeichnen, können asyndetisch neben einander gestellt werden, gleichviel ob sie einander entgegengesetzt sind oder nicht: z. B. Liv. IX, 3, 3: *armati inermes, fortes ignavi, pariter omnes capti atque victi sumus*; XXI, 46, 4: *incessu tot hominum equorum oriens pulvis*; 28, 2: *clamore vario nautarum militum*; XXII, 61, 3: *cum magnis fletibus questibus legatos prosecuti sunt*; Cic. ad fam. XII, 25, 3: *ventis remis in patriam omni festinatione properavi*; aber natürlich auch wie Tusc. III, 11, 25: *tetra res est, misera, detestabilis, omni contentione, velis, ut ita dicam, remisque fugienda*.

2. *Hortensius*] Consul im Jahre

differebat nisi iudicum genus — in eo autem erant omnia — pugnavitque, ut ita fieret, quod et sibi et aliis persuaserat nullis illum iudicibus effugere posse, contraxi vela perspiciens inopiam iudicum neque dixi quicquam pro testimonio, nisi quod erat ita notum atque testatum, ut non possem praeterire.

Itaque, si causam quaeris absolutionis, ut iam πρὸς τὸ πρότερον revertar, egestas iudicum fuit et turpitudo. Id autem ut accideret, commissum est Hortensii consilio, qui, dum veritus est, ne Fufius ei legi intercederet, quae ex senatus consulto ferebatur, non vidit illud, satius esse illum in infamia relinqui ac sordibus quam infirmo iudicio committi. Sed ductus odio properavit rem deducere in iudicium, cum illum plumbeo gladio iugulatum iri tamen diceret. Sed iudicium si quaeris quale fuerit, incredibili exitu; sic, uti nunc ex eventu ab aliis, a me tamen ex ipso initio consilium Hortensii reprehendatur. Nam ut reiectio

69, der Nebenbuhler Ciceros in der Beredtsamkeit.

nullis illum iudicibus] er könnte nicht entfliehen, wenn irgendwelche Richter da wären. Die Negation, die zu *posse* gehört, ist, wie häufig, mit *ullus* verbunden.

inopiam iudicum] Die Armuth machte die Richter Clodius Bestechungen zugänglich.

pro testimonio] Scholia Bobiensia p. 330 ed. Orelli: *Ita res cecidit, ut in eum multi grave testimonium dicerent; quorum in numero Marcus ipse Tullius interrogatus ait ad se salutatum venisse ipsa die Clodium, qua se ille contenderat Interamnae fuisse, milibus passuum LXXXX ab urbe disiunctum; quo scilicet videri volebat incesti Romae committendi facultatem non habuisse.*

Id autem ut accideret] nämlich dass arme und unehrliche Richter über diese Sache abzuurtheilen hatten.

tamen diceret] d. i. *cum diceret illum, quamquam gladius plumbeus esset, tamen iugulatum iri.* Der Inhalt des Vordersatzes liegt oft in einem blossen Satzgliede: z. B. de fin. III, 15, 51: *cum uteretur in lingua copiosa factis tamen nominibus*

ac novis; Acad. I, 1, 3: *ista quidem iam diu exspectans non audeo tamen flagitare;* oft muss er auch ergänzt werden; z. B. bei tamen am Anfang des Briefs ad fam. IX, 19 aus dem Briefe, der beantwortet wird, und bei Caes. bell. Gall. IV, 28, 3: *quae tamen ancoris iactis cum fluctibus complerentur,* aus dem Zusammenhange (obgleich der Sturm so heftig war).

3. *incredibili exitu*] sc. *fuit*. Unglaublich war der Ausgang, weil die Richter sich Anfangs über Erwarten streng zeigten.

sic, uti nunc] nicht 'so unglaublich', sondern *indicium sic fuit*. S. zu I, 1, 1.

ex ipso initio] Der Grund zum Tadeln ist für die anderen der Ausgang, für mich der Beginn selbst.

reiectio] Wenn aus der Zahl der für das Jahr bestimmten Richter, die in dem album iudicum verzeichnet waren, die Richter für einen besonderen Process ausgeloost wurden, so hatten in den meisten Fällen beide Parteien das Recht eine durch das Gesetz bestimmte Anzahl derselben zurückzuweisen (reiectio iudicum), und diese wurden dann meistens durch eine subsortitio ersetzt.

facta est clamoribus maximis, cum accusator tamquam censor bonus homines nequissimos reiiceret, reus tamquam clemens lanista frugalissimum quemque secerneret, ut primum iudices consederunt, valde diffidere boni coeperunt. Non enim unquam turpior in ludo talario consessus fuit. Maculosi senatores, nudi equites, tribuni non tam aerari quam, ut appellantur, aerarii. Pauci tamen boni inerant, quos reiectione fugare ille non potuerat; qui maesti inter sui dissimiles et maerentes sedebant et

4 contagione turpitudinis vehementer permovebantur. Hic, ut quaeque res ad consilium primis postulationibus referebatur, incredibilis erat severitas nulla varietate sententiarum; nihil impetrabat reus, plus accusatori dabatur quam postulabat, triumphabat — quid quaeris? — Hortensius se vidisse tantum; nemo erat, qui illum reum ac non millies condemnatum arbitraretur. Me

clemens lanista] Die lanistae unterhielten Gladiatorenbanden, um sie an Veranstalter von Spielen zu verkaufen oder zu vermiethen. Natürlich schonten sie gern ihre besten Leute.

tribuni non tam aerarii] Nach der lex Aurelia iudiciaria vom Jahre 70 bildeten die Geschworenen 3 Decurien; in der ersten waren Senatoren, in der zweiten Ritter, in der dritten tribuni aerarii, d. i. eine Bürgerklasse, welche einen dem Rittercensus nahe kommenden Census hatte. Aerarii hiessen in der alten Republik aber auch diejenigen Bürger, welche nicht in den Tribus und Centurien waren und nach einem anderen Ansatze als die übrigen Bürger steuerten; und in diese Klasse wurden von den Censoren zum Schimpf solche Bürger versetzt, deren Sitten anstössig waren. Daher das Wortspiel: Tribunen, die nicht sowohl Tribunen des Aerars sind, was sie sein sollen, als vielmehr, wie sie genannt werden, aerarii, d. i. die es verdienten, unter die Aerarier versetzt zu werden.

4. *Hic, ut quaeque res*] hic, hier vom Ort, da = tunc von der Zeit, endlich = quae cum ita sint, und zwar eben sowohl in der Bedeutung unter diesen Umständen als, wie hier, trotzdem, und doch:

z. B. ad fam. VII, 13, 1: *Neque alia ulla fuit causa intermissionis epistolarum, nisi quod ubi esses plane nesciebam. Hic tu me etiam insimulas nec satisfactionem meam accipis*; Phil. VIII, 4, 11: *Antonii igitur promissa cruenta . . ., nostra contra honesta . . . Hic mihi etiam Q. Fufius . . . pacis commoda commemorat.*

primis postulationibus] die Forderungen, welche die Parteien während des Processes stellten, um sich die Beweisführung zu erleichtern, z. B. dass der oder jener Zeuge vorgeladen würde u. s. w.

quid quaeris?] Mit diesen Worten zeigt man an, dass das, was man über eine Sache sagen will, der andere sich selbst sagen kann: was könnte ich dir darüber wohl sagen? s. ad Att. II, 16, 1 (I, 6); oder, wie hier, dass man, etwas zu beweisen, genug gesagt zu haben glaubt, und es folgt dann das zu Beweisende: was fragst du noch? was willst du mehr? kurz; z. B. ad Att. II, 1, 4: *Praeclare Metellus impedit et impediet. Quid quaeris? Est consul φιλόπατρις et, ut semper iudicavi, natura bonus*; ad Q. frat. III, 2, 2: *Hic, o dii! nihil unquam honorificentius nobis accidit, consurrexit senatus cum clamore ad unum, sic ut ad*

vero teste producto credo te ex acclamatione Clodii advocatorum audisse quae consurrectio iudicum facta sit, ut me circumsteterint, ut aperte iugula sua pro meo capite P. Clodio ostentarint. Quae mihi res multo honorificentior visa est quam aut illa, cum iurare tui cives Xenocratem testimonium dicentem prohibuerunt, aut cum tabulas Metelli Numidici, cum eae, ut mos est, circumferrentur, nostri iudices adspicere noluerunt; multo haec, inquam, nostra res maior. Itaque iudicum vocibus, cum ego sic ab his, 5 ut salus patriae, defenderer, fractus reus et una patroni omnes conciderunt. Ad me autem eadem frequentia postridie convenit, quacum abiens consulatu sum domum reductus. Clamare praeclari Ariopagitae se non esse venturos nisi praesidio constituto. Refertur ad consilium; una sola sententia praesidium non desideravit. Defertur res ad senatum; gravissime ornatissimeque decernitur, laudantur iudices, datur negotium magistratibus. Re-

corpus eius accederet, pari clamore atque impetu publicani. Quid quaeris? Omnes, tamquam si tu esses, ita fuerunt.

credo te ex] credo te audisse quae consurrectio iudicum ex acclamatione u. s. w. Wortstellung wie bei Liv. VI, 20, 12: *sunt qui per duumviros, qui de perduellione anquirerent, creatos auctores sint damnatum;* Caes. b. civ. II, 16, 2: *eodemque exemplo sentiunt totam urbem muro turribusque circumiri posse,* wo *eodem exemplo* auch nicht zu *sentiunt* gehört.

tui cives] Atticus hatte eine grosse Vorliebe für Athen und hielt sich dort viele Jahre auf. Deshalb nennt ihn Cicero öfter einen Athener.

Xenocratem] ein Schüler des Plato. Diog. Laert. de vit. et dogmat. clar. philos. IV, 7: Ἦν δὲ καὶ ἀξιόπιστος σφόδρα· ὥστε, μὴ ἐξὸν ἀνώμοτον μαρτυρεῖν, τούτῳ μόνῳ συνεχώρουν Ἀθηναῖοι. Cic. pro Balbo 5, 12: *Athenis aiunt, cum quidam apud eos, qui sancte graviterque vixisset, testimonium publice dixisset et, ut mos Graecorum est, iurandi causa ad aras accederet, una voce omnes iudices, ne is iuraret, reclamasse.*

Metelli Numidici] Er war Consul 109 und führte vor Marius den Krieg gegen Iugurtha. Cic. pro Balbo 5, 11: *Audivi hoc de parente meo puer: cum Q. Metellus, L. F., causam de pecuniis repetundis diceret, ... cum ipsius tabulae circumferrentur inspiciendi nominis causa, fuisse iudicem ex illis equitibus Romanis, gravissimis viris, neminem, quin removeret oculos et se totum averteret, ne forte, quod ille in tabulas publicas retulisset, dubitasse quisquam verumne an falsum esset videretur.*

5. *refertur ad consilium*] der Gerichtshof, consilium iudicum.

defertur res] *deferre ad senatum*, etwas dem Senat melden, *referre*, über etwas den Senat befragen, einen Antrag stellen; *deferre in censum* sagte man von dem Bürger, der sein Vermögen beim Census angab, *referre* vom Censor, der die Angabe in die tabulae publicae eintrug. Von den Beamten, welche dem Aerari ihre Rechnungen ablegten oder die Eintragung der Namen der Staatsschuldner oder Staatsgläubiger in die Listen des Aerariums besorgten, sagte man *deferre* oder *referre ad aerarium*: von den Bürgern, welche beim Census oder in Folge eines mit dem Staate abge-

sponsurum hominem nemo arbitrabatur. Ἔσπετε νῦν μοι, Μοῦσαι, ὅππως δή πρῶτον πῦρ ἔμπεσε. Nosti Calvum, ex Nanneianis illum, illum laudatorem meum, de cuius oratione erga me honorifica ad te scripseram. Biduo per unum servum et eum ex gladiatorio ludo confecit totum negotium; arcessivit ad se, promisit, intercessit, dedit. Iam vero — o dii boni rem perditam! — etiam noctes certarum mulierum atque adolescentulorum nobilium introductiones nonnullis iudicibus pro mercedis cumulo fuerunt. Ita summo discessu bonorum, pleno foro servorum xxv iudices ita fortes tamen fuerunt, ut summo proposito periculo vel perire maluerint quam perdere omnia. xxxi fuerunt, quos fames magis quam fama commoverit. Quorum Catulus cum vidisset quendam, Quid vos, inquit, praesidium vobis postulabatis? an ne nummi vobis eriperentur timebatis?

6   Habes, ut brevissime potui, genus iudicii et causam absolutionis. Quaeris deinceps qui nunc sit status rerum et qui meus. Rei publicae statum illum, quem tu meo consilio, ego divino confirmatum putabam, qui bonorum omnium coniunctione et auctoritate consulatus mei fixus et fundatus videbatur, nisi quis nos deus respexerit, elapsum scito esse de manibus uno hoc iudicio, si iudicium est triginta homines populi Romani levissimos ac nequissimos nummulis acceptis ius ac fas omne delere et, quod omnes non modo homines verum etiam pecudes factum esse sciant, id Thalnam et Plautum et Spongiam et ceteras huiusmodi
7   quisquilias statuere nunquam esse factum. Sed tamen, ut te de

schlossenen Rechtsgeschäftes selbst die Eintragung ihrer Namen in die tabulas publicas betrieben, hiess es *subsignare* oder *subscribere apud aerarium*.

Ἔσπετε] Il. XVI, 112, 113:
Ἔσπετε νῦν μοι, Μοῦσαι Ὀλύμπια δώματ᾽ ἔχουσαι,
ὅππως δή πρῶτον πῦρ ἔμπεσε νηυσὶν Ἀχαιῶν.

Nosti Calvum] Der reiche M. Licinius Crassus wird hier spottweise Calvus genannt. Dass Crassus im Senat den Cicero gelobt hatte, meldet dieser dem Atticus I, 14. Auch hatte Crassus sich bei den Sullanischen Proscriptionen durch Ankauf der Güter der Geächteten bereichert, und dass Nannii unter den Proscribirten waren, wissen wir aus Q. Cicero de petitione consulatus 2, 9.

Catulus] Q. Lutatius Catulus, Consul 78, damals das Haupt der Optimaten, gestorben 60.

6. *Habes, ut brevissime potui*] *habere* im Sinne von *scire* oder *audivisse*, wie ad Att. V, 20, 7: *habes omnia*, du weisst nun alles; V, 21, 10: *habes consilia nostra, nunc cognosce de Bruto;* ad fam. XV, 17: *nos hic Sullam patrem mortuum habebamus; alii a latronibus, alii cruditate dicebant.* Am gewöhnlichsten ist diese Bedeutung in den Formen des Imperativs *habeto, sic habeto, tantum habeto.* S. zu II, 2, 4. — Bei *ut potui* ist zu ergänzen *exponere*.

Thalnam et Plautum et Spongiam] Richter, die den Clodius frei-

re publica consoler, non ita, ut sperarunt mali, tanto imposito rei publicae vulnere alacris exsultat improbitas in victoria. Nam plane ita putaverunt, cum religio, cum pudicitia, cum iudiciorum fides, cum senatus auctoritas concidisset, fore ut aperte victrix nequitia ac libido poenas ab optimo quoque peteret sui doloris, quem improbissimo cuique inusserat severitas consulatus mei. Idem ego ille, non enim mihi videor insolenter gloriari, cum de 8 me apud te loquor, in ea praesertim epistola, quam nolo aliis legi, idem, inquam, ego recreavi afflictos animos bonorum unumquemque confirmans, excitans. Insectandis vero exagitandisque nummariis iudicibus omnem omnibus studiosis ac fautoribus illius victoriae παρρησίαν eripui; Pisonem consulem nulla in re consistere unquam sum passus; desponsam homini iam Syriam ademi; senatum ad pristinam suam severitatem revocavi atque abiectum excitavi; Clodium praesentem fregi in senatu cum oratione perpetua plenissima gravitatis tum altercatione huiusmodi. Ex qua licet pauca degustes; nam cetera non possunt habere neque vim neque venustatem remoto illo studio contentionis, quem ἀγῶνα vos appellatis.

Nam, ut Idib. Maiis in senatum convenimus, rogatus ego 9 sententiam multa dixi de summa re publica atque ille locus indu-

gesprochen haben; wahrscheinlich die verächtlichsten unter ihnen.

8. *Idem ego ille*] i. e. *cuius severitas poenas inusserat* u. s. w.

aliis legi] = *aliis recitari*, wie ad Att. XVI, 13a: *cum autem luceret, ante scripta epistola ex duabus tuis prior mihi legi coepta est;* ad fam. IX, 1, 1: *ex iis litteris, quas Atticus a te missas mihi legit, quid ageres et ubi esses cognovi;* ad Att. XV, 1, 2: *sed casu, cum legerem tuas litteras, Hirtius erat apud me in Puteolano; ei legi et egi.*

confirmans, excitans] Asyndeton bei zwei Begriffen, um anzudeuten, dass man nur zwei erwähnt, aber mehr anführen könnte; hier etwa noch *inflammans.* Cic. de fin. II, 33, 107: *poema, orationem cum aut scribis aut legis;* ad fam. XIII, 28, 3: *ut ipse iudices homini te gratissimo, iucundissimo benigne fecisse.*

desponsam] nicht *decretam.* Decretirt war dem Piso zur gesetzmässigen Zeit, d. i. vor den Consularcomitien im vergangenen Jahre, eine andere Provinz; er wünschte aber Syrien zu haben, das inzwischen durch Pompeius frei geworden war, und der Senat hatte ihm dazu Hoffnung gemacht, wahrscheinlich um seinen Beistand gegen Clodius zu gewinnen. Jetzt bekam er gar keine Provinz.

huiusmodi] von der Art, wie sie weiterhin mit *Nam ut* cet. beschrieben wird. *Ex qua* seqq. parenthetisch: du kannst davon nur weniges kosten, denn u. s. w.

9. *Nam*] beim Uebergang zur Auseinandersetzung: s. oben § 1.

de summa re publica] *summus, primus, ultimus, medius* und ähnliche Wörter, einem Substantiv beigesetzt, vergleichen nicht blos diesen Gegenstand mit anderen derselben Art, sondern auch einen Theil mit anderen Theilen desselben Gegenstandes. Daher heisst *summa*

ctus a me est divinitus: ne una plaga accepta patres conscripti conciderent, ne deficerent; vulnus esse eiusmodi, quod mihi nec dissimulandum nec pertimescendum videretur, ne aut ignorando stultissimi aut metuendo ignavissimi iudicaremur; bis absolutum esse Lentulum, bis Catilinam, hunc tertium iam esse a iudicibus in rem publicam immissum. Erras, Clodi; non te iudices urbi, sed carceri reservarunt neque te retinere in civitate, sed exsilio privare voluerunt. Quamobrem, patres conscripti, erigite animos, retinete vestram dignitatem. Manet illa in re publica bonorum consensio, dolor accessit bonis viris, virtus non est imminuta, nihil est damni factum novi, sed, quod erat, inventum est. In 10 unius hominis perditi iudicio plures similes reperti sunt. Sed quid ago? paene orationem in epistolam inclusi. Redeo ad altercationem. Surgit pulchellus puer; obiicit mihi me ad Baias

res publica die höchsten Interessen der Republik, die höchste Staatsangelegenheit u. s. w. Cic. pro Sex. Roscio 51: *summa res publica in huius periculo tentatur*; pro Plancio 22: *denuntiasti, homo adolescens, quid de summa re publica sentires;* in Cat. III, 6: *senatum consului de summa re publica quid fieri placeret.*

bis absolutum esse] P. Cornelius Lentulus Sura, der unter den Häuptern der Catilinarischen Verschwörung hingerichtet wurde, war nach seiner Quästur 81 wegen Unterschlagung öffentlicher Gelder (peculatus), später wegen eines uns unbekannten Verbrechens angeklagt worden (Plutarch vit. Cic. 17). L. Sergius Catilina ist dreimal freigesprochen: das erste Mal 73 war er angeklagt wegen Incests mit der Vestalin Fabia, der Schwester von Ciceros Gemahlin Terentia, das zweite Mal 66 wegen Erpressungen (repetundarum), welcher Process erst im folgenden Jahre entschieden wurde, das dritte Mal 64 wegen Ermordung von Proscribirten (inter sicarios accusatus). Cicero erwähnt hier und in Pis. 39 nur zwei Freisprechungen, weil er nur die unrechtmässigen aufzählen will und ihm die Fabia für unschuldig galt.

Cic. in toga candida p. 92 Orelli: *cum ita vixisti, ut non esset iocus tam sanctus, quo non adventus tuus, etiam cum culpa nulla subesset, crimen afferret;* und dazu Asconius: *Fabia, virgo Vestalis, causam incesti dixerat, cum ei Catilina obiiceretur eratque absoluta. Haec Fabia quia soror erat Terentiae Ciceronis, ideo sic dixit: etiam si culpa nulla subesset.*

non te] statt non urbi: s. zu I,2,9.

carceri reservarunt] Du wirst ohne Zweifel bald ein so schweres Verbrechen begehen, dass du statt mit dem Exil, mit dem du jetzt davon gekommen sein würdest, mit Gefängniss und mit dem Tode wirst bestraft werden. Die Richter haben dich also nicht der Stadt, sondern dem Gefängniss erhalten, nicht dir dein Bürgerrecht gerettet, sondern dich des Exils beraubt, das eine Wohlthat für dich gewesen sein würde.

quod erat, inventum est] Die Partei der Gutgesinnten hat keinen neuen Verlust erlitten; denn die, welche den Clodius freigesprochen haben, sind nicht jetzt erst schlecht geworden, ihre Schlechtigkeit ist nur jetzt erst an den Tag gekommen.

10. *pulchellus puer*] Clodius sah

fuisse. Falsum; sed tamen quid huic? Simile est, inquam, quasi dicas in operto fuisse. — Quid, inquit, homini Arpinati cum aquis calidis? — Narra, inquam, patrono tuo, qui Arpinatis aquas concupivit; nosti enim marinas. — Quousque, inquit, hunc regem feremus? — Regem appellas, inquam, cum Rex tui mentionem nullam fecerit? (ille autem Regis hereditatem spe devorarat.) — Domum, inquit, emisti. — Putes, inquam, dicere, iudices emisti. — Iuranti, inquit, tibi non

mädchenhaft aus und das cognomen seiner Familie war Pulcher.

me ad Baias fuisse] Cic. in Clodium et Curionem p. 334 Orelli: *Homo durus ac priscus invectus est in eos, qui mense Aprili apud Baias essent et aquis calidis uterentur. Quid cum hoc homine nobis tam tristi ac severo? Non possunt hi mores ferre hunc tam austerum et tam vehementem magistrum, per quem hominibus maioribus natu ne in suis quidem praediis impune tunc, cum Romae nihil agitur, liceat esse valetudinique servire.* Baiae war wegen seiner anmuthigen Lage und der warmen Bäder der Sammelplatz der feinen Welt von Rom und etwas verrufen wegen der daselbst herrschenden Freiheit der Sitten. Cicero nennt Baiae ad Att. II, 8 cratera illum delicatum: er hatte in der Nähe eine Villa, das Puteolanum.

Falsum; sed tamen quid huic?] an den Atticus gerichtete Worte: das ist zwar falsch, doch was liegt diesem Menschen daran? Nun erst kommt die Antwort, die Cicero dem Clodius gegeben hat: das ist wohl so viel, wie hinter dem Vorhang (nämlich im Tempel der Bona Dea) gewesen zu sein? Es ist indessen durchaus nicht unwahrscheinlich, was Meutzner meint, dass sowohl diese Worte: *Falsum; sed tamen quid huic*, als auch die nachher folgende Erläuterung: *ille autem Regis hereditatem spe devorarat* Randbemerkungen eines Lesers sind, die dann irrthümlich in den Text gekommen sind; denn sehr ähnliche Randbemerkungen finden sich noch im Mediceus und in Baiae war Cicero gewesen und des Clodius Familienverhältnisse kannte Atticus sicher ebenso gut als Cicero.

Narra, inquam] C. Curio, des Clodius Vertheidiger, hatte in der Sullanischen Proscription die warmen Bäder, welche Marius an der Küste bei Baiae besessen hatte, gekauft. Cicero in Clodium et Curionem p. 335 Orelli: *nec enim respexit illum ipsum patronum libidinis suae non modo apud Baias esse, verum eas ipsas aquas habere, quae gustu tamen Arpinatis fuissent.* Der Sinn von Ciceros Antwort ist also: frage doch deinen Beschützer Curio; der hat ja so sehr sich bemüht, die Villa des Arpinaten Marius in Bajä sich anzueignen: der muss doch anders denken von dem Geschmack und der Lebensart eines Arpinaten.

Regem appellas] Du nimmst das Wort *rex* in den Mund, obwohl Rex (d. i. Q. Marcius Rex, der Schwager des Clodius) dich in seinem Testament übergangen hat?

Domum, inquit, emisti] Cicero hatte kurz vorher (ad fam. V, 6, 2) von P. Crassus für 3500000 Sesterzien ein Haus gekauft, welches auf dem Palatin, im vornehmsten Stadtviertel, lag. Nach Clodius Meinung schickte sich das nicht für einen Emporkömmling.

Putes] Man sollte denken, du wolltest sagen: du hast Richter er-

crediderunt. — Mihi vero, inquam, xxv iudices crediderunt, xxxi. quoniam nummos ante acceperunt, tibi nihil crediderunt. — Magnis clamoribus afflictus conticuit et concidit.

11   Noster autem status est hic: apud bonos iidem sumus, quos reliquisti, apud sordem urbis et faecem multo melius nunc quam reliquisti. Nam et illud nobis non obest, videri nostrum testimonium non valuisse. Missus est sanguis invidiae sine dolore, atque etiam hoc magis, quod omnes illi fautores illius flagitii rem manifestam illam redemptam esse a iudicibus confitentur. Accedit illud, quod illa contionalis hirudo aerarii, misera ac ieiuna plebecula, me ab hoc Magno unice diligi putat; et hercule multa et iucunda consuetudine coniuncti inter nos sumus, usque eo, ut nostri isti comissatores coniurationis, barbatuli iuvenes, illum in sermonibus Gnaeum Ciceronem appellent. Itaque et ludis et gladiatoribus mirandas ἐπισημασίας sine ulla pastoricia fistula auferebamus.

12   Nunc est exspectatio ingens comitiorum, in quac omnibus invitis trudit noster Magnus Auli filium; atque in eo neque auctoritate neque gratia pugnat, sed quibus Philippus omnia castella

kauft; das wäre eher ein Vorwurf. Der Subjectsaccusativ ausgelassen wie oben: *quasi dicas in operto fuisse* (me).

crediderunt] *credere* glauben und creditiren.

11. *melius nunc*] sc. *sumus*; s. zu 1, 1, 1; *quam reliquisti*, wie ad Att. VIII, 1, 1: *nec tam laeta erant quam* (ea quae) *ad me Philotimus scripserat.*

Nam et illud] Anantapodoton: dem *et* entspricht *accedit illud*. So de imperio Cn. Pompeii 7, 17 *et — deinde;* de off. I, 14, 44: *primum — autem;* de lege agr. II, 14, 36: *nam neque ea — verum haec fortasse.*

Missus est sanguis] Denn dem Neide, der mich verfolgt, ist Blut entzogen, er ist geschwächt worden; *sine dolore* nicht: ohne dass er es merkte; sondern wegen des folgenden *atque etiam hoc magis:* und ich habe keinen Verlust dabei gehabt, um so weniger, weil u. s. w. Aehnlich ad Att. VI, 1, 2: *provinciae*

sanguinem mittere; anders Liv. III, 54, 4: *dandus invidiae est sanguis,* der Hass soll sein Opfer haben. Vergl. Quint. VIII, 6, 51: *ceterum allegoria parvis quoque ingeniis et cotidiano sermoni frequentissime servit; nam illa in agendis causis iam detrita, pedem conferre et iugulum petere et sanguinem mittere, inde sunt nec offendunt tamen.*

contionalis hirudo aerarii] Die niedere Plebs trieb sich beständig in den Volksversammlungen herum und lebte von den Spenden (largitiones), die ihnen von denen, die ihre Stimmen brauchten, häufig auch, wie bei den leges frumentariae, auf Staatskosten gemacht wurden.

ab hoc Magno] Pompeius.

ἐπισημασίας *sine ulla*] Beifallklatschen ohne alles Zischen.

12. *Auli filium*] L. Afranius, ein Legat des Pompeius, der auch wirklich im nächsten Jahre Consul war. Auli filius wird er zum Spott genannt, weil sein Vater ein ganz unbekannter Mensch war.

expugnari posse dicebat, in quae modo asellus onustus auro posset ascendere. Consul autem ille deterioris histrionis similis suscepisse negotium dicitur et domi divisores habere; quod ego non credo. Sed senatus consulta duo iam facta sunt odiosa, quod in consulem facta putantur, Catone et Domitio postulante: unum, ut apud magistratus inquiri liceret, alterum, cuius domi divisores habitarent, adversus rem publicam. Lurco autem tribunus 13 plebis, qui magistratum insimulatus lege alia iniit, solutus est et Aelia et Fufia, ut legem de ambitu ferret; quam ille bono auspi-

deterioris histrionis similis] Man emendirt *Doterionis* und erklärt dann entweder: der Consul Piso ist übulich dem Schauspieler Doterion, der als Meister in diesem Geschäft berüchtigt war; oder: Piso spielt dabei die Rolle des Schauspielers, der die Spenden in der Comödie auszutheilen hat (δοτηρίων). Ebenso gut lässt sich aber auch die überlieferte Lesart erklären. Die Wahl des Afranius wird mit einer Comödie verglichen, in welcher Pompeius die Hauptrolle spielt und Piso als actor secundarum partium das untergeordnete Geschäft des Geldaustheilens übernommen hat.

Catone et Domitio] M. Porcius Cato, der Stoiker und einflussreiche Optimat, L. Domitius Ahenobarbus, sein Schwager, der später in Corfinium gegen Caesar kämpfte.

unum, ut apud magistratus] Gegen die Wahlumtriebe wurden vom Senat zwei Decrete erlassen: 1) es sollte auch in den Häusern der Magistrate Haussuchung wegen deponirter verdächtiger Gelder gehalten werden dürfen; 2) der Senat erklärt, dass die Magistrate, die in ihren Häusern divisores beherbergten, gegen den Staat handelten. Da Magistrate während ihrer Amtsführung nicht vor Gericht gestellt werden konnten, so konnte der Senat nichts weiter thun, als mit dieser Formel seine Missbilligung erklären. S. ad Att. I, 24: *fit senatus consultum, ut Vettius, quod confessus esset se cum telo fuisse, in vincula coniice-*

retur: qui eum emisisset, contra rem publicam esse facturum.

habitarent] im Sinne von häufig verkehren, wie in den bekannten Redensarten *habitare in foro, in rostris*.

13. *insimulatus lege alia*] wie *accusatus, postulatus aliqua lege*. Lurco, der bei seinem Amtsantritt selbst nach einem andern Gesetz verklagt war und also zum Sittenrichter sich schlecht eignet, ist dazu ausersehen worden, ein neues Gesetz gegen den ambitus zu geben.

et Aelia et Fufia] die lex Aelia et Fufia, zwei im Jahre 156 gegebene Plebisscite verwandten Inhalts. Die lex Aelia verordnete, dass nicht blos, wie bisher, die höheren Magistrate sondern auch die Tribunen das Recht haben sollten den Himmel der Auspicien wegen zu beobachten (*servare de caelo*) und durch Ankündigung dieses Vorhabens oder erfolgter ungünstiger Zeichen (*obnuntiatio*) die von andern Magistraten berufenen Comitien zu hindern. Die lex Fufia verbot legislative Comitien an den *dies fasti* zu halten. Von der Beobachtung dieser Gesetze ist Lurco vom Senat entbunden worden, damit das neue Gesetz möglichst bald zu Stande käme; es ist aber doch nicht durchgesetzt worden. S. ad Att. I, 18, 3: *facto senatus consulto de ambitu, de iudiciis, nulla lex perlata.*

bono auspicio claudus homo] Nach dem alten strengen Recht durfte der, welcher für den Staat religiöse

cio claudus homo promulgavit. Ita comitia in ante diem vi. Kal. Sext. dilata sunt. Novi est in lege hoc, ut, qui nummos in tribus pronuntiarit, si non dederit, impune sit; sin dederit, ut, quoad vivat, singulis tribubus HS cıɔ cıɔ cıɔ debeat. Dixi hanc legem P. Clodium iam ante servasse; pronuntiare enim solitum esse et non dare. Sed heus tu! videsne consulatum illum nostrum, quem Curio antea ἀποθέωσιν vocabat, si hic factus erit, fabae hilum futurum? Quare, ut opinor, φιλοσοφητέον, id quod tu facis, et istos consulatus non flocci facteon.

14   Quod ad me scribis te in Asiam statuisse non ire, equidem mallem, ut ires; ac vereor, ne quid in ista re minus commode fiat. Sed tamen non possum reprehendere consilium tuum, prae-
15 sertim cum egomet in provinciam non sim profectus. Epigrammatis tuis, quae in Amaltheo posuisti, contenti erimus, praeser-

Handlungen vollzog, nicht körperliche Fehler haben. Plut. quaest. Rom. 73.

consulatum illum nostrum] nicht: mein Consulat, denn dessen Ruhm wurde durch nachfolgende schlechte Consulate erhöht, nicht verringert; sondern: das Consulat, das uns immer als das höchste Ziel des Strebens erschien, das Curio eine Apotheose nannte u. s. w.

fabae hilum] Plaut. Aulul. V, 9: *quid repperisti? — non quod pueri clamitant in faba se repperisse;* d. i. nicht etwas, was Kinder eifrig suchen, was aber für Verständige keinen Werth hat. Die Knaben suchten aber in der Bohne den Keim; Festus p. 101 ed. Mueller: *hilum putant esse, quod grano fabae adhaeret, ex quo nihil et nihilum.* Also ist der Sinn: das Consulat, das früher für die Besten das Höchste war, kann dann nur noch für Unverständige das Ziel des Ehrgeizes sein. Die Handschriften haben *fabam mimum;* Lambin behält diese Lesart bei und meint, *faba* sei der Titel eines mimus gewesen: Bosius will lesen *fabam imum,* Orelli *famam mimum* nach einer Stelle in Senecas ἀποκολοκύντωσις c. 9: *olim magna res erat deum fieri, iam famam* *mimum fecistis,* zu welcher Stelle Bücheler bemerkt: '*famam mimum,* zum Kinderspiel. Die Redensart steht nur noch bei Cicero an Atticus 1, 16, 13, wo wahrscheinlich richtiger *fabam* überliefert ist. Ich nehme mit Lambin an, dass die Bohne, deren Winzigkeit sprüchwörtlich war (Plaut. aulul. V, 1, 10, Festus unter *hilum* und *tam perit quam extrema faba*) das Thema eines alten Mimus bildete (vgl. den *Laserpiciarius mimus*) und dass dieser *Faba* betitelte Mimus im Volksmund dazu diente, eine ebenso unbedeutende als lächerliche Sache zu bezeichnen.'

facteon] scherzweise gebildet nach der Analogie des eben gebrauchten griechischen Wortes φιλοσοφητέον.

14. *te in Asiam*] Q. Cicero, der nach der Prätur Asien als Provinz erhalten hatte, wünschte, dass Atticus, dessen Schwester er geheirathet hatte, ihn als Legat begleiten möchte.

ne quid in ista re] Cicero fürchtete, sein Bruder würde es dem Atticus übel nehmen, und auch wohl, er möchte ohne Atticus sein Amt weniger gut verwalten.

15. *in Amaltheo*] ein Gebäude oder ein Zimmer in Atticus Gute bei

tim cum et Chilius nos reliquerit et Archias nihil de me scripserit; ac vereor, ne, Lucullis quoniam Graecum poema condidit, nunc ad Caecilianam fabulam spectet. Antonio tuo nomine gratias 16 egi eamque epistolam Manlio dedi. Ad te ideo antea rarius scripsi, quod non habebam idoneum, cui darem, nec satis sciebam quo darem. Valde te venditavi. Cincius si quid ad me tui negotii de- 17 tulerit, suscipiam; sed nunc magis in suo est occupatus, in quo ego ei non desum. Tu, si uno in loco es futurus, crebras a nobis litteras exspecta; ast plures etiam ipse mittito. Velim ad me scri- 18 bas cuiusmodi sit Ἀμαλθεῖον tuum, quo ornatu, qua τοποθεσίᾳ, et quae poemata quasque historias de Ἀμαλθείᾳ habes, ad me mittas. Lubet mihi facere in Arpinati. Ego tibi aliquid de meis scriptis mittam. Nihil erat absoluti.

Buthrotum in Epirus, welches die Bibliothek und Bildnisse berühmter Römer mit passenden Unterschriften enthielt. Es war genannt nach der Ziege Amalthea, die den Juppiter nährte und deren Horn das Horn des Ueberflusses war, wahrscheinlich um anzudeuten, dass die Lectüre jener Bücher die schönste Nahrung für den Geist sei.

Chilius nos reliquerit] Chilius und Archias, zwei dem Cicero befreundete griechische Dichter, waren von ihm gebeten worden, seine Thaten durch Gedichte zu verherrlichen; aber der erste hatte Rom verlassen, und der andere hatte das gewünschte Werk wohl angefangen, dann aber wieder liegen lassen, weil er, nachdem er die Thaten des Lucullus im Mithridatischen Kriege besungen hatte, wie Cicero wenigstens glaubte, mit einem Gedichte zum Lobe seiner Gönner, der Meteller, beschäftigt war. Dies nennt Cicero Caeciliana fabula, weil die Meteller zur gens Caecilia gehörten, vielleicht auch mit Anspielung auf den Comödiendichter Caecilius Statius, der III, ep. 4, 10 malus auctor Latinitatis genannt wird. Chilius, sonst unbekannt, heisst im Cod. Med. ad Att. I, 9, 2: Chiyllus; I, 12, 2: Thyrlius; hier Chlylius.

16. *Antonio*] C. Antonius, Ciceros College im Consulat, damals Proconsul von Macedonien. Er war dem Atticus beim Eintreiben von Schuldforderungen behülflich gewesen.

Manlio] ad fam. XIII, 22: *T. Manlium, qui negotiatur Thespiis, vehementer diligo.*

valde te venditavi] ich habe dich sehr ausgeboten, ob nicht jemand einen Brief an dich mitnehmen wollte; Liv. XXXVIII, 42, 11: *pacem pretio venditantes;* Cic. ad Att. VIII, 16, 1: *quomodo autem se venditant Caesari.*

17. *Cincius*] ein Geschäftsführer des Atticus.

18. *Lubet mihi facere*] ein dem deinigen ähnliches Amaltheum.

EPISTOLA V.
(AD ATT. I, 19.)
CICERO ATTICO S.

1 Non modo, si mihi tantum esset otii, quantum est tibi, verum etiam, si tam breves epistolas vellem mittere, quam tu soles facere, te superarem et in scripto multo essem crebrior quam tu; sed ad summas atque incredibiles occupationes meas accedit, quod nullam a me sino epistolam ad te sine argumento ac sententia pervenire. Et primum tibi, ut aequum est, civi amanti patriam, quae sunt in re publica, exponam; deinde, quoniam tibi amore nos proximi sumus, scribemus etiam de nobis ea, quae scire te non nolle arbitramur.

2 Atque in re publica nunc quidem maxime Gallici versantur metus; nam Aedui, fratres nostri, pugnant, Helvetii palam pu-

---

EPISTOLA V.
Der Brief ist geschrieben in Rom am 15. März des Jahres 60 unter dem Consulat des L. Afranius und Q. Caecilius Metellus Celer.

1. *multo essem crebrior quam tu*] creber 1) dicht nebeneinander; z. B. Caes. b. Gall. V, 12: *hominum est infinita multitudo creberrimaque aedificia;* auch bei Collectiven: Liv. XXVIII, 37, 7: *grando creberrima;* auch so, dass das, was in einem Dinge dicht nebeneinander ist, im Ablativ steht und dieses Subject wird; z. B. Brut. 7, 29: *grandes erant verbis, crebri sententiis;* 2) dicht nacheinander; z. B. ad fam. XII, 25, 2: *crebras vel potius cotidianas compellationes meas non tulit:* auch von Personen, die etwas oft und in kurzen Zwischenräumen thun; z. B. pro Plancio 34, 83: *sed haec nescio quomodo frequenter in me congessisti saneque in eo creber fuisti,* du hast das oft und zwar rasch nach einander gethan. Aehnlich *multus sum in aliqua re.* — *In scripto* statt *in scribendo,* wie Brut. 56, 207: *his enim scriptis etiam ipse interfui.*

amanti patriam] das Partic. Präs. mit dem Accusativ, obgleich es eine bleibende Eigenschaft bezeichnet, wie Cic. de off. I, 18, 61: *animo humanas res despiciente.*

2. *fratres nostri*] Die Aeduer waren alte Bundesgenossen von Rom. Schon im J. 121 heissen sie amici populi Romani. Caesar bell. Gall. I, 33 sagt *Haeduos fratres consanguineosque saepenumero a senatu appellatos.* Wahrscheinlich fand in diesem Jahre der von Caesar bell. Gall. I, 31 erwähnte Kampf zwischen den Aeduern und den von den Sequanern gerufenen Germanen Statt, der mit der Niederlage der Aeduer bei Admagetobriga endete.

palam] nicht etwa blos als Räuber oder Söldner. Meutzner schlägt vor zu lesen: *atque in re publica nunc quidem maxime Gallici versantur motus; nam Aedui, fratres nostri, pugnam nuper malam pugnarunt et Helvetii sine dubio* u. s. w. Eine ganz befriedigende Emendation der unverständlichen Worte der Handschrift ist noch nicht gefunden.

gnarunt et sine dubio sunt in armis excursionesque in provinciam faciunt. Senatus decrevit, ut consules duas Gallias sortirentur, delectus haberetur, vacationes ne valerent, legati cum auctoritate mitterentur, qui adirent Galliae civitates darentque operam, ne eae se cum Helvetiis iungerent. Legati sunt Q. Metellus Creticus et L. Flaccus et, τὸ ἐπὶ τῇ φακῇ μύρον, Lentulus, Clodiani filius. Atque hoc loco illud non queo praeterire, quod, cum de 3.

sortirentur] Da nach der lex Sempronia de provinciis der Senat die consularischen Provinzen vor der Wahl der Consuln bestimmen musste, also in diesem Falle vor dem Quintilis des vorigen Jahres; da ferner gewöhnlich schon die designirten Consuln die bestimmten Provinzen unter sich verloosten, so wird der hier erwähnte Senatsbeschluss angeordnet haben, dass die Consuln die ihnen bereits decretirten Provinzen mit den beiden Gallien vertauschen und diese sofort antreten sollten.

legati cum auctoritate mitterentur] Legati waren entweder Gehülfen der Statthalter in den Provinzen oder der Feldherren, oder sie waren Gesandte; Varro de ling. Lat. V, 16: *legati, qui lecti publice, quorum opera uteretur peregre magistratus, quive nuntii senatus et populi essent.* Unter den letzteren kann man wieder unterscheiden solche, die nur Botschaften auszurichten hatten, von denen, die bevollmächtigt waren nach eignem Ermessen zu unterhandeln und Anordnungen zu treffen, wie z. B. die decem legati, die nach Beendigung eines Krieges unter Vorbehalt der Genehmigung des Senats die neuen Verhältnisse zu ordnen hatten; z. B. Liv. XXXIII, 24: *decem legati, quorum ex consilio T. Quinctius imperator leges pacis Philippo daret, decreti.* Legati der ersten Klasse heissen bei Cic. in Vat. 15, 35: *ministri muneris provincialis,* die der zweiten *nuntii pacis ac belli, oratores, interpretes,* die der dritten Klasse *bellici consilii auctores.* An diese letzten könnte man bei *legati cum auctoritate* denken; denn *auctoritas legum dandarum* bei Cic. in Verr. II, 49 heisst die Vollmacht Gesetze zu geben. Indessen *auctoritas* müsste dann einen Genitiv bei sich haben, um so mehr als auch die blossen Botschafter nicht ohne Vollmacht waren. Besser ist es unter *legatus cum auctoritate* einen wirklichen legatus publicus populi Romani zu verstehen, im Gegensatz von einem politischen Agenten, der nicht officiell, *oratoris modo,* unterhandelt, wie z. B. Caesar vom Commius bell. Gall. IV, 27, 3 sagt: *cum ad eos oratoris modo Caesaris mandata deferret.* Aehnlich wird *ex auctoritate* von Caesar gebraucht bell. civil. I, 35: *cuius orationem legati domum referunt atque ex auctoritate haec Caesari renuntiant.*

Helvetiis] Die Helvetier brachen zwar erst 58 in Gallien ein, aber schon 61 (Caes. b. Gall. I, 3), und zwar vor der Niederlage der Aeduer, denn über diese herrschte noch Divitiacus (Caes. a. a. O.), der nachher weichen musste, hatten sie den Entschluss dazu gefasst, und das musste in Rom schon lange, bevor dieser Brief geschrieben ist, bekannt gewesen sein.

τὸ ἐπὶ τῇ φακῇ μύρον] Griechisches Sprüchwort: Myrrhenöl zu Linsen, d. i. verdirb nicht Kostbares dadurch, dass du es Schlechtem zumischst. Cicero hielt den Lentulus für unwürdig und spielt nun auf den Namen an, denn lens heisst die Linse.

consularibus mea prima sors exisset, una voce senatus frequens retinendum me in urbe censuit. Hoc idem post me Pompeio accidit; ut nos duo quasi pignora rei publicae retineri videremur. Quid enim ego aliorum in me ἐπιφωνήματα exspectem, cum haec domi innascantur?

4 Urbanae autem res sic se habent. Agraria lex a Flavio tribuno plebis vehementer agitabatur auctore Pompeio; quae nihil populare habebat praeter auctorem. Ex hac ego lege secunda contionis voluntate omnia illa tollebam, quae ad privatorum incommodum pertinebant; liberabam agrum eum, qui P. Mucio, L. Calpurnio consulibus publicus fuisset; Sullanorum hominum possessiones confirmabam; Volaterranos et Arretinos, quorum agrum Sulla publicarat neque diviserat, in sua possessione retinebam; unam rationem non reiiciebam, ut ager hac adventicia pecunia emeretur, quae ex novis vectigalibus per quinquennium reciperetur. Huic toti rationi agrariae senatus adversabatur, suspicans Pompeio novam quandam potentiam quaeri. Pompeius vero ad voluntatem perferendae legis incubuerat. Ego autem magna cum agrariorum gratia confirmabam omnium privatorum possessiones; is enim est noster exercitus, hominum, ut tute scis, locupletium; populo autem et Pompeio, nam id quoque volebam, satisfaciebam emptione, qua constituta diligenter et sentinam urbis exhauriri et Italiae solitudinem frequentari posse arbitrabar. Sed haec tota res

---

3. *Quid enim ego aliorum*] Cicero hat das Verfahren des Senats sehr zu seinen Gunsten gedeutet und fährt nun scherzend fort: denn warum soll ich denn andern überlassen, was darin Rühmliches für mich liegt, in's Licht zu setzen, da ich ein anerkannter Meister in Lobreden bin.

4. *lex a Flavio*] Die schon im Januar promulgirte lex Flavia agraria verordnete: 1) es sollte das, was noch vom ager publicus übrig war, an die Bedürftigen vertheilt werden; 2) es sollten ausserdem Ländereien zur Vertheilung angekauft werden von dem fünfjährigen Ertrage der neuen Steuern, die Pompeius in Asien eingerichtet hatte.

auctore Pompeio] Pompeius wollte auf diese Weise seinen Soldaten die versprochenen Ländereien verschaffen.

liberabam agrum] Cicero wollte alle Besitzer von Staatsäckern in ihrem Besitz erhalten; denn weiter unten sagt er: confirmabam omnium privatorum possessiones. Er verlangte also, dass vom Gesetz ausgenommen würden: 1) alle die Staatsländereien, welche a. 133 unter dem Tribunat des Ti. Gracchus im Besitz von Privatpersonen gewesen wären; 2) alles Land, was die Sullaner widerrechtlich in Besitz genommen hatten, denn das, was ihnen förmlich zugewiesen (assignare) war, war ohnehin frei; 3) das Land der Volaterraner und Arretiner, die sich zu Marius gehalten hatten, welches Land von Sulla zu Staatsacker erklärt, aber noch nicht vertheilt war.

interpellata bello refrixerat. Metellus est consul sane bonus et
nos admodum diligit, ille alter ita nihil est, ut plane quid emerit
nesciat. Haec sunt in re publica; nisi etiam illud ad rem publicam 5
putas pertinere, Herennium quendam, tribunum plebis, tribulem
tuum, sane hominem nequam atque egentem, saepe iam de P.
Clodio ad plebem traducendo agere coepisse. Huic frequenter
intercediṭur. Haec sunt, ut ŏpinor, in re publica.

Ego autem, ut semel Nonarum illarum Decembrium iunctam 6
invidia ac multorum inimicitiis eximiam quandam atque immor-
talem gloriam consecutus sum, non destiti eadem animi magnitudine in re publica versari et illam institutam ac susceptam dignitatem tueri; sed posteaquam primum Clodii absolutione levitatem infirmitatemque iudiciorum perspexi, deinde vidi nostros
publicanos facile a senatu disiungi, quamquam a me ipso non
divellerentur, tum autem beatos homines — hos piscinarios dico,

quid emerit] Er hat keine Vor-
stellung davon, was das Consulat
ist, das er durch Bestechung erlangt hat; ad Att. I, 20, 5: *Auli filius ita se gerit, ut eius consulatus non consulatus sit, sed Magni
nostri* ὑπώπιον.

5. *Herennium quendam*] Clodius
wünschte in den Plebejerstand über-
zutreten (transire ad plebem), um
Tribun werden und sich an Cicero
für die vielen Schmähungen rächen
zu können. Das konnte nur geschehen, wenn ein Plebejer ihn
adoptirte; eine Adoption Erwach-
sener (arrogatio) aber war nur gültig, wenn die Curien unter Hinzu-
ziehung der Pontifices ihre Einwil-
ligung gaben. Da nun eine solche
lex curiata wegen der vielen zu
beobachtenden Förmlichkeiten leicht
zu hindern, also auch sehr schwer
zu erlangen war, so beantragte der
Tribun Herennius in den Tributco-
mitien ein Gesetz, wonach über Clodius Sache ausnahmsweise die Centuriatcomitien entscheiden sollten.
Der Vorschlag ist nicht zur Abstimmung gebracht worden, aber im
folgenden Jahre ist Clodius in Folge
einer vom Consul Cäsar durchge-
setzten lex curiata von dem kaum
20 Jahr alten P. Fonteius adoptirt
und demnächst für das Jahr 58 zum
Tribun erwählt worden.

frequenter interceditur] nicht
oft, sondern von vielen, wie bei
Liv. I, 11, 4: *Romam inde frequenter migratum est, a parentibus
maxime ac propinquis raptarum.*

6. *Nonarum illarum Decembr.*]
An diesem Tage hatte Cicero die
Catilinarier hinrichten lassen.

Clodii absolutione] s. ad Att. I,
16. (I, 4).

publicanos] Die Steuerpächter,
welche zum Ritterstande gehörten,
waren damals mit dem Senate gespannt, 1) weil am Ende des vorigen
Jahres in Folge der Freisprechung
des Clodius nach einem Senatsbeschluss ein Gesetz beantragt worden war, *ut de iis, qui ob rem iudicandam pecuniam accepissent, quae-
reretur;* 2) weil die Pächter der
asiatischen Gefälle ihre Forderung,
dass die Pachtsumme herabgesetzt
würde, im Senat nicht hatten durchsetzen können.

a me ipso] Cicero hatte bei jenen
Verhandlungen für die publicani geredet.

piscinarios] Das sind Leute, wie
Hortensius und Lucullus, denen

amicos tuos — non obscure nobis invidere, putavi mihi maiores
7 quasdam opes et firmiora praesidia esse quaerenda. Itaque primum eum, qui nimium diu de rebus nostris tacuerat, Pompeium, adduxi in eam voluntatem, ut in senatu non semel, sed saepe multisque verbis huius mihi salutem imperii atque orbis terrarum adiudicarit. Quod non tam interfuit mea, neque enim res illae aut ita sunt obscurae, ut testimonium, aut ita dubiae, ut laudationem desiderent, quam rei publicae; quod erant quidam improbi, qui contentionem fore aliquam mihi cum Pompeio ex rerum illarum dissensione arbitrarentur. Cum hoc ego me tanta familiaritate coniunxi, ut uterque nostrum in sua ratione munitior
8 et in re publica firmior hac coniunctione esse possit. Odia autem illa libidinosae et delicatae iuventutis, quae erant in me incitata, sic mitigata sunt comitate quadam mea, me unum ut omnes illi colant. Nihil enim denique a me asperum in quemquam fit, nec tamen quicquam populare ac dissolutum; sed ita temperata tota ratio est, ut rei publicae constantiam praestem, privatis meis

ihre Landhäuser, ihre Teiche mit seltenen Fischen u. s. w. über alles gingen; ad Att. I, 18, 6: *ceteros iam nosti; qui ita sunt stulti, ut amissa re publica piscinas suas fore salvas sperare videantur;* ad Att. II, 1, 7: *nostri principes digito se caelum putant attingere, si mulli barbati in piscinis sint, qui ad manum accedant.*

7. *huius - imperii*] s. zu II, 4, 1.
ex rerum illarum dissensione] Meinungsverschiedenheit über die Behandlung der Catilinarier. S. zu ad fam V, 7. (I, 3.)

in sua ratione munitior] Wir sind nun mehr befestigt in unserer politischen Ansicht (Gesinnung) und haben auch eine mehr gesicherte Stellung im Staate. Ebenso steht ratio ad Att. I, 20, 2: *a meis consiliis ratio tua non abhorret;* pro Flacco 42, 106: *cui si patrem conservatis, qualis ipse debeat esse civis praescribetis; sin eripitis, ostendetis bonae rationi et constanti et gravi nullum a vobis fructum esse propositum.*

8. *me unum*] heisst nicht: alle jene ehren ausser mir niemanden, auch nicht: ich bin der einzige, der bei allen beliebt ist, sondern: alle jene Leute ehren mich am meisten. Unus bedeutet also hier, was sonst unus in Verbindung mit einem Superlativ; Nep. Milt. 1: *cum modestia unus omnium maxime floreret.* Ebenso ist es ad Q.fr.II,6,5: *Racilius, qui unus* (= unus optimus) *est hoc tempore tribunus pl.*, ferner Hor. sat. II, 3, 24: *hortos egregiasque domos mercarier unus cum lucro noram;* id. II, 6, 57: *iurantem me scire nihil mirantur, ut unum scilicet egregii mortalem altique silenti.*

nihil enim denique] Cicero zählt die Massregeln auf, wodurch er seine Stellung verbessert hat: Freundschaft des Pompeius, Versöhnung der Feinde, endlich vorsichtiges Betragen gegen Jedermann. Dies letzte aber fügt er als Begründung dem zweiten hinzu: denn, und dies ist das letzte, u. s. w.

tota ratio] Verfahrungsweise, Betragen: ad Att. VI, 1, 2: *dissimilitudo meae rationis offendit hominem.*

rebus propter infirmitatem bonorum, iniquitatem malevolorum, odium in me improborum adhibeam quandam cautionem et diligentiam; atque ita tamen, etsi eis novis amicitiis implicati sumus, ut crebro mihi vafer ille Siculus insusurret cantilenam illam suam:

Νᾶφε καὶ μέμνασ' ἀπιστεῖν. ἄρθρα ταῦτα τᾶν φρενῶν.

Ac nostrae quidem rationis ac vitae quasi quandam formam, ut opinor, vides.

De tuo autem negotio saepe ad me scribis; cui mederi nunc 9 non possumus. Est enim illud senatus consultum summa pedariorum voluntate, nullius nostrum auctoritate factum. Nam quod me esse ad scribendum vides, ex ipso senatus consulto intellegere potes aliam rem tum relatam, hoc autem de populis liberis sine

---

atque ita tamen, etsi] In meinen Privatangelegenheiten beobachte ich eine gewisse Vorsicht und verschmähe nicht mehr Verbindungen, die eigentlich meiner unwürdig sind (diligentiam); immer aber doch so, dass, wenn ich mich auf diese neuen Freundschaften einlasse, ich mich doch sehr hüte ihnen zu sehr zu trauen.

νᾶφε] νάφω dorisch für νήφω. Cic. de petit. cons. 10: *quamobrem Ἐπιχάρμειον illud teneto: nervos atque artus esse sapientiae non temere credere*. Epicharmus war ein Komödiendichter am Hofe des Königs Hiero von Syrakus.

9. *De tuo autem negotio*] Atticus hatte von Sicyon, was eine civitas libera war, Geld zu fordern und gedachte dies der Stadt abzupressen mit Hülfe des C. Antonius, dem als Proconsul von Macedonien auch Achaia unterworfen war, und an den ihm Cicero einen Empfehlungsbrief (ad fam. V, 5) mitgegeben hatte. Es wurde aber ein Senatsbeschluss gefasst, *ne proconsulibus de pecuniis creditis ius in liberos populos dicere liceret*, und dieser Senatsbeschluss wurde im folgenden Jahre durch die lex Iulia de pecuniis repetundis bestätigt.

pedariorum] Pedarii sind diejenigen Senatoren, welche keine Aem-

ter bekleidet hatten und bei der Umfrage nicht gefragt wurden, sondern nur an der Abstimmung (discessio) Theil nahmen, indem sie entweder zu den Bejahenden oder Verneinenden traten, also gewissermassen pedibus votirten.

nullius nostrum auctoritate] nämlich der Consularen.

esse ad scribendum] War ein Senatsbeschluss gefasst, so wurden einige von denen, die dafür gewesen waren, beauftragt den Beschluss abzufassen. Von ihnen sagte man: *adfuerunt scribendo* oder *fuerunt ad scribendum*, d. i. sie waren da um abzufassen, nicht: sie waren bei dem Niederschreiben zugegen, wie das aus der Redensart *ponor ad scribendum* ad fam. IX, 15, 4 erhellt und auch aus ad fam. XV, 6, 2: *res ipsa declarat tibi illum honorem nostrum supplicationis iucundum fuisse, quod scribendo adfuisti. Haec enim senatus consulta non ignoro ab amicissimis eius, cuius de honore agitur, scribi solere*. Die Namen dieser Männer wurden dem Senatsbeschluss vorangesetzt (auctoritates praescriptae; s. zu I, 2, 4). Da nun der in Rede stehende Beschluss dem Atticus vorlag, so hat das Praesens esse nichts Auffallendes.

causa additum; et ita factum est a P. Servilio filio, qui in postremis sententiam dixit; sed mutari hoc tempore non potest. Itaque conventus, qui initio celebrabantur, iam diu fieri desierunt. Tu si tuis blanditiis tamen a Sicyoniis nummulorum aliquid expresseris, velim me facias certiorem.

10   Commentarium consulatus mei Graece compositum misi ad te; in quo si quid erit, quod homini Attico minus Graecum eruditumque videatur, non dicam, quod tibi, ut opinor, Panormi Lucullus de suis historiis dixerat, se, quo facilius illas probaret Romani hominis esse, idcirco barbara quaedam et σόλοικα dispersisse. Apud me si quid erit eiusmodi, me imprudente erit et invito. Latinum si perfecero, ad te mittam. Tertium poema exspectato, ne quod genus a me ipso laudis meae praetermittatur. Hic tu cave dicas, τίς πατέρ᾽ αἰνήσει; si est enim apud homines quicquam, quod potius sit, laudetur, nos vituperemur, qui non potius alia laudemus. Quamquam non ἐγκωμιαστικά sunt haec,
11   sed ἱστορικά, quae scribimus. Quintus frater se purgat mihi per litteras et affirmat nihil a se cuiquam de te secus esse dictum. Verum haec nobis coram summa cura et diligentia sunt agenda; tu modo nos revise aliquando. Cossinius hic, cui dedi litteras,

---

in postremis] P. Servilius war Praetor im J. 54: er stimmte also damals wahrscheinlich noch unter den gewesenen Quaestoren, den quaestoriis, die zuletzt gefragt wurden.

conventus] nämlich derjenigen, welche den Beschluss zurückgenommen haben wollten.

10. *Lucullus*] L. Lucullus, der mit Mithridates kämpfte, hat eine Geschichte des marsischen Krieges in griechischer Sprache geschrieben.

Latinum si perfecero] Den lateinischen commentarius de consulatu suo hat Cicero wahrscheinlich nicht vollendet. S. zu II, 1, 8.

tertium poema] Das Gedicht über sein Consulat hat Cicero in diesem Jahre vollendet, denn ad Att. II, 3, 3 führt er aus dem dritten und letzten Buche einige Verse an.

τίς πατέρ᾽ αἰνήσει] Diogenianus paroemiographus VIII, 46: τίς πατέρ᾽ αἰνήσει, εἰ μὴ κακοδαίμονα τέκνα; ἐπὶ τῶν προγονικὰ ἀνδραγαθήματα ἀπορίᾳ ἰδίᾳ προςφερόντων. Da, wie der Zusammenhang lehrt, Cicero des Atticus Tadel fürchtet, nicht weil er den Vater, sondern weil er sich selbst lobt, so kann der Sinn des Sprüchworts hier nur der sein: wer den Vater lobt, verräth Mangel an eignem Verdienst, wer sich selbst lobt, noch mehr.

quod potius sit] Denn, wenn es etwas Ruhmwürdigeres giebt, so mag das gelobt und ich getadelt werden, dass ich nicht dieses lieber lobe.

11. *Quintus frater*] Q. Cicero, der mit seiner Gemahlin in Unfrieden lebte und glauben mochte, Atticus nähre den Unfrieden, hatte von Thessalonich aus in einer gereizten Stimmung an ihn geschrieben, und man sagte auch, er hätte auf der Reise nicht gut von ihm geredet.

revise aliquando] = tandem aliquando: ad fam. VII, 12, 2: *modo scribe aliquando ad nos quid agas*; ad fam. VII, 17, 1: *te aliquando*

valde mihi bonus homo et non levis et amans tui visus est et talis, qualem esse eum tuae mihi litterae nuntiarant. Idibus Martiis.

EPISTOLA VI.
(AD ATT. II, 16.)
CICERO ATTICO S.

Caenato mihi et iam dormitanti prid. Kal. Mai. epistola est 1 illa reddita, in qua de agro Campano scribis. Quid quaeris? Primo ita me pupugit, ut somnum mihi ademerit, sed id cogitatione magis quam molestia. Cogitanti autem haec fere succurrebant: primum ex eo, quod superioribus litteris scripseras, ex familiari te illius audisse prolatum iri aliquid, quod nemo improbaret, maius aliquid timueram; hoc mihi eiusmodi non videbatur. Deinde, ut me ego consoler, omnis exspectatio largitionis agrariae in agrum Campanum videtur esse derivata; qui ager, ut dena iugera sint, non amplius hominum quinque milia potest sustinere; reli-

---

collaudare possum, quod iam videris certa aliqua in sententia constitisse; ad Att. I, 4, 1: *putamus enim utile esse te aliquando iam rem transigere.*

EPISTOLA VI.
Der Brief ist geschrieben im Formianischen Landgute in den ersten Tagen des Mai im Jahre 59 im Consulat des Caesar und Bibulus. Um sich der Theilnahme an den Verhandlungen über Caesars Ackergesetz zu entziehen, lebte Cicero seit dem März auf seinen Landgütern und kehrte erst im Juni nach Rom zurück. Atticus war damals in Rom.

1. *de agro Campano*] Caesar hat in seinem Consulat zwei Ackergesetze gegeben. Nach dem ersten sollte aller ager publicus in Italien mit Ausnahme des ager Campanus an die Plebs vertheilt werden und ausserdem sollten Ländereien zu dem Preise, auf welchen sie im letzten Census abgeschätzt wären, zu demselben Zwecke angekauft wer-

den. Diese lex Iulia agraria wurde im April gegen den heftigen Widerstand der Optimaten mit Gewalt durchgesetzt. Es fanden sich aber nicht Aecker genug, um alle, die Anspruch machten, zu befriedigen. Caesar beantragte also in den letzten Tagen des April ein zweites Gesetz, wonach der ager Campanus, der bisher von den Censoren verpachtet worden war, an solche Leute vertheilt werden sollte, die drei oder mehr Kinder hätten.

illius] Caesaris.

ut dena iugera sint] vorausgesetzt, dass jeder zehn Jugera erhalten soll.

quinque milia] Caesar hat 20000 Menschen in Campanien angesiedelt. Er hat den campus Stellatis, der zwischen dem Vulturnus und Savo jenseits des mons Callicula lag, hinzugefügt und wahrscheinlich auch Ländereien, die in Privateigenthum übergegangen waren, zu dem ager publicus hinzugekauft.

qua omnis multitudo ab illis abalienetur necesse est. Praeterea, si ulla res est, quae bonorum animos, quos iam video esse commotos, vehementius possit incendere, haec certe est, et eo magis. quod portoriis Italiae sublatis, agro Campano diviso, quod vectigal superest domesticum praeter vicesimam? quae mihi videtur una contiuncula clamore pedisequorum nostrorum esse peritura.

2 Gnaeus quidem noster iam plane quid cogitet nescio;

φυσᾷ γὰρ οὐ σμικροῖσιν αὐλίσκοις ἔτι.
ἀλλ' ἀγρίαις φύσαισι φορβειᾶς ἄτερ·

qui quidem etiam istuc adduci potuerit. Nam adhuc haec *ἐσοφί-ζετο*: se leges Caesaris probare, actiones ipsum praestare debere; agrariam legem sibi placuisse, potuerit intercedi necne nihil ad se pertinere; de rege Alexandrino placuisse sibi aliquando confici, Bibulus de caelo tum servasset necne sibi quaerendum non fuisse;

illis] Caesar, Pompeius und Crassus.

portoriis sublatis] Die Zölle in Italien waren im Jahre vorher 60 durch ein Gesetz des Praetor Q. Caecilius Metellus abgeschafft worden.

quod vectigal] statt *nullum vectigal*. Der Nebensatz ist in Frageform fortgesetzt, wie de nat. deor. III, 30, 74: *veniamus in forum. Sessum it praetor; quid ut iudicetur?* Liv. VI, 38, 11: *suffectus est P. Manlius dictator, quem quid creari attinebat ad id certamen, quo M. Furius victus esset?* Aehnlich ist auch ad Att. XI, 25, 1: *omnia fecimus iis erroribus et miseriis et animi et corporis, quibus proximi utinam mederi maluissent!*

domesticum] in Italien erhoben.

vicesimam] nämlich *manumissionum*, d. i. 5 Procent vom Werthe der freizulassenden Sclaven.

2. *φυσᾷ γὰρ*] ein Fragment des Sophokles; *φορβειά*, eine lederne Binde, die um die Lippen und Backen des Flötenspielers gelegt wurde, um das Blasen zu mässigen. Der Sinn ist: was Pompeius sich dabei denkt, weiss ich ganz und gar nicht; denn er blässt doch gar zu sehr auf dem grossen Horn, d. i. er beachtet weder die Gesetze noch die öffentliche Meinung, da er sich sogar zur Billigung des Campanischen Gesetzes hat verleiten lassen. Denn bisher konnte er immer noch sagen: Cäsars Gesetze sind heilsam; die Art, wie er sie durchsetzte, hat er zu vertreten. Bei diesem Gesetze aber ist der Inhalt und die Art, wie es zu Stande gekommen ist, gleich verwerflich.

potuerit intercedi necne] ob mit Recht oder nicht; s. zu I, 16, 4. Es hatten der ersten lex Iulia agraria drei Tribunen intercedirt.

de rege Alexandrino] Ptolemaeus Auletes, ein verächtlicher Mensch, mit dem die Aegypter höchst unzufrieden waren und dessen Recht auf den Thron streitig war, hatte, um den Schutz der Römer zu gewinnen, den Pompeius, als er in Syrien war, mit bedeutenden Summen unterstützt. Jetzt hatte er auf Cäsars Antrag den Titel Freund und Bundesgenosse des römischen Volkes erlangt.

Bibulus de caelo tum servasset] servare de caelo (*παρατηρεῖν τὰ ἐκ τοῦ οὐρανοῦ γιγνόμενα*) bedeutet: Blitze und ähnliche Erscheinungen am Himmel aufsuchen, nicht: sie wahrnehmen. Da es aber ein alter Grundsatz der Augurallehre war, *Iove tonante fulgurante comitia populi habere nefas* (Cic. de div. II, 18), und da die Erklärung eines

de publicanis voluisse illi ordini commodare, quid futurum fuerit, si Bibulus tum in forum descendisset, se divinare non potuisse. Nunc vero, Sampsicerame, quid dices? vectigal te nobis in monte Antilibano constituisse, agri Campani abstulisse? quid, hoc quemadmodum obtinebis? Oppressos vos, inquit, tenebo exercitu Caesaris. Non mehercule me tu quidem tam isto exercitu quam ingratis animis eorum hominum, qui appellantur boni, qui mihi non modo praemiorum sed ne sermonum quidem unquam fructum ullum aut gratiam retulerunt. Quodsi in eam me partem 3 incitarem, profecto iam aliquam reperirem resistendi viam. Nunc prorsus hoc statui, ut, quoniam tanta controversia est Dicaearcho, familiari tuo, cum Theophrasto, amico meo, ut ille tuus τὸν

Magistrats, er hätte Blitze gesehen, genügte, so machte schon seine Ankündigung (*obnuntiare*), er werde den Himmel beobachten, den ganzen Tag für Comitien untauglich. Bei der lex Iulia hatte Bibulus erklärt, er werde an allen noch übrigen Comitialtagen des Jahres den Himmel beobachten.
de publicanis] s. zu I, 5, 6. Caesar hatte durchgesetzt, dass in Anbetracht der Verluste, die die Steuerpächter von Asien durch den Mithridatischen Krieg erlitten hätten, ihnen der dritte Theil der Pachtsumme erlassen würde. Der Subjectsaccusativ *se* bei *voluisse* weggelassen, wie I, 4, 10; ferner ad Att. XIV, 21, 2: *quam facile perspiceres* (eum) *timere otium;* pro Sestio 7, 15: *hunc Cn. Pompeius devinxerat nihil contra me esse facturum;* pro Rosc. Am. 22, 61: *Confitere* (te) *huc ea spe venisse.*
quid futurum fuerit] Bibulus war, als über die lex agraria abgestimmt werden sollte, auf dem Forum misshandelt worden.
Sampsicerame] ein kleiner Fürst von Emesa in Cölesyrien, den Pompeius besiegt und in seinem Bericht vielleicht mit zu hochtrabenden Worten aufgeführt hatte; daher ein Spottname für ihn.
Non mehercule me] nämlich op-
pressum tenebis. Cicero wollte durch Caesars Heer sich nicht vom Widerstande abhalten lassen, wenn er nur hoffen könnte, dass in dem Handel mit Clodius die Optimaten ihn nicht im Stiche lassen würden.
qui appellantur boni, qui] Zwei Relativsätze werden nicht durch *et* verbunden, wenn der zweite auf das Beziehungswort und den ersten Relativsatz zusammen sich bezieht.
praemiorum] der Genitivus definitivus, die Furcht, die darin besteht, wie Cic. de senect. 18, 62: *honeste acta superior aetas fructus capit auctoritatis extremos,* oder Caes. bell. civ. III, 72: *parvae causae vel falsae suspicionis vel terroris repentini,* kleine Ursachen, nämlich u. s. w.; Quint. X, 7, 17: *eloquentia maxime praesenti fructu laudis opinionisque ducatur.*
3. *Quodsi in eam me partem*] wenn ich mich nach dieser Richtung hin aufregen, d. i. dazu, ihm entgegen zu treten, entschliessen wollte. *Incitare aliquem* gewöhnlich *ad aliquid,* aber auch mit *in;* z. B. ad fam. XII, 16, 2: *studiis, in quae tua cohortatione incitatur.* Caes. bell. civ. II, 14, 3: *alii ex castris sese incitant.*
Dicaearcho] Dicaearchus aus Messana, Schüler des Aristoteles. Von einer seiner vielen Schriften, Βίος τῆς Ἑλλάδος, ist ein Bruch-

πρακτικὸν βίον longe omnibus anteponat, hic autem τὸν θεωρητικόν, utrique a me mos gestus esse videatur. Puto enim me Dicaearcho affatim satisfecisse; respicio nunc ad hanc familiam, quae mihi non modo ut requiescam permittit, sed reprehendit, quia non semper quierim. Quare incumbamus, o noster Tite, ad illa praeclara studia et eo, unde discedere non oportuit, aliquando revertamur.

4   Quod de Quinti fratris epistola scribis, ad me quoque fuit πρόσθε λέων, ὄπιθεν δὲ —. Quid dicam nescio; nam ita deplorat primis versibus mansionem suam, ut quemvis movere possit; ita rursus remittit, ut me roget, ut annales suos emendem et edam. Illud tamen, quod scribis, animadvertas velim de portorio circumvectionis. Ait se de consilii sententia rem ad senatum reie-

stück in einer späteren Bearbeitung auf uns gekommen. Theophrastus aus Eresos auf Lesbos, erst Schüler des Plato, dann des Aristoteles Nachfolger als Haupt der peripatetischen Schule.

ad hanc familiam] Philosophenschule, wie de div. II, 1, 3: *magnus locus philosophiaeque proprius a Platone, Aristotele, Theophrasto totaque Peripateticorum familia tractatus uberrime.*

4. *πρόσθε λέων, ὄπιθεν δὲ*] Man kann nicht übersetzen: vorn ein Löwe, hinten ich weiss nicht was: denn Quintus mit seinen Klagen hat nichts gemein mit einem Löwen. Cicero führt seiner Gewohnheit gemäss nur die Anfangsworte an, meint aber den ganzen Vers Il. ζ, 181: πρόσθε λέων, ὄπιθεν δὲ δράκων, μέσση δὲ χίμαιρα. Das tertium comparationis ist die Mannichfaltigkeit, dort der Gestalt, hier der Stimmung. Erst klagt Quintus, dass es einen Stein erbarmen möchte, und gleich darauf wird er wieder so ruhig, dass er sogar an seine Annalen denkt.

mansionem suam] Q. Cicero verwaltete nach der Praetur Asien drei Jahre 61—59; seine Hoffnung, schon nach dem ersten Jahre einen Nachfolger zu erhalten, war durch seinen Bruder vereitelt worden.

quod scribis] d. i. quod te animadvertere scribis. Dieselbe Ellipse ad Att. XIII, 31, 2: *Dicaearchi, quos scribis, libros sane velim mihi mittas;* ib. 4: *aggredere Othonem, ut scribis;* XIII, 23, 3: *mea mandata, ut scribis, explica.*

de portorio circumvectionis] Durchgangszoll wurde in den einzelnen Provinzen gezahlt, ausser wenn ein Schiff an einer Zollstätte die Waaren gar nicht auslud. Strabo XVII, 1, 13: στόλοι μεγάλοι στέλλονται μέχρι τῆς Ἰνδικῆς καὶ τῶν ἄκρων τῶν Αἰθιοπικῶν, ἐξ ὧν ὁ πολυτιμότατος κομίζεται φόρτος εἰς τὴν Αἴγυπτον, κἀντεῦθεν πάλιν εἰς τοὺς ἄλλους ἐκπέμπεται τόπους· ὥστε τὰ τέλη διπλάσια συνάγεται, τὰ μὲν εἰσαγωγικά, τὰ δὲ ἐξαγωγικά. Vgl. Cic. in Verr. II, 75; ferner L. 16, § 8 Dig. de publ. (39, 4): *si propter necessitatem adversae tempestatis expositum onus fuerit, non debere hoc commisso* (Confiscation) *vindicari, divi fratres* (Antoninus Philosophus und Verus) *rescripserunt.* Das portorium circumvectionis kann also nur von solchen Waaren erhoben sein, die bereits versteuert des Verkaufs wegen innerhalb derselben Provinz aus einer Stadt in die andere gebracht wurden.

de consilii sententia] Consilium,

cisse. Nondum videlicet meas litteras legerat, quibus ad eum re consulta et explorata rescripseram non deberi. Velim, si qui Graeci iam Romam ex Asia de ea causa venerunt, videas et, si tibi videbitur, his demonstres quid ego de ea re sentiam. Si possum discedere, ne causa optima in senatu pereat, ego satisfaciam publicanis; εἰ δὲ μή, — vere tecum loquar — in hac re malo universae Asiae et negotiatoribus; nam eorum quoque vehementer interest. Hoc ego sentio valde nobis opus esse. Sed tu id videbis. Quaestores autem, quaeso, num etiam de cistophoro dubitant? Nam, si aliud nihil erit, cum erimus omnia experti, ego ne illud quidem contemnam, quod extremum est. Te in Arpinati videbimus et hospitio agresti accipiemus, quoniam maritimum hoc contempsisti.

ein aus den Begleitern des Statthalters (cohors praetoria) und den angesehnsten römischen Bürgern eines jeden Gerichtssprengels (conventus) bestehende Versammlung, welche unter dem Vorsitz des Statthalters die Rechtsfälle entschied.

Si possum discedere] Wenn ich zu der Zeit, wo die Sache im Senat verhandelt wird, ohne Anstoss zu geben, mich von Rom entfernen und so der Abstimmung enthalten kann, so will ich es thun und insoweit den Publicanen Genüge leisten, damit nicht die Sache der Optimaten, die wesentlich auf der Eintracht des Senats und der Ritter beruht, im Senat zu Grunde gehe.

malo universae Asiae] alicui velle, wie das noch häufigere alicuius causa velle, einem günstig gesinnt sein, für einen sein; z. B. ad fam. I, 1, 3: *cui qui nolunt, iidem tibi non sunt amici;* ad Q. fr. I, 2, 10: *quid? ego Fundanio non cupio? non amicus sum?*

negotiatoribus] Die negotiatores waren römische Bürger, die den Provincialen Geld zu wucherischen Zinsen vorstreckten und grosse Handelsspeculationen unternahmen. Ihnen lag also auch daran, dass jenes portorium nicht gezahlt zu werden brauchte.

de cistophoro] Cistophorus Landesmünze der Provinz Asien = $2\frac{1}{2}$ Denar; es war darauf die heilige Kiste des Bellonatempels geprägt. Zu der ganzen Stelle ist zu vergleichen ad Att. II, 6, 2: *scripsi ad quaestores urbanos de Quinti fratris negotio. Vide quid narrent, ecquae spes sit denarii an cistophoro Pompeiano iaceamus.* Q. Cicero, der Propraetor von Asien, wollte die ihm für das dritte Jahr zustehenden *cibaria* (d. i. Entschädigung für die Kosten seines Unterhalts) lieber in Rom ausgezahlt erhalten, als, wie es üblich war, in Asien aus der Kasse der Publicanen. Sein Bruder verlangte nun von den quaestores urbani die volle Summe in Denaren; diese aber wollten nur Cistophoren zahlen, d. i. so viel weniger als die Cistophoren in Rom weniger galten als in Asien. Cicero hat das Geld erhalten (ad Q. fr. I, 3, 7), wahrscheinlich mit dem erwähnten Abzug; denn das ist das äusserste Zugeständniss, von dem er hier redet.

maritimum hoc] die Bewirthung auf dem Formianum.

EPISTOLA VII.
(AD ATT. II, 21.)
CICERO ATTICO S.

1 De re publica quid ego tibi subtiliter? Tota periit atque hoc est miserior quam reliquisti, quod tum videbatur eiusmodi dominatio civitatem oppressisse, quae iucunda esset multitudini, bonis autem ita molesta, ut tamen sine pernicie, nunc repente tanto in odio est omnibus, ut quorsus eruptura sit horreamus. Nam iracundiam atque intemperantiam illorum sumus experti, qui Catoni irati omnia perdiderunt, sed ita lenibus uti videbantur venenis, ut posse videremur sine dolore interire; nunc vero sibilis vulgi, sermonibus honestorum, fremitu Italiae vereor ne exarserint.

2 Equidem sperabam, ut saepe etiam loqui tecum solebam, sic or-

---

EPISTOLA VII.
Der Brief ist geschrieben in Rom am Ende des Quintilis 59 im Consulat des Cäsar und Bibulus. Atticus befand sich auf seinen Gütern in Epirus.

1. *subtiliter*] genau, nämlich scribam: ad Att. I, 13, 4: *sed haec ad te scribam alias subtilius; nam neque adhuc mihi satis nota sunt et huic terrae filio nescio cui committere epistolam tantis de rebus non audeo.*

ut tamen sine pernicie] Auch von Cicero werden zuweilen in Nebensätzen nach Conjunctionen und Relativen Formen von *esse* ausgelassen, und nicht blos Formen des Indicativs, sondern auch des Conjunctivs: z. B. ad Att. V, 3, 1: *qui de re publica rumores, scribe quaeso;* VII, 13ᵃ, 1: *quorum dux quam ἀστρατήγητος, tu quoque animadvertis;* ebenda: *quam autem sine consilio, res testis;* IX, 11, 1: *etsi vix verisimile* (erat); XIV, 5, 2: *sed vides magistratus, si quidem illi magistratus;* XIV, 9, 1: *dii immortales, quam mihi ista pro nihilo.*

nunc repente] Fortsetzung des Satzes mit *quod;* Subject *eadem dominatio.*

Nam iracundiam] denn, wenn wir auch damals schon kennen lernten u. s. w. Der Nebengedanke ist coordinirt, wie dies nach nam und itaque nicht selten geschieht. S. II, 2, 8.

Catoni irati] heisst nicht: aus Hass gegen den Cato haben die Triumvirn ihre Gesetze gegeben und damit die Republik umgestürzt; sondern: erbittert über den Widerstand des Cato haben die Triumviru bei ihren Gesetzen die Intercession und die Auspicien nicht geachtet und dadurch die Verfassung umgestürzt. Vgl. ad Att. II, 9, 1.

2. *urbem rei publicae esse conversum*] Dasselbe Bild ist angewendet ad Att. II, 9, 1: *Festive, mihi crede, et minore sonitu, quam putaram, orbis hic in re publica est conversus; citius omnino, quam oportuit, culpa Catonis.* Die Alten unterschieden drei Hauptregierungsformen: Monarchie, Aristokratie und Demokratie, und drei Ausartungen derselben (nach Aristot. παρεκβάσεις): Tyrannis, Oligarchie und Ochlokratie. Sie meinten, jede von diesen Regierungsformen ginge früher oder später in ihre Ausartung über (Cic. de rep. I, 28: *nullum*

bem rei publicae esse conversum, ut vix sonitum audire, vix impressam orbitam videre possemus; et fuisset ita, si homines transitum tempestatis exspectare potuissent, sed cum diu occulte suspirassent, postea iam gemere, ad extremum vero loqui omnes et clamare coeperunt.

Itaque ille amicus noster, insolens infamiae, semper in laude 3 versatus, circumfluens gloria, deformatus corpore, fractus animo, quo se conferat nescit; progressum praecipitem, inconstantem reditum videt; bonos inimicos habet, improbos ipsos non amicos. Ac vide mollitiem animi. Non tenui lacrimas, cum illum a. d. viii Kal. Sext. vidi de edictis Bibuli contionantem. Qui antea solitus

est genus illarum rerum publicarum, quod non habeat iter ad finitimum quoddam malum praeceps ac lubricum) und aus dieser wieder in die nächste verwandte Regierungsform. Polyb. VI, 4, 7: Πρώτη μὲν οὖν ἀκατασκεύως καὶ φυσικῶς συνίσταται μοναρχία· ταύτῃ δ' ἕπεται καὶ ἐκ ταύτης γεννᾶται μετὰ κατασκευῆς καὶ διορθώσεως βασιλεία· μεταβαλλούσης δὲ ταύτης εἰς τὰ συμφυῆ κακά, λέγω δ' εἰς τυραννίδα, αὖθις ἐκ τῆς τούτων καταλύσεως ἀριστοκρατία φύεται· καὶ μὴν ταύτης εἰς ὀλιγαρχίαν ἐκτραπείσης κατὰ φύσιν, τοῦ δὲ πλήθους ὀργῇ μετελθόντος τὰς τῶν προεστώτων ἀδικίας, γεννᾶται δῆμος· ἐκ δὲ τούτου πάλιν ὕβρεως καὶ παρανομίας ἀποπληροῦται σὺν χρόνοις ὀχλοκρατία. Diese ganze Bahn, welche die Staaten zu durchlaufen haben, kann orbis rei publicae genannt werden: es kann aber auch jedes einzelne Stadium in derselben so heissen, denn in jedem einzelnen folgen auf einander Kraft, Ermattung und Untergang. So klagt Perseus bei Liv. XLII, 42: erst billigtet ihr mein Verfahren, jetzt greift ihr es an. So macht ihr es immer. Circumagetur hic orbis. Bald wird Eumenes, den ihr jetzt so hoch schätzet, euch verdächtig werden. — Auf ähnliche Weise bedeutet orbis den ganzen Erdkreis und wenigstens bei Dichtern und Späteren auch einen Theil desselben. Ovid. Metam. VIII, 100: *Creten, quae meus est orbis.* Orbis rei publicae kann also ein Entwicklungsstadium, eine Umwälzung im Staate sein. So ist es in unsrer Stelle und ad Att. II, 9, 1; pro Plancio 38, 93: *stare omnes debemus tamquam in orbe aliquo rei publicae, qui quoniam versatur, eam deligere partem, ad quam nos illius utilitas salusque converterit.* Was aber hier gesagt wird, der Kreis drehe sich, nicht das, was darin sich bewegt, findet sich auch sonst; z. B. in Pis. 10, 22: *cum illum saltatorium orbem versaret, ne tum quidem fortunae rotam pertimescebat;* Liv. III, 10, 5: *ecce, ut idem in singulos annos orbis volveretur, Hernici nuntiant* cet. Ueber *sperare* mit dem Infin. Perf. s. zu II, 13, 3.

3. *amicus noster*] Pompeius.

deformatus corpore] Aufregung und Kummer machten Pompeius krank; s. unten § 4.

inconstantem reditum] *Constans* ist das, was sich selbst gleich bleibt; z. B. *oratio, memoria, vultus, rumor.* Also: Pompeius sieht, dass ein Rückschreiten zu den Optimaten nothwendig schwankend und unsicher werden würde.

de edictis Bibuli] Suet. Caes. 20: *lege agraria promulgata obnuntiantem collegam armis foro expuli*

esset iactare se magnificentissime illo in lóco, summo cum amore populi, cunctis faventibus, ut ille tum humilis, ut demissus erat,
4 ut ipse etiam sibi, non iis solum, qui aderant, displicebat! O spectaculum uni Crasso iucundum, ceteris non item! Nam, quia deciderat ex astris, lapsus quam progressus potius videbatur; et, ut Apelles, si Venerem, aut si Protogenes Ialysum illum suum caeno oblitum videret, magnum credo acciperet dolorem, sic ego hunc omnibus a me pictum et politum artis coloribus subito deformatum non sine magno dolore vidi. Quamquam nemo putabat propter Clodianum negotium me illi amicum esse debere, tamen tantus fuit amor, ut exhauriri nulla posset iniuria. Itaque Archilochia in illum edicta Bibuli populo ita sunt iucunda, ut eum locum, ubi proponuntur, prae multitudine eorum, qui legunt, transire nequeamus; ipsi ita acerba, ut tabescat dolore; mihi mehercule molesta, quod et cum, quem semper dileximus, excruciant et timeo, tam vehemens vir tamque acer in ferro et tam insuetus contumeliae ne omni animi impetu dolori et iracundiae pareat.

5 Bibuli qui sit exitus futurus nescio. Ut nunc res se habet, admirabili gloria est. Qui cum comitia in mensem Octobrem distulisset, quod solet ea res populi voluntatem offendere, putarat

(Caesar) *ac postero die in senatu conquestum nec quoquam reperto, qui super tali consternatione referre aut censere aliquid auderet, qualia multa saepe in levioribus turbis decreta erant, in eam coegit desperationem, ut, quoad potestate abiret, domo abditus nihil aliud quam per edicta obnuntiaret.* Cic. ad Att. II, 19, 5: *edicta Bibuli audio ad te missa; iis ardet dolore et ira noster Pompeius*; II, 20, 6: *comitia Bibulus cum Archilochio edicto in a. d. XV. Kal. Nov. distulit.*

4. *uni Crasso iucundum*] Die alte Eifersucht zwischen Pompeius und Crassus wurde durch ihre Verbindung zum Triumvirat nie ganz beschwichtigt. Die *ceteri* sind die übrigen Vornehmen.

Nam quia deciderat] Denn weil er von der Höhe des Ruhmes herabgestürzt war, schien er mehr durch einen Fehltritt als absichtlich diese Stellung eingenommen zu haben.

propter Clodianum negotium]

Pompeius hatte mitgewirkt, dass Clodius Plebejer und Volkstribun werden konnte; ad Att. II, 9, 1: *hic noster Hierosolymarius* (Pompeius, so genannt, weil er im Mithridatischen Kriege Jerusalem eingenommen hatte) *traductor ad plebem.*

Itaque Archilochia] *Itaque* passt nur zu *mihi mehercule* cet.: die beiden vorhergehenden Gedanken sind coordinirte Nebengedanken. S. zu § 1. Die Gedichte des Archilochus, des ersten Iambendichters um 688 v. Ch. zeichneten sich durch Schärfe und Bitterkeit aus.

acer in ferro] Ferrum das Schwert und dann auch der Kampf; wie bei Suet. Nero 12: *exhibuit ad ferrum* (zum Gladiatorenkampf) *etiam quadringentos senatores.* Also: feurig im Kampf, ein ungewöhnlicher Ausdruck.

5. *quod solet ea res*] Das Geld, womit die Stimmen erkauft wurden, blieb dann zu lange aus.

Caesar oratione sua posse impelli contionem, ut iret ad Bibulum;
multa cum seditiosissime diceret, vocem exprimere non potuit.
Quid quaeris? Sentiunt se nullam ullius partis voluntatem tenere.
Eo magis vis nobis est timenda. Clodius inimicus est nobis. 6
Pompeius confirmat eum nihil esse facturum contra me. Mihi
periculosum est credere; ad resistendum me paro. Studia spero
me summa habiturum omnium ordinum. Te cum ego desidero,
tum vero res ad tempus illud vocat. Plurimum consilii, animi,
praesidii denique mihi, si te ad tempus videro, accesserit. Varro
mihi satisfacit. Pompeius loquitur divinitus. Spero nos aut certe
cum summa gloria aut etiam sine molestia discessuros. Tu quid
agas, quemadmodum te oblectes, quid cum Sicyoniis egeris ut
sciam cura.

EPISTOLA VIII.
(AD ATT. III, 1.)
CICERO ATTICO S.

Cum antea maxime nostra interesse arbitrabar te esse nobiscum, tum vero, ut legi rogationem, intellexi ad iter id, quod
constitui, nihil mihi optatius cadere posse quam ut tu me quam

ut iret ad Bibulum] um dem Bibulus das Haus zu stürmen und ihn
zur Zurücknahme seines Edicts zu
zwingen.
6. *ad tempus illud*] Ich bitte dich,
komme zu der Zeit, wo der Angriff
auf mich gemacht wird; ad Att. I,
4, 1; *censeo venias ad id tempus
quod scribis.*
Varro] Ueber ihn s. zu I, 16, 1.
aut certe cum summa gloria]
vgl. ad Att. II, 19, 1: *vel subire
eas* (contentiones) *videor mihi
summa cum dignitate vel declinare
nulla cum molestia posse.* Der Sinn
ist: Ich hoffe, dass ich entweder,
wenn es zum Kampf kommt, sicherlich mit grossem Ruhme davon komme, oder dass es nicht dazu kommt
und ich so sogar ohne alle Belästi-
gung bleibe. Cic. in Verr. III, 44, 104:
cum se certe decessurum videret.
cum Sicyoniis] S. zu I, 5, 9.

EPISTOLA VIII.
Im J. 58 im Consulat des L. Piso
und A. Gabinius hat der Volkstribun P. Clodius zwei Gesetze gegen Cicero beantragt und durchgesetzt. Das erste, welches nicht
direct gegen Cicero gerichtet war,
verordnete, *ut, qui civem Romanum indemnatum interemisset, ei
aqua et igni interdiceretur.* An
demselben Tage, an welchem dies
Gesetz durchging, zwischen den Nonen und Iden des März, reiste Cicero
von Rom ab. Er wartete dann auf
einem seiner Landgüter, wahrscheinlich auf dem zu Arpinum, ob
Clodius direct gegen ihn vorgehen
würde, und als er Clodius zweiten
Gesetzentwurf, *ut M. Tullio aqua
et igni interdictum esset,* erhielt,
was spätestens a. d. XIV Kal. Apr.
geschehen sein muss, trat er die
mit Atticus für diesen Fall verabre-

primum consequare, ut, cum ex Italia profecti essemus, sive per Epirum iter esset faciendum, tuo tuorumque praesidio uteremur, sive aliud quid agendum esset, certum consilium de tua sententia capere possemus. Quamobrem te oro des operam, ut me statim consequare. Facilius potes, quoniam de provincia Macedonia perlata lex est. Pluribus verbis tecum agerem, nisi pro me apud te res ipsa loqueretur.

EPISTOLA IX.
(AD ATT. III, 3.)
CICERO ATTICO S.

Utinam illum diem videam, cum tibi agam gratias, quod me vivere coegisti! Adhuc equidem valde me paenitet. Sed te

dete Reise nach Brundisium an und setzte ihn mit diesem Briefe davon in Kenntniss.

sive per Epirum] Sive-sive, jedes mit einem Verbum und einem Nachsatz, wie Cic. Phil. XIV, 5, 13: *nam sive in communi gaudio populi Romani uni gratulabantur, magnum iudicium, sive uni gratias agebant, eo maius, sive utrumque, nihil magnificentius cogitari potest*, und sonst oft.

tuo tuorumque praesidio] Cicero brauchte Schutz, weil Autronius und andere Catilinarier sich in Griechenland befanden, und Atticus konnte Schutz gewähren, weil er grosse Güter in Epirus besass und viele Verbindungen in Griechenland hatte.

de provincia Macedonia] Die lex Clodia de provinciis consularibus gab dem Piso Macedonien, dem Gabinius Syrien extra ordinem und mit erweiterten Vollmachten. Atticus war wegen seiner grossen Geldgeschäfte in Achaia, was damals zu Macedonien gehörte, sehr dabei interessirt, wie die Regierung dieses Landes für die nächsten Jahre geordnet werden würde.

EPISTOLA IX.
Auf dem Wege nach Brundisium änderte Cicero seinen Reiseplan. Er beschloss nach Vibo zu gehen, um dann seinen Wohnsitz in Sicilien oder Malta zu nehmen. Er bittet nun den Atticus dorthin zu kommen.

quod me vivere coegisti] Cicero sagt öfter, dass er nach Annahme der lex Clodia entschlossen gewesen wäre, sich das Leben zu nehmen, und dass nur Atticus ihn vermocht hätte, von diesem Entschlusse abzustehen. Vergl. den folgenden Brief und den Vorwurf, den er deswegen I, 19, 1 dem Atticus macht. In der Rede pro Sestio 22, 49 spricht er darüber anders: *hoc videbam, si causam publicam mea mors permisset, neminem umquam fore, qui auderet suscipere contra improbos cives salutem rei publicae*; ebenso pro Plancio 37, 90: *si vitae cupiditas contra rem publicam est turpis, certe multo mortis cupiditas mea turpior fuisset cum pernicie civitatis.*

adhuc equidem] Equidem, in der That, wahrlich, nicht aus ego quidem, sondern aus quidem und

oro, ut ad me Vibonem statim venias, quo ego multis de causis converti iter meum. Sed eo si veneris, de toto itinere ac fuga mea consilium capere potero. Si id non feceris, mirabor, sed confido te esse facturum.

EPISTOLA X.
(AD ATT. III, 4.)
CICERO ATTICO S.

Miseriae nostrae potius velim quam inconstantiae tribuas, quod a Vibone, quo te arcessebamus, subito discessimus. Allata est enim nobis rogatio de pernicie mea, in qua, quod correctum esse audieramus, erat eiusmodi, ut mihi ultra quadringenta milia liceret esse. Illo cum pervenire non liceret, statim iter Brundisium versus contuli ante diem rogationis, ne et Sicca, apud quem

dem Praefixum e, wie enim aus nam. Dass equidem bei Cicero mit einer andern als der ersten Person sing. des Verbi vorkommt, wird geläugnet: in den Briefen findet es sich aber in der mediceischen Handschrift hier und ad Att. XIII, 26, 1: *sic ages igitur; et equidem id erit primum, maximum Clodiae.*

EPISTOLA X.

Cicero meldet dem Atticus, dass er plötzlich wieder von Vibo abgereist sei, um sich, wie es anfangs bestimmt war, nach Brundisium zu begeben. Er verliess Vibo wahrscheinlich a. d. IV. Non Apr. Den Grund, welcher Cicero bestimmte, nicht nach Sicilien zu gehen, giebt er an pro Planc. 40, 95: *Siciliam petivi animo, quae et ipsa erat mihi sicut domus una coniuncta et oblinebatur a C. Vergilio, quocum me uno vel maxime cum vetustas tum amicitia, cum mei fratris collegia tum rei publicae causa sociarat. Vide nunc caliginem temporum illorum. Cum ipsa paene insula mihi sese obviam ferre vellet, praetor ille eiusdem tribuni pl. contionibus pro-*

pter eandem rei publicae causam saepe vexatus nihil amplius dico nisi me in Siciliam venire noluit. .... Tum consilio repente mutato iter a Vibone Brundisium terra petere contendi; nam maritimos cursus praecludebat hiemis magnitudo.

rogatio de pernicie mea] d. i. das zweite Gesetz des Clodius, das von ihm verändert worden war während der 17 Tage (trinundinum), in welchen es, wie alle Gesetzentwürfe, vor der Abstimmung promulgirt war. Nach der ursprünglichen Fassung des Gesetzes war Cicero nur aus Italien verbannt; durch die neue wurde ihm der Aufenthalt innerhalb 400 röm. Meilen von den Grenzen Italiens an untersagt.

Illo cum pervenire non liceret] nämlich auf dem Wege, den Cicero eingeschlagen hatte; denn Malta lag innerhalb der 400 Meilen und weiter nach Afrika wollte er nicht.

ante diem rogationis] vor dem Tage, an welchem über den Gesetzentwurf abgestimmt werden sollte, wie ad Att. X, 5: *dies pecuniae,* der Tag, an welchem das Geld gezahlt werden soll. Sonst heisst es ad Att.

eram, periret et quod Melitae esse non licebat. Nunc tu propera, ut nos consequare, si modo recipiemur. Adhuc invitamur benigne; sed quod superest timemus. Me, mi Pomponi, valde paenitet vivere, qua in re apud me tu plurimum valuisti. Sed haec coram. Fac modo, ut venias.

EPISTOLA XI.
(AD ATT. III, 5.)
CICERO ATTICO S.

Terentia tibi et saepe et maximas agit gratias. Id est mihi gratissimum. Ego vivo miserrimus et maximo dolore conficior. Ad te quid scribam nescio. Si enim es Romae, iam me assequi non potes; sin es in via, cum eris me assecutus, coram agemus, quae erunt agenda. Tantum te oro, ut, quoniam me ipsum semper amasti, ut eodem amore sis. Ego enim idem sum. Inimici mei mea mihi, non me ipsum ademerunt. Cura ut valeas. Dat. vii Id. Apr. Thurii.

EPISTOLA XII.
(AD ATT. III, 2.)
CICERO ATTICO S.

Itineris nostri causa fuit, quod non habebam locum, ubi pro

I, 14, 5: *cum dies venisset rogationi ferendae*, und bei Liv. XXII, 25: *dies rogationis ferendae.*

ne et Sicca] Bei Sicca wohnte Cicero in Vibo; es sollte aber nach Clodius Gesetz jeder geächtet sein, der den Cicero beherbergen würde. Ueber *ne et* s. zu I, 13.

EPISTOLA XI.

Der Brief ist geschrieben auf der Reise von Vibo nach Brundisium in Thurii a. d. VII Id. Apr.

ut eodem] *ut* nach einem eingeschobenen Nebensatz wiederholt, wie Liv. XXII, 11, 4: *edicto proposito, ut quibus oppida castellaque*

immunita essent, ut ü commigrarent in loca tuta. Ebenso V, 21, VIII, 6, XXVIII, 9, Cic. ad Q. fr. I, 1, 38, Acad. II, 45, 139, de fin. III, 13, 43.

Thurii] Thurii wird manchmal auch Thurium genannt. Der Ort, von wo aus ein Brief datirt ist, steht meistens im Ablativ, häufig aber auch im Genitiv; z. B. *Thessalonicae* ad Att. III, 8, 9, 10, 12, 14, 21; *Dyrrhachii* III, 22; *Brundisii* III, 7; *in Sinuessano* XVI, 10.

EPISTOLA XII.

Die Nares Lucanae sind ein kleiner Ort auf der Strasse von Capua

meo iure diutius esse possem quam in fundo Siccae, praesertim nondum rogatione correcta, et simul intellegebam ex eo loco, si te haberem, posse me Brundisium referre, sine te autem non esse nobis illas partes tenendas propter Autronium. Nunc, ut ad te antea scripsi, si ad nos veneris, consilium totius rei capiemus. Iter esse molestum scio, sed tota calamitas omnes molestias habet. Plura scribere non possum, ita sum animo perculso et abiecto. Cura ut valeas. Dat. vi Id. Aprilis Naris Luc.

nach Vibo, der ausser an dieser Stelle noch in dem vatican. Sallustfragment (p. 88 Dietsch) und in der tab. Peut. vorkommt. Er lag 9 Milien südlich von dem Uebergang über den Silarus. Es kann aber dieser Ort hier nicht gemeint sein; denn VI Id. Apr. war Cicero bereits auf der Reise von Thurii nach Tarent, und daraus, dass er in Vibo erst die Nachricht von der Veränderung des Clodianischen Gesetzentwurfes erhielt (s. ep. 10), von der in diesem Brief als von einer bekannten Sache geredet wird, ergiebt sich, dass dieser Brief nach jenem geschrieben, das Datum desselben also wahrscheinlich richtig angegeben ist.

Itineris nostri causa] Cicero sucht es bei Atticus zu rechtfertigen, dass er gegen die Verabredung nach Vibo gegangen ist. Er schreibt: um mit dir noch in Italien zusammen zu treffen, kam es mir darauf an einen Ort zu finden, wo ich möglichst lange, d. i. bis zum dies rogationis, bleiben durfte. Ein solcher Ort wäre Brundisium gewesen, wenn ich ohne dich nach Griechenland hätte übersetzen können. Das schien mir aber wegen der Catilinarier gefährlich zu sein und deine Ankunft war ungewiss. Ich hätte also, da die Jahreszeit jetzt eine weitere Seefahrt verbietet (pro Plancio 40), leicht in den Fall kommen können, Brundisium vor dem Endtermin verlassen zu müssen, um rechtzeitig aus dem verbotenen Landstriche zu kommen. So ging ich nach Vibo; denn einmal konnte ich hier bis zum letzten Augenblicke verweilen, um so mehr, da mir damals noch das nabe Sicilien offen stand, andrerseits war es mir ja auch unbenommen, falls du zur rechten Zeit kämest, von hier nach Brundisium zu reisen.

in fundo] wie ad Att. XIII, 26, 2: *locum habeo nullum, ubi facilius esse possim quam Asturae.*

illas partes tenendas] Partes die Gegend, d. i. Brundisium und das dahinter liegende Achaia. So ad fam. XII, 7, 2: *omnes quae in istis partibus essent opes* und pro Murena 41, 89 *ad orientis partes. Tenere aliquem locum* = *cursum tenere in aliquem locum*, die Richtung nach einem Orte einschlagen und beibehalten, auch: den Ort erreichen, ein namentlich von Livius oft angewandter Ausdruck. Vgl. auch Cic. de lege agr. II, 17, 44: *qui per cursum rectum regnum tenere non potuerunt.*

propter Autronium] einer der verbannten Catilinarier, der in Griechenland sich aufhielt.

tota calamitas] wie *universa salus* in ad Att. III, 20, 2: *in universa salute, si ea modo nobis restituetur, inerunt omnia.* Wie Cicero hier die vollkommene Wiederherstellung in seine bürgerlichen Rechte meint, so bedeutet *tota calamitas* den vollständigen Verlust derselben.

EPISTOLA XIII.
(AD ATT. III, 6.)
CICERO ATTICO S.

Non fuerat mihi dubium, quin te Tarenti aut Brundisii visurus essem, idque ad multa pertinuit; in eis, et ut in Epiro consisteremus et de reliquis rebus tuo consilio uteremur. Quoniam id non contigit, erit hoc quoque in magno numero nostrorum malorum. Nobis iter est in Asiam, maxime Cyzicum. Meos tibi commendo. Me vix misereque sustento. Dat. xiv Kal. Maias de Tarentino.

EPISTOLA XIV.
(AD ATT. III, 7.)
CICERO ATTICO S.

1. Brundisium veni a. d. xiv Kal. Mai. Eo die pueri tui mihi a te litteras reddiderunt et alii pueri post diem tertium eius diei alias litteras attulerunt. Quod me rogas et hortaris, ut apud te in Epiro sim, voluntas tua mihi valde grata est et minime nova et consilium mihi quidem optatum, si liceret ibi omne tempus

---

EPISTOLA XIII.

Der Brief ist aus Tarent oder vielmehr aus einem Landgute bei Tarent datirt, wo sich Cicero mehrere Tage aufhielt, wahrscheinlich um den Atticus hier zu erwarten. Von Tarent reiste er a. d. XIV Kal. Maias ab und machte den Weg nach Brundisium in einem Tage, was nach Strabo VI, 3, 5 sehr wohl thunlich war.

et ut in Epiro] In correlativen Sätzen mit *et — et, aut — aut* u. s. w., werden nicht selten Wörter, die nur einem der beiden Glieder angehören, beiden vorangesetzt und umgekehrt Wörter, die beiden Gliedern angehören, in eins derselben eingefügt. So steht hier und ad Att. XIII, 11, 1 *et ut* statt *ut et*, ad fam. IV, 7, 2 *neque te* statt *te neque*, ad Att. III, 4 *ne et* statt *et ne*, ad Att. II, 19, 5 *ad te* *aut* statt *aut ad te*, de fin. I, 5, 15 *si aut* statt *aut si*, orat. 44, 149 und Liv. II, 27, 2 *ut aut — aut ut*. Vgl. noch Caes. b. civ. II, 27, 2: *quae volumus et credimus libenter et quae sentimus ipsi, reliquos sentire speramus*; Liv. XXXI, 45, 13: *praedae nec erat quicquam, nec meruerant Graeci cur diriperentur*. Dagegen ad fam. VII, 33, 2 *multam salutem et foro dicam et curiae* und so sehr häufig.

EPISTOLA XIV.

Der Brief ist geschrieben in Brundisium, wo sich Cicero 13 Tage bei einem Freunde M. Laenius Flaccus aufgehalten hatte, pridie Kal. Maias bei der Abreise nach Dyrrhachium.

1. *si liceret ibi*] Buthrotum in Epirus, wo Atticus seine Besitzungen

consumere; odi enim celebritatem, fugio homines, lucem adspicere vix possum. Esset mihi ista solitudo, praesertim tam familiari in loco, non amara; sic, itineris causa ut deverterer, primum est devium, deinde ab Autronio et ceteris quatridui, deinde sine te. Nam castellum munitum habitanti mihi prodesset, transeunti non est necessarium. Quod si auderem, Athenas peterem. Sane ita cadebat, ut vellem. Nunc et nostri hostes ibi sunt et te non habemus et veremur, ne interpretentur illud quoque oppidum ab Italia non satis abesse, nec scribis quam ad diem te exspectemus. Quod me ad vitam vocas, unum efficis, ut a me manus abstineam; alterum non potes, ut me non nostri consilii vitaeque paeniteat. Quid enim est, quod me retineat, praesertim si spes ea non est, quae nos proficiscentes prosequebatur? Non 2

hatte, lag noch innerhalb· der 400 Meilen.
Esset mihi] Es wäre mir also die Einsamkeit nicht unangenehm; so aber, um dort nur einen Rasttag zu halten, ist es mir zu sehr aus dem Wege. *Deverterer* steht gegenüber dem *ibi omne tempus consumere; sic* dient blos dazu den Inhalt des Nebensatzes zusammenzufassen, so, unter solchen Umständen: Tusc. 1, 8, 16: *quia ne mors quidem est malum, ... ita ne moriendum quidem esse malum est;* Curt. VI, 38, 18: *sic quoque, cum laeserim neminem, inveni, qui mallet perire me quam incolumem esse;* ad Att. VII, 3, 2: *at sic* (d. i. dass Caesar nach Entlassung des Heeres Consul werde) *malo quam cum exercitu.*
primum est devium] wie ad Att. II, 4, 6: *in Pompeianum venito; id et nobis erit periucundum et tibi non sane devium.* Cicero gedachte von Dyrrhachium nach Thessalonich und von da nach Asien zu gehen; für diese Reise lag Buthrotum zu weit südlich.
quatridui] Nach ad fam. X, 17, 1: *Ventidius bidui spatio abest ab eo* und XII, 15, 7: *Cassium quatridui iter Laodicea afuisse* ist zu ergänzen *spatio* oder *iter*. Ebenso ad Att. V, 16, 4: *nos in castra properabamus, quae aberant bidui.*

Nam castellum] Das *nam* in der occupatio. Sage nicht, du wirst dort ein Castell haben; denn u. s. w.
Athenas peterem] Die meisten Erklärer wollen *Athenas* ändern, weil Athen nicht *oppidum* genannt werde, sondern *urbs*, und weil es weiter von Italien entfernt sei als Thessalonich, wo Cicero nachher wirklich die Zeit seiner Verbannung zubrachte. Aber *oppidum* wird Athen und selbst Rom an vielen Stellen genannt (z. B. Nep. Milt. 4, Them. 2, Alcib. 3, Liv. XLII, 20 und 36), und dass Cicero in Thessalonich blieb, geschah nicht, weil es ohne Frage ausserhalb des verbotenen Bereichs lag, sondern weil er durch die Freundschaft des Plancius, des Quaestors von Macedonien, sicher war. Dass Cicero Thessalonich nur als einstweiligen Wohnsitz ansah, zeigen viele Stellen der Briefe, und dass, wer ihn dort beherbergte, gegen das Gesetz handelte, lehrt pro Plancio 41, 99: *hic ego nunc de praetore Macedoniae nihil dicam amplius nisi eum et civem optimum semper et mihi amicum fuisse, sed eadem timuisse, quae ceteros; Cn. Plancium fuisse unum, non qui minus timeret, sed, si acciderent ea, quae timerentur, mecum ea subire et perpeti vellet.*
2. *si spes ea non est*] ad Q. fr. 1,

Ciceros ausgew. Briefe. 2. Aufl. 5

faciam, ut enumerem miserias omnes, in quas incidi per summam iniuriam et scelus non tam inimicorum meorum quam invidorum, ne et meum maerorem exagitem et te in eundem luctum vocem. Hoc affirmo, neminem unquam tanta calamitate esse affectum, nemini mortem magis optandam fuisse; cuius oppetendae tempus honestissimum praetermissum est. Reliqua tempora sunt non tam ad medicinam quam ad finem doloris.

3   De re publica video te colligere omnia, quae putes aliquam spem mihi posse afferre mutandarum rerum, quae quamquam exigua sunt, tamen, quoniam placet, exspectemus. Tu nihilo minus, si properaris, nos consequere; nam aut accedemus in Epirum aut tarde per Candaviam ibimus. Dubitationem autem de Epiro non inconstantia nostra afferebat, sed quod de fratre, ubi eum visuri essemus, nesciebamus; quem quidem ego nec quomodo visurus nec ubi dimissurus sim scio. Id est maximum et miserrimum mearum omnium miseriarum. Ego et saepius ad te et plura scriberem, nisi mihi dolor meus cum omnes partes mentis tum maxime huius generis facultatem ademisset. Videre te cupio. Cura ut valeas. Dedi prid. Kal. Mai. Brundisii proficiscens.

4, 4: *haec mihi proficiscenti non proponebantur, sed saepe triduo summa cum gloria dicebar esse rediturus.*

non tam ad medicinam] wie bei Cäsar b. civ. III, 101: *res, quae sunt ad incendia.* Der Tod im offnen Kampfe mit Clodius wäre ruhmvoll gewesen und hätte so nicht nur den Schmerz beendigt, sondern auch Ersatz dafür gewährt. Jetzt war höchstens ein Ende des Schmerzes ohne Entschädigung zu hoffen.

3. *Tu nihilo minus*] obwohl ich mich durch deine günstigen Nachrichten nicht bestimmen lasse Halt zu machen.

per Candaviam] ein Gebirgsland in Illyrien, durch welches die Strasse von Dyrrhachium nach Thessalonich führte.

Dubitationem autem de Epiro] dass ich die Reise nach Epirus immer noch nicht ganz aufgegeben habe.

nec ubi dimissurus sim] ad Q. fr. I, 3, 4: *deinde congressus nostri lamentationem pertimui; digressum vero non tulissem, atque etiam id ipsum, quod tu scribis, metuebam, ne a me distrahi non posses.* Cicero fürchtete den Schmerz beim Wiedersehen und auch dass er den Bruder, dessen Anwesenheit in Rom nothwendig war, weil man ihn mi einer Anklage bedrohte, zu weit mitnehmen möchte.

Dedi prid. Kal.] wie ad Att. XVI, 13. a: *inde postridie mane proficiscens has litteras dedi*; XIV, 5: *haec scripsi ad te proficiscens Astura III Idus.* S. zu I, 11.

EPISTOLA XV.
(AD FAM. XIV, 4.)
TULLIUS S. D. TERENTIAE ET TULLIAE ET CICERONI SUIS.

Ego minus saepe do ad vos litteras quam possum, propterea 1 quod cum omnia mihi tempora sunt misera, tum vero, cum aut scribo ad vos aut vestras lego, conficior lacrimis sic, ut ferre non possim. Quod utinam minus vitae cupidi fuissemus! certe nihil aut non multum in vita mali vidissemus. Quod si nos ad aliquam alicuius commodi aliquando reciperandi spem fortuna reservavit, minus est erratum a nobis; si haec mala fixa sunt, ego vero te quam primum, mea vita, cupio videre et in tuo complexu emori, quoniam neque dii, quos tu castissime coluisti, neque homines, quibus ego semper servivi, nobis gratiam retulerunt. Nos Brun- 2 disii apud M. Laenium Flaccum dies XIII fuimus, virum optimum, qui periculum fortunarum et capitis sui prae mea salute neglexit neque legis improbissimae poena deductus est, quominus hospitii et amicitiae ius officiumque praestaret. Huic utinam aliquando gratiam referre possimus! habebimus quidem semper. Brundisio 3 profecti sumus a. d. II Kalendas Maias; per Macedoniam Cyzicum

EPISTOLA XV.
Der Brief ist, wie der vorige, pr. Kal. Maias bei der Abreise von Brundisium geschrieben.

1. *Quod utinam*] Quod vor Conjunctionen, den Zusammenhang des Gedankens mit dem Vorhergehenden zu bezeichnen, wie *quod si, quod nisi, quod cum, quod quia.*
si haec mala] Si im Gegensatz statt sin, s. II, 2, 5.

2. *qui periculum*] S. zu I, 10. Vgl. pro Plancio 41, 97: *in hortos me M. Laenii Flacci contuli, cui cum omnis metus, publicatio bonorum, exsilium, mors proponeretur, haec perpeti, si acciderent, maluit quam custodiam mei capitis dimittere.*

3. *a. d. II Kal.*] Die Lesart des Mediceus *a. d. V Kal.* stimmt weder mit dem überein, was Cicero kurz vorher schreibt, er wäre 13 Tage bei Flaccus gewesen, noch mit der Unterschrift des Briefes. Deshalb nimmt Garatoni zu pro Plancio

40 an, Cicero sei wirklich a. d. V Kal. von Brundisium abgereist, aber durch widrige Winde zur Umkehr gezwungen sei er bis pr. Kal. in Brundisium geblieben. Indessen, wenn auch Cicero wirklich einmal vergeblich versucht hat nach Dyrrhachium überzufahren, was Garatoni aus Plutarch Cic. 32 hätte erweisen können, so kann doch unsre Stelle nicht darauf bezogen werden; denn, wenn Cicero seinen Brief nicht unverständlich machen wollte, musste er der Terentia ausdrücklich mittheilen, dass er genöthigt gewesen wäre die Reise aufzuschieben. Besser ist es also, wenn wir mit den meisten Herausgebern *V Kal.* in *II Kal.* verändern; eine Art zu datiren, die zuweilen in den Inschriften sich findet, und die z. B. auch ad Att. IV, 11, 1, VII, 16, 2 und VII, 21, 1 Veranlassung gewesen ist, den Text zu verderben. Dass Cicero, als er schrieb, noch nicht abgereist war

petebamus. O me perditum! o afflictum! Quid nunc rogem te,
ut venias, mulierem aegram et corpore et animo confectam? Non
rogem? Sine te igitur sim? Opinor, sic agam: si est spes nostri
reditus, eam confirmes et rem adiuves; sin, ut ego metuo, trans-
actum est, quoquo modo potes, ad me fac venias. Unum hoc
scito: si te habebo, non mihi videbor plane perisse. Sed quid Tulliola mea fiet? Iam id vos videte; mihi deest consilium. Sed certe,
quoquo modo se res habebit, illius misellae et matrimonio et
famae serviendum est. Quid Cicero meus, quid aget? Iste vero
sit in sinu semper et complexu meo. Non queo plura iam scri-
4 bere; impedit maeror. Tu quid egeris nescio, utrum aliquid teneas, an, quod metuo, plane sis spoliata. Pisonem, ut scribis,
spero fore semper nostrum. De familia liberata, nihil est, quod
te moveat. Primum tuis ita promissum est, te facturam esse, ut
quisque esset meritus. Est autem in officio adhuc Orpheus;
praeterea magnopere nemo. Ceterorum servorum ea causa est,
ut, si res a nobis abisset, liberti nostri essent, si obtinere po-

und doch das Perfectum gebraucht,
ist übereinstimmend mit dem sonstigen Gebrauch der Tempora im Briefstil: z. B. ad Att. VIII, 3, 7 *reverti
Formias*, obgleich Cicero noch nicht
nach Formiae zurückgekehrt ist.

Cyzicum] eine ansehnliche Stadt
auf einer Insel im Marmorameere
(Propontis).

eam confirmes] *Spem confirmare*,
die Hoffnung, die einer hegt, in ihm
kräftigen, nähren, dadurch dass man
sie der Verwirklichung näher führt.
So div. in Caec. 22, 71: *qui neque
ut ante collectam famam conservet
neque uti reliqui temporis spem
confirmet laborat*. Ueber die zweite
Person des Conjunctivs statt des
Imperativs s. zu III, 3, 4.

matrimonio] Cicero fürchtete, es
möchten in seiner Abwesenheit dem
Piso, Tullias Gemahl, die noch rück-
ständigen Raten der Mitgift nicht
zur gehörigen Zeit ausgezahlt werden können.

utrum aliquid teneas] ob du noch
etwas von meinem Vermögen gerettet hast.

4. *De familia liberata*] Ueber
seine Sklaven hatte Cicero bei seiner Abreise so verfügt: sie sollten,
wenn er bei der Versteigerung derselben überboten würde, seine Freigelassenen sein, vorausgesetzt, dass
diese Verfügung nicht für nichtig erklärt würde; wenn er aber das
höchste Gebot behielte, sollten sie
auch ferner seine Sklaven bleiben.
Terentias Sklaven war nur im Allgemeinen versprochen worden, Terentia würde so mit ihnen verfahren,
wie es ein jeder verdient haben
würde. Terentia brauchte also
nicht in Unruhe zu sein; denn ihre
Sklaven behielt sie jedenfalls und
die ihres Gemahls wurden nur dann
frei, wenn sie ohnehin verloren
waren.

magnopere nemo] nicht leicht
einer. Liv. I, 17, 1: *quia nemo
magnopere eminebat in novo populo*.

si res a nobis abisset] *res ab aliquo abit* sagt man von einem, der
bei einer Versteigerung überboten
wird: z. B. Cic. in Verr. I. I, 54, 141:
*si res abiret ab eo mancipe, quem
ipse apposuisset*, ebenda I. III, 64,
148: *ei potestatem emendi non esse
factam, ne res abiret ab Apronio*.

tuissent; sin ad nos pertinerent, servirent, praeterquam oppido pauci. Sed haec minora sunt. Tu quod me hortaris, ut animo sim magno et spem habeam reciperandae salutis, id velim sit eiusmodi, ut recte sperare possimus. Nunc, miser, quando tuas iam litteras accipiam? quis ad me perferet? quas ego exspectassem Brundisii, si esset licitum per nautas, qui tempestatem praetermittere noluerunt. Quod reliquum est, sustenta te, mea Terentia, ut potes honestissime. Viximus, floruimus; non vitium nostrum, sed virtus nostra nos afflixit; peccatum est nullum, nisi quod non una animam cum ornamentis amisimus. Sed si hoc fuit liberis nostris gratius, nos vivere, cetera, quamquam ferenda non sunt, feramus. Atque ego, qui te confirmo, ipse me non possum. Clodium Philhetaerum, quod valetudine oculorum impediebatur, hominem fidelem, remisi. Sallustius officio vincit omnes. Pescennius est perbenevolus nobis; quem semper spero tui fore observantem. Sicca dixerat se mecum fore, sed Brundisio discessit. Cura, quod potes, ut valeas, et sic existimes, me vehementius tua miseria quam mea commoveri. Mea Terentia, fidissima atque optima uxor, et mea carissima filiola et spes reliqua nostra, Cicero, valete. Pridie Kalendas Maias Brundisio.

EPISTOLA XVI.
(AD ATT. III, 15.)

CICERO ATTICO S.

Accepi Id. Sext. quattuor epistolas a te missas; unam, qua me obiurgas, ut sim firmior; alteram, qua Crassi libertum ais tibi de mea sollicitudine macieque narrasse; tertiam, qua demonstras acta in senatu; quartam de eo, quod a Varrone scribis tibi esse

Ueber den Conjunctiv *abisset* und die folgenden s. zu l. III, 18, 2. -

6. *quod potes*] Das beschränkende Relativum, in so weit, findet sich in Ciceros Briefen oft mit dem Indicativ; z. B. ad Att. I, 5, 7: *quae tibi mandavi, velim, ut scribis, cures, quod sine molestia tua facere poteris;* X, 2, 2: *tu tamen, quod poteris, ut adhuc fecisti, nos consiliis iuvabis;* XI, 2, 2: *ut illam miseram tueare meis opibus, si quae sunt, tuis, quibus tibi molestum non erit,* *facultatibus;* ad fam. III, 2, 2: *quod eius facere potueris;* ad Att. XI, 12, 4: *quod eius facere poteris.*

EPISTOLA XVI.

Der Brief ist geschrieben a. d. XIV Kal. Sept. in Thessalonica in Macedonien, wo Cicero seit a. d. X Kal. Iunias sich aufhielt.

1. *a Varrone*] M. Terentius Varro, der gelehrteste Römer seiner Zeit, welcher an 620 Bücher, die 74 verschiedenen Werken angehörten, ge-

2 confirmatum de voluntate Pompeii. Ad primam tibi hoc scribo, me ita dolere, ut non modo a mente non deserar, sed id ipsum doleam, me tam firma mente ubi utar et quibuscum non habere. Nam si tu me uno non sine maerore cares, quid me censes, qui et te et omnibus? Et si tu incolumis me requiris, quomodo a me ipsam incolumitatem desiderari putas? Nolo commemorare quibus rebus sim spoliatus, non solum quia non ignoras, sed etiam ne scindam ipse dolorem meum. Hoc confirmo, neque tantis bonis esse privatum quemquam neque in tantas miserias incidisse. Dies autem non modo non levat luctum hunc, sed etiam auget. Nam ceteri dolores mitigantur vetustate; hic non potest non et sensu praesentis miseriae et recordatione praeteritae vitae cotidie augeri. Desidero enim non mea solum neque meos sed me ipsum. Quid enim sum? Sed non faciam, ut aut tuum animum angam querellis aut meis vulneribus saepius manus afferam. Nam quod purgas eos, quos ego mihi scripsi invidisse, et in eis Catonem, ego vero tantum illum puto ab isto scelere afuisse, ut maxime doleam plus apud me simulationem aliorum quam istius fidem valuisse. Ceteros quod purgas, debent mihi purgati esse, tibi si

---

schrieben hat. Wir haben noch 6 Bücher von den 24 Büchern de lingua Latina, 3 Bücher rerum rusticarum und viele Fragmente der anderen Schriften.

2. *quid me censes*] nämlich sentire, zu entnehmen aus *sine maerore*.

Et si tu incolumis] Du, der du sonst keinen Verlust erfahren hast, beklagst den einen Verlust; wie muss ich, der ich alles verloren habe, den Zustand vermissen, wo ich alles besass. Weiter unten: *Desidero non mea solum neque meos sed me ipsum.*

ne scindam ipse dolorem] dasselbe, was nachher *non faciam, ut meis vulneribus saepius manus afferam.* Wie man sagt *rescindere* und *refricare vulnus*, eine heilende Wunde wieder aufreissen, so wird man auch sagen können, *scindere vulnus*, eine frische Wunde zerreissen und so verschlimmern; und wie jene Ausdrücke auf den Schmerz übertragen werden: z. B. ad fam. V, 17, 4: *ne refricem meis litteris desiderium ac dolorem tuum;* so kann auch *scindere dolorem* bedeuten: einen Schmerz auffrischen und vergrössern.

ceteri dolores mitigantur] Der Schmerz über einen erlittenen Verlust wird durch die Zeit gelindert, weil die stets frische Freude an dem geretteten oder wohl auch nachher vermehrten Besitz den Schmerz über das Verlorene in den Hintergrund drängt. Wer alles verloren hat und nichts wieder erhält, dem lindert die Zeit den Schmerz nicht.

Nam quod purgas eos] Viele Optimaten, darunter besonders Hortensius und Arrius (ad Q. fr. I, 3, 8) hatten dem Cicero gerathen Rom freiwillig zu verlassen, angeblich weil, wenn er bliebe, ein Kampf unter den Bürgern entstehen würde, in der That aber, weil sie für sich fürchteten. Cato hatte den Rath auch gegeben (Dio Cassius XXXVIII, 17), aber er hatte es ehrlich gemeint und vorher, als es noch Zeit war, den Cicero oft ermahnt, den Umtrieben des Clodius

sunt. Sed haec sero agimus. Crassi libertum nihil puto sincere 3
locutum. In senatu rem probe scribis actam. Sed quid Curio?
an illam orationem non legit? quae unde sit prolata nescio. Sed
Axius eiusdem diei scribens ad me acta non ita laudat Curionem.
At potest ille aliquid praetermittere; tu, nisi quod erat, profecto
non scripsisti. Varronis sermo facit exspectationem Caesaris;
atque utinam ipse Varro incumbat in causam! quod profecto cum
sua sponte tum te instante faciet.

Ego, si me aliquando vestri et patriae compotem fortuna 4
fecerit, certe efficiam, ut maxime laetere unus ex omnibus amicis;
meaque officia et studia, quae parum antea luxerunt, — fatendum
est enim — sic exsequar, ut me aeque tibi ac fratri et liberis nostris restitutum putes. Si quid in te peccavi, ac potius quoniam
peccavi, ignosce; in me enim ipsum peccavi vehementius. Neque
haec eo scribo, quo te non meo casu maximo dolore esse affectum

entgegen zu treten.

3. *Sed quid Curio?*] Als im Jahre 61 der wegen incestus angeklagte Clodius freigesprochen war, hielt Cicero im Senat eine heftige Schmähride gegen denselben (s. I, 4). Diese Rede hat er später niedergeschrieben und erweitert und darin auch Curio den Vater, einen angesehenen Consularen, der für Clodius sich verwendet hatte, angegriffen. Cicero hatte die Rede sorgfältig verwahrt gehalten; jetzt aber war sie plötzlich ohne sein Zuthun veröffentlicht worden; ad Att. III, 12, 2: *Percussisti autem me etiam de oratione prolata. Cui vulneri, ut scribis, medere, si quid potes. Scripsi equidem olim ei iratus, quod ille prior scripserat; sed ita compresseram, ut nunquam emanaturam putarem. Quomodo exciderit nescio. Sed quia nunquam accidit, ut cum eo verbo uno concertarem, et quia scripta mihi videtur neglegentius quam ceterae, puto posse probari non esse meum.* Es ist die Rede in Clodium et Curionem, von der Bruchstücke noch vorhanden sind.

Sed Axius] Axius war ein mit Cicero befreundeter Senator, der mit ihm in lebhaftem Briefwechsel gestanden hat. Eine Sammlung von Briefen Ciceros an ihn ist verloren gegangen.

exspectationem Caesaris] Der Genitiv bei exspectatio, wie bei spes, bezeichnet 1) den, der erwartet; 2) die Zeit, in der erwartet wird; z. B. ad Att. IX, 1: *angebar singularum horarum exspectatione*, wo gewöhnlich ein Adjectiv steht, wie ad Att. III, 14, 2: *cotidiana exspectatio rerum novarum;* 3) das, was erwartet wird; 4) das, wodurch das Erwartete verwirklicht werden soll. So hier und ad Att. II, 12, 2: *quantam porro mihi exspectationem dedisti convivii istius!* In diesem Falle kann auch de stehen: ad Att. II, 14, 1: *quantam (moves exspectationem) de illo delicato convivio!* III, 14, 1: *plenus sum exspectatione de Pompeio.*

4. *quo te non*] Wenn zwei Negationen sich aufheben, wie bei *nemo non, nemo est qui non* und auch bei Conjunctionen, steht *non* gewöhnlich nicht beim Verbum: ad fam. X, 24, 2: *nihil enim me non salutariter cogitare scio;* ad Q. fr. I, 1, 45: *illud existimo, nihil esse, quod ad laudem attineat, quod non tu optime per-*

sciam; sed profecto, si, quantum me amas et amasti, tantum amare deberes ac debuisses, nunquam esses passus me, quo tu abundabas, egere consilio nec esses passus mihi persuaderi utile nobis esse legem de collegiis perferri. Sed tu tantum lacrimas praebuisti dolori meo, quod erat amoris, tamquam ipse ego; quod meritis meis perfectum potuit, ut dies et noctes quid mihi faciendum esset cogitares, id abs te meo, non tuo scelere praetermissum est. Quodsi non modo tu, sed quisquam fuisset, qui me Pompeii minus liberali responso perterritum a turpissimo consilio revocaret, quod unus tu facere maxime potuisti, aut occubuissem honeste aut victores hodie viveremus. Ilic mihi ignosces; me enim ipsum multo magis accuso, deinde te quasi

spicias; ad fam. II, 1, 1: *non vereor, ne non scribendo te expleam;* ad Att. III, 7, 2: *alterum non potes efficere, ut me non nostri consilii vitaeque paeniteat;* ad fam. IX, 17, 1: *quasi aut ego quicquam sciam, ... aut non ex isto soleam scire;* Quintil. IX, 4, 20: *quod non eo dico, quia non illud quoque solutum habeat suos quosdam pedes, ... sed non fluunt.*

tantum amare deberes] Die Zuneigung, die wir einem schenken ohne sein Verdienst, macht uns geneigt ihm hülfreich zu sein; die Zuneigung, die er sich durch Dienste erworben hat, verpflichtet uns dazu. Also hat Cicero, indem er gegen den Atticus fehlte, noch mehr gegen sich gefehlt, denn er konnte von Atticus nicht Beistand fordern, wo er ihn am nöthigsten brauchte.

legem de collegiis] Collegium ist eine nicht auf vorübergehende Zwecke berechnete, sondern über das Leben der Mitglieder hinausdauernde Genossenschaft. Bei Einführung neuer Culte wurde ihre Verwaltung einem collegium oder sodalicium übertragen. Nach diesem Muster entstanden dann collegia opificum und artificum. Endlich wurden viele collegia rein politische Verbindungen, deren sich die Volksführer zur Durchführung ihrer Zwecke bedienten. Diese collegia sodalicia, welche der Senat im Jahre 64 verboten hatte, hatte Clodius Anfang 58 wieder hergestellt, und Cicero und die ihm befreundeten Tribunen hatten es geschehen lassen, weil Clodius versprach, wenn sie ihn hierin gewähren liessen, würde er seine Pläne gegen Cicero fallen lassen; Dio Cass. XXXVIII, 14.

perfectum potuit] *Potuit*, es hätte können, = es hätte sollen, *oportuit;* daher *esse* ausgelassen. Dieselbe Bedeutung hat das Wort ad Att. II, 9, 1: *citius omnino quam potuit;* II, 16, 2: *potueritne intercedi necne nihil ad se pertinere.*

Pompeii minus liberali responso] ad Att. X, 4, 3: *alter* (Pompeius), *is, qui nos sibi quondam ad pedes stratos ne sublevabat quidem, qui 'se nihil contra huius* (Caesaris) *voluntatem facere posse'.*

me enim ipsum] Du wirst mir verzeihen; denn 1) ich klage mich selbst am meisten an; 2) ich klage dich nur an als mein zweites Ich; von einem andern könnte ich einen solchen Dienst gar nicht erwarten; 3) ich suche einen Genossen für meine Schuld und das ist bei solchem Unglück verzeihlich; 4) wenn ich die Rückkehr erlange und so der Schaden ersetzt ist, wird mein Fehler, und somit auch der deinige, ge-

me alterum, et simul meae culpae socium quaero, ac si restituor, etiam minus videbimur deliquisse abs teque certe, quoniam nullo nostro, tuo ipsius beneficio diligemur.

Quod te cum Culleone scribis de privilegio locutum, est aliquid; sed multo est melius abrogari. Si enim nemo impediet, sic est firmius; sin erit, qui ferri non sinat, idem senatus consulto intercedet. Nec quicquam aliud opus est quam abrogari. Nam prior lex nos nihil laedebat, quam si, ut est promulgata, laudare voluissemus aut, ut erat neglegenda, neglegere, nocere omnino nobis non potuisset. Ilic mihi primum meum consilium defuit, sed etiam obfuit. Caeci, caeci, inquam, fuimus in vestitu mutando, in populo rogando, quod, nisi nominatim mecum agi coeptum esset, fieri perniciosum fuit. Sed pergo praeterita. Verumtamen

ringfügiger erscheinen und ich werde sicherlich dann deine Liebe dankbar anerkennen, da ich sie nur deiner Güte, nicht meinem Verdienste verdanke.

5. *de privilegio*] Privilegien, d. i. gegen einzelne Personen gerichtete Entscheidungen, die zwar in gesetzlicher Form, aber ohne vorgängige rechtliche Untersuchung erlassen werden, waren verboten durch das Gesetz der XII Tafeln: *privilegia ne irroganto*. Clodius zweites Gesetz gegen Cicero war aber ein solches Privilegium. Es meinte also der Tribun Q. Terentius Culleo, wie später L. Cotta pro Sestio 34, 73: *Ciceronem, qui nulla lege abesset, non restitui lege, sed revocari senatus auctoritate oportere.*

Nec quicquam aliud] Es braucht blos das zweite Gesetz abrogirt, nicht noch ein neues Gesetz gegeben zu werden, was mich gegen das erste schützt. S. zu I, 8.

ut est promulgata] gleich nachdem; *ut erat neglegenda*, wie; daher das verschiedene Tempus.

sed etiam obfuit] *Sed etiam* ohne *non modo* ja sogar. Der Gedanke ist vor *sed etiam* geschlossen und wird bei *sed etiam* im Geiste wiederholt in der geeigneten Form, gerade wie auch wir sagen: 'hier verliess mich zuerst meine Klugheit;

aber sie hat mir auch geschadet (und mich nicht blos im Stiche gelassen)'. Ebenso ad Att. IV, 16, 10: *amisimus omnem succum et sanguinem, sed etiam colorem et speciem pristinam civitatis;* X, 16, 6: *tu quoniam quartana cares et novum morbum removisti, sed etiam gravedinem;* ad fam. XIII, 64, 2: *hoc in genere si eum adiuveris eo studio, quo ostendisti, apud ipsum praeclarissime posueris, sed mihi etiam gratissimum feceris;* ad Q. fr. 1, 1, 44: *in quo cavendum est, ne, si neglegentior fueris, tibi parum consuluisse, sed etiam tuis invidisse videaris.* Ad Att. V, 21, 6 ist aber zu lesen: *Volusium, certum hominem et mirifice abstinentem*, nicht *sed etiam*.

in vestitu mutando] Cicero hatte unbesonnener Weise gleich, nachdem Clodius den Entwurf zu seinem ersten Gesetze bekannt gemacht hatte, Trauerkleider angelegt, als wäre er schon ein Angeklagter.

Sed pergo praeterita] sc. commemorare, wie Cic. Brut. 74, 258: *sed perge, Pomponi, de Caesare*. Pergere nicht: etwas Angefangenes fortsetzen, sondern: etwas mit Beharrlichkeit verfolgen, durchführen, wie Liv. XXII, 53, 9: *pergit ire* (er hatte aber noch

ob hanc causam, ut, si quid agatur, legem illam, in qua popu-
6 laria multa sunt, ne tangatis. Verum est stultum me praecipere
quid agatis aut quomodo. Utinam modo agatur aliquid! Multa
occultant tuae litterae, credo, ne vehementius desperatione per-
turber. Quid enim vides agi posse aut quomodo? Per sena-
tumne? At tute scripsisti ad me quoddam caput legis Clodium in
curiae poste fixisse, NE REFERRI NEVE DICI LICERET. Quomodo igitur Domitius se dixit relaturum? Quomodo autem iis,
quos tu scribis, et de re dicentibus et ut referretur postulantibus Clodius tacuit? Ac si per populum, poteritne, nisi de omnium tribunorum plebis sententia? Quid de bonis? Quid de domo?
Poteritne restitui? Aut si non poterit, egomet quomodo potero?
Haec nisi vides expediri, quam in spem me vocas? Sin autem
spei nihil est, quae est mihi vita? Itaque exspecto Thessalonicae
acta Kal. Sext., ex quibus statuam in tuosne agros confugiam, ut
neque videam homines, quos nolim, et te, ut scribis, videam et
propius sim, si quid agatur, — idque intellexi cum tibi tum
Quinto fratri placere — an abeam Cyzicum.

7 Nunc, Pomponi, quoniam nihil impertisti tuae prudentiae
ad salutem meam, quod aut in me ipso satis esse consilii decre-
ras aut te nihil plus mihi debere quam ut praesto esses, quoni-
amque ego proditus, inductus, coniectus in fraudem omnia mea
praesidia neglexi, totam Italiam iam erectam ad me defendendum
destitui et reliqui, me meis tradidi inimicis inspectante et tacente
te, qui, si non plus ingenio valebas quam ego, certe timebas minus, si potes, erige afflictos et in eo nos iuva; sin omnia sunt

nicht angefangen zu gehen) *sequen-
tibus paucis in hospitium Metelli;*
Cic. Acad. 1, 1, 1: *in Cumano nuper
cum mecum Atticus noster esset,
nuntiatum est nobis a M. Varrone
venisse eum Roma pridie vesperi
.... Itaque confestim ad eum ire
perreximus.* Also hier: aber ich
rede ja immerzu von vergangenen
Dingen. Freilich; indessen ich thue
es deshalb (ob hanc causam), damit
ihr nicht das erste Gesetz angreifet,
wenn meine Sache zur Verhandlung
kommt.

6. *ne referri*] Ein Paragraph von
Clodius Gesetz schrieb vor, es sollte
kein Magistrat über Ciceros Zurückberufung einen Antrag an den
Senat stellen (referre), und kein
Senator seine Meinung darüber abgeben (sententiam dicere).

Domitius se dixit relaturum] L.
Domitius Ahenobarbus war in diesem Jahre Prätor: das ius referendi
hatten aber die Consuln, Prätoren
und Tribunen.

ut referretur postulantibus] Cic.
in Pis. 13, 29: *an tum eratis consules* (Piso und Gabinius), *cum,
quacunque de re verbum facere coe-
peratis, cunctus ordo reclamabat
ostendebatque nihil esse vos actu-
ros, nisi prius de me retulissetis?*
omnium tribunorum] weil jeder
Tribun das ius intercedendi hatte.

7. *certe timebas minus*] und also
mehr Herr über deine Geisteskräfte
warst.

obstructa, id ipsum fac ut sciamus et nos aliquando aut obiurgare aut comiter consolari desine. Ego si tuam fidem accusarem, non me potissimum tuis tectis crederem; meam amentiam accuso, quod a te tantum amari, quantum ego vellem, putavi. Quod si fuisset, fidem eandem, curam maiorem adhibuisses, me certe ad exitium praecipitantem retinuisses, istos labores, quos nunc in naufragiis nostris suscipis, non subisses. Quare fac, ut omnia 8 ad me perspecta et explorata perscribas meque, ut facis, velis esse aliquem, quoniam, qui fui et qui esse potui, iam esse non possum, et ut his litteris non te, sed me ipsum a me esse accusatum putes. Si qui erunt, quibus putes opus esse meo nomine litteras dari, velim conscribas curesque dandas. Dat. xiv Kal. Sept.

EPISTOLA XVII.
(AD FAM. XIV, 2.)
M. TULLIUS S. D. TERENTIAE SUAE ET TULLIOLAE ET CICERONI SUIS.

Noli putare me ad quemquam longiores epistolas scribere, 1 nisi si quis ad me plura scripsit, cui puto rescribi oportere. Nec enim habeo quid scribam nec hoc tempore quicquam difficilius facio. Ad te vero et ad nostram Tulliolam non queo sine plurimis lacrimis scribere. Vos enim video esse miserrimas, quas ego beatissimas semper esse volui, idque praestare debui et, nisi tam timidi fuissemus, praestitissem. Pisonem nostrum merito eius 2 amo plurimum. Eum, ut potui, per litteras cohortatus sum gratiasque egi, ut debui. In novis tribunis plebis intellego spem te habere. Id erit firmum, si Pompeii voluntas erit; sed Crassum

aut obiurgare] und höre nun endlich einmal damit auf, dass du entweder mich ausschiltst oder deine Erfindungsgabe anstrengst mich zu trösten.

fidem eandem, curam maiorem] Atticus hatte den grössten Antheil genommen an Ciceros Missgeschick und hatte, um es abzuwenden, alles gethan, was dieser verlangte; die schwerere Pflicht aber, selbstständig für den Freund zu wirken, selbst gegen dessen Willen, hatte er nach Ciceros Meinung nicht erfüllt.

istos labores] die Bemühungen Ciceros Zurückberufung durchzusetzen.

EPISTOLA XVII.
Der Brief ist geschrieben a. d. III. Non Oct. 58. in Thessalonich.
1. *fuissemus*] nämlich Cicero selbst und die Freunde, die ihm zur Flucht gerathen hatten.
2. *Pisonem nostrum*] Ciceros Schwiegersohn, der noch vor seiner Rückkehr starb.
voluntas erit] nämlich *firma*.

tamen metuo. A te quidem omnia fieri fortissime et amantissime video; nec miror, sed maereo casum eiusmodi, ut tantis tuis miseriis meae miseriae subleventur. Nam ad me P. Valerius, homo officiosus, scripsit, id quod ego maximo cum fletu legi, quemadmodum a Vestae ad tabulam Valeriam ducta esses. Hem, mea lux, meum desiderium, unde omnes opem petere solebant, te nunc, mea Terentia, sic vexari, sic iacere in lacrimis et sordibus! idque 3 fieri mea culpa, qui ceteros servavi, ut nos periremus! Quod de domo scribis, hoc est de area, ego vero tum denique mihi videbor restitutus, si illa nobis erit restituta. Verum haec non sunt in nostra manu. Illud doleo, quae impensa facienda est, in eius partem te miseram et despoliatam venire. Quod si conficitur negotium, omnia consequemur; sin eadem nos fortuna premet, etiamne reliquias tuas misera proiicies? Obsecro te, mea vita, quod ad sumptum attinet, sine alios, qui possunt, si modo volunt, sustinere et valetudinem istam infirmam, si me amas, noli vexare. Nam mihi ante oculos dies noctesque versaris. Omnes labores te excipere video; timeo, ut sustineas. Sed video in te esse omnia. Quare, ut id, quod speras et quod agis, consequamur, servi 4 valetudini. Ego ad quos scribam nescio, nisi ad eos, qui ad me scribunt, aut ad eos, de quibus ad me vos aliquid scribitis. Longius, quoniam ita vobis placet, non discedam; sed velim quam

ad tabulam Valeriam] Die tabula Valeria, ein Gemälde an einer Seitenwand der curia Hostilia auf dem Forum. Plin. N. H. XXXV, 4, 7: *dignatio autem* (picturae) *praecipua Romae increvit — a M. Valerio Messala;* [qui] *princeps tabulam, picturam proelii, quo Carthaginienses et Hieronem in Sicilia vicerat, proposuit in latere curiae Hostiliae a. u. c. CCCCXC.* Wahrscheinlich stand bei der tabula Valeria ein tribunal, wie bei der tabula Sextia; Cic. p. Quintio 6, 25: *ipse suos necessarios ab atriis Liciniis et a faucibus macelli corrogat, ut ad tabulam Sextiam sibi adsint hora secunda postridie,* und was auch aus Cic. in Vatin. 9, 21 hervorzugehen scheint: *cum eum tu consulem in vincula duceres et ab tabula Valeria collegae tui mitti iuberent.* Dorthin also wurde Terentia aus dem Tempel der Vesta, wo sie bei ihrer Schwester Fabia, einer Vestalin, sich aufhielt, mit auffallender Härte geführt, um dort für ihren Gemahl Schulden zu bezahlen oder Bürgschaft zu leisten. Nach anderen war die tabula Valeria eine von den Wechselbuden am Forum (tabernae oder mensae argentariorum). Durch die Vermittelung der argentarii, bei denen man Geld deponirte, wurden die meisten grösseren Zahlungen gemacht, entweder in baarem Gelde oder so, dass der Wechsler in seinen Büchern die Summe dem einen ab-, dem andern zuschrieb (*per mensam* oder *per mensae scripturam solvere,* im Gegensatz von *ex arca* oder *de domo solvere*).

unde omnes opem petere solebant] Viele hatten sich an Terentia gewendet, um Ciceros Beistand vor Gericht oder im Senat zu erlangen.

3. *quae impensa*] Ciceros Rück-

saepissime litteras mittatis, praesertim si quid est firmius, quod speremus. Valete, mea desideria, valete. D. a. d. III Nonas Octobr. Thessalonica.

EPISTOLA XVIII.
(AD ATT. III, 23.)
CICERO ATTICO S.

A. d. v Kal. Decembr. tres epistolas a te accepi, unam datam 1 a. d. VIII Kal. Novembr., in qua me hortaris, ut forti animo mensem Ianuarium exspectem, eaque, quae ad spem putas pertinere, de Lentuli studio, de Metelli voluntate, de tota Pompeii ratione, perscribis. In altera epistola praeter consuetudinem tuam diem non adscribis, sed satis significas tempus. Lege enim ab octo

berufung durchzusetzen musste man Stimmen erkaufen, Gladiatorenbanden anwerben u. s. w.

EPISTOLA XVIII.
Der Brief ist geschrieben prid. Kal. Decembr. in Dyrrhachium, wo Cicero am VI. Kal. Dec. angekommen war, um Italien näher zu sein, wenn seine Freunde in Rom etwas für ihn unternehmen würden. Am 16. Sept. hatte er beabsichtigt, nach Epirus zu reisen und sich auf Atticus Gütern aufzuhalten; er war davon aber wieder zurückgekommen. Vgl. ad Att. III, 19, 1 : *quoad eiusmodi mihi litterae a vobis afferebantur, ut aliquid ex iis esset exspectandum, spe et cupiditate Thessalonicae retentus sum; posteaquam omnis actio huius anni confecta nobis videbatur, in Asiam ire nolui, quod et celebritas mihi odio est, et, si fieret aliquid a novis magistratibus, abesse longe nolebam. Itaque in Epirum ad te statui me conferre, non quo mea interesset loci natura, qui lucem omnino fugerem, sed et ad salutem libentissime ex tuo portu proficiscar et, si ea praecisa erit, nusquam facilius hanc miserrimam vitam vel sustentabo vel, quod multo* *est melius, abiecero;* ad Att. III, 22, 4: *ego quod, per Thessaliam si irem in Epirum, perdiu nihil eram auditurus et quod mei studiosos habeo Dyrrhachinos, ad eos perrexi, cum illa superiora Thessalonicae scripsissem*.

1. *ad spem putas pertinere*] nicht: was sich auf meine Hoffnung bezieht, denn dann könnte es förderlich oder nachtheilig sein, sondern: was dazu dient mir Hoffnung zu machen. Aehnlich ad Att. XI, 15, 1: *sum enim solus aut cum altero, cui neque ad illos reditus sit neque ab his ipsis quicquam ad spem ostendatur;* ad Att. XI, 20, 1: *quod ego magis gauderem, si ista nobis impetrata quicquam ad spem explorati haberent*.

de Lentuli studio] P. Cornelius Lentulus Spinther, Q. Caecilius Metellus Nepos, die consules designati.

Lege enim ab octo] Cic. post red. in sen. 2, 4: *itaque vestro studio atque auctoritate perfectum est, ut ipse ille annus, quem ego mihi quam patriae malueram esse fatalem, octo tribunos haberet, qui et promulgarent de salute mea et ad vos saepenumero referrent*. Die Rogation blieb erfolglos, da zwei Tribu-

tribunis pl. promulgata scribis te eas litteras eo ipso die dedisse, id est a. d. IV Kal. Novembr., et quid putes utilitatis eam promulgationem attulisse scribis. In quo, si iam haec nostra salus cum hac lege desperata erit, velim pro tuo in me amore hanc inanem meam diligentiam miserabilem potius quam ineptam putes; sin est aliquid spei, des operam, ut maiore diligentia posthac a nostris **2** magistratibus defendamur. Nam ea veterum tribunorum pl. rogatio tria capita habuit; unum de reditu meo scriptum incaute. Nihil enim restituitur praeter civitatem et ordinem; quod mihi pro meo casu satis est, sed quae cavenda fuerint et quomodo te non fugit. Alterum caput est tralaticium de impunitate: SI QUID CONTRA ALIAS LEGES EIUS LEGIS ERGO FACTUM SIT. Tertium caput, mi Pomponi, quo consilio et a quo sit inculcatum vide. Scis enim Clodium sanxisse, ut vix aut omnino non posset nec per senatum nec per populum infirmari sua lex. Sed vides nunquam esse observatas sanctiones earum legum, quae abrogarentur; nam si id esset, nulla fere abrogari posset, neque enim ulla est, quae non ipsa se saepiat difficultate abrogationis. Sed, cum lex abrogatur, illud ipsum abrogatur, quomodo eam abrogari

---

nen, Clodius und Aelius Ligus intercedirten: pro Sestio 32.

In quo] wie sonst oft = hic, hoc loco: hier wünschte ich u. s. w.

haec nostra salus] die Wiederherstellung, wie ich sie wünsche und im Folgenden näher bezeichne. Ebenso nachher *hanc inanem meam diligentiam.*

nostris magistratibus] die von den Magistraten des nächsten Jahres, die dem Cicero günstig gesinnt waren, wie weiter unten *octo nostri tribuni.*

2. *quae cavenda fuerint*] nämlich die Zurückgabe des Hauses und der übrigen Güter.

si quid contra] Die Formel findet sich vollständig in der lex regia de Vespasiani imperio bei Haubold monumenta legalia p. 223: *si quis huiusce legis ergo adversus leges, rogationes plebisve scita senatusve consulta fecit, fecerit, sive quod eum ex lege, rogatione plebisve scito senatusve consulto facere oportebit, non fecerit huius legis ergo, id ei ne fraudi esto neve quid ob eam rem populo dare debeto neve cui de ea re actio neve iudicatio esto neve quis de ea re apud se agi sinito.*

quomodo eam abrogari oporteat] In manchen Gesetzen war, um die Aufhebung zu erschweren, ausdrücklich bestimmt, auf welche Weise allein sie aufgehoben werden könnten. Dass auch die lex Clodia nur solche Bestimmungen enthielt, nicht etwa die Aufhebung ganz und gar verbot, ersieht man aus den Worten: *scis Clodium sanxisse, ut vix aut omnino non posset infirmari sua lex.* Cicero meint nun, eine solche Bestimmung könne seine Freunde nicht hindern gegen die lex Clodia vorzugehen; denn, wenn ein Gesetz aufgehoben würde, würde auch die Bestimmung über die Art, wie es aufgehoben werden dürfte, mit aufgehoben. Und darin hat er Recht, wenn er behauptet, dass, wenn auch ein solches Gesetz nach der gewöhnlichen Weise auf-

oporteat. Hoc, quod re vera ita est, cum semper ita habitum **3** observatumque sit, octo nostri tribuni pl. caput posuerunt hoc: SI QUID IN HAC ROGATIONE SCRIPTUM EST, QUOD PER LEGES PLEBISVE SCITA — hoc est, quod per legem Clodiam — PROMULGARE, ABROGARE, DEROGARE, OBROGARE SINE FRAUDE SUA NON LICEAT, NON LICUERIT, QUODVE EI QUI PROMULGAVIT, ABROGAVIT, DEROGAVIT, OBROGAVIT, OB EAM REM POENAE MULTAEVE SIT, E. H. L. N. R. At- **4** que hoc in illis tribunis pl. non laedebat; lege enim collegii sui non tenebantur. Quo maior est suspicio malitiae alicuius, cum id, quod ad ipsos nihil pertinebat, erat autem contra me, scri-

gehoben sei, dennoch die Aufhebung rechtsgültig sei; denn dieselbe Behörde, die das Gesetz gegeben hatte, hob es auf; die Machtvollkommenheit war dieselbe. Aber er lässt ausser Acht, dass die Magistrate, die eine solche Aufhebung beantragten, belangt werden konnten, namentlich wenn etwa die Aufhebung nicht durchgesetzt werden konnte.

3. *Hoc, quod revera*] Obwohl nun dies, was in der That auch richtig ist, immer so gehalten worden ist.

Si quid in hac rogatione] Der zweite Paragraph sicherte Straflosigkeit dem zu, der in Ausführung des neuen Gesetzes gegen ein älteres nicht ausdrücklich aufgehobenes handelte. Dieser dritte Paragraph befreite den Antragsteller von der Verantwortlichkeit, wenn er etwa ohne sein Wissen etwas beantragte, was er nach den Gesetzen nicht beantragen durfte.

promulgare] legem, einen Gesetzentwurf öffentlich anschlagen, abrogare, ein Gesetz ganz aufheben, derogare, ein Stück eines Gesetzes aufheben, obrogare, ein Gesetz stillschweigend beseitigen, dadurch dass man Widersprechendes festsetzt.

sine fraude sua] Suus bezieht sich auf das zum Infinitiv hinzu zu denkende Subjekt, wie de off. III, 5, 23: *non licet sui commodi causa nocere alteri*.

non licrat, non licuerit] was nicht erlaubt ist zu der Zeit, wo das Volk zur Abstimmung gerufen wird, nicht erlaubt gewesen ist zu der Zeit, wo der Antrag promulgirt wurde. *Non licuerit* ist hinzugesetzt, weil der Fall eintreten konnte, dass, während ein ungesetzlicher Antrag promulgirt war, die abrogatio gestattet wurde, in welchem Falle die promulgatio immer noch strafbar gewesen sein würde.

e. h. l. n. r.] d. i. eius hac lege nihil rogatur.

4. *non laedebat*] nämlich den Cicero. Die alten Tribunen konnten, ohne dass meine Sache dadurch beeinträchtigt wurde, diesen Zusatz machen; denn da sie durch das Gesetz des Clodius nicht gebunden sind, war ihr Antrag gesetzmässig. Wollten aber die neuen Tribunen diesen Zusatz machen, so würden sie mit dem einen Paragraphen widerrufen, was sie mit dem vorhergehenden gegeben haben; denn sie trifft das Gesetz des Clodius.

lege enim collegii sui] Dass das Gesetz eines Tribunen für die übrigen Tribunen desselben Collegiums nicht bindend gewesen wäre, ist sonst nicht überliefert und sehr unwahrscheinlich. Wahrscheinlich hatte Clodius in seinem Gesetz ausdrücklich nur die künftigen Tribunen genannt, weil er durch sein Intercessionsrecht gegen die Versuche seiner Collegen hinreichend gesichert war.

erat autem contra me] nicht an

pserunt, ut novi tribuni pl., si essent timidiores, multo magis sibi eo capite utendum putarent. Neque id a Clodio praetermissum est. Dixit enim in contione a. d. III Non. Nov. hoc capite designatis tribunis pl. praescriptum esse quid liceret. Tamen in lege nulla esse eiusmodi caput te non fallit; quo si opus esset omnes in abrogando uti, mirum ut ceteros fugerit. Investiges velim et quis attulerit et quare octo tribuni pl. ad senatum de me referre non dubitarint — scilicet, quod observandum illud caput non putabant, — iidem in abrogando tam cauti fuerint, ut id metuerent, soluti cum essent, quod ne iis quidem, qui lege tenentur, est curandum. Id caput sane nolim novos tribunos pl. ferre; sed perferant modo quidlubet, uno capite, quo revocabor, modo res conficiatur, ero contentus. Iam dudum pudet tam multa scribere; vereor enim, ne re iam desperata legas, ut haec mea diligentia miserabilis tibi, aliis irridenda videatur. Sed si est aliquid in spe, vide legem, quam T. Fadio scripsit Visellius; ea mihi perplacet. Nam Sestii nostri, quam tu tibi probari scribis, mihi non placet.

sich, sondern nur, wenn die künftigen Tribunen es nachahmten.

in lege nulla esse] Allerdings war auch der dritte Paragraph jenes Gesetzes ein caput tralaticium. Aber sonst lautete dieses caput: *si quid sacri sanctique est, quod ius non sit rogarier, eius hac lege nihilum rogatur.* Cic. pro Caec. 33, 95: *At enim Sulla legem tulit. Ut nihil de illo tempore, nihil de calamitate rei publicae querar, hoc tibi respondeo, adscripsisse eundem Sullam in eadem lege: si quid ius non esset rogarier, eius ea lege nihilum rogatum. Quid est quod ius non sit, quod populus iubere aut vetare non possit? Ut ne longius abeam, declarat ista adscriptio esse aliquid; nam, nisi esset, hoc in omnibus legibus non adscriberetur.* Dies caput erklärte also, es solle nichts, was gegen die obersten Grundsätze des Rechts verstiesse, als in dem Gesetz verordnet angesehen werden. Der hier vorliegende Paragraph dagegen bestimmt: was in dem Gesetze den bestehenden Gesetzen widerspricht, soll als nicht beantragt angesehen werden.

quare octo tribuni] warum die acht Tribunen, die doch, indem sie über meine Zurückberufung referirten, auf Clodius Gesetz nicht achteten, jetzt beim Abrogiren so vorsichtig sind.

est curandum] weil nach Ciceros Meinung, cum lex abrogatur, illud ipsum abrogatur, quomodo eam abrogari oporteat.

T. Fadio] T. Fadius Gallus, Ciceros Quästor im Consulat, jetzt designirter Volkstribun. C. Visellius Varro, der Sohn der Schwester von Ciceros Mutter und des römischen Ritters C. Aculeo, wahrscheinlich adoptirt von einem Visellius Varro, ein rechtskundiger Mann, der nach der Verwaltung der curulischen Aedilität gestorben ist.

Nam Sestii nostri] Sestius war designirter Volkstribun. Ueber den Gesetzentwurf, den er einbringen wollte, schreibt Cic. ad Att. III, 20, 3: *rogatio Sestii neque dignitatis satis habet nec cautionis; nam et nominatim ferri oportet et de bonis diligentius scribi.*

Tertia est epistola prid. Id. Novembr. data, in qua exponis 5
prudenter et diligenter quae sint, quae rem distinere videantur,
de Crasso, de Pompeio, de ceteris. Quare oro te, ut, si qua spes
erit posse studiis bonorum, auctoritate, multitudine comparata
rem confici, des operam, ut uno impetu perfringatur, in eam rem
incumbas ceterosque excites. Sin, ut ego perspicio cum tua con-
iectura tum etiam mea, spei nihil est, oro obtestorque te, ut Quintum fratrem ames, quem ego miserum misere perdidi, neve quid
eum patiare gravius consulere de se quam expediat sororis tuae
filio, meum Ciceronem, cui nihil misello relinquo praeter invidiam et ignominiam nominis mei, tueare quoad poteris, Terentiam, unam omnium acrumnosissimam, sustentes tuis officiis.
Ego in Epirum proficiscar, cum primorum dierum nuntios exce-
pero. Tu ad me velim proximis litteris ut se initia dederint perscribas. Dat. prid. Kal. Decembr.

EPISTOLA XIX.
(AD ATT. IV, 1.)
CICERO ATTICO S.

Cum primum Romam veni fuitque, cui recte ad te litteras 1
darem, nihil prius faciendum mihi putavi quam ut tibi absenti de
reditu nostro gratularer. Cognoram enim, ut vere scribam, te

5. *misere perdidi*] Cicero hatte das seinem Bruder aus der Schatzkammer zustehende Geld für seine Bedürfnisse verwandt, so dass dieser in grosse Geldnoth gekommen war; ad Q. fr. I, 3, 7. Ausserdem drohte dem Quintus von seines Bruders Feinden eine Anklage wegen Erpressungen; ad Att. III, 9.

primorum dierum nuntios] Nachrichten von den ersten Tagen nach dem Amtsantritt der neuen Tribunen, d. i. nach a. d. IV Id. Decembres.

ut se initia dederint] wie Liv. XXVIII, 5, 9: *pollicitus, prout tempus ac res se daret, omnibus laturum se auxilium;* Ter. Hec. III, 3, 20: *ut res dant sese, ita magni atque humiles sumus.*

EPISTOLA XIX.
Der Brief ist in Rom geschrieben Mitte September 57 unter dem Consulat des P. Cornelius Lentulus Spinther und Q. Caecilius Metellus Nepos. Atticus war damals in Epirus. Die Zeitfolge der in dem Briefe erwähnten Ereignisse ist diese: am 4. Sept. hielt Cicero seinen Einzug in Rom; am 5. sprach er dem Senat und dann in einer contio dem Volke seinen Dank aus (oratio cum senatui gratias egit, oratio cum populo gratias egit); am 7. gab er im Senat sein Votum zu Gunsten des Pompeius ab und hielt in derselben Sache eine Rede an das Volk; am 8. fasste der Senat den Beschluss, die cura annonae Pompeius zu übertragen.

1. *Cognoram enim*] Der Grund

in consiliis mihi dandis nec fortiorem nec prudentiorem quam me ipsum, me etiam propter meam in te observantiam nimium in custodia salutis meae diligentem; eundemque te, qui primis temporibus erroris nostri aut potius furoris particeps et falsi timoris socius fuisses, acerbissime discidium nostrum tulisse plurimumque operae, studii, diligentiae, laboris ad conficiendum
2 reditum meum contulisse. Itaque hoc tibi vere affirmo, in maxima laetitia et exoptatissima gratulatione unum ad cumulandum gaudium conspectum aut potius complexum mihi tuum defuisse, quem semel nactus nunquam dimisero; ac, nisi etiam praetermissos fructus tuae suavitatis praeteriti temporis omnes exegero, profecto hac restitutione fortunae me ipse non satis dignum iudicabo.
3 Nos adhuc in nostro statu, quod difficillime recuperari posse arbitrati sumus, splendorem nostrum illum forensem et in senatu auctoritatem et apud viros bonos gratiam magis quam optamus consecuti sumus. In re autem familiari, quae quemadmodum fracta, dissipata, direpta sit non ignoras, valde laboramus tuarumque non tam facultatum, quas ego nostras esse iudico, quam consiliorum ad colligendas et constituendas reliquias nostras in-
4 digemus. Nunc, etsi omnia aut scripta esse a tuis arbitror aut

folgt erst im zweiten Satze *eundemque te;* der erste, welcher hätte subordinirt sein sollen, ist coordinirt. Siehe I, 7, 1; II, 2, 8.

me etiam] ich weiss recht gut, dass du zwar weder muthiger noch klüger gewesen bist als ich, ich auch bloss wegen meiner Nachgiebigkeit gegen dich zu sehr für mein Leben besorgt gewesen bin, dass du aber gleichwohl u. s. w. Beide Vorwürfe werden in dem folgenden Relativsatze wiederholt: *erroris particeps* und *falsi timoris socius.* Vgl. I, 16, 4, wo Cicero viel bitterer dasselbe seinem Freunde vorwirft.

2. *quem semel nactus nunquam dimisero*] = quem si semel nactus ero. Der Sinn ist: wenn ich dich einmal wieder habe, so werde ich dich niemals entlassen haben, d. i. durch die Freude des Wiedersehens wird alle Bitterkeit der Trennung reichlich vergütet sein. Das Futurum exactum *dimisero* erlaubt nicht zu übersetzen: wenn ich dich einmal wieder habe, werde ich dich nie wieder von mir lassen. Auch würde das eine zu starke und wenig glaubliche Betheuerung der Liebe zu Atticus sein.

fructus tuae suavitatis praeteriti temporis] wie ad fam. IX, 8, 2: *superiorum temporum fortuna rei publicae;* Caes. bell. Gall. III, 18: *superiorum dierum Sabini cunctatio;* id. II, 17: *eorum dierum consuetudine itineris nostri exercitus perspecta.* Also: die Vortheile deines Umgangs während der vergangenen Zeit. *Etiam praetermissos*, die ich, durch die Trennung noch nicht belehrt, damals nicht zu schätzen wusste, also durch eigne Schuld verloren habe.

3. *magis quam optamus*] Eine solche Stellung konnte ihn leicht wieder in Conflicte mit den Machthabern bringen.

etiam nuntiis ac rumore perlata, tamen ea scribam brevi, quae te puto potissimum ex meis litteris velle cognoscere. Pridie Nonas Sext. Dyrrhachio sum profectus, ipso illo die, quo lex est lata de nobis. Brundisium veni Nonis Sext. Ibi mihi Tulliola mea fuit praesto natali suo ipso die, qui casu idem natalis erat et Brundisinae coloniae et tuae vicinae Salutis, quae res animadversa a multitudine summa Brundisinorum gratulatione celebrata est. Ante diem VI Id. Sext. cognovi litteris Quinti fratris mirifico studio omnium aetatum atque ordinum, incredibili concursu Italiae legem comitiis centuriatis esse perlatam. Inde a Brundisinis honestissimis ornatus iter ita feci, ut undique ad me cum gratulatione legati convenerint. Ad urbem ita veni, ut nemo ullius 5 ordinis homo nomenclatori notus fuerit, qui mihi obviam non venerit, praeter eos inimicos, quibus id ipsum, se inimicos esse, non liceret aut dissimulare aut negare. Cum venissem ad portam Capenam, gradus templorum ab infima plebe completi erant; a qua plausu maximo cum esset mihi gratulatio significata, similis et frequentia et plausus me usque ad Capitolium celebravit, in foroque et in ipso Capitolio miranda multitudo fuit. Postridie in senatu, qui fuit dies Non. Septembr., senatui gratias egimus. Eo 6

4. *lex est lata de nobis*] wodurch er zurückgerufen wurde: in Pis. 15, 35: *de me cum omnes magistratus promulgassent praeter unum praetorem, a quo non fuit postulandum, fratrem inimici mei* (Appius Clautius) *praeterque duos de lapide emptos tribunos* (Numerius Quintius Rufus und Sex. Atilius Serranus), *legem comitiis centuriatis tulit P. Lentulus consul de collegae Q. Metelli sententia.*

tuae vicinae Salutis] der Tempel der Salus auf dem Quirinalis nahe bei dem Hause des Atticus.

honestissimis ornatus] ornare ohne Ablativ wie pro Deiot. 1, 2: *regem, quem ornare antea cuncto cum senatu solebam*, und sonst oft.

5. *nomenclatori*] ein Sklave, der dem Herrn die Namen der ihm Begegnenden zuflüsterte; denn vornehme Römer mussten, namentlich bei Bewerbungen um Ehrenstellen, selbst die gemeinen Bürger bei Namen zu nennen und ihnen etwas Verbindliches zu sagen wissen.

non liceret] weil ihre Feindschaft offenkundig war.

ad portam Capenam] Die porta Capena lag am Fuss des Coelius. Hier begann die via Appia und nicht weit davon zweigte sich von dieser die via Latina ab.

dies Non.] i. e. Nonarum; ad fam. III, 11, 1: *in altera dies erat adscripta Nonarum Aprilium*: jedoch hat der codex Mediceus ad fam. XVI, 3, 1: *is dies fuit Nonae*.

senatui gratias egimus] Dass die noch erhaltene oratio cum senatui gratias egit diese Rede sei, wird von F. A. Wolf und anderen geläugnet.

6. *Eo biduo*] zwei Tage nachher. Freilich wird dem Ablativ, wenn er so verstanden werden soll, in der Regel ein Relativsatz beigefügt, wie ad fam. X, 23, 3: *quem triduo, cum has dabam litteras, exspectabam;* pro Rosc. Amer. 37, 105: *mors Sex. Roscii quatriduo, quo is occisus est, Chrysogono nun-*

biduo, cum esset annonae summa caritas et homines ad theatrum primo, deinde ad senatum concurrissent, impulsu Clodii mea opera frumenti inopiam esse clamarent; cum per eos dies senatus de annona haberetur et ad eius procurationem sermone non solum plebis verum etiam bonorum Pompeius vocaretur idque ipse cuperet multitudoque a me nominatim ut id decernerem postularet, feci et accurate sententiam dixi, cum abessent consulares, quod tuto se negarent posse sententiam dicere, praeter Messallam et Afranium. Factum est senatus consultum in meam sententiam, ut cum Pompeio ageretur, ut eam rem susciperet lexque ferretur. Quo senatus consulto recitato cum contio more hoc insulso et

tiatur. Indessen findet sich dieser Ausdruck auch ohne Relativsatz in dieser Bedeutung: ad fam. VII, 4: *cura igitur ut valeas et me hoc biduo aut triduo exspecta*; ad Att. IV, 16, 7: *Scaurus, qui erat paucis diebus illis absolutus;* Caes. b. civ. I, 41, 1: *eo biduo Caesar cum equitibus in castra pervenit;* ib. 87, 4: *parte circiter tertia exercitus eo biduo dimissa;* auch ohne Pronomen demonstrativum; z. B. ad Att. V, 17, 2: *perscribam ad te paucis diebus omnia.*

cum esset annonae] Vergl. de domo 6, 14: *cum de mea dignitate in templo Iovis Optimi Maximi senatus frequentissimus uno isto dissentiente decrevisset, subito illo ipso die carissimam annonam necopinata vilitas consecuta est. . . . . . Quae* (annona) *quia rursus in meo reditu facta erat durior, a me, cuius adventu fore vilitatem boni viri dictitabant, annona flagitabatur.*

ad theatrum] Es waren um diese Zeit die ludi Romani, die vom 4. bis 19. September gefeiert wurden.

impulsu Clodii] Wie zwei Begriffe, die zusammen einen höhern bilden (s. zu I, 4, 1), so werden auch zwei Sätze asyndetisch neben einander gestellt, wenn der an der Stelle erforderliche Gedanke erst aus der Zusammensetzung beider sich ergiebt. Hier: ein gegen Cicero gerichteter Auflauf. Vgl. ad

fam. XV, 4, 7: *quo ut veni, hostem ab Antiochea recessisse, Bibulum Antiocheae esse cognovi* (dass meine Anwesenheit unnöthig war); ad Att. VIII, 3, 7: *non puto etiam hoc Gnaeum nostrum commissurum, etsi Brundisium Scipionem cum cohortibus duabus praemiserat, legionem Fausto conscriptam in Siciliam sibi placere a consule duci scripserat ad consules;* Caes. bell. Gall. II, 35, 1: *legati, qui se obsides daturas, imperata facturas pollicerentur* (die Unterwerfung).

per eos dies] Per wird auch gebraucht, um die Zeit einer Begebenheit ungefähr anzugeben: im Laufe jener Tage, um diese Zeit. Liv. XXX, 38: *per eos dies commeatus ex Sicilia Sardiniaque tantam vilitatem annonae effecerunt, ut cet.*

ut id decernerem] = *censerem*, dass ich dafür stimmte. Phil. XIV, 11: *decerno igitur eorum trium nomine quinquaginta dierum supplicationes.* Eigentlich sollte es heissen *ut id decernendum censerem*, wie Phil. IX, 6: *qui sepulcrum publice decernendum Ser. Sulpicio censuit, statuam non censuit.*

quod tuto se negarent] Obgleich der Inhalt des Gesagten, nicht das Sagen indirect ist, wird doch häufig das verbum sentiendi oder declarandi in solchen Fällen in den Conjunctiv gesetzt.

novo plausum meo nomine recitando dedisset, habui contionem; omnes magistratus praesentes praeter unum praetorem et duos tribunos pl. dederunt. Postridie senatus frequens et omnes con- 7 sulares nihil Pompeio postulanti negarunt. Ille legatos quindecim cum postularet, me principem nominavit et ad omnia me alterum se fore dixit. Legem consules conscripserunt, qua Pompeio per quinquennium omnis potestas rei frumentariae toto orbe terrarum daretur; alteram Messius, qui omnis pecuniae dat potestatem et adiungit classem et exercitum et maius imperium in provinciis quam sit eorum, qui eas obtineant. Illa nostra lex consularis nunc modesta videtur, haec Messii non ferenda. Pompeius illam velle se dicit, familiares hanc. Consulares duce Favonio fremunt; nos tacemus et eo magis, quod de domo nostra nihil adhuc pontifices responderunt. Qui si sustulerint religio-

nomine recitando] Der Ablativ des Gerundiums oder Gerundivums bezeichnet oft die Umstände, unter denen, oder die Zeit, während der etwas geschieht, und vertritt so die Stelle des fehlenden Part. praes. pass. Liv. III, 65, 4: *insectandis patribus tribunatum gessit*; V, 43, 7: *cum diis hominibusque accusandis senesceret;* Cic. de off. I, 2, 5: *quis est, qui nullis officii praeceptis tradendis philosophum se audeat dicere?* in Catil. III, 3, 6: *tardissime autem Lentulus venit, credo quod litteris dandis praeter consuetudinem proxima nocte vigilarat;* Cato m. 7, 24: *quibus absentibus numquam fere ulla in agro maiora opera fiunt, non serendis, non percipiendis, non condendis fructibus.*

omnes magistratus] *Contio*, eine Volksversammlung, in der nicht abgestimmt wurde, und auch eine Rede, die man vor dem Volke hält. Eine solche Rede durfte ein Privatmann nur mit Erlaubniss eines Magistrats halten. Der Prätor, der die Erlaubniss verweigerte, war Appius Claudius, der Bruder des Clodius, die beiden Tribunen Numerius Quintius und Atilius Serranus.

7. *Messius*] ein Volkstribun von der Partei des Pompeius.

nostra lex consularis] *nostra*, weil das Gesetz ex senatus consulto in Ciceronis sententiam facto, *consularis*, weil es von den Consuln eingebracht wurde. *Leges consulares* werden die von Consuln, *tribuniciae* die von Tribunen beantragten Gesetze genannt. Liv. III, 56, 12: *implorare leges de provocatione et consulares et tribunicias.*

duce Favonio] Favonius, der Nachahmer des Cato, sass damals noch unter den quaestoriis, d. i. denen, die nur erst die Quästur bekleidet hatten; aber er lärmte so laut gegen die Machthaber, dass er in dieser Sache Führer der Consularen genannt werden konnte.

et eo magis quod] weil also Cicero es weder mit dem Senat, noch mit Pompeius verderben durfte.

Qui si sustulerint] Von dem Platze, wo Ciceros Haus gestanden hatte, hatte Clodius einen Theil durch einen gewissen Scato für sich zur Erweiterung seines anstossenden Hauses ankaufen lassen: einen andern hatte er, um die Rückgabe zu erschweren, zu einem Tempel der Libertas geweiht. Den ersten Theil erhielt Cicero ohne Schwierigkeit zurück; über den andern mussten erst die Pontifices entscheiden. Hoben diese die Weihung auf, so erhielt Cicero eine schöne

nem, aream praeclaram habebimus, superficiem consules ex senatus consulto aestimabunt; sin aliter, demolientur, suo nomine locabunt, rem totam aestimabunt.

8   Ita sunt res nostrae: ut in secundis, fluxae; ut in adversis, bonae. In re familiari valde sumus, ut scis, perturbati. Praeterea sunt quaedam domestica, quae litteris non committo. Quintum fratrem, insigni pietate, virtute, fide praeditum sic amo, ut debeo. Te exspecto et oro, ut matures venire eoque animo venias, ut me tuo consilio egere non sinas. Alterius vitae quoddam initium ordimur. Iam quidam, qui nos absentes defenderunt, incipiunt praesentibus occulte irasci, aperte invidere. Vehementer te requirimus.

EPISTOLA XX.
(AD ATT. IV, 2.)
CICERO ATTICO S.

1   Si forte rarius tibi a me quam a ceteris litterae redduntur, peto a te, ut id non modo neglegentiae meae sed ne occupationi

Baustelle und ausserdem Ersatz für das Gebäude, was zerstört war (superficies): geschah es nicht, so erhielt er Ersatz für Baustelle und Gebäude und das von Clodius begonnene Bauwerk wurde zerstört und ein anderes Heiligthum von den Consuln errichtet.

S. *ita sunt — bonae*] vielleicht ein iambischer Octonar aus einem alten Dichter. Vgl. im folgenden Briefe § 1 und ep. ad Brut. I, 10, 2: *huius belli fortuna ut in secundis fluxa, ut in adversis bona*.

EPISTOLA XX.

Am 30. Sept. hielt Cicero die Rede de domo sua ad pontifices und es erfolgte die Cicero günstige Entscheidung dieser. Am 1. und 2. Oct. war über dieselbe Sache Berathung im Senat. Der Brief ist wahrscheinlich Mitte October, jedenfalls vor a. d. III Non. Nov. geschrieben.

1. *non modo neglegentiae*] *Non modo* für *non modo non* wie gewöhnlich bei folgendem *sed — ne quidem*, wenn das Verbum gemeinschaftlich ist und im zweiten Gliede steht. Das zweite Glied ist, wie es sein muss, das Bedeutendere: denn die *occupatio* würde ein triftigerer Entschuldigungsgrund sein als die *neglegentia*. Wegen des *ut* in negativen Absichtssätzen mit *ne — quidem, nec — nec, non modo non — sed ne — quidem* vgl. Cic. ad fam. XIII, 29, 4: *abdidit se in intimam Macedoniam, non modo ut non praeesset ulli negotio, sed etiam ut ne interesset quidem*; Caes. b. G. VII, 74, 1: *perfecit, ut ne magna quidem multitudine munitionum praesidia circumfundi possent*; Cic. ad fam. IX, 2, 5: *ac mihi quidem iam pridem venit in mentem bellum esse aliquo exire, ut ea, quae agebantur hic*

quidem tribuas; quae etsi summa est, tamen nulla esse potest tanta, ut interrumpat iter amoris nostri et officii mei. Nam, ut veni Romam, iterum nunc sum certior factus esse, cui darem litteras; itaque has alteras dedi. Prioribus tibi declaravi adventus noster qualis fuisset et quis esset status atque omnes res nostrae quemadmodum essent, ut in secundis, fluxae, ut in adversis, bonae.

Post illas datas litteras secuta est summa contentio de domo. 2 Diximus apud pontifices pridie Kal. Octobres. Acta res est accurate a nobis et, si unquam in dicendo fuimus aliquid, aut etiam, si nunquam alias fuimus, tum profecto doloris magnitudo vim quandam nobis dicendi dedit. Itaque oratio inventuti nostrae deberi non potest; quam tibi, etiamsi non desideras, tamen mittam cito. Cum pontifices decressent ita, SI NEQUE POPULI IUSSU 3 NEQUE PLEBIS SCITO IS, QUI SE DEDICASSE DICERET, NOMINATIM EI REI PRAEFECTUS ESSET NEQUE POPULI IUSSU AUT PLEBIS SCITO ID FACERE IUSSUS ESSET, VIDERI POSSE SINE RELIGIONE EAM PARTEM AREAE M. T. RESTITUI, mihi facta statim est gratulatio; nemo enim dubitabat, quin do-

---

quaeque dicebantur, nec viderem nec audirem.

amoris nostri] die Liebe, die wir zu einander haben, und die Verbindlichkeit, die ich gegen dich habe.

2. *Diximus apud pontifices*] Das ist die noch vorhandene Rede de domo sua ad pontifices.

si unquam] Vgl. Liv. XXXII, 5, 8: *bellum si quando umquam ante alias, tum magna cura apparavit*; XXXI, 7, 3: *hoc quantum intersit, si nunquam alias, Punico proximo certe bello experti estis.*

deberi non potest] darf nicht vorenthalten werden. Debere schuldig bleiben, wie Cic. Tusc. II, 27, 67: *sed tibi hoc video non posse deberi*; ad fam. VII, 19, 1: *quod praesenti tibi prope subnegaram, non tribueram certe, id absenti debere non potui;* Topica I, 4: *non potui igitur tibi saepius hoc roganti....debere diutius;* de or. III, 5, 18: *an me tam impudentem esse existimatis, ut vobis hoc praesertim munus putem diutius posse de-*

bere?

3. *si neque—neque*] Clodius musste nicht bloss ausdrücklich damit beauftragt sein, sondern auch bei der dedicatio ausdrücklich erklären, dass er auf Befehl des Volkes handele; de domo 53, 136: *habetis in commentariis vestris*, C. Cassium censorem de signo Concordiae dedicando ad pontificum collegium retulisse eique M. Aemilium pontificem maximum pro collegio respondisse, nisi eum populus Romanus nominatim praefecisset atque eius iussu faceret, non videri eam posse recte dedicari.

M. T.] d. i. Marco Tullio.

nemo enim dubitabat] Die lex Clodia hatte allerdings verordnet, dass Ciceros Haus confiscirt würde, dass Clodius auf der Baustelle ein monumentum errichten sollte und dass es ihm erlaubt sein sollte seinen Namen darauf zu setzen; de domo 20. Aber eine Bestimmung, die ihn bevollmächtigte den Platz den Göttern zu weihen, hatte er vergessen

mus nobis esset adiudicata; cum subito ille in contionem escendit, quam Appius ei dedit. Nuntiat iam populo pontifices secundum se decrevisse, me autem vi conari in possessionem venire; hortatur, ut se et Appium sequantur et suam Libertatem ut defendant. Hic, cum etiam illi infirmi partim admirarentur, partim irriderent hominis amentiam, ego statueram illuc non accedere, nisi cum consules ex senatus consulto porticum Catuli restituen-
4 dam locassent. Kal. Octobr. habetur senatus frequens. Adhibentur omnes pontifices, qui erant senatores; a quibus Marcellinus, qui erat cupidissimus mei, sententiam primus rogatus quaesivit quid essent in decernendo secuti. Tum M. Lucullus de omnium collegarum sententia respondit religionis iudices pontifices fuisse, legis senatum; se et collegas suos de religione statuisse, in senatu de lege statuturos. Quisque horum loco sententiam rogatus multa secundum causam nostram disputavit. Cum ad Clodium ventum est, cupiit diem consumere, neque ei finis est factus;

ins Gesetz aufzunehmen, und gerade hierauf kam es an, da eine alte lex Papiria verbot *iniussu plebis aedes, terram, aram consecrare.* S. de domo 49.

in contionem escendit] Contionem *alicui dare* heisst einem die Erlaubniss geben zum Volke zu reden, *in contionem escendere* auf die Rednerbühne steigen, um eine Rede zu halten. Gellius Noct. Att. XVIII, 7, 5: *misit autem paulo post Favorino librum, quem promiserat (Verrii, opinor, Flacci erat), in quo scripta ad hoc genus quaestionis pertinentia haec fuerunt: senatum dici et pro loco et pro hominibus, civitatem et pro loco et oppido et pro iure quoque omnium et pro hominum multitudine, tribus quoque et decurias dici et pro loco et pro iure et pro hominibus, contionem autem tria significare: locum suggestumque, unde verba fierent .....; item significare coetum populi adsistentis, item orationem ipsam, quae ad populum diceretur.*

etiam illi infirmi] sogar die dir wohl bekannten Schwankenden, Unzuverlässigen, geschweige denn unsere Freunde. So wird *infirmi* gebraucht bei Caesar bell. civ. I, 3: *quorum vocibus et concursu terrentur infirmiores.*

porticum Catuli] Diesen an Ciceros Haus stossenden Porticus hatte Clodius mit zu seinem Tempel der Libertas hinzugenommen.

4. *sententiam primus rogatus*] Marcellinus war einer der consules designati, und diese wurden im Senat zuerst gefragt.

de religione statuisse] Die Priester hatten erklärt, es fände kein religiöses Bedenken Statt, wenn Clodius den Auftrag vom Volke nicht erhalten hätte; ob dies aber der Fall war, dies zu entscheiden war Sache des Senats.

Quisque horum loco] *loco* statt *suo loco*, wie de legg. III, 18, 40: *huic* (senatori) *iussa tria sunt: ut adsit, nam gravitatem res habet, cum frequens ordo est; ut loco dicat, id est rogatus.*

diem consumere] Diem dicendo consumere oder *eximere, diutius dicere* war ein gewöhnliches Mittel eine Beschlussnahme zu hindern, denn mit Sonnenuntergang musste die Senatssitzung aufgehoben wer-

sed tamen, cum horas tres fere dixisset, odio et strepitu senatus coactus est aliquando perorare. Cum fieret senatus consultum in sententiam Marcellini, omnibus praeter unum assentientibus, Serranus intercessit. De intercessione statim ambo consules referre coeperunt. Cum sententiae gravissimae dicerentur: senatui placere mihi domum restitui, porticum Catuli locari, auctoritatem ordinis ab omnibus magistratibus defendi; si quae vis esset facta, senatum existimaturum eius opera factum esse, qui senatus consulto intercessisset; Serranus pertimuit et Cornicinus ad suam veterem fabulam rediit : abiecta toga se ad generi pedes abiecit. Ille noctem sibi postulavit; non concedebant; reminiscebantur enim Kal. Ianuar. Vix tandem illi de mea voluntate concessum est. Postridie senatus consultum factum est id, quod ad te misi. Deinde 5 consules porticum Catuli restituendam locarunt; illam porticum redemptores statim sunt demoliti libentissimis omnibus. Nobis

den.

Cornicinus] Cn. Oppius Cornicinus (Cic. cum pop. grat. egit 5, 12), der Schwiegervater des Tribunen Sex. Atilius Serranus Gavianus.

Ille noctem] Ganz ebenso hatten es die beiden gemacht, als am 1. Januar über Ciceros Zurückberufung ohne Erfolg berathschlagt wurde. Deshalb und weil ein Fussfall des Schwiegervaters vor dem Schwiegersohn in einer solchen Sache etwas lächerlich war, nennt Cicero das Verfahren des Cornicinus eine alte Comödie. Vergl. pro Sestio 34, 74: *cum omnes certatim de mea salute dixissent fieretque sine ulla varietate discessio, surrexit, ut scitis, Atilius hic Gavianus, nec ausus est, cum esset emptus, intercedere; noctem sibi ad deliberandum postulavit. Clamor senatus, querellae, preces, socer ad pedes abiectus. Ille se affirmare postero die moram nullam esse facturum. Creditum est, discessum est. Illi interea deliberatori merces longa interposita nocte duplicata est. Consecuti dies pauci omnino Ianuario mense, per quos senatum haberi liceret; sed tamen actum nihil nisi de me.*

Vix tandem] kaum zuletzt,

endlich, wo es kaum noch zu erwarten war, wie ad fam. III, 9, 1: *vix tandem legi litteras dignas Appio Claudio*. Uebrigens ist der Text an dieser Stelle nicht sicher; de harusp. respons. 7 berichtet Cicero, dass der Senatsbeschluss noch an demselben Tage gefasst sei.

5. *senatus consultum*] de har. resp. 7, 13: *postero die frequentissimus senatus te consule designato, Lentulo, sententiae principe, P. Lentulo et Q. Metello consulibus referentibus statuit, cum omnes pontifices, qui erant huius ordinis, adessent cumque alii, qui honoribus populi Romani antecedebant, multa de collegii iudicio verba fecissent omnesque iidem scribendo adessent, domum meam iudicio pontificum religione liberatam videri.*

porticum Catuli] welchen Clodius mit dem von ihm auf Ciceros Grundstück erbauten Porticus zu einem vereinigt und deshalb wenigstens theilweise zerstört hatte.

superficiem aedium] Superficies ist alles mit der Oberfläche eines Grundstücks Verbundene, Haus, Bäume u. s. w. *Aedium* der Genitivus definitivus, wie arbor fici.

superficiem aedium consules de consilii sententia aestimarunt HS vicies, cetera valde illiberaliter, Tusculanam villam quingentis milibus, Formianum HS ducentis quinquaginta milibus. Quae aestimatio non modo vehementer ab optimo quoque sed etiam a plebe reprehenditur. Dices, quid igitur causae fuit? Dicunt illi quidem pudorem meum, quod neque negarim neque vehementius postularim. Sed non est id; nam hoc quidem etiam profuisset. Verum iidem, mi T. Pomponi, iidem, inquam, illi, quos ne tu quidem ignoras, qui mihi pinnas inciderant, nolunt easdem renasci. Sed, ut spero, iam renascuntur. Tu modo ad nos veni: quod vereor ne tardius interventu Varronis tui nostrique facias.

6   Quoniam acta quae sint habes, de reliqua nostra cogitatione cognosce. Ego me a Pompeio legari ita sum passus, ut nulla re impedirer. Quod nisi vellem mihi esset integrum, ut, si comitia censorum proximi consules haberent, petere possem, votivam

Caes. b. Gall. III, 10: *iniuriae retentorum equitum*, das Unrecht, welches in der Zurückhaltung der Ritter bestand.

interventu Varronis] Wahrscheinlich hatte Varro den Atticus in Epirus besucht.

6. *ego me a Pompeio legari*] Die legati wurden vom Senat ernannt, aber man nahm dabei auf die Wünsche der Proconsuln Rücksicht, und manchmal, wenn dem Proconsul eine ausserordentliche Machtvollkommenheit durch ein Gesetz gegeben wurde, wie Caesar durch die lex Vatinia und Piso durch die lex Clodia, war darin auch das Recht inbegriffen, die Legaten selbstständig zu ernennen. Daher die Redensarten *aliquis aliquem sibi legat* oder *aliquis alicui legationem defert*, neben pro Lig. 7, 20: *Ligarium senatus idem legaverat;* ad Att. IV, 15, 9: *cum Caesari legarat Appius consul.* Ist die Person, welcher einer als Legat beigegeben wird, zugleich die, welche ihn erwählt, so kann sie im Nominativ oder beim Passiv im Ablativ mit *a* stehen, wie hier und ad Att. XIV, 13, 4: *cum consilium cepi legari ab Caesare.*

Quod nisi vellem] Quod nisi = nisi. Wenn ich nicht freie Hand behalten wollte mich um die Censur zu bewerben, so hätte ich wohl eine legatio votiva, d. i. eine legatio libera, um den Göttern die Gelübde zu erfüllen, übernommen, und zwar beinahe nach jedem beliebigen Tempel; denn das war dem zwischen uns verabredeten Plane und meiner Lage angemessen. Indessen ich wollte Rom jetzt noch nicht verlassen und doch auch es verlassen können, wenn es mir beliebte. Hierfür war Pompeius Antrag sehr bequem. Vergl. ad Att. II, 18, 3: *a Caesare valde invitor in legationem illam, sibi ut sim legatus: atque etiam libera legatio voti causa datur. Sed haec et praesidii apud pudorem Pulchelli non habet satis et a fratris adventu me ablegat; illa et munitior est et non impedit, quominus adsim, cum velim.*

petere possem, — sumpsissem] nach Meutzner statt *peterem, possem – sumpsisse* der ersten Auflage, weil diese Lesart schwerfällig ist und ein Pleonasmus wie *possem* nach *integrum esset* nicht selten vorkommt. *Sumere* wie ad fam. XVI, 11, 3: *Italiae regiones descriptae sunt, quam quisque tueretur.*

legationem sumpsissem prope omnium fanorum, lucorum; sic enim nostrae rationes, utilitates meae postulabant. Sed volui meam potestatem esse vel petendi vel ineunte aestate exeundi, et interea me esse in oculis civium de me optime meritorum non alienum putavi. Ac forensium quidem rerum haec nostra con- 7 silia sunt, domesticarum autem valde impedita. Domus aedificatur. Scis quo sumptu, qua molestia reficiatur Formianum, quod ego nec relinquere possum nec videre. Tusculanum proscripsi; suburbano non facile careo. Amicorum benignitas exhausta est in ea re, quae nihil habuit praeter dedecus, quod sensisti tu absens et praesentes, quorum studiis ego et copiis, si esset per meos defensores licitum, facile essem omnia consecutus. Quo in genere nunc vehementer laboratur. Cetera, quae me sollicitant, $\mu\nu\sigma\tau\iota\varkappa\omega\tau\varepsilon\rho\alpha$ sunt. Amamur a fratre et a filia. Te exspectamus.

Nos Capuam sumpsimus; Hor. carm. III, 2, 19: *nec sumit aut ponit secures arbitrio popularis aurae. Fanorum, lucorum* Asyndeton bei der unterbrochenen Aufzählung. S. zu I, 4, 8.

7. *nec relinquere*] Cicero kann das Gut nicht aufgeben, weil er es zu lieb hat, und es nicht sehen, weil es in so traurigem Zustande ist.

suburbano] obgleich ich dieses bei der Stadt gelegene Landgut nicht gut entbehren kann. Cicero hat auch das Tusculanum bis an seinen Tod behalten.

quod sensisti] Ciceros Rückberufung war nur dadurch durchgesetzt worden, dass der Tribun Milo Gladiatorenbanden den Clodianischen entgegenstellte. Die Kosten trugen Ciceros Freunde, unter ihnen Atticus. S. I, 17, 3. Darauf bezieht sich, was er hier schreibt: das hast du empfunden, und das haben auch meine hier gegenwärtigen Freunde empfunden, durch welche ich leicht eine günstigere Abschätzung meines Schadens erlangt haben würde, wenn Pompeius und die andern, die meine Beschützer sein wollen, es zugegeben hätten.

$\mu\nu\sigma\tau\iota\varkappa\omega\tau\varepsilon\rho\alpha$] wahrscheinlich ein Zerwürfniss mit seiner Gemahlin Terentia. Damals ist das Zerwürfniss beigelegt worden. Im Jahre 46 hat er sich von der Terentia geschieden.

Zweites Buch.

Ciceros Proconsulat.

EPISTOLA I.
(AD FAM. V, 12.)
M. CICERO S. D. L. LUCCEIO Q. F.

Coram me tecum eadem haec agere saepe conantem deterruit pudor quidam paene subrusticus; quae nunc expromam absens audacius, epistola enim non erubescit. Ardeo cupiditate incredibili neque, ut ego arbitror, reprehendenda, nomen ut nostrum scriptis illustretur et celebretur tuis. Quod etsi mihi saepe ostendis te esse facturum, tamen ignoscas velim huic festinationi meae. Genus enim scriptorum tuorum, etsi erat semper a me vehementer exspectatum, tamen vicit opinionem meam meque ita vel cepit vel incendit, ut cuperem quam celerrime res nostras monimentis commendari tuis. Neque enim me solum commemoratio po-

EPISTOLA I.

L. Lucceius, ein Freund des Cicero, hatte sich für das Jahr 59 mit Caesar gegen Bibulus erfolglos um das Consulat beworben; er beschäftigte sich dann mit der Abfassung einer Geschichte seiner Zeit und hatte im März 56, in welcher Zeit dieser Brief geschrieben ist, die Geschichte des Marsischen und des Sullanischen Krieges beinahe vollendet. Im Bürgerkriege war er auf Seiten des Pompeius und erhielt von Caesar Verzeihung. Ciceros Bitte scheint er nicht erfüllt zu haben. Ueber den Brief schreibt Cicero an Atticus IV, 6, 4: *epistolam, Lucceio nunc quam misi, qua meas res ut scribat rogo, fac, ut ab eo sumas (valde bella est), eumque ut approperet adhorteris et, quod mihi se ita facturum rescripsit, agas gratias.*

1. *tamen ignoscas*] Obgleich mir dein Versprechen genügen sollte, so wünschte ich doch, du hättest Nachsicht mit meiner Ungeduld, d. i. du gäbest ihr nach, du befriedigtest sie. *Ignoscere* = *indulgere*, wie Vell. II, 30: *familiare est hominibus omnia sibi ignoscere, nihil aliis remittere*; ad Att. XIII, 33, 4: *te in via confici minime volo. Quin etiam Dionysio ignosco*; XII, 26, 1: *tuis occupationibus ignosco.*

commemoratio posteritatis] Die Nachwelt wird von mir sprechen, weil sie dein Buch lesen wird. Gewöhnlich steht bei commemoratio ein Genit. obiectivus; wie hier pro Plancio 40, 95: *nihil est, quod minus mea commemoratione celebratum sit.*

steritatis ac spes quaedam immortalitatis rapit sed etiam illa
cupiditas, ut vel auctoritate testimonii tui vel indicio benevolen-
2 tiae vel suavitate ingenii vivi perfruamur. Neque tamen, haec
cum scribebam, eram nescius quantis oneribus premerere suscep-
tarum rerum et iam institutarum; sed quia videbam Italici belli
et civilis historiam iam a te paene esse perfectam, dixeras autem
mihi te reliquas res ordiri, deesse mihi nolui, quin te admonerem,
ut cogitares coniunctene malles cum reliquis rebus nostra con-
texere an, ut multi Graeci fecerunt, Callisthenes Phocicum bellum,
Timaeus Pyrrhi, Polybius Numantinum, qui omnes a perpetuis

2. *coniunctene malles — con-
texere, an — — seiungeres*] *Malo* hat
einmal den Infinitiv, das andere Mal
den blossen Conjunctiv. Ein ähnlicher Wechsel der Construction
desselben Wortes findet sich auch
bei Caesar b. Gall. II, 10, 4: *constituerunt optimum esse domum suam
quemque reverti et — undique con-
venirent;* b. civ. III, 83, 3: *placere
sibi bello confecto ternas tabellas
dari ad iudicandum iis — —, sententiasque de singulis ferrent.* Statt
der Doppelfrage hätte auch eine einfache Frage mit *quam* nach *malles*
stehen können ohne wesentliche
Veränderung des Sinnes. Vrgl. ad
fam. IV, 7, 4: *cogitandum tibi tamen esset Romaene et domi tuae,
cuicuimodi res esset, an Mytilenis
aut Rhodi malles vivere. Sed cum
ita late pateat eius potestas, quem
veremur, ut terrarum orbem com-
plexa sit, nonne mavis sine periculo
tuae domi esse quam cum periculo
alienae?* ad Att. XIV, 13, 1: *quaeris,
utrum magis tumulis prospectuque
an ambulatione delecter;* pro Plancio 8, 19: *utrum magis favere putas Atinates an Tusculanos suis?*

ut multi Graeci fecerunt] Aus dem
allgemeinen Worte *fecerunt* ist für
die folgenden Accusative *Phocicum
bellum* u. s. w. das Verbum *scrip-
serunt* zu entnehmen und *ut* zu
wiederholen.

Callisthenes] der bekannte Be-
gleiter Alexanders des Grossen, der
wegen seiner Freimüthigkeit mit
dem Könige zerfiel und endlich hingerichtet wurde, schrieb Ἑλληνικά,
welche in 10 Büchern die Zeit von
357 bis 357 umfassten, und daneben
eine Schrift περὶ τοῦ ἱεροῦ πολέ-
μου. Die Handschriften haben *Troicum bellum;* aber von einem solchen Werke des Callisthenes wissen
wir nichts, auch würde sich davon
nicht sagen lassen, er habe diesen
Stoff getrennt *a perpetuis historiis*
behandelt; deshalb hat Westermann
Phocicum bellum emendirt.

Timaeus] aus Tauromenium in
Sicilien, gestorben um 256, schrieb
eine Geschichte Siciliens von der
ältesten Zeit bis zum ersten Punischen Krieg und daneben ein besonderes Werk über die Kriegszüge
des Pyrrhus.

Polybius] aus Megalopolis, der
Freund des Scipio Africanus minor,
schrieb eine Universalgeschichte,
eine καθολικὴ καὶ κοινὴ ἱστορία,
in 40 Büchern, von denen wir noch
die 5 ersten Bücher und die übrigen
stückweise besitzen. Sie reicht von
dem ersten Punischen Krieg bis zur
Schlacht bei Pydna. Dass Polybius
ein Werk über den Numantinischen
Krieg geschrieben hat, wissen wir
nur aus dieser Stelle.

a perpetuis] fortlaufend; *perpetua historia*, nicht unterbrochen
durch Lücken, so Ovid. Metam. I, 4:
*ad mea perpetuum deducite tem-
pora carmen; perpetua oratio*, nicht

suis historiis ea, quae dixi, bella separaverunt, tu quoque item
civilem coniurationem ab hostilibus externisque bellis seiungeres.
Equidem ad nostram laudem non multum video interesse; sed
ad properationem meam quiddam interest non te exspectare, dum
ad locum venias, ac statim causam illam totam et tempus arri-
pere. Et simul, si uno in argumento unaque in persona mens
tua tota versabitur, cerno iam animo quanto omnia uberiora atque
ornatiora futura sint. Neque tamen ignoro quam impudenter faciam, qui primum tibi tantum oneris imponam, — potest enim
mihi denegare occupatio tua, — deinde etiam ut ornes me po-
stulem. Quid, si illa tibi non tanto opere videntur ornanda? Sed 3
tamen, qui semel verecundiae fines transierit, eum bene et navi-
ter oportet esse impudentem. Itaque te plane etiam atque etiam
rogo, ut et ornes ea vehementius etiam quam fortasse sentis et in
eo leges historiae neglegas gratiamque illam, de qua suavissime
quodam in prooemio scripsisti, a qua te flecti non magis potuisse
demonstras quam Herculem Xenophontium illum a voluptate,
eam, si me tibi vehementius commendabit, ne aspernere amori-
que nostro plusculum etiam quam concedet veritas largiare.
Quodsi te adducemus, ut hoc suscipias, erit, ut mihi persuadeo,
materies digna facultate et copia tua.

    A principio enim coniurationis usque ad reditum nostrum 4
videtur mihi modicum quoddam corpus confici posse, in quo et
illa poteris uti civilium commutationum scientia vel in explican-
dis causis rerum novarum vel in remediis incommodorum, cum
et reprehendes ea, quae vituperanda duces, et, quae placebunt, ex-

---

unterbrochen durch die Worte anderer, entgegengesetzt der *alterca-
tio;* Liv. IV, 6, 1: *res a perpetuis
orationibus in altercationem vertit.*
   ad locum] an die gehörige Stelle,
wie *loco* und *in loco;* ad fam. IX,
16, 4: *Oenomao tuo nihil utor, etsi
posuisti loco versus Accianos;* XI,
16, 1: *epistolae offendunt non loco
redditae.* S. zu I, 20, 4.
   ac statim] Einem negativen Satze
wird häufig ein Gegensatz durch *ac,
que, et,* auch *ac potius* angefügt,
wo wir sondern, sondern vielmehr sagen.
   3. *quam fortasse sentis*] *sentis,
commendabit, concedet* Indicative
in Zwischensätzen der indirecten

Rede, wo in der Regel der Coniunctiv steht.
   a qua] *gratia* personificirt, wie
nachher *voluptas.*
   Herculem Xenophontium] Hercules am Scheidewege bei Xenoph.
Memor. II, 1, 21. Vgl. Cic. de off.
I, 32.
   eam] Epanalepsis, wie ad fam.
XIII, 57, 2: *illud, quod tecum et
coram et per litteras diligentissime
egi, id te nunc etiam atque etiam
rogo;* VII, 26, 2: *lex sumptuaria,
quae videtur λιτότητα attulisse, ea
mihi fraudi fuit;* in Catil. II, 12,
27: *nunc illos, qui in urbe remanse-
runt, ... monitos eos etiam
atque etiam volo.*

ponendis rationibus comprobabis, et, si liberius, ut consuesti, agendum putabis, multorum in nos perfidiam, insidias, proditionem notabis. Multam etiam casus nostri varietatem tibi in scribendo suppeditabunt plenam cuiusdam voluptatis, quae vehementer animos hominum in legendo tuo scripto retinere possit. Nihil est enim aptius ad delectationem lectoris quam temporum varietates fortunaeque vicissitudines. Quae etsi nobis optabiles in experiendo non fuerunt, in legendo tamen erunt iucundae; habet
5 enim praeteriti doloris secura recordatio delectationem. Ceteris vero nulla perfunctis propria molestia, casus autem alienos sine ullo dolore intuentibus etiam ipsa misericordia est iucunda. Quem enim nostrum ille moriens apud Mantineam Epaminondas non cum quadam miseratione delectat? qui tum denique sibi avelli iubet spiculum, posteaquam ei percontanti dictum est clipeum esse salvum, ut etiam in vulneris dolore aequo animo cum laude moreretur. Cuius studium in legendo non erectum Themistocli fuga redituque tenetur? Etenim ordo ipse annalium mediocriter nos retinet quasi enumeratione fastorum; at viri saepe excellentis an-

5. *ille moriens*] *ille,* der bekannte, der berühmte oder berüchtigte.

cum laude] *aequo animo* ablat. absol.; constr. *ut cum laude moreretur, etiam in v. d. aequo animo.*

redituque] Themistocles ist im Exil gestorben, wie einige erzählen, freiwillig, um nicht den Persern zur Unterjochung Griechenlands helfen zu müssen, und ist dann heimlich in Attica begraben worden. Entweder ist hier also *interitu* zu lesen oder *reditu* ist von der Zurückbringung des Leichnams zu verstehen; denn an einen Gedächtnissfehler des Cicero ist nicht zu denken, da er den Tod des Themistocles oft erwähnt: Brut. 11, 43; ad Att. IX, 10, 3; Lael. 12, 42.

Etenim ordo ipse] *etenim* in der Occupatio. Man wende nicht ein, die Erweiterung unserer geschichtlichen Kenntnisse sei das Ergötzende; denn die Folge der Begebenheiten an sich fesselt nur wenig; wohl aber u. s. w. *Ordo annalium,* die Reihenfolge der Begebenheiten in den Annalen, d. i. wie die Annalen sie geben, wie Brut. 4, 15: *explicare ordines temporum,* die Begebenheiten chronologisch ordnen, d. i. die Folge der Begebenheiten angeben, wie sie durch die Zeit bedingt ist.

quasi enumeratione fastorum] Der Name *fasti* bezeichnet ursprünglich Spruch- oder Gerichtstage, im Gegensatz von dies nefasti; dann nicht bloss den Kalender, in dem diese Tage verzeichnet waren, sondern auch die Liste der Magistrate, nach denen die Jahre benannt wurden. Diesen Zeittafeln waren kurze historische Notizen beigefügt. Der Sinn unsrer Stelle ist also: die blosse Folge der Begebenheiten in den Annalen kann durch die fastenartige Aufzählung nur wenig fesseln.

viri saepe] Zwei zusammengehörige Satzglieder werden oft durch Einschiebung eines Wortes von einander getrennt, theils um sie hervorzuheben, theils des Rhythmus wegen; z. B. Brut. 2, 8: *cum ipsa*

cipites variique casus habent admirationem, exspectationem, laetitiam, molestiam, spem, timorem; si vero exitu notabili concluduntur, expletur animus iucundissima lectionis voluptate.

Quo mihi acciderit optatius, si in hac sententia fueris, ut a 6 continentibus tuis scriptis, in quibus perpetuam rerum gestarum historiam complecteris, secernas hanc quasi fabulam rerum eventorumque nostrorum; habet enim varios actus mutationesque et consiliorum et temporum. Ac non vereor, ne assentatiuncula quadam aucupari tuam gratiam videar, cum hoc demonstrem, me a te potissimum ornari celebrarique velle. Neque enim tu is es, qui quid sis nescias, et qui non eos magis, qui te non admirentur, invidos, quam eos, qui laudent, assentatores arbitrere; neque autem ego sum ita demens, ut me sempiternae gloriae per eum commendari velim, qui non ipse quoque in me commendando propriam ingenii gloriam consequatur. Neque enim Alexander 7 ille gratiae causa ab Apelle potissimum pingi et a Lysippo fingi volebat, sed quod illorum artem cum ipsis tum etiam sibi gloriae fore putabat. Atque illi artifices corporis simulacra ignotis nota

oratio iam nostra canesceret; de orat. II, 48, 199: *etsi omnes molestae semper seditiones fuissent;* ad Att. I, 14, 1: *ut huic vix tantulae epistolae tempus habuerim;* ad Att. I, 17, 4: *irritabiles animos esse optimorum saepe hominum;* de off. II, 6, 20: *bene meritorum saepe civium expulsiones;* Tac. Ann. IV, 32: *magnarum saepe rerum motus oriuntur.*

6. *mutationesque*] hinzugefügt zur Erläuterung der vorangegangenen Metapher; *consiliorum* entspricht dem *rerum, temporum* dem *eventorum.*

quid sis] Das Neutrum *quid,* wie ad Att. IV, 2, 2: *si unquam in dicendo fuimus aliquid;* III, 15, 2: *desidero enim non mea solum neque meos, sed me ipsum. Quid enim sum?* I, 19, 4: *ille alter ita nihil est.*

non eos magis] Du bist vollkommen im Klaren darüber, was du leistest, und hältst eher die, welche dich nicht bewundern, für Neider, als die, welche dich loben, für Schmeichler.

neque autem ego] Ich fürchte nicht, dass du meine Bitte so auslegen wirst, als wollte ich durch eine Schmeichelei deine Gunst erwerben. Denn einestheils weisst du recht gut, was du leistest; mein Wunsch kann dir also nicht als Schmeichelei erscheinen. Anderntheils kann ich unmöglich wünschen, dass meine Thaten der Nachwelt vorgeführt werden von einem, der dabei nicht auch sich Ruhm erwerben würde, d. i. der nicht die nöthigen Fähigkeiten dazu hat; mein Wunsch muss also aufrichtig sein.

7. *ab Apelle*] Apelles, der grösste Maler des Alterthums, Zeitgenosse Alexanders, den er überlebte. Lysippus aus Sicyon, ein berühmter Bildhauer. Vgl. Horat. ep. II, 1, 239:

Edicto vetuit, ne quis se praeter
Apellen
Pingeret aut alius Lysippo duceret
aera
Fortis Alexandri vultum simulan-
tia.

ignotis] *Ignotus* wie *notus* haben zuweilen active Bedeutung, wie um-

faciebant, quae vel si nulla sint, nihilo sint tamen obscuriores clari viri. Nec minus est Spartiates Agesilaus ille perhibendus, qui neque pictam neque fictam imaginem suam passus est esse, quam qui in eo genere laborarunt: unus enim Xenophontis libellus in eo rege laudando facile omnes imagines omnium statuasque superavit. Atque hoc praestantius mihi fuerit et ad laetitiam animi et ad memoriae dignitatem, si in tua scripta pervenero, quam si in ceterorum, quod non ingenium mihi solum suppeditatum fuerit tuum, sicut Timoleonti a Timaeo aut ab Herodoto Themistocli, sed etiam auctoritas clarissimi et spectatissimi viri et in rei publicae maximis gravissimisque causis cogniti atque in primis probati; ut mihi non solum praeconium, quod, cum in Sigeum venisset, Alexander ab Homero Achilli tributum esse dixit, sed etiam grave testimonium impertitum clari hominis magnique videatur. Placet enim Hector ille mihi Naevianus, qui non tantum 'laudari' se laetatur, sed addit etiam 'a laudato viro.'

8   Quod si a te non impetro, hoc est, si quae te res impedierit, — neque enim fas esse arbitror quicquam me rogantem abs te

gekehrt *ignarus* zuweilen passive; z. B. Nep. Ages. 8, 1: *atque ignoti, faciem eius cum intuerentur, contemnebant*; in Verr. I, 7, 19: *putabam non solum notis sed etiam ignotis probatam meam fidem esse*; Sall. Iug. 18, 6: *mare magnum et ignara lingua commercia prohibebant.*

Nec minus est] schliesst sich an den eben geäusserten Gedanken an: wie denn Agesilaus nicht weniger zu rühmen ist. *Perhibere* für sagen, erwähnen, mit der Nebenbedeutung des Rühmlichen, kommt fast nur bei Dichtern vor; bei Cicero ausser an dieser Stelle noch Tusc. I, 12, 28: *Tyndaridae fratres victoriae populi Romani nuntii fuisse perhibentur*; de rep. II, 2, 4: *Romulus perhibetur et corporis viribus et animi ferocitate tantum ceteris praestitisse*; in der Bedeutung geben, z. B. einen Sachwalter stellen, ad Att. 1, 1, 4.

qui in eo genere laborarunt] welche es sich angelegen sein liessen durch Bilder und Statuen gefeiert zu werden.

Xenophontis libellus] der noch vorhandene λόγος εἰς Ἀγησίλαον.

omnium statuasque] Die beiden einander beigeordneten Satzglieder sind, wie es zur Hervorhebung derselben oder des Rhythmus wegen oft geschieht, durch ein Wort geschieden, das ihnen beiden angehört; wie pro Archia 4, 7: *data est civitas Silvani lege et Carbonis*; div. in Caec. 15, 47: *usu forensi atque exercitatione*; Cic. de off. 1, 5, 17: *ut et societas hominum coniunctioque servetur*; Phil. VIII, 10, 28: *sententias nostras in codicillos et omnia verba referebat*; ad Att. IV, 16, 10: *fratrem mecum et te si habebo.*

cum in Sigeum] ein Vorgebirge in Kleinasien. Cic. pro Arch. 10, 24: *Alexander, cum in Sigeo ad Achillis tumulum adstitisset, O fortunate, inquit, adolescens, qui tuae virtutis Homerum praeconem inveneris! Et vere; nam nisi Ilias illa exstitisset, idem tumulus, qui corpus eius contexerat, nomen etiam obruisset.*

Hector ille] S. zu II, 20, 1.

non impetrare, — cogar fortasse facere, quod nonnulli saepe reprehendunt: scribam ipse de me, multorum tamen exemplo et clarorum virorum.\ Sed, quod te non fugit, haec sunt in hoc genere vitia: et verecundius ipsi de sese scribant necesse est, si quid est laudandum, et praetereant, si quid reprehendendum est. Accedit etiam, ut minor sit fides, minor auctoritas, multi denique reprehendant et dicant verecundiores esse praecones ludorum gymnicorum, qui, cum ceteris coronas imposuerint victoribus eorumque nomina magna voce pronuntiarint, cum ipsi ante ludorum missionem corona donentur, alium praeconem adhibeant, ne sua voce se ipsi victores esse praedicent. Haec nos vitare cupimus et, 9 si recipis causam nostram, vitabimus; idque ut facias rogamus. Ac ne forte mirere cur, cum mihi saepe ostenderis te accuratissime nostrorum temporum consilia atque eventus litteris mandaturum, a te id nunc tanto opere et tam multis verbis petamus, illa nos cupiditas incendit, de qua initio scripsi, festinationis, quod alacres animo sumus, ut et ceteri viventibus nobis ex libris tuis nos cognoscant et nosmet ipsi vivi gloriola nostra perfruamur. His de rebus quid acturus sis, si tibi non est molestum, rescribas 10 mihi velim. Si enim suscipis causam, conficiam commentarios rerum omnium; sin autem differs me in tempus aliud, coram te-

8. *scribam ipse de me*] Im J. 60 hatte Cicero einen commentarius consulatus sui Graece compositus (ad Att. I, 19, 10) vollendet und auch veröffentlicht (ad Att. II, 1, 2: *curabis, ut et Athenis sit et in ceteris oppidis Graeciae*). Ebenso hatte er in diesem Jahre ein Gedicht über diesen Gegenstand verfasst und bekannt gemacht. Den lateinischen commentarius aber über sein Consulat, den er in jenem Jahre auch in Arbeit hatte (ad Att. I, 19, 10), hatte er noch nicht vollendet, und nur darauf kann es sich beziehen, wenn er jetzt sagt, er würde selbst seine Thaten beschreiben, wenn Lucceius es nicht thäte. Die Annahme, Cicero meine hier ein nach allen Regeln der historischen Kunst gearbeitetes Werk, nicht blosse Memoiren, ist nicht zulässig, weil er wenigstens den griechischen commentarius mit allem rhetorischen Schmuck reichlich ausgestattet hat-te (ad Att. 1. 1.).

multorum tamen exemplo] das regierende Wort zwischen den regierten. Curt. V, 13, 7: *multorum aquas torrentium evolvit*; V, 28, 2: *pristinae veneratio fortunae*; Cic. de fin. II, 3, 7: *non suo, sed populorum suffragio omnium*. S. zu § 5 u. 7. Hier kann die Stellung auch gewählt sein, um das Zusammentreffen gleicher Endungen zu vermeiden; vgl. Cic. de or. II, 89, 363: *sapientiae laudem et eloquentiae*.

praecones ludorum] Die Herolde riefen die Namen der Sieger aus und hatten auch einen Wettkampf unter sich.

9. *illa nos cupiditas*] Nachsatz nach *ne* mit der oft vorkommenden Ellipse: so sage ich, so wisse. *alacres animo*] lebhaften Geistes. *conficiam commentarios*] Cicero will dem Lucceius das Material, die nöthigen Data, geben.

10. *Si enim suscipis*] ganz so wie

cum loquar. Tu interea non cessabis et ea, quae habes instituta, perpolies nosque diliges.

EPISTOLA II.
(AD FAM. I, 7.)
M. CICERO S. D. P. LENTULO PROCOS.

1 Legi tuas litteras, quibus ad me scribis gratum tibi esse, quod crebro certior per me fias de omnibus rebus et meam erga te benevolentiam facile perspicias. Quorum alterum mihi, ut te plurimum diligam, facere necesse est, si volo is esse, quem tu me esse voluisti; alterum facio libenter, ut, quoniam intervallo locorum et temporum diiuncti sumus, per litteras tecum quam saepissime colloquar. Quod si rarius fiet quam tu exspectabis, id erit causae, quod non eius generis meae litterae sunt, ut eas audeam temere committere. Quotiens mihi certorum hominum potestas erit, quibus recte dem, non praetermittam.

2 Quod scire vis qua quisque in te fide sit et voluntate, difficile dictu est de singulis. Unum illud audeo, quod antea tibi saepe significavi, nunc quoque re perspecta et cognita scribere, vehementer quosdam homines et eos maxime, qui te et maxime debuerunt et plurimum iuvare potuerunt, invidisse dignitati tuae simillimamque in re dissimili tui temporis nunc et nostri quon-

oben § 9 *si recipis causam nostram.* Der Unterschied *recipimus rogati, suscipimus ultro* ist hier, wie auch sonst, nicht beobachtet.

non cessabis] du wirst nicht müssig sein; Donatus zu Terent. Eun. III, 1, 15: *cessat desidiosus, requiescit defessus.*

EPISTOLA II.
P. Cornelius Lentulus Spinther, der in seinem Consulat 57 für Ciceros Zurückberufung sich so eifrig bemühte, verwaltete nachher als Proconsul die Provinz Cilicien. Der Brief kann nicht vor Ende Juli 56 geschrieben sein, weil Lentulus dem Cicero bereits zu der am 4. April stattgehabten Verlobung Tullias gratulirt hatte.

1. *quem tu me esse voluisti*] der Mann, den du in mir zu finden dachtest, als du so eifrig meine Zurückberufung betriebst.

intervallo locorum et temporum] da wir fern von einander sind und uns lange nicht gesehen haben.

certorum hominum] certi homines, Leute, die der Sprechende nicht näher bezeichnen will; z. B. ad fam. I, 2, 3: *perspicio totam rem istam iam pridem a certis hominibus esse corruptam;* aber auch zuverlässige Leute: z. B. ad Att. V, 21, 6: *Q. Volusium, certum hominem, misi in Cyprum.*

2. *simillimamque*] Deine Lage jetzt und meine einstens sind sehr ähnlich, obgleich die Sachen, um die es sich handelte, sehr verschieden sind. In wiefern die Lage ähnlich war, giebt Cicero gleich an mit *ut quos* u. s. w.; worin die Unähnlichkeit bestand, sagt er weiter unten

dam fuisse rationem; ut, quos tu rei publicae causa laeseras, palam te oppugnarent, quorum auctoritatem, dignitatem voluntatemque defenderas, non tam memores essent virtutis tuae quam laudis inimici. Quo quidem tempore, ut perscripsi ad te antea, cognovi Hortensium percupidum tui, studiosum Lucullum, ex magistratibus autem L. Racilium et fide et animo singulari. Nam nostra propugnatio ac defensio dignitatis tuae propter magnitudinem beneficii tui fortasse plerisque officii maiorem auctoritatem habere videatur quam sententiae. Praeterea quidem de consularibus nemini possum aut studii erga te aut officii aut amici animi esse testis. Etenim Pompeium, qui mecum saepissime non solum a me provocatus sed etiam sua sponte de te communicare solet, scis temporibus illis non saepe in senatu fuisse. Cui quidem litterae tuae, quas proxime miseras, quod facile intellexerim, periucundae fuerunt. Mihi quidem humanitas tua vel summa 3

§ 8: *gaudeo tuam dissimilem fuisse fortunam; multum enim interest utrum laus imminuatur an salus deseratur.* Bei sich meint er die Exil, bei Lentulus die Zurückführung des Königs von Aegypten. Es war nämlich Ptolemaeus Auletes von seinem Volke vertrieben worden, und Lentulus hatte als Consul, weil das Geschäft lohnend war, einen Senatsbeschluss ausgewirkt, dass der künftige Statthalter von Cilicien ihn in sein Reich zurückführen sollte. Nachher war aber dieser Senatsbeschluss angefochten worden, weil Pompeius diesen Auftrag zu erhalten wünschte. Man nahm zum Vorwand einen Spruch der sibyllinischen Bücher, wonach Rom Gefahr drohte, wenn ein vertriebener aegyptischer König mit Waffengewalt wieder eingesetzt würde. Nach mancherlei Vorschlägen und Verhandlungen kam es auch wirklich dahin, dass Ptolemaeus nicht durch Lentulus, sondern im folgenden Jahre durch den Proconsul von Syrien, Gabinius, in sein Reich zurückgeführt wurde.

Hortensium] Hortensius, der berühmte Redner; L. Lucullus, der den Krieg gegen Mithridates geführt hatte und seitdem ein Gegner des Pompeius war; L. Racilius, ein Volkstribun dieses Jahres.

Nam nostra] das nam in der occupatio, um dem Einwand zuvorzukommen: warum sprichst du nicht hiervon? Also: ich spreche nur von diesen, denn u. s. w.; de imp. Cn. Pomp. 12, 33: *an vero ignoratis portum Caietae . . . . a praedonibus esse direptum? ex Miseno autem eius ipsius liberos . . . . . a praedonibus esse sublatos? nam quid ego Ostiense incommodum . . . . querar?* ad Att. V, 20, 8: *eas (litteras) diligentissime Philogenes curavit perferendas. Nam quas Laenii pueris scribis datas, non acceperam.*

officii maiorem] Meine Reden für dich haben mehr das Gewicht, was die gewissenhafte Erfüllung einer Verbindlichkeit haben kann, als das Gewicht eines wohlerwogenen und unparteiischen Gutachtens. Vgl. ad fam. I, 1, 4: *nos in causa auctoritatem eo minorem habemus, quod tibi debemus.*

3. *de te communicare*] wie Caes. bell. civ. III, 18, 3: *quibuscum communicare de maximis rebus Pompeius consueverat.*

summa potius sapientia] Man glaubte nicht ohne Grund, Pompeius suchte für sich den Auftrag zu er-

potius sapientia non iucunda solum sed etiam admirabilis visa est. Virum enim excellentem et tibi tua praestanti in eum liberalitate devinctum, nonnihil suspicantem propter aliquorum opinionem suae cupiditatis te ab se abalienatum, illa epistola retinuisti. Qui mihi cum semper tuae laudi favere visus est, etiam ipso suspiciosissimo tempore Caniniano, tum vero lectis tuis litteris perspectus est a me toto animo de te ac de tuis ornamentis et
4 commodis cogitare. Quare ea, quae scribam, sic habeto, me cum illo re saepe communicata de illius ad te sententia atque auctoritate scribere: Quoniam senatus consultum nullum exstat, quo reductio regis Alexandrini tibi adempta sit, eaque, quae de ea scripta est, auctoritas, cui scis intercessum esse, ut ne quis

halten den Ptolemaeus zurückzuführen. Dennoch hatte Lentulus in einem verbindlichen Schreiben ihn gebeten seine Sache zu unterstützen, und so, wie Cicero zu glauben vorgiebt, sich dessen Wohlwollen bewahrt.

liberalitate] Durch Unterstützung des Consuls Lentulus hatte Pompeius im vorigen Jahre die Oberaufsicht über die Getreidezufuhr mit ausgedehnter Vollmacht erhalten.

aliquorum opinionem suae cupiditatis] die Meinung einiger, dass er selbst den Ptolemaeus zurückzuführen wünsche; ad Att. VII, 2, 5: *de opinione, quam is vir haberet, integritatis meae;* ad fam. VI, 5, 3: *significatur nobis tibi hanc ipsam opinionem ingenii apud illum plurimum profuturam;* ad fam. I, 1, 3: *quae res auget suspicionem Pompeii voluntatis*, dieser Umstand verstärkt den Verdacht, dass Pompeius den Auftrag sich selbst zuwenden will.

suspiciosissimo tempore Caniniano] Der Volkstribun L. Caninius Gallus hatte den Antrag gestellt, Pompeius sollte mit zwei Lictoren den ägyptischen König wieder einsetzen.

lectis tuis litteris] nicht zu verbinden mit *perspectus est*, sondern mit *cogitare*. Ueber die Wortstellung vgl. zu I, 4, 4 und Caes. b. civ.

III, 34, 2: *qui praesidio misso pollicerentur earum gentium civitates imperata facturas.*

perspectus est] mit dem Nominat. cum Infinit., persönlich construirt, trotzdem es ein zusammengesetztes Tempus ist und eine speciellere Art des Meinens und Erkennens bezeichnet; wie ad fam. IX, 21, 3: *Africano vim attulisse existimatus est;* ad Att. I, 13, 6: *nos bene emisse iudicati sumus;* pro Sulla 26, 73: *cupidior iudicatus est hic fuisse quam ceteri.*

4. *sic habeto*] wie *sic scito;* wisse, sei überzeugt: constr. sic habeto, me ea u. s. w., wie pro Cael. 2, 3: *hi sic habeant, quaecunque in equite Romano dignitas esse possit, eam semper in M. Caelio habitam esse summam;* oder wohl auch *ea sic habeto, me* u. s. w., wie ad fam. II, 6, 5: *unum hoc sic habeto: si a te hanc rem impetraro, me paene plus tibi quam ipsi Miloni debiturum.* S. zu I, 4, 6.

auctoritas, cui scis] Auctoritas ist ein senatus consultum, das aus irgend einem Grunde nicht rechtskräftig war. *Cui scis intercessum esse:* der Beschluss war schon in anderer Beziehung anzufechten und es war auch gegen ihn intercedirt worden. Dio Cass. LV, 3: εἴ ποτε ἐκ συντυχίας τινὸς μὴ συλλεχ-

omnino regem reduceret, tantam vim habet, ut magis iratorum hominum studium quam constantis senatus consilium esse videatur, te perspicere posse, qui Ciliciam Cyprumque teneas, quid efficere et quid consequi possis, et, si res facultatem habitura videatur, ut Alexandream atque Aegyptum tenere possis, esse et tuae et nostri imperii dignitatis Ptolemaide aut aliquo propinquo loco rege collocato te cum classe atque exercitu proficisci Alexandream, ut, eam cum pace praesidiisque firmaris, Ptolemaeus redeat in regnum; ita fore, ut et per te restituatur, quemadmodum senatus initio censuit, et sine multitudine reducatur, quemadmodum homines religiosi Sibyllae placere dixerunt.

θεῖεν, ὅσους ἡ χρεία ἑκάστοτε ἐκάλει, ἐβουλεύοντο μὲν καὶ ἥ γε γνώμη συνεγράφετο, οὐ μέντοι καὶ τέλος τι ὡς κεκυρωμένη ἐλάμβανεν, ἀλλὰ ἀουκτωρίτας ἐγίγνετο, ὅπως φανερὸν τὸ βούλημα αὐτῶν ᾖ. Τοιοῦτον γάρ τι ἡ δύναμις τοῦ ὀνόματος τούτου δηλοῖ· ἑλληνίσαι γὰρ αὐτὸ καθάπαξ ἀδύνατόν ἐστι. Τὸ δ' αὐτὸ τοῦτο, καὶ εἴ ποτε ἐν τόπῳ τινὶ μὴ νενομισμένῳ ἢ ἡμέρᾳ μὴ καθηκούσῃ ἢ καὶ ἔξω νομίμου παραγγέλματος ὑπὸ σπουδῆς ἠθροίσθησαν ἢ καὶ ἐναντιωθέντων τινῶν δημάρχων, τὸ μὲν δόγμα οὐκ ἠδυνήθη γενέσθαι, τὴν δὲ δὴ γνώμην σφῶν οὐχ ὑπέμενον ἀποκρυφθῆναι, ἐνομίζετο, καὶ αὐτῇ μετὰ ταῦτα καὶ ἡ κύρωσις κατὰ τὰ πάτρια ἐπήγετο καὶ ἡ ἐπίκλησις ἡ τοῦ δόγματος ἐπεφέρετο.

Quoniam – posse] Wahrscheinlich wollte Cicero erst seinen Rath in directer Form mittheilen und fiel dann in die indirecte Rede. Indessen kommen auch Stellen vor, wo Nebensätze der indirecten Rede, auch wenn sie nicht Zusätze des Schreibenden oder Umschreibungen einzelner Begriffe sind, dennoch im Indicativ stehen, um anzudeuten, dass das im Nebensatz Gesagte nicht bloss nach der Ansicht des Redenden sich so verhalte; z. B. Cic. Tusc. I, 42, 101: *dic, hospes, Spartae nos te hic vidisse iacentes, dum sanctis patriae legibus obsequimur;* ad fam. XVI, 24: *scito Balbum tum fuisse Aquini, cum tibi est dictum;* de off. I, 26, 90: *monent, ut, quanto superiores sumus, tanto nos geramus submissius*; Sall. Iug. 38, 9: *Iugurtha postero die cum Aulo in colloquio verba facit: tametsi ipsum cum exercitu fame et ferro clausum tenet, tamen se memorem humanarum rerum* u. s. w. S. zu I, 2, 4.

tantam vim] *tantam* beschränkend, nur so viel.

facultatem habitura] nicht: die Sache, nämlich dass du u. s. w., ist möglich; sondern: die Sachlage hat für dich, giebt dir die Möglichkeit Alexandrien zu behaupten. Aehnlich ad fam. IX, 14, 7: *ut res ipsa maturitatem tibi animadvertendi omnium concessu daret.*

Ptolemaide] Wahrscheinlich ist das heutige St. Jean d'Acre gemeint. An die beiden Städte dieses Namens in Aegypten kann nicht gedacht werden, weil Ptolemaeus erst nachkommen sollte, wenn die Expedition gelungen war, und Ptolemais in Cyrenaica würde dem Proconsul von Cilicien einen zu grossen Umweg verursacht haben.

sine multitudine] ohne Heer, weil der König selbst dann nicht mit dem Heere kommen würde.

Sibyllae] Schon die Alten hatten die richtige Ansicht, dass nicht eine

5 Sed haec sententia sic et illi et nobis probabatur, ut ex evento
homines de tuo consilio existimaturos videremus; si cecidisset,
ut volumus et optamus, omnes te et sapienter et fortiter, si aliquid esset offensum, eosdem illos et cupide et temere fecisse dic-
turos. Quare quid assequi possis, non tam facile est nobis quam
tibi, cuius prope in conspectu Aegyptus est, iudicare. Nos quidem hoc sentimus, si exploratum tibi sit posse te illius regni
potiri, non esse cunctandum; si dubium sit, non esse conandum.
Illud tibi affirmo, si rem istam ex sententia gesseris, fore, ut absens a multis, cum redieris, ab omnibus collaudere. Offensionem
esse periculosam propter interpositam auctoritatem religionem-
que video. Sed ego te, ut ad certam laudem adhortor, sic a dimicatione deterreo redeoque ad illud, quod initio scripsi, totius
facti tui iudicium non tam ex consilio tuo quam ex eventu ho-
6 mines esse facturos. Quod si haec ratio rei gerendae periculosa
tibi esse videbitur, placebat illud, ut, si rex amicis tuis, qui per
provinciam atque imperium tuum pecunias ei credidissent, fidem

---

oder die andere Sibylle, denn man zählte deren viele auf, ein Buch von Orakelsprüchen verfasst habe, sondern dass man verschiedene Orakel nachgeschrieben und gesammelt habe. Die älteste Sammlung ist zu Cyrus Zeit in Gergis am Ida entstanden; von dort kam sie nach Erythrae, von dort nach Cumae in Italien und von hier aus erhielt sie Tarquinius Superbus. Nach dem Brande des Capitols 83, bei welchem die sibyllinischen Bücher untergegangen waren, hatte man Gesandte nach Erythrae geschickt, und diese hatten ungefähr 1000 Verse mitgebracht, welche nun als die sibyllinischen Bücher dienten.

5. *ex evento*] eventum, i, wie ad Att. III, 8, 4: *existimato me stultitiae meae poenam ferre gravius quam eventi.* Gewöhnlicher ist im Singular eventus, us.

si dubium sit] *si* statt *sin* im Gegensatz, wie kurz vorher: *si aliquid esset offensum.* S. I, 15, 1.

Offensionem esse] *offensio* Unglücksfall, Misslingen; z. B. de imp. Cn. Pomp. 10, 28: *cuius adolescentia ad scientiam rei militaris non alienis praeceptis, sed suis imperiis, non offensionibus belli, sed victoriis, non stipendiis, sed triumphis est erudita.* Ebenso *offendo* ich erleide Schaden; z. B. in Verr. V, 50, 131: *multi viri fortes in communi incertoque periculo belli et terra et mari saepe offenderunt. Aliquid offensum est* es ist in etwas gefehlt worden, es ist etwas misslungen.

6. *per provinciam atque imperium tuum*] wie ad fam. XIII, 55, 2: *in tuo toto imperio atque provincia nihil est, quod mihi gratius facere possis.* Der zweite minder gefährliche Rath ging dahin, Lentulus Freunde sollten gegen gehörige Sicherheit dem Ptolemäus Geld vorschiessen; damit sollte dieser eine Expedition ausrüsten, und diese sollte unter der Hand von Lentulus unterstützt werden.

fidem suam praestitisset] *Praestare aliquid* für etwas Bürgschaft leisten, *fidem* für das gegebene Wort, d. i. für seine Erfüllung, dann auch: es erfüllen: ad fam. I, 9, 10: *ut officium meum memoremque in bene meritos animum fidemque fratris*

suam praestitisset, et auxiliis eum tuis et copiis adiuvares; eam esse naturam et regionem provinciae tuae, ut illius reditum vel adiuvando confirmares vel neglegendo impedires. In hac ratione quid res, quid causa, quid tempus ferat tu facillime optimeque perspicies; quid nobis placuisset ex me potissimum putavi te scire oportere.

Quod mihi de nostro statu, de Milonis familiaritate, de levi- 7 tate et imbecillitate Clodii gratularis, minime miramur te tuis ut egregium artificem praeclaris operibus laetari. Quamquam est incredibilis hominum perversitas, — graviore enim verbo uti non libet, — qui nos, quos favendo in communi causa retinere potuerunt, invidendo abalienarunt. Quorum malevolentissimis obtrectationibus nos scito de vetere illa nostra diuturnaque sententia prope iam esse depulsos, non nos quidem ut nostrae dignitatis simus obliti, sed ut habeamus rationem aliquando etiam salutis. Poterat utrumque praeclare, si esset fides, si gravitas in hominibus consularibus; sed tanta est in plerisque levitas, ut eos non tam constantia in re publica nostra delectet quam splendor offendat. Quod eo liberius ad te scribo, quia non solum tempo- 8

mei praestarem; V, 11, 3: *quamcunque ei fidem dederis, praestabo.*

et auxiliis eum tuis] Wortstellung wie Cic. Brut. 3, 12: *Marcelli ad Nolam proelio populus se Romanus erexit;* Liv. VI, 26, 2: *precibus eventum vestris senatus, quem videbitur, dabit.* S. zu II, 1, 5 und 7, und hier § 7: *te tuis ut egregium artificem praeclaris operibus laetari.*

naturam et regionem] *Regio* Gegend = Lage kommt sonst nicht vor; am ähnlichsten sind Stellen, wie Liv. XXXIII, 17, 6: *Leucadia peninsula erat, occidentis regione artis faucibus cohaerens Acarnaniae;* Curt. VIII, 46, 23: *traiicere amnem cum ceteris copiis in regionem insulae parabat;* Caes. b. civ. I, 69, 3: *iam primos superare regionem castrorum animum adverterunt;* Liv. XLII, 50, 7: *unum esse Macedonum regnum et regione propinquum.*

7. *te tuis*] Der Consul Lentulus hatte unterstützt vom Volkstribun Milo Ciceros Zurückberufung durchgesetzt. So ist es sein Werk, dass Cicero seine alte Stellung wieder einnimmt, dass er mit Milo gut steht und dass Clodius ohnmächtig ist.

Quamquam est] indessen so schön, wie du glaubst, ist meine Stellung nicht; denn u. s. w.

abalienarunt] Die Missgunst der Optimaten hatte den Cicero veranlasst sich seiner Sicherheit wegen den Triumvirn zu nähern.

non nos quidem] *ita* weggelassen und vor *quidem* wie gewöhnlich ein Pronomen eingeschaltet; Cic. de fato 2, 3: *oratorias exercitationes non tu quidem, ut spero, reliquisti, sed certe philosophiam illis anteposuisti.*

Poterat utrumque] dass ich den sonst verfochtenen Grundsätzen treu blieb und doch für meine Sicherheit nicht zu fürchten hätte. *Poterat = poterat fieri,* wie ad fam. I, 2, 4: *nos in senatu dignitatem nostram, ut potest in tanta hominum perfidia et iniquitate, retinebimus;* Tusc. I, 11, 23: *cuperem equidem utrumque, si posset.* Ebenso ist es in den Formeln *ut solet, ut assolet.* Vgl. auch de div. II, 8, 20: *si omnia fato, quid mihi divinatio prodest?*

ribus his, quae per te sum adeptus, sed iam olim nascenti prope nostrae laudi dignitatique favisti, simulque quod video, non, ut antehac putabam, novitati esse invisum meae; in te enim, homine omnium nobilissimo, similia invidorum vitia perspexi, quem tamen illi esse in principibus facile sunt passi, evolare altius certe noluerunt. Gaudeo tuam dissimilem fuisse fortunam; multum enim interest utrum laus imminuatur an salus deseratur. Me meae tamen ne nimis paeniteret, tua virtute perfectum est; curasti enim, ut plus additum ad memoriam nominis nostri quam

9 demptum de fortuna videretur. Te vero emoneo cum beneficiis tuis tum amore incitatus meo, ut omnem gloriam, ad quam a pueritia inflammatus fuisti, omni cura atque industria consequare, magnitudinemque animi tui, quam ego semper sum admiratus semperque amavi, ne unquam inflectas cuiusquam iniuria. Magna est hominum opinio de te, magna commendatio liberalitatis, magna memoria consulatus tui. Haec profecto vides quanto expressiora quantoque illustriora futura sint, cum aliquantum ex provincia atque ex imperio laudis accesserit. Quamquam te ita gerere volo, quae per exercitum atque imperium gerenda sunt, ut haec multo ante meditere, huc te pares, haec cogites, ad haec te exerceas sentiasque — id quod, quia semper sperasti, non dubito quin adeptus intellegas — te facillime posse obtinere

8. *novitati esse invisum meae*] ich sehe jetzt, dass ich nicht angefeindet werde, weil ich ein Emporkömmling (homo novus) bin; denn auch dich verfolgt der Neid.

quem tamen] Quamquam *homo omnium nobilissimus es, tamen illi te, quamquam esse in principibus facile sunt passi, evolare altius certe noluerunt.* Ein Nebengedanke ist dem Hauptgedanken coordinirt, wie de off. I, 1, 2: *quamobrem disces tu quidem a principe huius aetatis philosophorum . . . . . ; sed tamen nostra legens . . . . . de rebus ipsis utere tuo iudicio, orationem autem Latinam profecto legendis nostris efficies pleniorem.* S. I, 7, 1; I, 19, 1.

meae] nämlich *fortunae*.

curasti enim] Die ehrenvolle Zurückberufung hat dem Cicero mehr Ruhm gebracht, als die Verbannung ihm Schaden zugefügt hat.

9. *commendatio liberalitatis*] Lentulus hatte als Aedil in Ciceros Consulat dem Volke glänzende Spiele gegeben.

atque ex imperio] hinzugesetzt, um hervorzuheben *quae per exercitum atque imperium gerenda sunt,* wie Cicero gleich darauf sagt.

huc te pares] *huc* = *ad hanc rem* sonst bei den classischen Schriftstellern nur bei Verben, wo die ursprüngliche locale Bedeutung von *huc* nicht ganz verwischt ist, wie *huc accedit, huc adde; quidquid huc circuitus ad molliendum clivum accesserat* bei Caes. b. G. VII, 46, 2. Celsus V, 19 hat *emplastrum huc aptum est.* Aehnlich ist *hinc* gebraucht von Caesar b. civ. I, 82, 4: *hinc* (d. i. von diesem Raume von 2000 Fuss) *duas partes acies occupabant duae.*

sentiasque – id quod] Sei ja recht vorsichtig bei deiner Unternehmung und denke immer, dass du sehr leicht

summum atque altissimum gradum civitatis. Quae quidem mea cohortatio ne tibi inanis aut sine causa suscepta videatur, illa me ratio movit, ut te ex nostris eventis communibus admonendum putarem, ut considerares, in omni reliqua vita quibus crederes, quos caveres.

10. Quod scribis te velle scire qui sit rei publicae status, summa dissensio est, sed contentio dispar. Nam qui plus opibus, armis, potentia valent, profecisse tantum mihi videntur stultitia et inconstantia adversariorum, ut etiam auctoritate iam plus valerent. Itaque perpaucis adversantibus omnia, quae ne per populum quidem sine seditione se assequi arbitrabantur, per senatum consecuti sunt. Nam et stipendium Caesari decretum est et

(auch ohne diese) die erste Stelle im Staate behaupten kannst. Du hast das immer gehofft, ehe du sie erstiegen hattest; um so weniger zweifle ich, dass du jetzt, wo du sie inne hast, davon überzeugt bist.

illa me ratio movit, ut] so wisse: mich hat dabei die Rücksicht geleitet, dass ich in Folge unserer gemeinsamen schlimmen Erfahrungen glaubte dich ermahnen zu müssen, dass du u. s. w.; d. i. nichts als die bösen Erfahrungen, die wir gemacht haben, haben mich bewegen können u. s. w. *Illa ratio* ist erklärt durch *ut — putarem,* das zweite *ut* hängt ab von *admonendum*. Dergleichen erklärende Sätze werden entweder dem zu erklärenden Worte als Apposition beigesetzt und erhalten dann die Form, die sie haben würden, wenn jenes Wort nicht dabei stände; z. B. Cic. de off. I, 11, 35: *suscipienda bella sunt ob eam causam, ut sine iniuria in pace vivatur;* II, 2, 5: *maximis in malis hoc tamen boni assecuti videmur, ut ea litteris mandaremus;* I, 9, 28: *alterum iustitiae genus assequuntur, inferenda ne cui noceant iniuria*; in Verr. act. II. lib. III, 46, 109: *propter hanc causam, quod;* — oder sie schliessen sich dem zu erklärenden Substantiv an ohne Rücksicht auf das Verbum, und es steht dann ut oder ne, wenn darin eine Absicht oder Forderung enthalten ist; z. B. *ea conditione, eo consilio;* ad Att. 1, 19, 4: *unam rationem* (den einen Punkt des Gesetzes) *non reiiciebam, ut ager emeretur;* — oder quod, wenn der Satz den ganzen Inhalt des Substantivs angiebt oder wenn das dem zu erklärenden Substantiv entsprechende Verbum quod bei sich haben würde; z. B. ad fam. VI, 1, 1: *illo dolore ...., quod Romae non sis, animum tuum libera;* ferner quod statt des acc. c. inf. Caes. bell. civ. I, 23: *pauca apud eos loquitur, quod sibi a parte eorum gratia relata non sit;* quod statt ut Caes. bell. civ. I, 39, 4: *quo facto duas res consecutus est, quod pignore animos centurionum devinxit,* cet.; — endlich ut und ut non, wenn durch Hinzufügung einer Beschaffenheit zu einem weiteren Begriff der erforderliche engere Begriff bezeichnet wird; z. B. Cic. de off. II, 24, 85: *ab hoc genere largitionis, ut aliis detur, aliis auferatur, aberunt ii;* de nat. deor. II, 28, 71: *cultus deorum est optimus, ut eos semper pura mente veneremur;* Caes. bell. civ. I, 47, 1: *haec eius diei praefertur opinio, ut se utrique superiores discessisse existimarent.*

10. *Nam qui plus*] die Triumvirn.

Nam et stipendium] In der in den letzten Tagen des Mai abgehaltenen Senatssitzung, in welcher Cicero

decem legati et, ne lege Sempronia succederetur, facile perfectum est. Quod ego ad te brevius scribo, quia me status hic rei publicae non delectat; scribo tamen, ut te admoneam, quod ipse litteris omnibus a pueritia deditus experiendo tamen magis quam discendo cognovi, tu tuis rebus integris discas, neque salutis nostrae rationem habendam nobis esse sine dignitate neque dignitatis sine salute.

11   Quod mihi de filia et de Crassipede gratularis, agnosco humanitatem tuam speroque et opto nobis hanc coniunctionem voluptati fore. Lentulum nostrum, eximia spe, summa virtute adolescentem, cum ceteris artibus, quibus studuisti semper ipse, tum in primis imitatione tui fac erudias; nulla enim erit hac praestantior disciplina. Quem nos, et quia tuus et quia te dignus est filius et quia nos diligit semperque dilexit, in primis amamus carumque habemus.

EPISTOLA III.
(AD FAM. II, 4.)
M. CICERO S. D. C. CURIONI.

1   Epistolarum genera multa esse non ignoras; sed unum illud certissimum, cuius causa inventa res ipsa est, ut certiores face-

seine für Caesar günstige Rede de provinciis consularibus hielt, wurde Caesar ermächtigt sein Heer auf 10 Legionen zu bringen; auch wurde der Antrag einiger ihm, wie es die lex Sempronia gestattete, im Voraus für den 1. März 54 einen Nachfolger zu bestimmen, abgelehnt. Ueber die lex Sempronia s. zu 1, 2, 3 und 1, 5, 2.

11. *de filia*] Ciceros Tochter Tullia hatte sich nach dem Tode ihres ersten Gemahls, Piso, am 4. April mit Furius Crassipes verlobt.

EPISTOLA III.

C. Scribonius Curio, vir nobilis, eloquens, audax, suae alienaeque fortunae et pudicitiae prodigus, homo ingeniosissime nequam et facundus malo publico, cuius omnino voluptatibus vel libidinibus neque opes ullae neque cupiditates sufficere possent.

Vellei. II, 48, 3. Curio war damals Quästor in Asien, und die Optimaten rechneten auf ihn. In seinem Tribunat aber im J. 50 ging er zu Caesar über und führte dessen Sache sehr geschickt. Der Brief ist geschrieben in den ersten Monaten des Jahres 53 unter dem Consulat des Cn. Domitius Calvinus und M. Valerius Messalla.

1. *unum illud certissimum*] Man unterscheidet bei den Briefen viele Klassen mit Recht oder mit Unrecht; dies ist aber unzweifelhaft eine. So ist *certus* gebraucht ad Att. XV, 21, 1: *ecquem tu illo certiorem nebulonem?* ad Att. 1, 1, 1: *competitores, qui certi esse videantur.* Es sollte folgen *quo certiores faciamus,* aber der Gedanke wird oft fortgesetzt im Anschluss an einen Nebensatz. S. I, 2, 9, Cic. de rep. I, 37, 58: *si,*

remus absentes, si quid esset, quod eos scire aut nostra aut ipsorum interesset. At huius generis litteras a me profecto non exspectas; tuarum enim rerum domesticarum habes et scriptores et nuntios, in meis autem rebus nihil est sane novi. Reliqua sunt epistolarum genera duo, quae me magnopere delectant: unum familiare et iocosum, alterum severum et grave. Utro me minus deceat uti non intellego. Iocerne tecum per litteras? Civem mehercule non puto esse, qui temporibus his ridere possit. An gravius aliquid scribam? Quid est, quod possit graviter a Cicerone scribi ad Curionem, nisi de re publica? Atque in hoc genere haec mea causa est, ut neque ea, quae sentio, neque ea, quae non sentio, velim scribere. Quamobrem, quoniam mihi nullum scribendi argumentum relictum est, utar ea clausula, qua soleo, teque ad studium summae laudis cohortabor. Est enim tibi gravis adversaria constituta et parata, incredibilis quaedam exspectatio. Quam tu una re facillime vinces, si hoc statueris, quarum laudum gloriam adamaris, quibus artibus eae laudes comparantur, in his esse laborandum. In hanc sententiam scriberem

---

ut Graeci dicunt, omnes aut Graecos esse aut barbaros, vereor ne barbarorum rex fuerit; de off. I, 7, 22: *sed quoniam — ut placet Stoicis, quae in terris gignantur ad usum hominum omnia creari —, in hoc naturam debemus ducem sequi*; ad Att. XI, 16, 3: *quamobrem idem a te nunc peto, quod superioribus litteris, ut, si quid in perditis rebus dispiceres, quod mihi putares faciendum, me moneres* (nicht *moneas*).

neque ea, quae sentio] fehlt in den Handschriften; man nahm desbalb *nec* für *ne-quidem* und übersetzte: nicht einmal gegen meine Ueberzeugung. Da aber *nec* im Sinne von *ne-quidem* in der Mitte des Satzes erst bei späteren Schriftstellern üblich ist, und die wenigen Stellen, wo es bei Cicero vorzukommen scheint, von Madvig de fin. pag. 816 durch bessere Erklärung oder leichte Emendation beseitigt sind, so scheint es besser hier eine durch das zweimal vorkommende *neque ea, quae* veranlasste Lücke anzunehmen.

2. *quarum laudum*] Dem Demonstrativsatz *in his* ist sein Relativsatz *quibus artibus* vorangestellt und diesem wieder der seinige *quarum laudum*. Aehnlich de orat. II, 22, 92: *quem probavit, in eo, quae maxime excellent, ea diligentissime persequatur.* Diese Stellung ist besonders häufig in der Gesetzessprache, namentlich mit dem Genit. partit. des Demonstrativums im zweiten Relativsatze; z. B. Liv. XXIII, 14, 3: *qui capitalem fraudem ausi quique pecuniae iudicati in vinculis essent, qui eorum apud se milites fierent, eos noxa pecuniaque sese exsolvi iussurum.* Tab. Heracl. frg. Brit. lin. 20: *quae viae in urbe Roma propiusve urbem Romam passus mille, ubi continenti habitabitur, sunt, erunt, cuius ante aedificium earum quae viae erunt, is eam viam arbitratu eius aedilis, cui ea pars urbis hac lege obvenerit, tueatur.*

esse laborandum] Mit Erfolg sich bemühen heisst gewöhnlich *elaborare;* wie hier steht *laborare* auch II, 1, 7.

plura, nisi te tua sponte satis incitatum esse confiderem; et hoc, quidquid attigi, non feci inflammandi tui causa, sed testificandi amoris mei.

EPISTOLA IV.
(AD FAM. II, 5.)
M. CICERO S. D. C. CURIONI.

1 Haec negotia quomodo se habeant ne epistola quidem narrare audeo. Tibi, etsi, ubicunque es, ut scripsi ad te ante, in eadem es navi, tamen, quod abes, gratulor, vel quia non vides ea, quae nos, vel quod excelso et illustri loco sita est laus tua in plurimorum et sociorum et civium conspectu, quae ad nos nec obscuro nec vario sermone, sed et clarissima et una omnium 2 voce perfertur. Unum illud nescio, gratulerne tibi an timeam, quod mirabilis est exspectatio reditus tui, non quo verear, ne tua virtus opinioni hominum non respondeat, sed mehercule, ne, cum veneris, non habeas iam, quod cures; ita sunt omnia debilitata ac prope exstincta. Sed haec ipsa nescio rectene sint litteris commissa. Quare cetera cognosces ex aliis. Tu tamen, sive habes aliquam spem de re publica sive desperas, ea para, medi-

et hoc] ad fam. X, 3, 4: *haec amore magis impulsus scribenda ad te putavi quam quo te arbitrarer monitis et praeceptis egere.*

EPISTOLA IV.
Der Brief ist nicht lange nach dem vorigen geschrieben.
1. *Haec negotia*] = *quo in statu res publica nunc sit. Hic* von dem, was dem Redenden nahe liegt; Liv. VI, 4, 12: *opus vel in hac* (bei der gegenwärtigen) *magnificentia urbis conspiciendum;* Cic. in Cat. I, 5, 12: *quod est primum et quod huius imperii disciplinaeque maiorum proprium est;* ad Att. X, 11, 3: *sed ea sunt tolerabilia hac iuventute;* in Cat. IV, 10, 21: *duas urbes huic imperio infestissimas.*
ne epistola quidem] nicht einmal in einem Brief, der gewöhnlich geheim gehalten wird, geschweige denn öffentlich.
in eadem es navi] und also in gleicher Gefahr; ad fam. XII, 25, 5: *una navis est iam bonorum omnium, quam quidem nos damus operam ut rectam teneamus.*

2. *sed mehercule*] Aus *non quo verear* ist hier *verear* zu ergänzen, wie oft aus einem negativen Ausdruck ein affirmativer; de nat. deor. I, 7, 17: *nolo existimes me adiutorem huic venisse, sed auditorem;* pro Rosc. Am. 26, 71: *noluerunt feris corpus obiicere —; non sic nudos in flumen deiicere.*
rectene sint] ob ich recht daran gethan habe dies einem Briefe anzuvertrauen. *Recte* kann ebensowohl bezeichnen, dass eine Handlung, wie es sich gehört, ausgeführt ist, also die Art und Weise der Thätigkeit, als auch, dass sie mit Recht unternommen ist: z. B. Acad. pr. II, 30, 98: *si recte conclusi, teneo; sin vitiose, minam Diogenes reddet;* ad fam. I, 9, 23: *quos ipsos libros, si*

tare, cogita, quae esse in eo civi ac viro debent, qui sit rem publicam afflictam et oppressam miseris temporibus ac perditis moribus in veterem dignitatem et libertatem vindicaturus.

EPISTOLA V.
(AD FAM. II, 6.)
M. CICERO S. D. C. CURIONI.

Nondum erat auditum te ad Italiam adventare, cum Sex. 1 Villium, Milonis mei familiarem, cum his ad te litteris misi. Sed tamen cum appropinquare tuus adventus putaretur et te iam ex Asia Romam versus profectum esse constaret, magnitudo rei fecit, ut non vereremur, ne nimis cito mitteremus, cum has quam primum ad te perferri litteras magnopere vellemus. Ego, si mea in te essent officia solum, Curio, tanta, quanta magis a te ipso praedicari quam a me ponderari solent, verecundius a te, si qua magna res mihi petenda esset, contenderem. Grave est enim homini pudenti petere aliquid magnum ab eo, de quo se bene meritum putet, ne id, quod petat, exigere magis quam rogare et in mercedis potius quam beneficii loco numerare videatur. Sed 2 quia tua in me vel nota omnibus vel ipsa novitate meorum temporum clarissima et maxima beneficia exstiterunt estque animi ingenui, cui multum debeas, eidem plurimum velle debere, non

quem, cui recte committam, invenero, curabo ad te perferendos. Caes. b. civ. I, 74, 2: *deinde imperatoris fidem quaerunt, rectene se illi sint commissuri.*
civi ac viro] pro Plancio 40, 96: *quid dicam? C. Vergilio, tali civi et viro, benevolentiam in me . . . . . . defuisse?*

EPISTOLA V.
Der Brief ist geschrieben in demselben Jahre wie der vorige.
1. *officia solum*] wären nur die Dienste, die ich dir geleistet habe, von grosser Bedeutung und nicht auch die, die du mir geleistet hast; s. weiterhin *sed quia* u. s. w. Man erwartet *sola* statt *solum*, aber weder mit *solus* noch mit *primus* wird es in dieser Beziehung genau ge-

nommen; Cic. de off. I, 7, 22: *non nobis solum nati sumus;* Liv. VI, 11, 7: (Manlius) *primum omnium ex patribus popularis factus;* Caes. b. civ. I, 70, 1: *erat in celeritate omne positum certamen, utri prius angustias montesque occuparent.*

2. *novitate meorum temporum*] das Neue, Unerhörte meines Unglücks, der Verbannung: Sall. Cat. 4, 4: *id facinus inprimis ego memorabile existimo sceleris atque periculi novitate.*

estque animi ingenui] Ein Mensch von kleinlicher Sinnesart trägt Bedenken von Jemand viele Gefälligkeiten anzunehmen, weil er die Grösse der Verpflichtung, die er sich dadurch auflädt, ängstlich berechnet.

dubitavi id a te per litteras petere, quod mihi omnium esset maximum maximeque necessarium. Neque enim sum veritus, ne sustinere tua in me vel innumerabilia non possem, cum praesertim confiderem nullam esse gratiam tuam, quam non vel capere animus meus in accipiendo vel in remunerando cumulandoque illustrare posset.

3 Ego omnia mea studia, omnem operam, curam, industriam, cogitationem, mentem denique omnem in Milonis consulatu fixi et locavi statuique in eo me non officii solum fructum sed etiam pietatis laudem debere quaerere. Neque vero cuiquam salutem ac fortunas suas tantae curae fuisse unquam puto, quantae mihi sit honos eius, in quo omnia mea posita esse decrevi. Huic te unum tanto adiumento esse, si volueris, posse intellego, ut nihil sit praeterea nobis requirendum. Habemus haec omnia: bonorum studium conciliatum ex tribunatu propter nostram, ut spero te intellegere, causam; vulgi ac multitudinis propter magnificen-

cum praesertim confiderem] Ich werde unter dem Gewichte deiner Dienste, selbst wenn es unzählige sind, nicht erliegen, weil ich dir ebenso viele erweisen kann, namentlich aber, weil ich sie beim Empfangen gehörig zu würdigen und, wenn ich sie reichlich vergelte, gebührend ins Licht zu setzen verstehe.

3. *in Milonis consulatu*] Milo, der als Tribun Ciceros Rückberufung aus dem Exil so sehr gefördert hatte, bewarb sich in diesem Jahre um das Consulat, und es lag dem Cicero sehr viel daran, dass er gewählt würde, um so mehr, da Clodius sich um die Prätur bewarb. Clodius wurde am 18. Januar des folgenden Jahres, noch bevor die Comitien gehalten waren, von Milo ermordet und dieser musste ins Exil gehen nach Massilia.

fixi et locavi] Die Lateiner setzten nicht selten zwei synonyme Verba, wo wir eins mit einem Adverbium anzuwenden pflegen; z. B. *fundi fugarique*, völlig aus dem Felde geschlagen werden. Vgl. Nägelsbach Styl. § 69. Hierbei kommt es vor, dass das der Zeit nach spätere oder das stärkere zuerst steht; z. B. de or. I, 7, 24: *infringi debilitarique*; ad fam. X, 30, 4: *copias eius omnes delevit fugavitque*; de or. I, 57, 243: *frequens te audivi atque adfui*.

non officii solum fructum] Ich habe hierbei nicht blos den Vortheil im Auge, den mir dieser mein Dienst verschaffen wird, sondern will mir auch den Ruhm der Dankbarkeit erwerben; ad fam. XIII, 22, 2: *confirmo tibi te eum, quem soles fructum a bonorum virorum officiis exspectare, esse capturum*; Cic. Brut. 62, 222: *L. Fufius ex accusatione M'. Aquilii diligentiae fructum ceperat*.

ut spero te intellegere] Ueber sperare mit dem Infinit. Praes. s. zu III, 13, 1.

magnificentiam munerum] Milo hatte dem Volke glänzende Spiele gegeben und dadurch sein Vermögen gänzlich zerrüttet; ad Q. fr. III, 9, 2: *Angit unus Milo. Sed velim finem afferat consulatus; in quo enitar non minus quam sum enisus in nostro, tuque istinc, quod facis, adiuvabis. De quo cetera, nisi plane vis eripuerit, recte sunt; de re fa-*

tiam munerum liberalitatemque naturae; iuventutis et gratiosorum in suffragiis studia propter ipsius excellentem in eo genere vel gratiam vel diligentiam; nostram suffragationem, si minus potentem, at probatam tamen et iustam et debitam et propterea fortasse etiam gratiosam. Dux nobis et auctor opus est et eorum **4** ventorum, quos proposui, moderator quidam et quasi gubernator. Qui si ex omnibus unus optandus esset, quem tecum conferre possemus, non haberemus. Quamobrem, si me memorem, si gratum, si bonum virum vel ex hoc ipso, quod tam vehementer de Milone laborem, existimare potes, si dignum denique tuis beneficiis iudicas, hoc a te peto, ut subvenias huic meae sollicitudini et huic meae laudi vel, ut verius dicam, prope saluti tuum studium dices. De ipso T. Annio tantum tibi polliceor, te maioris animi, gravitatis, constantiae benevolentiaeque erga te, si complecti hominem volueris, habiturum esse neminem. Mihi vero tantum decoris, tantum dignitatis adiunxeris, ut eundem te facile agnoscam fuisse in laude mea, qui fueris in salute. Ego, **5** ni te videre scirem, cum ad te haec scriberem, quantum officii sustinerem, quantopere mihi esset in hac petitione Milonis omni non modo contentione sed etiam dimicatione elaborandum, plura scriberem. Nunc tibi omnem rem atque causam meque totum commendo atque trado. Unum hoc sic habeto: si a te hanc rem impetraro, me paene plus tibi quam ipsi Miloni debiturum; non enim mihi tam mea salus cara fuit, in qua praecipue sum ab illo adiutus, quam pietas erit in referenda gratia iucunda. Eam autem unius tuo studio me assequi posse confido.

miliari timeo. 'Ο δὲ μαίνεται οὐκ ἔτ' ἀνεκτῶς, qui ludos HS CCCI comparet.

4. *eorum ventorum*] die angeführten Winde, mit denen Milo segelt, d. i. die angegebenen Mittel, die er aufzubieten hat. Vgl. ad Att. II, 1, 6: (Caesaris) *nunc venti valde sunt secundi.*

Quamobrem si me] Deshalb bitte ich dich, unterstütze mich in dieser Sache, wenn anders du, wie ich nicht zweifle, schon hieraus, dass ich mich so eifrig für Milo bemühe, erkennen konnst, dass ich u. s. w.

T. Annio] Milo, der Sohn des C. Papius Celsus, war von T. Annius, dem Vater seiner Mutter, adoptirt worden und hiess deshalb T. Annius

C. F. Milo Papianus.

in laude mea] Du wirst mir behülflich sein den Ruhm der Dankbarkeit zu gewinnen, wie du meine Rückberufung aus der Verbannung gefördert hast.

5. *omnem rem atque causam*] *Res*, die ganze Angelegenheit, *causa*, der streitige Punkt darin, die Sache, das Recht der einen von den Parteien, die in jener Angelegenheit mit einander streiten; ad fam. I, 5 a, 3: *de Alexandrina re causaque regia*; II, 7, 3: *de sacerdotio tuo quantam curam adhibuerim, quamquam difficili in re atque causa;* pro Caecina 4, 11: *multa enim quae sunt in re, quia remota sunt a causa, praetermittam.*

8 *

EPISTOLA VI.
(AD FAM. III, 2.)
M. CICERO PROCOS. S. D. APPIO PULCHRO IMP.

1   Cum et contra voluntatem meam et praeter opinionem accidisset, ut mihi cum imperio in provinciam proficisci necesse esset, in multis et variis molestiis cogitationibusque meis haec una consolatio occurrebat, quod neque tibi amicior quam ego sum quisquam posset succedere neque ego ab ullo provinciam accipere, qui mallet eam quam maxime mihi aptam explicatamque tradere. Quod si tu quoque eandem de mea voluntate erga te spem habes, ea te profecto nunquam fallet. A te maximo opere pro nostra summa coniunctione tuaque singulari humanitate etiam atque etiam quaeso et peto, ut, quibuscunque rebus poteris, poteris autem plurimis, prospicias et consulas rationibus meis.
2   Vides ex senatus consulto provinciam esse habendam. Si eam,

EPISTOLA VI.

Appius Claudius Pulcher, der Bruder des P. Clodius, war Prätor 57, in welchem Jahre Cicero aus der Verbannung zurückgerufen wurde. Er wurde Consul 54 und erhielt im nächsten Jahre die Provinz Cilicien, die er bis in die Mitte des Jahres 51 verwaltete, wo Cicero sein Nachfolger wurde. Er hatte sich während der Prätur dem Cicero feindlich gezeigt, später aber sich wieder mit ihm versöhnt. — Der Brief ist geschrieben im April 51 unter dem Consulat des Ser. Sulpicius Rufus und M. Claudius Marcellus.

1. *contra voluntatem*] Weil Cicero von der Kriegskunst nichts verstand, und weil seine Beredtsamkeit nur in Rom glänzen konnte, hatte er weder nach der Prätur noch nach dem Consulate eine Provinz angenommen und ging auch jetzt ungern nach Cilicien.

praeter opinionem] Bisher gingen die Consuln und Prätoren, nachdem sie ihr Amt in der Stadt verwaltet hatten, in die Provinzen, um diese als Proconsuln und Proprätoren zu verwalten. Im Jahre 52 aber verordnete eine lex Pompeia, dass niemand eine Provinz erhalten sollte, bevor fünf Jahre seit seinem Consulat oder seiner Prätur verflossen sein würden. Da nun in den ersten fünf Jahren niemand da war, der nach dem Gesetze in eine Provinz geschickt werden konnte, so bestimmte ein Senatsconsult, dass diejenigen gewesenen Consuln oder Prätoren, die noch keine Provinz verwaltet hätten, die erledigten Provinzen unter sich verloosen sollten.

quod neque tibi amicior] Der Nachfolger konnte eine Anklage des Vorgängers befördern und auch sonst seinem Ruhme schaden, der Vorgänger konnte die Provinz in Unordnung übergeben und manche schwere Verwickelungen dem Nachfolger bereiten. Cic. pro Scauro § 33 p. 156 ed. Beier: *Successori decessor invidit et voluit eum quam maxime offensum, quo magis ipsius memoria excelleret; res non modo non abhorrens a consuetudine sed usitata etiamnum et valde pervagata.*

quod eius facere potueris, quam expeditissimam mihi tradideris, facilior erit mihi quasi decursus mei temporis. Quid in eo genere efficere possis tui consilii est; ego te, quod tibi veniet in mentem mea interesse, valde rogo. Pluribus verbis ad te scriberem, si aut tua humanitas longiorem orationem exspectaret aut id fieri nostra amicitia pateretur aut res verba desideraret ac non pro se ipsa loqueretur. Hoc velim tibi persuadeas, si rationibus meis provisum a te esse intellexero, magnam te ex eo et perpetuam voluptatem esse capturum.

EPISTOLA VII.
(AD FAM. III, 3.)
CICERO S. D. AP. PULCHRO.

A. d. xi. Kalendas Iunias Brundisium cum venissem, Q. Fa- 1
bius Vergilianus legatus tuus mihi praesto fuit eaque me ex tuis mandatis monuit, quae non mihi, ad quem pertinebant, sed universo senatui venerant in mentem, praesidio firmiore opus esse ad istam provinciam. Censebant enim omnes fere, ut in Italia supplementum meis et Bibuli legionibus scriberetur. Id cum Sulpicius consul passurum se negaret, multa nos quidem questi sumus, sed tantus consensus senatus fuit, ut mature proficisceremur, parendum ut fuerit; itaque fecimus. Nunc, quod a te petii

2. *quod eius*] das beschränkende quod mit dem Indicativ. S. zu I, 15, 6.

mei temporis] Dem Cicero war die Provinz auf ein Jahr übertragen.

id fieri] dass ich dich mit mehr Worten bäte.

intellexero] Ueber den Indicativ s. zu I, 2, 4: II, 2, 4; III, 2, 2.

EPISTOLA VII.
Der Brief ist geschrieben auf der Reise nach Cilicien in Brundisium wahrscheinlich X Kal. Iunias 51.

1. *ad istam provinciam*] Opus est ad mit einem Gerundivum, dann mit einem Substantivum, das den Begriff einer Handlung enthält; ad Att. VI, 9, 2: *dices nummos mihi opus esse ad apparatum triumphi;* endlich, wie hier, mit einem Substant., zu dem ein Gerundivum zu ergänzen ist; ähnlich Cic. Brut. 28, 108: *Lentulus ad rem publicam dumtaxat quod opus esset satis habuisse eloquentiae dicitur.* Uebrigens hatte Cicero in der Provinz nach Plutarch Cic. 36 12000 Mann zu Fuss und 2600 Reiter. Er selbst sagt ad Att. V, 15, 1: *se nomen habere duarum legionum exilium.* Jedenfalls war seine Kriegsmacht viel zu schwach, um einem von den Parthern drohenden Angriff kräftig zu begegnen.

Bibuli] Bibulus war Consul mit Caesar a. 59. Er hatte damals keine Provinz erhalten und ging nun als Proconsul nach Syrien, wie Cicero, ex lege Pompeia.

litteris his, quas Romae tabellariis tuis dedi, velim tibi curae sit, ut, quae successori coniunctissimo et amicissimo commodare potest is, qui provinciam tradit, ut ea pro nostra consociatissima voluntate cura ac diligentia tua complectare, ut omnes intellegant nec me benevolentiori cuiquam succedere nec te amiciori potuisse provinciam tradere.

2 Ex his litteris, quarum ad me exemplum misisti, quas in senatu recitari voluisti, sic intellexeram, permultos a te milites esse dimissos; sed mihi Fabius idem demonstravit te id cogitasse facere, sed, cum ipse a te discederet, integrum militum numerum fuisse. Id si ita est, pergratum mihi feceris, si istas exiguas copias, quas habuisti, quam minime imminueris. Qua de re senatus consulta, quae facta sunt, ad te missa esse arbitror. Equidem pro eo, quanti te facio, quidquid feceris, approbabo; sed te quoque confido ea facturum, quae mihi intelleges maxime esse accommodata. Ego C. Pomptinum, legatum meum, Brundisii exspectabam, eumque ante Kalendas Iunias Brundisium venturum arbitrabar. Qui cum venerit, quae primum navigandi nobis facultas data erit, utemur.

---

tabellariis tuis] Die vornehmen Römer hielten sich zur Beförderung ihrer Briefe eigene Briefträger. Sie schickten aber auch die Briefe mit Gelegenheit, durch die tabellarii ihrer Freunde oder durch die der Steuerpächter in den Provinzen.

pro nostra consociatissima voluntate] ad fam. III, 4, 2: *collegii coniunctio non mediocre vinculum mihi quidem attulisse videtur ad voluntates nostras copulandas;* ad fam. XI, 27, 2: *ambitio nostra et vitae dissimilitudo non est passa voluntates nostras consuetudine conglutinari.*

2. *pro eo quanti*] gemäss der hohen Achtung, die ich vor dir habe, d. i. wie es sich nicht anders erwarten lässt bei u. s. w.; z. B. Cic. de or. II, 18, 75: *cum Hannibal pro eo, quod eius nomen erat magna apud omnes gloria, invitatus esset.* Oefter heisst *pro eo* mit *ut, ac, quod* oder einem Relativum in Vergleich zu. Vgl. Cic. in Cat. IV, 2, 3: *debeo sperare deos pro eo mihi ac mereor relaturos esse gratiam.*

approbabo] ich werde alles, was du thust, genehmigen.

C. Pomptinum] Prätor im J. 63 in Ciceros Consulat, wo er diesem besonders bei der Verhaftung der Allobrogischen Gesandten gute Dienste leistete; nach der Prätur Statthalter im jenseitigen Gallien, wo er die Allobroger entwaffnete und dafür 54 triumphirte.

EPISTOLA VIII.
(AD FAM. VIII, 1.)
CAELIUS CICERONI S.

Quod tibi decedens pollicitus sum me omnes res urbanas di- 1
ligentissime tibi perscripturum, data opera paravi, qui sic omnia
persequeretur, ut verear, ne tibi nimium arguta haec sedulitas
videatur. Tametsi tu scio quam sis curiosus et quam omnibus
peregrinantibus gratum sit minimarum quoque rerum, quae domi
gerantur, fieri certiores; tamen in hoc te deprecor, ne meum hoc

EPISTOLA VIII.

M. Caelius Rufus, ein Wüstling, aber ein sehr begabter Redner. Cic. Brut. 79: (Caelii) *actionem multum et splendida et grandis et eadem inprimis faceta et perurbana commendabat oratio. Graves eius contiones aliquot fuerunt, acres accusationes tres eaeque omnes ex rei publicae contentione susceptae; defensiones, etsi illa erant in eo meliora, quae dixi, non contemnendae tamen saneque tolerabiles.* Quint. X, 1, 115: *multum ingenii in Caelio, et praecipue in accusando multa urbanitas, dignusque vir, cui et mens melior et vita longior contigisset.* Er war Tribun 52, curulischer Aedil 50. Im Bürgerkriege stand er auf der Seite des Caesar und wurde 48 Prätor. In diesem Amte erregte er, weil seine Schulden ihn drückten, Unruhen, musste aus Rom fliehen und wurde in einem Alter von 34 Jahren erschlagen. — Cicero hatte ihn beauftragt, ihm, was in Rom vorginge, genau zu berichten, und Caelius schrieb ihm in Folge dieses Auftrags mehrere Briefe, die wir noch besitzen. Der hier folgende ist geschrieben zwischen ix Kal. und Kal. Iunias 51.

1. *decedens*] Caelius hatte den Cicero, als dieser nach Cilicien reiste, eine Strecke begleitet und ihm beim Scheiden jenes Versprechen gegeben. So wie hier gebraucht Caelius *decedere* ad fam. VIII, 10, 5: *mei officii est meminisse qua obtestatione decedens mihi, ne paterer fieri, mandaris.* Sonst bedeutet das Wort: einen bisher behaupteten Platz verlassen: *decedere de praesidio, de via* oder *alicui via, de iure suo, de vita,* besonders häufig *de provincia* von abgehenden Statthaltern, aber auch von Privatpersonen; z. B. in Verr. III, 41, 96: *negotiatores inviti Romam raroque decedunt.*

in hoc te deprecor] Deprecari aliquid kann heissen: etwas durch Bitten abzuwenden suchen; z. B. Liv. XL, 15, 9: *nullam deprecor poenam;* oder auch: etwas durch Bitten zu erlangen suchen, wo es nur ein verstärktes *precari* ist; ad fam. XII, 24: *nondum legati redierant, quos senatus non ad pacem deprecandam, sed ad denuntiandum bellum miserat. Deprecari aliquem* kann heissen: einen losbitten *ab aliquo;* z. B. pro Plancio 42, 102: *non ego meis ornatum beneficiis a vobis deprecor, iudices, sed custodem salutis meae;* oder auch: einen bitten; z. B. Liv. XXXIV, 59, 6: *Tum Menippus deprecari et Quinctium et patres institit, ne festinarent decernere.*

meum hoc officium] diese meine Dienstleistung, erklärt durch *quod hunc laborem alteri delegavi.*

officium arrogantiae condemnes, quod hunc laborem alteri delegavi; non quin mihi suavissimum sit et occupato et ad litteras scribendas, ut tu nosti, pigerrimo tuae memoriae dare operam; sed ipsum volumen, quod tibi misi, facile, ut ego arbitror, me excusat. Nescio cuius otii esset non modo perscribere haec, sed omnino animadvertere; omnia enim sunt ibi senatus consulta, edicta, fabulae, rumores. Quod exemplum si forte minus te delectarit, ne molestiam tibi cum impensa mea exhibeam, fac me certiorem. Si quid in re publica maius actum erit, quod isti operarii minus commode persequi possint, et quemadmodum actum sit et quae existimatio secuta quaeque de eo spes sit diligenter tibi perscribemus.

Ut nunc est, nulla magnopere exspectatio est. Nam et illi rumores de comitiis Transpadanorum Cumarum tenus caluerunt: Romam cum venissem, ne tenuissimam quidem auditionem de ea re accepi. Praeterea Marcellus, quod adhuc nihil retulit de successione provinciarum Galliarum et in Kalendas Iunias, ut mihi ipse dixit, eam distulit relationem, sanequam eos sermones expres-

non quin mihi] Lege es mir nicht als Anmassung aus, dass ich das Geschäft einem andern übertragen habe. Ich habe es gethan, nicht als ob es mir nicht sehr angenehm wäre dein Andenken zu erneuern; aber das Packet entschuldigt mich ja hinlänglich. Die Angabe des wahren Grundes hinter *non quo* fehlt auch ad Att. VI, 3, 1.

non modo — sed omnino] ich will nicht sagen — sondern auch nur; ad Q. fr. III, 3, 1.

2. *nulla magnopere*] nicht eben gross; ad Att. IV, 17, 2: *Scaurum Triarius reum fecit. Si quaeris, nulla est magno opere commota συμπάθεια*; Liv. III, 26: *nulla magnopere clade accepta castris se pavidus tenebat*. S. zu I, 15, 4.

illi rumores de comitiis Transpadanorum] Ueber dieselbe Sache schreibt Cic. ad Att. V, 2, 3: *erat rumor de Transpadanis, eos iussos IIII viros creare*. Es ging das Gerücht, Caesar hätte den Transpadanern das Bürgerrecht gegeben, was er im Jahre 49 wirklich that. Hierdurch wären die Transpadanischen Städte Municipien geworden und hätten die in solchen Städten übliche Obrigkeit, die Quattuorviri, zu wählen gehabt.

Cumarum tenus] Caelius hatte den Cicero begleitet und hatte auf der Rückreise erfahren, dass jenes Gerücht jenseits Cumae nach Rom zu sich immer mehr verlor. *Tenus* mit dem Genitiv findet sich zuweilen bei Dichtern und auch bei Liv. XXVI, 24, 11: *Corcyrae tenus*.

auditionem] Caes. b. G. VII, 42, 2: *ut levem auditionem habeant pro re comperta*.

Marcellus] Der Consul M. Marcellus beabsichtigte, beim Senat den Antrag zu stellen, dass dem Caesar vor der gesetzlichen Zeit, d. i. statt am 1. März 49 schon am 1. März 50, ein Nachfolger geschickt würde, weil Gallien beruhigt wäre und weil Caesar nicht als Proconsul sich um das Consulat bewerben dürfte.

sermones expressit] Er rief durch sein Benehmen wieder das Gerede hervor, dass er keine Energie habe;

sit, qui de eo tum fuerunt, cum Romae nos essemus. Tu si Pom- **3**
peium, ut volebas, offendisti, qui tibi visus sit et quam orationem
habuerit tecum quamque ostenderit voluntatem — solet enim aliud
sentire et loqui neque tantum valere ingenio, ut non appareat
quid cupiat — fac mihi perscribas. Quod ad Caesarem, crebri et **4**
non belli de eo rumores, sed susurratores dumtaxat veniunt; alius
equitem perdidisse, quod, opinor, certe fictum est; alius septi-
mam legionem vapulasse, ipsum apud Bellovacos circumsederi
interclusum ab reliquo exercitu. Neque adhuc certi quicquam est
neque haec incerta tamen vulgo iactantur; sed inter paucos, quos
tu nosti, palam secreto narrantur; at Domitius, cum manus ad
os apposuit. Te a. d. ix. Kal. Iunias subrostrani, quod illorum
capiti sit, dissiparant perisse; unde urbe ac foro toto maximus
rumor fuit te a Q. Pompeio in itinere occisum. Ego, qui scirem

ad fam. VIII, 10, 3: *Nosti Marcel-*
lum, quam tardus et parum effi-
cax sit.
   Romae nos] wir beide.
   3. *Pompeium*] Pompeius war damals auf einem Landgute bei Tarent,
welche Stadt Cicero auf seiner Reise
berühren musste.
   4. *Quod ad Caesarem*] *attinet*
ausgelassen, wie L. 3. Dig. de ac-
quir. rer.: *nec interest, quod ad fe-*
ras bestias et volucres, utrum in
suo quisque fundo capiat an in alie-
no. Häufiger in Wendungen wie in
Verr. I, 45, 116: *iam quid id ad*
praetorem, uter possessor sit? de
orat. II, 32, 139: *sed hoc nihil ad*
me.
   vapulare] in der Bedeutung geschlagen werden von Truppen
kommt sonst nicht vor.
   neque haec incerta tamen] Der
Gegensatz zu *tamen* liegt in *incer-*
ta: und auch das ist nicht der Fall,
dass es, wiewohl es unsicher ist,
doch allgemein erzählt wird und in-
sofern ein gewisses Gewicht erhält.
S. zu I, 4, 2.
   palam secreto] Horat. carm. II,
3, 25:
  Omnes eodem cogimur; omnium
  Versatur urna serius ocius
  Sors exitura, et nos in aeternum
  Exsilium impositura cumbae.

Zwei einander entgegengesetzte Begriffe, die zu einem höheren zusam-
mengefasst werden sollen, werden
ohne Conjunction neben einander
gestellt. Am häufigsten findet sich
das bei Substantiven und Adjectiven, und oft wird der zusammen-
fassende Begriff dabei gesetzt; z. B.
ad Q. fr. III, 1, 10: *omnia, mini-*
ma maxima, ad Caesarem mitti
sciebam.
   Domitius] die pauci erzählten die
Sachen ohne ihnen ein sonderliches
Gewicht beizulegen, Domitius immer mit wichtig thuender, geheim-
nissvoller Miene. L. Domitius Ahenobarbus war ein erbitterter Feind
des Caesar. Er verwaltete 54 mit
Appius Claudius das Consulat und
vertheidigte im Anfang des Bürgerkriegs Corfinium gegen Caesar.
   subrostrani] die müssigen Leute,
die sich auf dem Forum herumtrie-
ben. Das Wort kommt sonst nicht
vor. Bei Plautus heissen diese Leute
subbasilicani.
   a Q. Pompeio] Q. Pompeius Rufus, Clodius Freund, war Tribun 52
gewesen und hatte das Volk gegen
Clodius Mörder, Milo, und gegen
den Cicero, Milos Vertheidiger, auf-
gewiegelt. Nach Ablauf des Tribunats war er de vi angeklagt worden
und lebte nun in Bauli im Exil.

Q. Pompeium Baulis ἐμετικὴν facere et usque eo, ut ego misererer eius esuriei, non sum commotus et hoc mendacio, si qua pericula tibi impenderent, ut defungeremur optavi. Plancus quidem tuus Ravennae est et magno congiario donatus a Caesare nec beatus nec bene instructus est. Tui politici libri omnibus vigent.

EPISTOLA IX.
(AD ATT. V, 15.)
CICERO ATTICO S.

1   Laodiceam veni pridie Kal. Sext. Ex hoc die clavum anni

ἐμετικήν] sc. τέχνην. Ἐμετικός ist einer, der ein Brechmittel nimmt, um weiter schwelgen zu können. Cic. ad Att. XIII, 52, 1: *unctus est; accubuit; ἐμετικὴν agebat. Itaque et edit et bibit ἀδεῶς et iucunde*,

ut defungeremur] iis, nämlich periculis: dass wir mit dieser Lüge loskommen könnten. Curt. V, 25, 11: *cum liceat aut reparare, quae amisi, aut honesta morte defungi*, durch einen ehrenvollen Tod das Missgeschick abschliessen: Liv. IV, 52, 4: *defuncta civitate plurimorum morbis, perpaucis funeribus.*

Plancus] T. Munatius Plancus Bursa, College des Pompeius Rufus im Tribunat und aus demselben Grunde verbannt. *Tuus* nennt ihn Cicero ironisch.

politici libri] Die sechs Bücher de re publica, angefangen im Jahre 54, waren nun vollendet.

EPISTOLA IX.
Cicero langte in seiner Provinz in Laodicea an pr. Kal. Sext. 51. Er reiste von dort ins Lager nach Lycaonien III. Non. Sext. (ad Att. V, 15) und kam im Lager bei Iconium an VII. Kal. Sept. (ad Att. V, 20, 2; ad fam. XV, 4, 3). Ueber die Dauer seines Aufenthalts in den einzelnen Städten weichen die Angaben ad Att. V, 16, V, 20, ad fam. XV, 4 von einander ab, lassen sich aber gut mit einander vereinigen durch die Annahme, dass in der einen Angabe die Dauer der Reise von einer Stadt zur andern zu dem Aufenthalt in einer Stadt zugeschlagen ist, in der andern nicht. Cicero war zwei Tage in Laodicea, am III. Non. Sext. auf der Reise nach Apamea, dann 3 Tage in dieser Stadt, am VII. Id. auf der Reise nach Synnada, dann 3 Tage in dieser Stadt, am III. Id. auf der Reise nach Philomelium, dann 3 Tage in Philomelium, am XVIII. Kal. Sept. auf der Reise nach Iconium, dann 10 Tage bis VIII. Kal. Sept. in Iconium. Der Brief ist geschrieben III. Non. Sext. auf der Reise von Laodicea nach Apamea.

1. *Laodiceam*] Der Provinz Cilicia, zu der ausser dem eigentlichen Cilicien noch Pamphylia, Pisidia, Isauria und die Insel Cyprus gehörte, waren damals, wie Cic. ad fam. XIII, 67 berichtet, noch τρεῖς διοικήσεις Asiaticae zugelegt. Daher kommt es, dass die phrygischen Städte Laodicea, Apamea, Synnada zu Ciceros Provinz gehörten.

ex hoc die—movebis] Man pflegte

movebis. Nihil exoptatius adventu meo, nihil carius. Sed est incredibile quam me negotii taedeat. Non habeat satis magnum campum ille tibi non ignotus cursus animi, et industriae meae praeclara opera cesset? Quippe. Ius Laodiceae me dicere, cum Romae A. Plotius dicat? et cum exercitum noster amicus habeat tantum, me nomen habere duarum legionum exilium? Denique haec non desidero; lucem, forum, urbem, domum, vos desidero. Sed feram, ut potero; sit modo annuum. Si prorogatur, actum est. Verum perfacile resisti potest; tu modo Romae sis. Quaeris quid hic agam? Ita vivam, ut maximos sumptus facio. Mirifice delector hoc instituto. Admirabilis abstinentia ex praeceptis tuis, ut verear, ne illud, quod tecum permutavi, versura mihi sol-

auf den Kalendern durch Umstecken eines Knopfs den jedesmaligen Tag zu bezeichnen.

Non habeat] es soll also nicht haben; nachher dasselbe durch den accus. c. infin. Vgl. ad Q. fr. I, 3, 1: *ego te videre noluerim?* ad Att. VII, 9, 4: *exercitum tu habeas diutius quam populus iussit?*

Quippe. Ius] Mit *quippe* erklärt man, dass das im vorhergehenden Satze Gesagte sich so verhalte, meistens mit dem Nebenbegriff, dass es nicht anders sein könne, freilich, natürlich; auch ironisch, wie hier nach der verwundernden Frage. Meistens folgt der Grund gleich darauf; z. B. ad Att. XV, 15, 3: *nullas a te XI. Kal. Quippe; quid enim iam novi?* pro Mil. 18, 47: *primum certe liberatur Milo non eo consilio profectus esse, ut insidiaretur in via Clodio. Quippe; si ille obvius ei futurus omnino non erat;* manchmal auch nicht; z. B. de rep. I, 39, 61: *animum adverti te familiae valde interdicere, ut uni dicto audiens esset. Quippe; vilico.*

A. Plotius] in diesem Jahre praetor urbanus.

noster amicus] Caesar; wenigstens können Cassius und Bibulus in Syrien nicht gemeint sein, denn nach ad fam. XV, 1, 5 war auch das dortige Heer zu schwach.

Denique haec] endlich, wenn ich auch dies nicht zu sehr vermisse, vermisse ich doch u. s. w.; der Nebengedanke ist coordinirt; s. zu I, 7, 1; II, 2, 8.

2. *quod tecum permutavi*] *Permutare cum altero pecuniam* heisst eigentlich: Geld geben, um andere Münzsorten dafür zu empfangen; man sagt es aber auch von dem, der einem andern Geld giebt oder später zu geben verspricht, damit er selbst oder ein anderer, dem er Geld schuldig ist, von diesem eine gewisse Summe zu einer andren Zeit an demselben oder an einem anderen Orte in Empfang nehmen könne. Cic. ad Att. XV, 15, 4: *velim cures, ut permutetur Athenas, quod sit in annuum sumptum ei* (filio meo). *Scilicet Eros numerabit.* Cicero bittet den Atticus, er möchte seinem Sohne einen in Athen zahlbaren Wechsel schicken; Eros, der dem Cicero Geld schuldig sei, würde den Betrag ihm zahlen. Cicero vertauscht also das Geld, was ihm Eros schuldig ist, mit dem Gelde, das von Atticus in Athen gezahlt werden soll, und Atticus vertauscht baares Geld mit einer Schuldforderung, die ein anderer in Athen hat. So hatte Cicero bei seiner Abreise von Atticus Wechsel auf Cilicien erhalten, ohne ihm den Betrag dafür gezahlt zu haben.

versura mihi solvendum sit] *Versuram facere*, eine Anleihe machen, *versura solvere*, eine

vendum sit. Appii vulnera non refrico; sed apparent nec occuli
3 possunt. Iter Laodicea faciebam a. d. III Non. Sext., cum has
litteras dabam, in castra in Lycaonia; inde ad Taurum cogitabam,
ut cum Moeragene signis collatis, si possem, de servo tuo deci-
derem. Clitellae bovi sunt impositae; plane non est nostrum
onus, sed feremus, modo, si me amas, sit annus. Adsis tu ad
tempus, ut senatum totum excites. Mirifice sollicitus sum, quod
iam diu ignota sunt mihi ista omnia. Quare, ut ad te ante scripsi,
cum cetera tum res publica cura ut mihi nota sit. Plura scribebam tarde tibi reddituro, sed dabam familiari homini ac do-
mestico, C. Andronico Puteolano. Tu autem saepe dare tabellariis publicanorum poteris per magistros scripturae et portus
nostrarum dioecesium.

EPISTOLA X.
(AD ATT. V, 16).
CICERO ATTICO S.

1 Etsi in ipso itinere et via discedebant publicanorum tabel-

Schuld durch eine neue Anleihe bezahlen.

3. *cum Moeragene*] ein Räuberan-
führer in den Gebirgen von Cilicien,
bei dem ein entlaufener Sklave des
Atticus eine Zuflucht gefunden hatte.

Clitellae bovi] Der Saumsattel ist
einem Ochsen aufgelegt; d. i. man
muthet einem etwas zu, wozu er
sich nicht eignet.

si me amas] wie *amabo te*, zur
Unterstützung eines Wunsches und
einer Bitte, gleich *quaeso*; ad Q. fr.
II, 10, 4: *amabo te, advola, ...
et adduc, si me amas, Marium.*
Amare aliquid oder *aliquem in aliqua re*, bei einer Sache mit etwas
oder einem zufrieden sein, etwas
dankbar anerkennen, einem sich
verpflichtet fühlen; ad fam. IX, 16,
1: *delectarunt me tuae litterae, in
quibus primum amavi amorem
tuum*; XIII, 62, 1: *in Atilii negotio
te amavi*; ad Att. IV, 16, 10: *dices,
tu ergo haec quomodo fers? Belle
mehercule et in eo me valde amo.*

sit annus] In vielen Briefen bittet
Cicero, seine Freunde möchten alles anwenden, dass ihm die Statt-
halterschaft nicht über ein Jahr hinaus verlängert würde.

Plura scribebam] ich schreibe zu
viel für einen Menschen, der dir den
Brief so spät überbringen wird.

*per magistros scripturae et por-
tus*] Scriptura war die für Benutzung
der öffentlichen Weiden (pascua publica) zu entrichtende Abgabe. Mit
portus ist der Hafenzoll (portorium)
gemeint; der Singular steht wie ad
Att. XI, 10, 1: *P. Terentius operas
in portu et scriptura Asiae pro magistro dedit.* Die Erhebung der
vectigalia war an Kapitalistenge-
sellschaften (societates publicanorum) verpachtet: die Geschäftsführer dieser Gesellschaften hiessen
magistri. Die scriptura und das
portorium einer Provinz waren oft
von einer einzigen Gesellschaft ge-
pachtet.

EPISTOLA X.
Der Brief ist geschrieben am III.
Id. Sext. auf der Reise von Synnada
nach Philomelium.

1. *in ipso itinere et via*] auf der

larii et eramus in cursu, tamen surripiendum aliquid putavi spatii, ne me immemorem mandati tui putares. Itaque subsedi in ipsa via, dum haec, quae longiorem desiderant orationem, summatim tibi perscriberem. Maxima exspectatione in perditam et plane 2 eversam in perpetuum provinciam nos venisse scito pridie Kal. Sextiles; moratos triduum Laodiceae, triduum Apameae, totidem dies Synnade. Audivimus nihil aliud, nisi imperata ἐπικεφάλια solvere non posse, ὠνὰς omnium venditas, civitatum gemitus, ploratus, monstra quaedam non hominis, sed ferae nescio cuius immanis. Quid quaeris? Taedet omnino eos vitae. Levantur ta- 3 men miserae civitates, quod nullus fit sumptus in nos neque in legatos neque in quaestorem neque in quemquam. Scito non modo nos foenum aut quod de lege Iulia dari solet, non accipere, sed ne ligna quidem; nec praeter quattuor lectos et tectum quemquam accipere quicquam, multis locis ne tectum quidem, et in tabernaculo manere plerumque. Itaque incredibilem in modum concursus fiunt ex agris, ex vicis, ex domibus omnibus. Mehercule etiam adventu nostro reviviscunt iustitia, abstinentia, clementia tui Ciceronis. Itaque opiniones omnium superavit. Ap- 4 pius, ut audivit nos venire, in ultimam provinciam se coniecit

Reise und zwar auf der Landstrasse selbst, nicht in einem Gasthofe.

mandati tui] nämlich dir mit jeder Gelegenheit zu schreiben.

2. ἐπικεφάλια] Es ist hier die Rede von den asiatischen Diöcesen, die der Provinz Cilicien zugelegt waren. Die Provinz Asien zahlte aber als Hauptabgabe den Zehnten (decuma) von den Früchten. Ausserdem hatte Lucullus im Jahre 70, wie Appian Mithrid. 83 berichtet, τέλη ἐπὶ τοῖς θεράπουσι καὶ ταῖς οἰκίαις eingerichtet. Die erste dieser Steuern sind die hier erwähnten ἐπικεφάλια, nämlich eine auf Arme der dienenden Klasse, die unter dem mindesten Census im Vermögen hatten, gelegte feste Kopfsteuer, die in der Kaiserzeit *tributum capitis* oder *capitatio* genannt wurde. Beide Steuern erwähnt Cicero ad fam. III, 8, 5: *illam acerbissimam exactionem capitum atque ostiorum*.

ὠνάς] die dafür zu verkaufenden Grundstücke und sonstigen Sachen.

monstra quaedam] *Monstrum* alles, was unerhört ist; hier das Verfahren des Appius. Vgl. Cic. in Verrem III, 73, 171: *non mihi iam furtum, sed monstrum ac prodigium videbatur civitatum frumentum improbare, suum probare*.

3. *de lege Iulia*] Die lex Iulia repetundarum war gegeben vom Consul C. Julius Caesar im J. 59.

et in tabernaculo] *et* nach dem negativen Satze statt *sed*, wie *que* bei Cic. de off. I, 7, 22: *non nobis solum nati sumus, ortusque nostri partem patria vindicat, partem amici*. Als Subject ist aus *neque quemquam* zu entnehmen der entgegengesetzte affirmative Begriff *unumquemque* oder *omnes*, wie Cic. de orat. III, 14, 52: *nemo extulit eum verbis, qui ita dixisset, ... sed contempsit* (unusquisque) *eum, qui minus id facere potuisset*. S. zu II, 4, 2.

Tarsum usque; ibi forum agit. De Partho silentium est, sed tamen concisos equites nostros a barbaris nuntiabant ii, qui veniebant. Bibulus ne cogitabat quidem etiam nunc in provinciam suam accedere. Id autem facere ob eam causam dicebant, quod tardius vellet decedere. Nos in castra properabamus, quae aberant bidui.

EPISTOLA XI.
(AD FAM. XV, 7.)
M. CICERO PROCOS. S. D. C. MARCELLO COS. DESIG.

Maxima sum laetitia affectus, cum audivi consulem te factum esse, eumque honorem tibi deos fortunare volo atque a te pro tua parentisque tui dignitate administrari. Nam cum te semper amavi dilexique, tum mei amantissimum cognovi in omni varietate re-

4. *forum agit*] Gerichtstag halten, was dem Appius nicht mehr zustand. Darüber schreibt Cicero an Appius ad fam. III, 6, 4: *ignari meae constantiae conabantur alienare a te voluntatem meam, qui te forum Tarsi agere, statuere multa, decernere, iudicare dicerent, cum posses iam suspicari tibi esse successum, quae ne ab iis quidem fieri solerent, qui brevi tempore sibi succedi putarent.*
Bibulus] Bibulus hatte, wie Cicero, nach der lex Pompeia (s. zu II, 6, 1) seine Provinz Syrien auf ein Jahr erhalten, welches Jahr von dem Tage seiner Ankunft in der Provinz an gerechnet wurde (vgl. II, 9, 1). Syrien aber wurde am meisten von den Parthern bedroht, denen es benachbart war.
bidui] s. zu I, 14, 1.

EPISTOLA XI.
Die Briefe ad fam. XV, 7, 8, 9 und 12, die gleichzeitig sind, sind geschrieben nach III Non. Sept. und vor XII Kal. Oct. 51; denn nach XV, 9 hatte Cicero schon Nachricht über den Anmarsch der Parther erhalten, aber noch nicht darüber an den Senat berichtet. Er erhielt aber die Nachricht III Non. Sept. (ad fam. XV, 3) und der erste Bericht an den Senat (ad fam. XV, 1) ist geschrieben XII Kal. Oct.

atque a te] Subject *eum honorem*, was im vorigen Satzgliede Object war.

amavi dilexique] Bei dem ersten entspringt die Zuneigung aus dem Gefühl, bei dem zweiten aus Hochachtung; ad fam. IX, 14, 5: *quis erat, qui putaret ad eum amorem, quem erga te habebam, posse aliquid accedere? Tantum accessit, ut mihi nunc denique amare videar, antea dilexisse.* Nonius de differentiis verborum p. 286 ed. Gerlach: *inter amare et diligere hoc interest, quod amare vim habet maiorem, diligere autem est levius amare.*

Nam cum te] ad fam. VI, 14, 1: *nam cum te semper maxime dilexi, tum fratrum tuorum singularis pietas nullum me patitur officii erga te munus praetermittere.*

rum mearum, tum patris tui pluribus beneficiis vel defensus tristibus temporibus vel ornatus secundis et sum totus vester et esse debeo, cum praesertim matris tuae, gravissimae atque optimae feminae, maiora erga salutem dignitatemque meam studia quam erant a muliere postulanda perspexerim. Quapropter a te peto in maiorem modum, ut me absentem diligas atque defendas.

EPISTOLA XII.
(AD FAM. XV, 12.)
M. CICERO PROCOS. S. D. L. PAULLO COS. DESIG.

Etsi mihi nunquam fuit dubium, quin te populus Romanus 1 pro tuis summis in rem publicam meritis et pro amplissima familiae dignitate summo studio cunctis suffragiis consulem facturus esset, tamen incredibili laetitia sum affectus, cum id mihi nuntiatum est, eumque honorem tibi deos fortunare volo a teque ex tua maiorumque tuorum dignitate administrari. Atque utinam 2 praesens illum diem mihi optatissimum videre potuissem proque tuis amplissimis erga me studiis atque beneficiis tibi operam meam studiumque navare! Quam mihi facultatem quoniam hic necopinatus et improvisus provinciae casus eripuit, tamen ut te consulem rem publicam pro tua dignitate gerentem videre possim, magnopere a te peto, ut operam des, efficias, ne quid mihi fiat in-

---

pluribus beneficiis] noch mehr als ich von dir erhalten habe.
EPISTOLA XII.
1. *ex tua maiorumque*] *Ex*, genau wie *pro* im vorigen Briefe, bezeichnet die Norm, nach der etwas ausgeführt werden soll; ad fam. V, 8, 4: *quantum tuo iudicio tribuendum esse nobis putes, statues ex nostra dignitate;* XVI, 1, 3: *haec pro tuo ingenio considera.*
2. *illum diem*] an welchem Paullus zum Consul erwählt wurde.
provinciae casus] Der Genitivus explicativus. Der Vorfall bestand darin, dass er eine Provinz übernehmen musste. Caes. b. civ. I, 58: *naves non eundem usum celeritatis habebant;* II, 16, 3: *tormentorum usum spatio propinquitatis interire*

intellegunt. S. zu I, 20, 5.
tamen ut] statt *ut tamen.* Aehnlich pro Rosc. Am. 24, 66: *videtisne, quos nobis poetae tradiderunt patris ulciscendi causa supplicium de matre sumpsisse, ... tamen ut eos agitent Furiae?* So *quia tamen* statt *tamen quia* bei Tac. Ann. IV, 57, *nisi tamen* statt *tamen nisi* bei Quintil. VII, 3, 26.
operam des, efficias] Nicht bloss zwei entgegengesetzte Begriffe, wie *aequa iniqua, honesta turpia*, werden asyndetisch neben einander gestellt, sondern auch zwei gleichartige zur Erklärung oder Steigerung oder in der Aufzählung. Cic. div. in Caec. 4, 11: *adsunt, queruntur Siculi universi;* pro Sestio 13, 29: *ut ex urbe expulerit, relegarit;* ad

iuriae neve quid temporis ad meum annuum munus accedat. Quod si feceris, magnus ad tua pristina erga me studia cumulus accedet.

EPISTOLA XIII.
(AD FAM. XV, 1.)
M. TULLIUS M. F. CICERO PROCOS. S. P. D. COSS. PRAETT. TRIBB. PL. SENATUI.

1   S. V. V. B. E. E. Q. V. Etsi non dubie mihi nuntiabatur Parthos transisse Euphratem cum omnibus fere suis copiis, tamen, quod arbitrabar a M. Bibulo proconsule certiora de his rebus ad vos scribi posse, statuebam mihi non necesse esse publice scribere ea, quae de alterius provincia nuntiarentur. Postea vero quam certissimis auctoribus, legatis, nuntiis, litteris sum certior factus, vel quod tanta res erat, vel quod nondum audieramus Bibulum in Syriam venisse, vel quia administratio huius

---

fam. XIII, 24, 3: *peto, ut eum tuis officiis, liberalitate complectare;* III, 8, 2: *me vultu, taciturnitate significasse;* XIII, 28, 3: *ut ipse iudices homini te gratissimo, iucundissimo benigne fecisse.*

EPISTOLA XIII.
Der Brief ist geschrieben nicht vor XIII Kal. Oct. (s. § 2) und nicht nach XI Kal., an welchem Tage Cicero in Cybistra ankam. Dass Cicero noch nicht sich vorgenommen hatte bei Cybistra ein Beobachtungslager aufzuschlagen, zeigen die Worte § 3: *exercitum ad Taurum instituo ducere.* Dass aber Cicero XI Kal. in Cybistra angekommen ist, ergiebt sich aus ad Att. V, 18 u. 19; ebenso dass diese Briefe XI u. X Kal. und der zweite Bericht an den Senat (ad fam. XV, 2) VI Kal. Oct. geschrieben ist.

1. *S. V. V. B. E. E. Q. V.*] Si vos valetis bene est, ego quidem valeo.

non dubie mihi nuntiabatur] Es wurde mir für gewiss gemeldet. *Non dubie* wird gebraucht zur näheren Bestimmung des Prädicats; z. B. hier und Sall. Iug. 102: *consul haud dubie iam victor;* ferner um zu bezeichnen, dass das Prädicat unzweifelhaft dem Subjecte zukomme; z. B. Liv. 1, 13, 7: *cum haud dubie aliquanto numerus maior hoc mulierum fuerit. Nuntiatur* bei bestimmten Meldungen wird häufig unpersönlich mit dem acc. c. inf. construirt: Cic. in Verr. V, 34, 87: *nuntiatur piratarum esse naves in portu;* pro Mil. 18, 48: *quem pridie hora tertia animam efflantem reliquisset, eum mortuum postridie hora decima denique ei nuntiabatur?*

a M. Bibulo proconsule] von Syrien, den also die Parther zunächst bedrohten.

de alterius provincia] *alterius*, weil zunächst nur Ciceros und Bibulus Provinzen in Gefahr waren.

quia administratio] *quia* ist hier ganz gleich dem *quod*, wie auch pro Rosc. Amer. 1, 1: *ita fit, ut adsint propterea, quod officium sequuntur, taceant autem idcirco, quia periculum vitant.*

belli mihi cum Bibulo paene est communis, quae ad me delata essent scribenda ad vos putavi. Regis Antiochi Commageni legati primi mihi nuntiarunt Parthorum magnas copias Euphratem transire coepisse. Quo nuntio allato cum essent nonnulli, qui ei regi minorem fidem habendam putarent, statui exspectandum esse, si quid certius afferretur. A. d. XIII Kalendas Octobr. cum exercitum in Ciliciam ducerem, in finibus Lycaoniae et Cappadociae mihi litterae redditae sunt a Tarcondimoto, qui fidelissimus socius trans Taurum amicissimusque populi Romani existimatur: Pacorum, Orodi regis Parthorum filium, cum permagno equitatu Parthico transisse Euphratem et castra posuisse Tybae magnumque tumultum esse in provincia Syria excitatum. Eodem die ab Iamblicho, phylarcho Arabum, quem homines opinantur bene sentire amicumque esse rei publicae nostrae, litterae de iisdem rebus mihi redditae sunt. His rebus allatis etsi intellegebam socios infirme animatos esse et novarum rerum exspectatione suspensos, sperabam tamen eos, ad quos iam accesseram quique nostram mansuetudinem integritatemque perspexerant, amiciores populo Romano esse factos, Ciliciam autem firmiorem fore, si aequitatis nostrae particeps facta esset. Et ob eam causam et

2. *Antiochi Commageni*] Commagene, der nordöstlichste Theil von Syrien; Antiochus, der König dieses Landstrichs unter Roms Oberhoheit. Ueber die Meldung vgl. II, 15, 3.

Cappadociae] der östliche Theil Kleinasiens, südlich von Pontus, nördlich von Cilicien und Commagene. Es hatte damals einen von Rom abhängigen König, Ariobarzanes, und wurde im J. 17 nach Chr. römische Provinz.

Tarcondimoto] ein Fürst der freien Cilicier im Amanusgebirge.

Iamblicho] König des arabischen Volksstamms der Emesener in Syrien.

3. *esse factos*] Ein Infinitiv Perfecti steht nach *sperare*, wenn die Hoffnung nicht sowohl auf die bereits geschehene Handlung als auf die daraus zu erwartenden Folgen gerichtet ist. So mit Hinzufügung der Folge ad fam. VII, 32, 1: *equidem sperabam ita notata me reliquisse genera dictorum meorum, ut cognosci sua sponte possent;* ad Att. II, 21, 2: *equidem sperabam, sic orbem rei publicae esse conversum, ut vix sonitum audire, vix impressam orbitam videre possemus;* ohne Hinzufügung der Folge in Vatin. 11, 28: *quorum gloriam huius virtute renovatam non modo speramus, verum etiam iam videmus;* Liv. IV, 15, 6: *Sp. Maelium bilibris farris sperasse libertatem se civium suorum emisse.* Ferner steht der Infinitiv Perf. bei einer Handlung, von der man erwartet und wünscht, dass sie sich verwirklicht hat, von deren Verwirklichung man aber noch nicht Kenntniss erhalten hat. So ad Q. fr. II, 4, 2: *de nostra Tullia spero cum Crassipede nos confecisse;* ad Att. X, 7, 3: *magnum hoc malum est, sed scelus illud, quod timueramus, spero nullum fuisse;* ad Att. VIII, 3, 7: *est quaedam spes Afranium in Pyrenaeo cum Trebonio pugnasse.*

ut opprimerentur ii, qui ex Cilicum gente in armis essent, et ut hostis is, qui esset in Syria, sciret exercitum populi Romani non modo non cedere iis nuntiis allatis, sed etiam propius accedere, exercitum ad Taurum institui ducere.

4 Sed, si quid apud vos auctoritas mea ponderis habet, in iis praesertim rebus, quas vos audistis, ego paene cerno, magno opere vos et hortor et moneo, ut his provinciis serius vos quidem quam decuit, sed aliquando tamen consulatis. Nos quemadmodum instructos et quibus praesidiis munitos ad tanti belli opinionem miseritis, non estis ignari. Quod ego negotium non stultitia obcaecatus, sed verecundia deterritus non recusavi. Neque enim umquam ullum periculum tantum putavi, quod subter-
5 fugere mallem quam vestrae auctoritati obtemperare. Hoc autem tempore res sese sic habet, ut, nisi exercitum tantum, quantum ad maximum bellum mittere soletis, mature in has provincias miseritis, summum periculum sit, ne amittendae sint omnes hae provinciae, quibus vectigalia populi Romani continentur. Quamobrem autem in hoc provinciali dilectu spem habeatis aliquam causa nulla est. Neque multi sunt et diffugiunt qui sunt metu oblato. Et quod genus hoc militum sit iudicavit vir fortissimus M. Bibulus in Asia, qui, cum vos ei permisissetis, dilectum habere noluerit. Nam sociorum auxilia propter acerbitatem atque iniurias imperii nostri aut ita imbecilla sunt, ut non multum nos iuvare possint, aut ita alienata a nobis, ut neque exspectandum

ex Cilicum gente] Die Bewohner des Amanusgebirges widersetzten sich beständig der römischen Herrschaft.

4. *ad tanti belli opinionem*] Dass etwas geschieht zu der Zeit, wo etwas anderes geschieht, kann durch *ad* ausgedrückt werden; z. B. ad fam III, 5, 3: *dixit te Laodiceae fore ad meum adventum.* Daraus entwickelt sich für *ad* causale und selbst concessive Bedeutung: bei dem Rufe von einem so grossen Kriege; da, obgleich ein solcher Krieg in Aussicht stand. Vgl. Liv. XXI, 61, 4: *raptim ad famam novorum hostium agmine acto;* IX, 7, 7: *ad famam obsidionis dilectus haberi coeptus erat.*

5. *ne amittendae sint*] es ist zu fürchten, dass wir sie werden aufgeben müssen; *amittere* heisst sowohl aufgeben als verlieren.

quibus vectigalia] Cicero meint die Provinzen in Asien, namentlich die Provinz Asia selbst; de imp. Cn. Pomp. 6, 14: *ceterarum provinciarum vectigalia tanta sunt, ut iis ad ipsas provincias tutandas vix contenti esse possimus; Asia vero tam opima est ac fertilis, ut et ubertate agrorum et varietate fructuum et magnitudine pastionis et multitudine earum rerum, quae exportantur, facile omnibus terris antecellat.*

Bibulus in Asia] Bibulus hatte die Erlaubniss erhalten auf der Durchreise durch Asien für sein Heer in Syrien eine Aushebung zu veranstalten.

ab iis neque committendum iis quicquam esse videatur. Regis 6
Deiotari et voluntatem et copias, quantaecunque sunt, nostras
esse duco. Cappadocia est inanis. Reliqui reges tyrannique neque opibus satis firmi nec voluntate sunt. Mihi in hac paucitate
militum animus certe non deerit, spero ne consilium quidem.
Quid casurum sit incertum est. Utinam saluti nostrae consulere
possimus! dignitati certe consulemus.

EPISTOLA XIV.
(AD FAM. VIII, 8.)
CAELIUS CICERONI S.

Etsi de re publica quae tibi scribam habeo, tamen nihil, quod 1
magis gavisurum te putem, habeo quam hoc. Scito C. Sempronium Rufum, Rufum, mel ac delicias tuas, calumniam maximo
plausu tulisse. Qua quaeris in causa? M. Tuccium, accusatorem
suum, post ludos Romanos reum lege Plotia de vi fecit, hoc consilio, quod videbat, si extraordinarius reus nemo accessisset,

6. *Regis Deiotari*] Deiotarus, Tetrarch in Galatien, dem Theil von Kleinasien, der zwischen Bithynien, Pontus, Phrygien und Cappadocien lag. Da er den Römern in allen ihren Kriegen Beistand geleistet hatte, war ihm durch Pompeius sein Gebiet beträchtlich erweitert worden und später hatte er auch den Königstitel erhalten.

EPISTOLA XIV.
Caelius (s. II, 8) berichtet dem Cicero, was sich in Rom von a. d. IV Non. Sept. (s. ad fam. VIII, 9) bis Kal. Oct. zugetragen hat.

1. *calumniam — tulisse*] Calumnia die in böswilliger Absicht unternommene falsche Anklage, *iusiurandum calumniae* der Schwur, dass man nicht wissentlich eine ungerechte Sache vor Gericht führe, *calumniam ferre* wegen calumnia verurtheilt werden, die im Gesetz für das Vergehen bestimmte Strafe davon tragen.

post ludos Romanos] Sie wurden gefeiert vom 4 bis 19 September und hiessen auch *ludi maximi*.

extraordinarius reus] so genannt, weil die lex Plautia und die lex Lutatia de vi, welche letztere wahrscheinlich nur ein processualischer Nachtrag zu jener ist, bestimmen, dass ein Process de vi sofort vorgenommen werde und dass auch diebus festis ludisque publicis omnibus negotiis forensibus intermissis unum hoc iudicium exerceatur (pro Caelio 1). Dass übrigens, während ein solcher Process schwebte, alle übrigen ruhten, ist nicht glaublich. Wahrscheinlich hatte in einem solchen Process der Ankläger das Recht einen Prätor zu wählen, vor dem er ihn führen wollte. Sempronius wählte den Prätor, bei dem er selbst von Tuccius wegen einer anderen Sache angeklagt war, und hoffte so zu bewirken, dass seine Sache in diesem Jahre nicht mehr vorgenommen werden könnte.

sibi hoc anno causam esse dicendam. Dubium porro illi non erat quid futurum esset. Nemini hoc deferre munusculum maluit quam suo accusatori. Itaque sine ullo subscriptore descendit et Tuccium reum fecit. At ego, simul atque audivi, invocatus ad subsellia rei occurro; surgo, neque verbum de re facio, totum Sempronium usque eo perago, ut Vestorium quoque interponam et illam fabulam narrem, quemadmodum tibi pro beneficio dederit, si quid iniuriis suum esset, ut Vestorius teneret.

2 Haec quoque magna nunc contentio forum tenet. M. Servilius, postquam, ut coeperat, omnibus in rebus turbarat nec, quod non venderet, quicquam reliquerat maximaque nobis traditus erat invidia neque Laterensis praetor postulante Pausania nobis patronis, QUO EA PECUNIA PERVENISSET, recipere voluit, Q.

sine ullo subscriptore] Seine Anklage war so eilig und so unbegründet, dass er niemanden fand, der sie unterschrieb und ihn dabei unterstützte. Es war aber sehr ungewöhnlich, dass jemand ohne subscriptores eine Klage anhängig machte.

perago] *Peragere causam*, einen Process durchführen, *peragere reum*, einen Angeklagten zur Verurtheilung bringen. Daher hier: den Sempronius heftig und mit Erfolg angreifen.

Vestorium] Sempronius hatte durch Ciceros Vermittelung vom Geldwechsler Vestorius Geld geliehen und zahlte es nicht zurück. Endlich liess er sich zu der Erklärung herbei, er wolle dem Cicero zu Liebe gewisse Güter, worauf sein Recht zweifelhaft war, dem Vestorius überlassen. Caelius will das Anerbieten lächerlich machen und schreibt desshalb: wenn er etwas besässe, worauf er kein Recht hätte. *Iniuriis*, was sonst nicht vorkommt, analog dem *ingratiis*.

2. *maximaque nobis*] wie ad fam. VIII, 6, 1: *non dubito, quin perlatum ad te sit Appium a Dolabella reum factum, sane quam non ea quam existimaveram invidia.*

quo ea pecunia pervenisset] C. Claudius, welcher in den Jahren 55 und 54 nach seiner Prätur Statthalter von Asien mit proconsularischer Gewalt gewesen war und im Jahre 52 kurz nach seinem Bruder Clodius starb, war im J. 53 wegen Erpressungen belangt und verurtheilt worden. Nach der Verurtheilung war, wie dies immer geschah, abgeschätzt worden, wie hoch sich die Erpressungen beliefen (litis aestimatio), und nach der lex Iulia repetundarum war der vierfache Betrag den Beschädigten als Ersatz zuerkannt worden. Hierzu reichte aber das von Claudius hinterlassene Vermögen nicht aus und es stand nun den Beschädigten das Recht zu von denen, die von Claudius Geld erhalten hatten, dieses einzuklagen. Cic. pro Rabirio Post. 4, 8: *sunt lites aestimatae A. Gabinio nec praedes dati nec ex bonis populo universa pecunia exacta est. Iubet lex Iulia persequi ab iis, ad quos ea pecunia, quam is ceperit, qui damnatus sit, pervenerit.* Die Klage hiess *quo ea pecunia pervenerit*; dies steht also hier statt des sonst bei *postulare* gebräuchlichen Genitivs oder Ablativs mit *de*, wie bei Cic. pro Rab. Post. 4, 9: *contendo neminem unquam quo ea pecunia pervenisset causam dixisse, qui in aestimandis litibus appellatus non esset.* Es verklagte also Pausanias, der Ge-

Pilius, necessarius Attici nostri, de repetundis eum postulavit.
Magna illico fama surrexit et de damnatione ferventer loqui est
coeptum. Quo vento proiicitur Appius minor, ut indicaret pecuniam ex bonis patris pervenisse ad Servilium praevaricationis-
que causa diceret depositum HS LXXXI. Admiraris amentiam;
immo si actionem stultissimasque de se, nefarias de patre confes-
siones audisses. Mittit in consilium eosdem illos, qui lites aesti- 3
marant, iudices. Cum aequo numero sententiae fuissent, Laterensis leges ignorans pronuntiavit quid singuli ordines iudicassent
et ad extremum, ut solent, NON REDIGAM. Postquam discessit
et pro absoluto Servilius haberi coeptus est, legis unum et cen-
tesimum caput legit, in quo ita erat: QUOD EORUM IUDICUM MAIOR

schäftsführer der Asiaten, den von
Caelius vertheidigten Servilius, weil
an diesen aus dem Vermögen des
Claudius Geld gekommen wäre; der
Prätor nahm aber die Klage nicht
an (*recipere* oder *nomen recipere*),
wahrscheinlich weil dem Kläger die
nöthigen Beweismittel fehlten.

de repetundis] Dass Servilius,
welcher *nihil quod non venderet
reliquerat*, wegen Erpressungen hat
angeklagt werden können, ist be-
greiflich; denn von der lex Iulia re-
pet. heisst es in den Digesten: *pertinet ad eas pecunias, quas quis in
magistratu, potestate, curatione,
legatione vel quo alio munere mini-
steriove publico cepit vel cum ex
cohorte cuius eorum est*.

loqui est coeptum] *Coeptum est*,
es ist angefangen worden, man hat
angefangen = coeperunt. Sonst
steht es beim Inf. pass. gleichbedeu-
tend mit coepit.

Quo vento proiicitur] C. Claudius
hatte seinem Ankläger, wenn er die
Anklage so führen würde, dass
Freisprechung erfolgte, HS LXXXI
versprochen und dieses Geld beim
Servilius deponirt. Servilius hatte
das Geld dem Ankläger nicht ausgezahlt, weil Claudius verurtheilt
worden war; er hatte es aber auch
nicht der Familie des bald nachher
verstorbenen Claudius zurückge-
zahlt. Um nun das Geld wenigstens dem Servilius zu entziehen,
zeigt jetzt der Sohn des Claudius
an, dass aus dem Vermögen seines
Vaters die genannte Summe an den
Servilius gekommen sei und ver-
langt, dass dies Geld zur Befriedi-
gung der beraubten Asiaten mit verwandt werde.

immo si] wie viel mehr würdest
du es, wenn u. s. w. So häufig bei
den Komikern *immo si scias, si au-
dias*. Ter. Eun. 2, 3, 62: *C. duras
fratris partes praedicas.* P. *Immo
enim, si scias, quod donum huic
dono contra comparet, tum magis
id dicas*.

3. *singuli ordines*] Nach der lex
Aurelia iudiciaria vom J. 70 urtheil-
ten drei Richterdecurien von unglei-
cher Stärke, senatores, equites, tribuni aerarii. Zwei davon hatten den
Servilius freigesprochen, im Ganzen
aber war die Hälfte der Richter gegen ihn. In Folge davon that der
Prätor zuerst den Ausspruch: *non
redigam*, sc. *pecuniam*; nachher
aber, als er sah, dass nach der lex
Iulia die Stimmen der einzelnen
Richter gezählt werden müssten
und dass zur Freisprechung Stim-
menmehrheit erforderlich wäre,
wurde er schwankend, bis er nach
einer Uebereinkunft mit dem L. Lol-
lius, wahrscheinlich einem der Richter, die verurtheilt hatten, sich zur
definitiven Freisprechung entschloss.

PARS IUDICARIT, ID IUS RATUMQUE ESTO; in tabulas absolutum non
retulit, ordinum iudicia perscripsit. Postulante rursus Appio,
cum cum L. Lollio transegisset, relaturum dixit. Sic nunc neque absolutus neque damnatus Servilius de repetundis saucius
Pilio tradetur. Nam de divinatione Appius, cum calumniam iurasset, contendere ausus non est Pilioque cessit, et ipse de pecuniis repetundis a Serviliis est postulatus et praeterea de vi reus a
quodam suo emissario Sex. Tettio factus. Recte hoc par habet.

4 Quod ad rem publicam pertinet, omnino multis diebus exspectatione Galliarum actum nihil est. Aliquando tamen saepe
re dilata et graviter acta et plane perspecta Cn. Pompeii voluntate
in eam partem, ut eum decedere post Kalendas Martias placeret,
senatus consultum, quod tibi misi, factum est auctoritatesque
perscriptae.

neque absolutus] Dass er nicht
auf ordnungsmässigem Wege freigesprochen ist, kann beim zweiten
Process ihm bei den Richtern schaden.

de divinatione] Gell. N. A. II, 4:
*cum de constituendo accusatore
quaeritur iudiciumque super ea re
redditur, cuinam potissimum ex
duobus pluribusve accusatio subscriptiove in reum permittatur, ea
res atque iudicum cognitio divinatio appellatur.* Divinationes heissen
auch die Reden, die bei solchen Gelegenheiten gehalten wurden, wie z.
B. die bekannte *divinatio in Q. Caecilium*. Hier steht *divinatio* geradezu für *potestas nominis deferendi*.

calumniam iurasset] obgleich er
bereits den vorgeschriebenen Eid,
dass er nicht aus calumnia klage,
geleistet hatte. In Betreff der Construction vgl. ad Att. XII, 13, 2:
perpetuum morbum iurabo, d. i. ich
werde schwören, dass ich fortwährend krank bin; hier dagegen: dass
ich nicht calumniator bin.

hoc par] Appius und sein ehemaliger Helfershelfer passen zu einander. *Habet = se habet* s. zu III,
22, 1.

4. *exspectatione Galliarum*] die
Erwartung der Beschlüsse über
Gallien, wie das Adjectivum ad Att.
VIII, 5, 2: *pendeo animi exspectati me Corfiniensi*, ich bin gespannt
auf das, was in Corfinium geschehen
wird.

post Kal. Martias] ist zu *placeret*,
nicht zu *decedere* zu beziehen. Der
Consul M. Marcellus hatte beim Senat den Antrag gestellt, dass bei
der Consulwahl Caesar, wenn er abwesend wäre, nicht berücksichtigt
werden dürfte und dass er deshalb
vor der gesetzmässigen Zeit, und
zwar am nächsten 1. März, seine
Provinz verlassen sollte. Dagegen
meinte Pompeius, nach dem Gesetz
des Pompeius und Crassus, welches
dem Caesar das imperium auf fünf
Jahre verlängert hatte, dürfte erst
im letzten dieser Jahre, d. h. nach
dem 1. März über Gallien ein Beschluss gefasst werden. Vgl. weiter unten § 9 und ad fam. VIII, 9,
5: *Pompeius hanc sententiam dixit,
nullum hoc tempore senatus consultum faciendum*.

auctoritatesque perscriptae] Senatus auctoritas im weiteren Sinne
war jeder Beschluss des Senats, im
engeren eine solche Willenserklärung desselben, die wegen erfolgter
Intercession oder anderer Hindernisse zum gültigen Beschlusse nicht

Senatus consultum. Auctoritates. Pridie Kal. Octobr. in aede 5
*Apollinis. Scrib. affuerunt L. Domitius Cn. F. Fab. Ahenobarbus,
Q. Caecilius Q. F. Fab. Metellus Pius Scipio, L. Villius L. F. Pom.
Annalis, C. Septimius T. F. Quirina, C. Lucilius C. F. Pup. Hirrus, C. Scribonius C. F. Pop. Curio, L. Ateius L. F. An. Capito,
M. Oppius M. F. Ter. Quod M. Marcellus consul V. F. de provinciis consularibus D. E. R. I. C., uti L. Paullus, C. Marcellus
coss., cum magistratum inissent, o. d. ex Kal. Mart., quae in suo
magistratu futurae essent, de consularibus provinciis ad senatum
referrent, neve quid prius ex Kal. Mart. ad senatum referrent
neve quid coniunctim, utique eius rei causa per dies comitiales
senatum haberent senatusque consultum facerent, et, cum de ea re*

erhoben werden konnte. S. zu II,
2, 4.
5. *Senatus consultum. Auctoritates*] Ankündigung, dass nun ein
Senatusconsult und drei auctoritates folgen, wie in den Reden häufig
testimonium, decretum u. s. w.
Scribendo affuerunt] S. zu 1, 2, 4.
Cn. F. Fab] d. i. *Gnaei filius, Fabia.* Im officiellen Stil wird zwischen nomen und cognomen das
praenomen des Vaters und dann der
Name der tribus im Ablativ eingeschoben. Die hier vorkommenden
Tribusnamen sind Fabia, Pomptina,
Quirina, Pupinia, Popilia, Aniensis,
Teretina (nicht Terentina).
V. F.] *verba fecit.*
D. E. R. I. C.] *de ea re ita censuerunt.*
L. Paullus, C. Marcellus] die für
das Jahr 50 designirten Consuln.
o. d. ex Kal] Der codex Med. hat
a. d. ex X Kal; da aber gleich nachher *ex Kal. Mart.* steht und da das
Senatusconsultum gewiss *in sententiam Scipionis* abgefasst war, worüber Caelius ad fam. VIII, 9, 5 berichtet: *Scipio hanc sententiam dixit, ut Kalend. Martiis de provinciis
Galliis neu quid coniunctim referretur,* so wird die X zu streichen sein.
A. d. vor *ex*, was nicht erklärt werden kann, ist hier verändert in *o. d.*
= omnibus diebus. Vielleicht ist
auch dieses zu streichen; denn es

kann leicht sein, dass *a. d. X* als
Verbesserung des *ex* übergeschrieben gewesen und dann in den Text
gekommen ist. *Ex* gewöhnlich von
der Vergangenheit seit, hier von
der Zukunft von da an; s. III, 3,
3. Ebenso ad Att. XVI, 14, 4: *scribit se ex Nonis aedem Opis explicaturum.*
neve quid coniunctim] Was nach
diesen Worten im cod. Med. folgt:
de ea re referrentur a consiliis halte
ich für eingeschoben aus dem Folgenden. Die gewöhnliche Verbesserung *de ea re referretur a consulibus* befriedigt nicht, weil *cum ea re*
stehen müsste und weil der Subjectswechsel anstössig ist.
per dies comitiales] Durch die
zwischen den Jahren 153 und 67 gegebene lex Pupia war verordnet,
dass die Consuln, Prätoren und
Volkstribunen in der Zeit vom XV
Kal. Febr. bis zu Kal. Febr. nur
über gewisse innere Angelegenheiten mit dem Volke und Senate verhandeln sollten und dass, wenn bis
dahin diese nicht erledigt wären,
alle Comitialtage von XII Kal. Mart.
an dazu verwendet würden. Durch
unser Senatusconsult wird bestimmt,
nicht dass die Consuln dürften, sondern dass sie müssten an allen Comitialtagen Senatssitzungen wegen
dieser Angelegenheit halten. Nach
der gewöhnlichen Ansicht bestimm-

ad senatum referrent, ut a consiliis, qui senatorum in CCC iudicibus essent, eos abducere liceret. Si quid de ea re ad populum plebemve lato opus esset, ut Ser. Sulpicius, M. Marcellus coss., praetores tribunique pl., quibus eorum videretur, ad populum plebemve ferrent; quod ii non tulissent, uti, quicunque deinceps essent, ad populum plebemve ferrent. Cen.

6   *Prid. Kal. Octob. in aede Apollinis. Scrib. affuerunt L. Domitius Cn. F. Fab. Ahenobarbus, Q. Caecilius Q. F. Fab. Metellus Pius Scipio, L. Villius L. F. Pom. Annalis, C. Septimius T. F. Quirina, C. Scribonius C. F. Pop. Curio, L. Ateius L. F. An. Capito, M. Oppius M. F. Ter. Quod M. Marcellus cos. V. F. de provinciis, D. E. R. I. C., senatum existimare, neminem eorum, qui potestatem habent intercedendi impediendi, moram afferre oportere, quominus de R. P.P. R. Q. ad senatum referri senatique consultum fieri possit; qui impedierit prohibuerit, eum senatum existimare contra rem publicam fecisse. Si quis huic S. C. intercesserit, senatui placere auctoritatem perscribi et de ea re ad senatum populumque referri. Huic S. C. intercessit C. Caelius, L. Vinicius, P. Cornelius, C. Vibius Pansa.*

7   *Item senatui placere de militibus, qui in exercitu C. Caesaris sunt: qui eorum stipendia emerita aut causas, quibus de causis missi fieri debeant, habeant, ad hunc ordinem referri, ut eo-*

te die lex Pupia, dass an allen Comitialtagen der Senat nicht berufen werden dürfte.

ut a consiliis] Die Sache wurde für so wichtig und dringlich erachtet, dass die Consuln ermächtigt wurden, die Senatoren, die in den Richtercollegien waren und dadurch verhindert wurden, im Senat zu erscheinen, ausnahmsweise zu den Sitzungen zuzuziehen. Dasselbe Recht in noch grösserem Umfang sollte auch den nach dem Ackergesetz des Rullus einzusetzenden Decemvirn gegeben werden; Cic. de leg. agr. II, 13, 34: *interea dissolvant iudicia publica, e consiliis abducant quos velint.*

in CCC iudicibus] vielleicht ist CCCLX zu lesen. Vellei. II, 76: *C. Velleius honoratissimo inter illos trecentos sexaginta iudices loco a Cn. Pompeio lectus.*

lato opus esset] der Abl. des Part. perf. pass. bei *opus est;* z. B. Cic. pro Mil. 19, 49: *erat nihil, cur properato opus esset;* auch mit beigesetztem Substantiv, ad Att. X, 4, 11: *opus fuit Hirtio convento;* auch mit dem Nominativ bei *opus est,* Nep. Eum. 9: *quid opus sit facto;* Cato de re rust. 2: *quae opus sint locato, locentor.*

quicunque deinceps] d. i. die Magistrate des nächsten Jahres; das ius agendi cum populo hatten nur die Consuln, Prätoren und Tribunen.

Cen.]d. i. *censuere.* So am Schluss der beiden Senatsconsulte bei Mommsen, Berichte der Sächs. Ges. d. Wissenschaften 1852 p. 274: *Censuere. In senatu fuerunt CCCLXXXIII.*

6. *de R. P. P. R. Q.*] *de re publica populi Romani Quiritium.*

et de ea re] Nach erfolgter Intercession wurde oft wieder über die Intercession referirt, um die Tribunen zu bewegen das Veto zurück-

rum ratio habeatur causaeque cognoscantur. Si quis huic S. C. intercessisset, senatui placere auctoritatem perscribi et de ea re ad hunc ordinem referri. Huic S. C. intercessit C. Caelius, C. Pansa, tribuni plebis.

Itemque senatui placere in Ciliciam provinciam, in octo reliquas provincias, quas praetorii pro praetore obtinerent, eos, qui praetores fuerunt neque in provinciam cum imperio fuerunt, quos eorum ex S. C. cum imperio in provincias pro praetore mitti oporteret, eos sortito in provincias mitti placere; si ex eo numero, quos ex S. C. in provincias ire oporteret, ad numerum non essent, qui in eas provincias proficiscerentur, tum uti quodque collegium primum praetorum fuisset neque in provincias profecti essent, ita sorte in provinciam proficiscerentur; si ii ad numerum non essent, tunc deinceps proximi cuiusque collegii, qui praetores fuissent neque in provincias profecti essent, in sortem coicerentur, quoad is numerus effectus esset, quem ad numerum in provincias mitti oporteret. Si quis huic S. C. intercessisset, auctoritas perscriberetur. Huic S. C. intercessit C. Caelius, C. Pansa, tribuni plebis. 8

Illa praeterea Cn. Pompeii sunt animadversa, quae maxime 9 confidentiam attulerunt hominibus, ut diceret se ante Kalend.

zunehmen..

7. *causaeque cognoscantur*] Es sollte untersucht werden, ob die Ansprüche auf Befreiung vom Dienst, die die einzelnen Soldaten hätten, gesetzlich begründet wären. Hierdurch hoffte man Caesars Armee zu schwächen.

8. *Itemque senatui*] Mit den beiden ersten Beschlüssen bezweckten die Optimaten, dass über die beiden consularischen Provinzen, die alle Jahre vertheilt zu werden pflegten, jedenfalls am nächsten 1. März ein Beschluss gefasst würde; mit diesem vierten wollten sie bewirken, dass dann Caesars Provinzen nothwendig zur Vertheilung kommen müssten; denn wenn 9 Provinzen gewesenen Prätoren gegeben waren, so konnten zu consularischen nur bestimmt werden ausser Syrien die beiden Spanien, die damals Pompeius, und die beiden Gallien, die Caesar inne hatte, und wenn man nur zwischen diesen beiden zu wählen hatte, liess sich hoffen, dass man sich gegen Caesar entscheiden würde.

in provinciam] Bei *esse*, *habere* und anderen Verbis der Ruhe findet sich oft *in* mit dem Accusativ, auch bei Cicero; z. B. de imp. Cn. Pomp. 12, 33; in Verr. V, 38: *in potestatem alicuius esse;* div. in Caec. 20, 66: *in amicitiam populi Romani dicionemque esse;* ad Att. XV, 4, 2: *ut certior fieret quo die in Tusculanum essem futurus.* Vgl. Gell. I, 7.

eos sortito] eos Epanalepsis; s. zu I, 11 u. II, 1, 3. Ueber d. S. C. s. zu II, 6, 1.

uti quodque collegium] Um möglichst viele Provinzen neu zu besetzen, wurde bestimmt, dass, wenn die, welche vor 5 Jahren Prätoren gewesen wären, nicht ausreichten, nach einander die, welche vor 4, 3, 2 Jahren die Prätur bekleidet hätten, berücksichtigt werden sollten.

9. *ut diceret*] Aeusserungen von

Mart. non posse sine iniuria de provinciis Caesaris statuere, post Kal. Mart. se non dubitaturum. Cum interrogaretur, si qui tum intercederent, dixit hoc nihil interesse, utrum C. Caesar senatui dicto audiens futurus non esset an pararet, qui senatum decernere non pateretur. Quid? si, inquit alius, et consul esse et exercitum habere volet? At ille quam clementer: Quid? si filius meus fustem mihi impingere volet? His vocibus, ut existimarent homines Pompeio cum Caesare esse negotium, effecit. Itaque iam, ut video, alteram utram ad condicionem descendere vult Caesar, ut aut maneat neque hoc anno sua ratio habeatur, aut,
10 si designari poterit, decedat. Curio se contra eum totum parat. Quid assequi possit nescio. Illud video, bene sentientem, etsi nihil effecerit, cadere non posse.

Me tractat liberaliter Curio et mihi suo munere negotium imposuit. Nam si mihi non dedisset eas, quae ad ludos ei advectae erant Africanae, potuit supersederi. Nunc, quoniam dare necesse est, velim tibi curae sit, quod a te semper petii, ut aliquid istinc bestiarum habeamus; Sittianamque syngrapham tibi commendo. Libertum Philonem istuc misi et Diogenem Graecum, quibus mandata et litteras ad te dedi. Eos tibi et rem, de qua misi, velim curae habeas; nam, quam vehementer ad me pertineat, in iis, quas tibi illi reddent, litteris descripsi.

der Art, dass er sagte, wie de off. I, 22, 78: *mihi Pompeius hoc tribuit, ut diceret.* S. zu II, 2, 9.

et consul esse] Durch ein von den 10 Tribunen mit Bewilligung des Pompeius im Jahre 52 eingebrachtes Gesetz war dem Caesar bewilligt worden, dass er sich abwesend um das Consulat bewerben dürfe. Jetzt wollten die Optimaten durchsetzen, dass er vor der Bewerbung sein Heer entlassen und nach Rom kommen müsste.

neque hoc anno] d. i. in dem Jahre, in welchem er nach dem Gesetze sich bewerben sollte; nach der gewöhnlichen Ansicht 49, wie ich glaube 50, d. i. für die nächsten Comitien, in dem Jahre, in welchem die Optimaten ihn zurückrufen wollten. Hofmann de orig. bell. civ. p. 30.

10. *eas*] nämlich *pantheras.* Curio (s. II, 3) hatte Spiele zu Ehren seines verstorbenen Vaters gegeben und die dabei gebrauchten Panther dem Caelius geschenkt, der im nächsten Jahre als Aedilis curulis dem Volke Spiele geben musste. Caelius hätte allenfalls auch ohne Thiergefechte auskommen können; nun aber hatte er keine Entschuldigung mehr.

Sittianamque syngrapham] Cicero sollte dem Philo und Diogenes behülflich sein das Geld, welches Caelius nach der Schuldverschreibung eines gewissen Sittius zu fordern hatte, einzucassiren.

EPISTOLA XV.
(AD FAM. XV, 4.)
M. CICERO IMP. S. D. M. CATONI.

Summa tua auctoritas fecit meumque perpetuum de tua 1
singulari virtute iudicium, ut magni mea interesse putarem et
res eas, quas gessissem, tibi notas esse et non ignorari a te qua
aequitate et continentia tuerer socios provinciamque administrarem. Iis enim a te cognitis arbitrabar facilius me tibi quae vellem probaturum. Cum in provinciam pridie Kal. Sext. venissem 2
et propter anni tempus ad exercitum mihi confestim esse eundum viderem, biduum Laodiceae fui, deinde Apameae quatriduum,
triduum Synnadis, totidem dies Philomeli. Quibus in oppidis
cum magni conventus fuissent, multas civitates acerbissimis tributis et gravissimis usuris et falso aere alieno liberavi. Cumque
ante adventum meum seditione quadam exercitus esset dissipatus, quinque cohortes sine legato, sine tribuno militum, denique etiam sine centurione ullo apud Philomelium consedissent,
reliquus exercitus esset in Lycaonia, M. Anneio legato imperavi,

EPISTOLA XV.
Mit diesem Bericht von seinen Kriegsthaten in der Provinz will Cicero den unter den Optimaten sehr einflufsreichen M. Porcius Cato bewegen für das Dankfest zu stimmen, das er vom Senat seiner Siege wegen angeordnet haben wollte. Der Brief ist geschrieben im Februar 50 in Laodicea. M. Cato ist der bekannte Vorkämpfer der Optimaten, der im J. 46 nach der Schlacht bei Thapsus in Utica sich selbst den Tod gab, weil er den Fall der Republik nicht überleben wollte.

2. *pridie Kal. Sext.*] Vor Caesars Kalenderreform im Jahre 46, dem annus confusionis ultimus, welches auf 445 Tage ausgedehnt wurde, war der römische Kalender in ärger Verwirrung. Die hier erwähnten Kal. Sext. fielen auf den 29 Juni, was für den Beginn eines Feldzugs schon vorgerückte Jahreszeit ist.

biduum Laodiceae] Ueber die Dauer von Ciceros Aufenthalt in den einzelnen Städten s. zu II, 9. *Philomeli* Genitiv von *Philomelium*.

gravissimis usuris] Der damals gewöhnliche Zinsfuss war die centesima (sc. pars sortis) d. i. 1 Procent monatlich oder 12 Procent jährlich. Es wurden aber in den Provinzen, die wegen der unerschwinglichen Abgaben ganz in den Händen der römischen Wucherer waren, viel höhere Zinsen gefordert. So hatte M. Brutus, der nachmals den Caesar ermordete, in Ciceros Provinz sein Geld zu 48 Procent (quaternae centesimae) untergebracht. Ausserdem wurden noch die nicht bezahlten jährlichen Zinsen zum Capital geschlagen, was anatocismus hiess.

falso aere alieno] die Schulden, die ihnen aus widerrechtlich geforderten Abgaben oder Zinsen erwachsen waren. Vgl. Liv. XLII, 5, 9: *cum iniusto foenore gravatum aes alienum, ipsis magna ex parte concedentibus, qui onerarant, levasset.*

ut eas quinque cohortes ad reliquum exercitum duceret coactoque in unum locum exercitu castra in Lycaonia apud Iconium facerет. Quod cum ab illo diligenter esset actum, ego in castra a. d. vii Kal. Septemb. veni, cum interea superioribus diebus ex senatus consulto et evocatorum firmam manum et equitatum sane idoneum et populorum liberorum regumque sociorum auxilia voluntaria comparavissem. Interim cum exercitu lustrato iter in Ciliciam facere coepissem Kal. Septemb., legati a rege Commageno ad me missi pertumultuose, neque tamen non vere, Parthos in Syriam transisse nuntiaverunt. Quo audito vehementer sum commotus cum de Syria tum de mea provincia, de reliqua denique Asia. Itaque exercitum mihi ducendum per Cappadociae regionem eam, quae Ciliciam attingeret, putavi. Nam si me in Ciliciam demisissem, Ciliciam quidem ipsam propter montis Amani naturam facile tenuissem; duo sunt enim aditus in Ciliciam ex Syria, quorum uterque parvis praesidiis propter angustias intercludi potest, nec est quicquam Cilicia contra Syriam munitius. Sed me Cappadocia movebat, quae patet a Syria regesque habet finitimos, qui etiamsi sunt clam amici nobis, tamen aperte Parthis inimici esse non audent. Itaque in Cappadocia extrema non longe a Tauro apud oppidum Cybistra castra feci, ut et Ciliciam tuerer et Cappadociam tenens nova finitimorum consilia impedirem. Interea in hoc tanto motu tantaque exspectatione maximi belli

eas quinque cohortes] Von Tralles hatte Cicero, ehe er in die Provinz kam, dem Atticus (V, 14) geschrieben, ein Soldatenaufstand sei von Appius gedämpft worden und der Sold sei den Soldaten bis zu den Id. Quintil. ausgezahlt worden. Von diesem Aufstand her lagerten 5 Cohorten bei Philomelium und wurden nun durch den M. Anneius mit dem übrigen Heere bei Iconium vereinigt. Aber auch jetzt noch fehlten drei Cohorten. Ueber sie schreibt Cicero an den Appius ad fam. III, 6, 5: *Illud, vere dicam, me movet, in tanta militum paucitate abesse tres cohortes, quae sint plenissimae, nec me scire ubi sint. . . . Itaque Antonium, praefectum evocatorum, misi ad te, cui, si tibi videretur, cohortes traderes.*

3. *cum interea*] nicht, wie gewöhnlich, mit dem Indicativ; denn es dient hier nicht dazu eine gleichzeitige Handlung der Haupthandlung anzuknüpfen.

evocatorum firmam manum] Evocati sind Leute, die ihre Dienstzeit vollendet haben und gegen mancherlei Bevorzugungen beim Dienst und beim Solde freiwillig wieder ins Heer eingetreten sind, wo sie eine eigne Abtheilung bilden.

Kal. Sept.] Das Lager bei Iconium wurde pr. Kal. Sept. abgebrochen (ad fam. III, 6, 6); das Heer trat den Marsch nach Cilicien an Kal. Sept.; Cicero selbst blieb noch einige Tage in Iconium zurück und empfing dort die Meldung der Gesandten des Commageners III Non. Sept. (ad fam. XV, 3, 1).

4. *etiam amici*] etiam noch, wie in Verr. III, 23, 56: *cum iste etiam cubaret;* in Cat. I, 1, 1: *quamdiu etiam furor iste tuus nos eludet!*

rex Deiotarus, cui non sine causa plurimum semper et meo et tuo et senatus iudicio tributum est, vir cum benevolentia et fide erga populum Romanum singulari tum praesentia, magnitudine et animi et consilii, legatos ad me misit, se cum omnibus suis copiis in mea castra esse venturum. Cuius ego studio officioque commotus egi ei per litteras gratias, idque ut maturaret hortatus sum. Cum autem ad Cybistra propter rationem belli quinque dies 6 essem moratus, regem Ariobarzanem, cuius salutem a senatu te auctore commendatam habebam, praesentibus insidiis necopinantem liberavi neque solum ei saluti fui, sed etiam curavi, ut cum auctoritate regnaret. Metram et eum, quem tu mihi diligenter commendaras, Athenaeum importunitate Athenaidis exsilio mul-

5. *cui non sine causa*] Cic. Philip. XI, 13, 33: *Quae de illo viro Sulla, quae Murena, quae Servilius, quae Lucullus, quam ornate, quam honorifice, quam graviter saepe in senatu praedicaverunt! Quid de Cn. Pompeio loquar? qui unum Deiotarum in toto orbe terrarum ex animo amicum vereque benevolum, unum fidelem populo Romano iudicavit;* pro Deiot. 13, 37: *Ab omnibus est ornatus, qui, posteaquam in castris esse potuit per aetatem, in Asia, Cappadocia, Ponto, Cilicia, Syria bella gesserunt. Senatus vero iudicia de illo tam multa tamque honorifica, quae publicis populi Romani litteris monumentisque consignata sunt, quae unquam vetustas obruet aut quae tanta delebit oblivio?*

praesentia, magnitudine] Asyndeton in der abgebrochenen Aufzählung; s. zu II, 12, 2.

6. *propter rationem belli*] der Kriegsplan: Cic. de prov. consul. 14, 35: *nec totam Gallici belli rationem prope iam explicatam perturbare atque impedire debemus;* in Cat. II, 6, 13: *quemadmodum esset ei ratio totius belli descripta edocui.*

essem moratus] Dass Cicero während seines fünftägigen Aufenthalts bei Cybistra, nicht nach demselben die Sache des Ariobarzanes in Ordnung gebracht hat, ersieht man aus ad fam. XV, 2, 3. Aber das Befreien ist das Ergebniss seiner Bemühungen, und dies war erst erreicht nach Ablauf der fünftägigen Frist. Als ich mich fünf Tage dort aufgehalten und sehr für ihn bemüht hatte, war er frei. Vergl. oben § 2. Das Plusquamperfectum in Cic. de fin. II, 16, 54: (Tubulus) *cum praetor quaestionem inter sicarios exercuisset, ita aperte cepit pecunias ob rem iudicandam, ut anno proximo P. Scaevola, tribunus plebis, ferret ad plebem, vellentne de ea re quaeri* erklärt Madvig für eine Nachlässigkeit im Satzbau; Cicero hätte sagen wollen: *cum exercuisset — et cepisset, legem Scaevola tulit.* Noch anders ist das ebenfalls auffallende Plusquamperfectum zu erklären bei Cäsar b. civ. III, 36, 2: *cum ab eo milia passuum XX afuisset, subito se ad Cassium Longinum in Thessaliam convertit.* Als Scipio noch 20 röm. Meilen entfernt war, änderte er die Richtung seines Marsches und, nachdem er eine Weile die neue Richtung verfolgt hatte, wendet er sich plötzlich gegen Cassius.

importunitate Athenaidis] Athenais war die Mutter des Königs. Durch ihre Ränke waren die angesehenen Männer Metras und Athenäus in die Verbannung geschickt worden.

tatos in maxima apud regem auctoritate gratiaque constitui. Cumque magnum bellum in Cappadocia concitaretur, si sacerdos armis se, quod facturus putabatur, defenderet, adolescens et equitatu et peditatu et pecunia paratus et totus iis, qui novari aliquid volebant, perfeci, ut e regno ille discederet rexque sine tumultu ac sine armis omni auctoritate aulae communita regnum cum dignitate obtineret. Interea cognovi multorum litteris atque nuntiis magnas Parthorum copias et Arabum ad oppidum Antiocheam accessisse magnumque eorum equitatum, qui in Ciliciam transisset, ab equitum meorum turmis et a cohorte praetoria, quae erat Epiphaneae praesidii causa, occidione occisum. Quare, cum viderem a Cappadocia Parthorum copias aversas non longe a finibus esse Ciliciae, quam potui maximis itineribus ad Amanum exercitum duxi. Quo ut veni, hostem ab An-

in maxima] Cic. ad Att. VI, 1, 22: *me apud eum magna in gratia posuit*; in Verr. I, 30, 77: *cum tibi quaestoris in loco constitueras*; Q. Cicero de petit. cons. 9, 37: *ut suos necessarios in hoc munere constituant*; Ovid Metam. V, 319: *falsoque in honore Gigantas ponit*. Im codex Mediceus fehlt das *in*.

concitaretur] Für das Plusquamperfectum Coniunctivi zur Bezeichnung einer Handlung, die in der Vergangenheit Statt gefunden haben könnte, aber nicht Statt gefunden hat, steht häufig das Imperfect. Coniunctivi sowohl im Vorder-, als im Nachsatze, als auch in beiden Sätzen. Cic. in Verr. III, 39, 89: *profecto nunquam iste tam amens fuisset...., nisi omnis ea praeda servi nomine ad istum ipsum perveniret*. Liv. IX, 19, 5: *Persas, Indos aliosque si Alexander adiunxisset gentes, impedimentum maius quam auxilium traheret*. Cic. in Verr. III, 56, 129: *non perpeterere* (nicht hättest du geduldet), *ut homines iniuriae tuae remedium morte ac suspendio quaererent, nisi ea res ad quaestum et ad praedam tuam pertineret*.

sacerdos] Hirtius de bell. Alexand. 66: *Comana, vetustissimum et sanctissimum in Cappadocia Bellonae templum, quod tanta religione colitur, ut sacerdos eius deae maiestate, imperio, potentia secundus a rege consensu illius gentis habeatur*. Der damalige Priester hiess Archelaus.

et totus] zu ergänzen *paratus*, wie es ad fam. VIII, 8, 10 heisst: *Curio se contra eum totum parat*. Vielleicht könnte *totus* hier im Sinne von *totus deditus* genommen werden; vgl. Liv. XXIII, 14, 7: *plebs Hannibalis tota esse*; Tibull. IV, 6, 3: *tota tibi est* (puella); ad Att. XIV, 11, 2: *modo venit Octavianus mihi totus deditus*. *Toto*, was der cod. Med. hat, erklärt I. F. Gronov mit *quod summam rem continet*; Victorius will lesen *omnino*, Schütz *socius*, Seyffert *tutus*, Nipperdey et tot iis, Kempf, der eine Lücke annimmt, *et toto deditus animo iis*.

7. *ad Amanum*] Nach ad fam. III, 8, 10 rückte Cicero von Tarsus aus nach dem Amanus, dem Grenzgebirge zwischen Cilicien und Syrien, Nonis Octobr. vor und war VIII Id. Octobr. in Mopsuhestia, am Fusse dieses Gebirges. Inzwischen hatte C. Cassius, der als Quästor während Bibulus Abwesenheit Syrien vorstand, am 5 oder 6 October die Par-

tiochea recessisse, Bibulum Antiocheae esse cognovi; Deiotarum confestim iam ad me venientem cum magno et firmo equitatu et peditatu et cum omnibus suis copiis certiorem feci non videri esse causam cur abesset a regno, meque ad eum, si quid novi forte accidisset, statim litteras nuntiosque missurum esse. Cumque eo animo venissem, ut utrique provinciae, si ita tempus ferret, subvenirem, tum id, quod iam ante statueram vehementer interesse utriusque provinciae, pacare Amanum et perpetuum hostem ex eo monte tollere, agere perrexi. Cumque me discedere ab eo monte simulassem et alias partes Ciliciae petere abessemque ab Amano iter unius diei et castra apud Epiphaneam fecissem, a. d. iv Idus Octobres, cum advesperasceret, expedito exercitu ita noctu iter feci, ut a. d. iii Idus Octobres, cum lucisceret, in Amanum ascenderem, distributisque cohortibus et auxiliis, cum aliis Q. frater legatus mecum simul, aliis C. Pomptinus legatus, reliquis M. Anneius et L. Tullius legati praeessent, plerosque necopinantes oppressimus, qui occisi captique sunt interclusi fuga. Eranam autem, quae fuit non vici instar, sed urbis, quod erat Amani caput, itemque Sepyram et Commorim, acriter et diu repugnantibus Pomptino illam partem Amani tenenti, ex antelucano tempore usque ad horam diei decimam magna multitudine hostium occisa cepimus castellaque vi capta complura incendimus. His rebus ita gestis castra in radicibus Amani habuimus apud 9 Aras Alexandri quatriduum et in reliquiis Amani delendis agrisque vastandis, quae pars eius montis meae provinciae est, id

ther von Antiochea zurückgeschlagen.

8. *tum id*] *Tum*, das nach temporalen Vordersätzen sehr häufig steht, um anzuzeigen, dass die Haupthandlung gerade dann beginnt, wenn die Nebenhandlung vollendet ist, ist hier nach dem causalen Vordersatz = nun, wo von den Parthern keine Gefahr mehr drohte.

perrexi] S. zu I, 16, 5.

interclusi fuga] da ihnen die Flucht abgeschnitten war.

acriter et diu repugnantibus] Jene Orte wurden erst genommen, als Cicero, der die ihm entgegenstehenden Feinde geworfen hatte, dem Pomptinus Hülfe brachte; ad Att. V, 20, 3: *castella munitissima nocturno Pomptini adventu, nostro matutino cepimus, incendimus.* Das Subject des Abl. abs. *iis*, nämlich die Städte, ist zu ergänzen, wie bei Caes. b. G. IV, 12, 1: *impetu facto celeriter nostros perturbaverunt; rursus resistentibus* (nämlich iis) *consuetudine sua ad pedes desiluerunt;* b. civ. 1, 30, 3: *Carolitani, simul ad se Valerium mitti audierunt, nondum profecto ex Italia sua sponte Cottam ex oppido eiiciunt.*

9. *apud Aras Alexandri*] ad Att. V, 20, 3: *castra paucos dies habuimus ea ipsa, quae contra Darium habuerat apud Issum Alexander;* Curt. III, 33: *tribus aris in ripa Pinari amnis Iovi atque Hercali Minervaeque sacratis Syriam petit* (Alexander).

quae pars eius] statt eius montis

10 tempus omne consumpsimus. Confectis his rebus ad oppidum Eleutherocilicum Pindenissum exercitum adduxi. Quod cum esset altissimo et munitissimo loco ab iisque incoleretur, qui ne regibus quidem unquam paruissent, cum et fugitivos reciperent et Parthorum adventum acerrime exspectarent, ad existimationem imperii pertinere arbitratus sum comprimere eorum audaciam, quo facilius etiam ceterorum animi, qui alieni essent ab imperio nostro, frangerentur. Vallo et fossa circumdedi, sex castellis castrisque maximis saepsi, aggere, vineis, turribus oppugnavi ususque tormentis multis, multis sagittariis, magno labore meo sine ulla molestia sumptuve sociorum septimo quinquagesimo die rem confeci, ut omnibus partibus urbis disturbatis aut incensis compulsi in potestatem meam pervenirent. His erant finitimi pari scelere et audacia Tebarani; ab iis Pindenisso capto obsides accepi. Exercitum in hiberna dimisi; Q. fratrem negotio praeposui, ut in vicis aut captis aut male pacatis exercitus collocaretur.

11 Nunc velim sic tibi persuadeas, si de his rebus ad senatum relatum sit, me existimaturum summam mihi laudem tributam, si tu honorem meum sententia tua comprobaris. Idque, etsi talibus de rebus gravissimos homines et rogare solere et rogari scio, tamen admonendum potius te a me quam rogandum puto. Tu es enim is, qui me tuis sententiis saepissime ornasti, qui oratione, qui praedicatione, qui summis laudibus in senatu, in contionibus ad caelum extulisti, cuius ego semper tanta esse verborum pondera putavi, ut uno verbo tuo cum mea laude coniuncto omnia assequi me arbitrarer. Te denique memini, cum cuidam

agris, qui — sunt. S. zu III, 6, 3.
10. *Eleutherocilicum*] ein Theil der Cilicier, die immer ihre Unabhängigkeit behauptet hatten.
cum et fugitivos] Anaphora: da sie ferner.
compulsi] in die Enge getrieben. Cic. de prov. cons. 13, 33: *ceteras nationes conterruit, compulit, domuit.*
11. *si tu honorem*] wenn du für die Bewilligung eines Dankfestes stimmst.
te a me] a beim Gerundivum, wie pro Sulla 8, 23: *sed tamen te a me pro magnis causis nostrae necessitudinis monendum esse etiam atque*

etiam puto; ad fam. XIII, 16, 2: *eos a se observandos et colendos putabat.*
cuius ego semper] nicht coordinirt den vorangegangenen Relativsätzen: du, von dem mir ein anerkennendes Wort genügt hätte, hast mir die grössten Lobsprüche gespendet und dadurch deine freundschaftliche Gesinnung so gezeigt, dass ich um eine neue Gefälligkeit dich nicht zu bitten, sondern nur daran zu erinnern brauche.
cuidam clarissimo] Wahrscheinlich ist L. Lentulus Spinther gemeint, in dessen Consulat und durch dessen Bemühung Cicero aus der

clarissimo atque optimo viro supplicationem non decerneres, dicere te decreturum, si referretur ob eas res, quas is consul in urbe gessisset. Tu idem mihi supplicationem decrevisti togato, non, ut multis, re publica bene gesta, sed, ut nemini, re publica conservata. Mitto, quod invidiam, quod pericula, quod omnes 12 meas tempestates et subieris et multo etiam magis, si per me licuisset, subire paratissimus fueris, quod denique inimicum meum tuum inimicum putaris, cuius etiam interitum, ut facile intellegerem mihi quantum tribueres, Milonis causa in senatu defendenda approbaris. A me autem haec sunt profecta, quae ego in beneficii loco non pono, sed in veri testimonii atque iudicii, ut praestantissimas tuas virtutes non tacitus admirarer, — quis enim in te id non facit? — sed in omnibus orationibus, sententiis dicendis, causis agendis, omnibus scriptis, Graecis Latinis, omni denique varietate litterarum mearum te non modo iis, quos vidissemus, sed iis, de quibus audissemus, omnibus anteferrem. Quaeres 13 fortasse quid sit, quod ego hoc nescio quid gratulationis et honoris a senatu tanti aestimem. Agam iam tecum familiariter, ut est et studiis et officiis nostris mutuis et summa amicitia dignum et necessitudine etiam paterna. Si quisquam fuit unquam remotus et natura et magis etiam, ut mihi quidem sentire videor, ratione atque doctrina ab inani laude et sermonibus vulgi, ego profecto is sum. Testis est consulatus meus, in quo, sicut in re-

Verbannung zurückgerufen wurde und der nachher für seine Thaten in Cilicien auf eine supplicatio Anspruch machte. Catos Abstimmung in Lentulus Sache war also im höchsten Grade ehrenvoll für Cicero.

supplicationem non decerneres] nicht dafür stimmen. S. zu I, 19, 6.

decrevisti togato] nach der Unterdrückung der Catilinarischen Verschwörung; in Pis. 3, 6: *mihi togato senatus, non, ut multis, bene gesta, sed, ut nemini, conservata re publica singulari genere supplicationis deorum immortalium templa patefecit.*

12. *subieris*] Sonst steht in diesem Falle der Indicativ; pro Cluent. 66, 188: *praetereo, quod eam sibi domum sedemque delegit.*

cuius etiam interitum] Ascon. ad Mil. p. 53 Or.: *fuerunt, qui crederent M. Catonis sententia eum* (Mi-

lonem) *esse absolutum; nam et bene cum re publica actum esse morte P. Clodii non dissimulaverat et studebat in petitione consulatus Miloni et reo affuerat.*

non pono] statt *non in beneficii loco* oder *non ego*; s. zu I, 2, 9 und I, 4, 9. Wahrscheinlich beabsichtigte Cicero nicht einen Zusatz mit *sed* zu machen.

varietate litterarum] in allen meinen so mannigfaltigen wissenschaftlichen Leistungen. S. zu III, 6, 1.

13. *honoris*] Zwei Substantiva können mittelst einer Präposition mit einander verbunden werden, wenn das zweite den Ursprung des ersten angiebt; z. B. Liv. XXVII, 5, 6: *honores omnibus ad exsolvendam fidem a consule* (sc. datam) *habiti*; 11, 51, 6: *ex hac clade atrox ira maioris cladis causa atque initium fuit.*

liqua vita, fateor ea me studiose secutum, ex quibus vera gloria nasci posset; ipsam quidem gloriam per se nunquam putavi expetendam. Itaque et provinciam ornatam et spem non dubiam triumphi neglexi; sacerdotium denique, cum, quemadmodum te existimare arbitror, non difficillime consequi possem, non appetivi. Idem post iniuriam acceptam, — quam tu rei publicae calamitatem semper appellas, meam non modo non calamitatem sed etiam gloriam, — studui quam ornatissima senatus populique Romani de me iudicia intercedere. Itaque et augur postea fieri volui, quod antea neglexeram, et eum honorem, qui a senatu tribui rebus bellicis solet, neglectum a me olim nunc mihi expetendum puto. Huic meae voluntati, in qua inest aliqua vis desiderii ad sanandum vulnus iniuriae, ut faveas adiutorque sis, quod paullo ante me negaram rogaturum, vehementer te rogo; sed ita, si non ieiunum hoc nescio quid, quod ego gessi, et contemnendum videbitur, sed tale atque tantum, ut multi nequaquam paribus rebus honores summos a senatu consecuti sint. Equidem etiam illud mihi animum advertisse videor, — scis enim quam attente te audire soleam — te non tam res gestas quam mores,

provinciam ornatam] Ueber die Ablehnung der Provinz s. zu II, 6, 1. Ornata ist eine Provinz, wenn das Heer und das Geld für dieselbe vom Senat bewilligt ist. Cic. in Pis. 2, 5: *ego provinciam Galliam senatus auctoritate exercitu et pecunia instructam et ornatam in contione deposui.*

sacerdotium] das Augurat. Cicero sagt hier nicht ganz die Wahrheit. Er wurde zwar Augur erst nach dem Exil im J. 53, aber schon vorher hatte er den lebhaften Wunsch diese Würde zu erlangen. In dem Briefe ad Att. II, 5, 2 vom Jahre 59 schreibt er: *de istis rebus exspecto tuas litteras, ... cuinam auguratus deferatur, quo quidem uno ego ab istis* (den Triumvirn) *capi possum.*

post iniuriam] Das Exil. Idem gleichfalls und, wie hier, gleichwohl; Nep. Epam. 10: *omnem civilem victoriam funestam putabat. Idem, postquam apud Cadmeam cum Lacedaemoniis pugnari coeptum est, in primis stetit.*

14. *desiderii ad*] Curt. IX, 6: *tantam in illis animalibus ad venandum cupiditatem ingenerasse naturam memoriae proditum est.*

mores, instituta atque vitam] Die Regel, dass bei drei oder mehr neben einander stehenden Wörtern entweder alle mit *et* oder *ac* verbunden werden, oder diese Partikeln überall wegbleiben, es wäre denn, dass zwei der Wörter in Vergleich mit den andern nur einen Begriff bilden, ist in den Briefen Ciceros zuweilen nicht beobachtet; z. B. hier und ad Att. I, 20, 1: *suaviter, diligenter, officiose et humaniter;* ad fam. XVI, 11, 3: *consulibus, praetoribus, tribunis pl. et nobis, qui procos. sumus.* Vergl. auch Caes. b. civ. III, 4, 3: *sagittarios ex Creta, Lacedaemone, ex Ponto atque Syria reliquisque civitatibus* cet. und III, 4, 6: *Macedones, Thessalus ac reliquarum gentium et civitatum adiecerat.*

instituta atque vitam imperatorum spectare solere in habendis
aut non habendis honoribus. Quod si in mea causa considerabis,
reperies me exercitu imbecillo contra metum maximi belli firmis-
simum praesidium habuisse aequitatem et continentiam. Iis ego
subsidiis ea sum consecutus, quae nullis legionibus consequi potuissem, ut ex alienissimis sociis amicissimos, ex infidelissimis
firmissimos redderem animosque novarum rerum exspectatione
suspensos ad veteris imperii benevolentiam traducerem. Sed ni- 15
mis haec multa de me, praesertim ad te, a quo uno omnium sociorum querellae audiuntur; cognosces ex iis, qui meis institutis
se recreatos putant, cumque omnes uno prope consensu de me
apud te ea, quae mihi optatissima sunt, praedicabunt, tum duae
maximae clientelae tuae, Cyprus insula et Cappadociae regnum,
tecum de me loquentur; puto etiam regem Deiotarum, qui uni
tibi est maxime necessarius. Quae si etiam maiora sunt et in
omnibus seculis pauciores viri reperti sunt, qui suas cupiditates
quam qui hostium copias vincerent, est profecto tuum, cum ad
res bellicas haec, quae rariora et difficiliora sunt, genera virtutis
adiunxeris, ipsas etiam illas res gestas iustiores et maiores putare. Extremum illud est, ut quasi diffidens rogationi meae phi- 16
losophiam ad te allegem, qua nec mihi carior ulla unquam res
in vita fuit nec hominum generi maius a deis munus ullum est
datum. Haec igitur, quae mihi tecum communis est, societas
studiorum atque artium nostrarum, quibus a pueritia dediti ac de-
vincti soli propemodum nos philosophiam veram illam et anti-

imperii benevolentiam] der Genit. obiectiv., wie bei *studium* II, 16,
1 und ad Att. XIII, 21, 5: *philoso-
phiae studio flagrare*. Bei *benevolentia* steht sonst *erga*.

15. *Cyprus*] Diese Insel, welche
damals zur Provinz Cilicien gehörte,
hatte Cato in den Jahren 58 u. 57
zur römischen Provinz gemacht.
Er war daher nach römischer Sitte
ihr Patron, wie die Marceller die
Patrone der Siculer waren und die
Scipionen die der Punier. Für Cappadocien interessirte sich Cato, weil
sein Neffe Brutus dem Könige Ariobarzanes bedeutende Summen geborgt hatte.

Quae si etiam] *quae*, was jene von
ihm rühmen werden; *maiora*, als
was er selbst von sich gesagt hat.

iustiores] *Iustum* sagt man von
dem, was mit dem Recht in Einklang
steht, aber auch von dem, was seinem Begriffe entspricht, was so ist,
wie es sich gebührt. So ist *iustum
bellum* ein gerechter Krieg und auch
ein förmlicher, ordentlicher Krieg;
der erste kann sehr kleinlich, der
zweite sehr ungerecht sein. Liv.
IX, 1, 10: *iustum est bellum, Sam-
nites, quibus necessarium, et pia
arma, quibus nulla nisi in armis
relinquitur spes*; XXIX, 31, 10:
*inde nocturnis primo ac furtivis
incursionibus, deinde aperto latro-
cinio infesta omnia circa esse . . . .
Iamque adeo licenter eludebant, ut
. . . . plures quam iusto saepe in
bello Carthaginiensium caderent ca-
perenturque.*

quam, quae quibusdam otii esse ac desidiae videtur, in forum atque in rem publicam atque in ipsam aciem paene deduximus, tecum agit de mea laude, cui negari a Catone fas esse non puto. Quamobrem tibi sic persuadeas velim, si mihi tua sententia tributus honos ex meis litteris fuerit, me sic existimaturum, cum auctoritate tua tum benevolentia erga me mihi, quod maxime cupierim, contigisse.

EPISTOLA XVI.
(AD FAM. XV, 5.)
M. CATO S. D. M. CICERONI IMP.

1 Quod et res publica me et nostra amicitia hortatur, libenter facio, ut tuam virtutem, innocentiam, diligentiam cognitam in maximis rebus domi togati, armati foris pari industria administrare gaudeam. Itaque, quod pro meo iudicio facere potui, ut innocentia consilioque tuo defensam provinciam, servatum Ariobarzanis cum ipso rege regnum, sociorum revocatam ad studium imperii nostri voluntatem sententia mea et decreto laudarem, feci.

16. *in forum*] Cic. Paradoxa pr. 1: *animadverti, Brute, saepe Catonem, avunculum tuum, cum in senatu sententiam diceret, locos graves ex philosophia tractare abhorrentes ab hoc usu forensi et publico, sed dicendo consequi tamen, ut illa etiam populo probabilia viderentur.*

EPISTOLA XVI.
Cato sucht es bei Cicero zu rechtfertigen, dass er für das von diesem gewünschte Dankfest nicht gestimmt hatte. Das Dankfest für Ciceros Siege auf dem Amanus ist im April 50 decretirt worden; der Brief wird nicht lange nachher geschrieben sein.

1. *hortatur*] Die Verba, die eine Aufforderung bezeichnen, können neben dem Accusativ der Person noch einen Accusativ der Sache haben, wenn diese durch das Neutrum eines Pronomens oder Adjectivs ausgedrückt ist.

togati, armati] Apposition zu *tuam*: *tua togati virtus cognita est in maximis rebus domi, tua armati virtus pari industria administravit foris*. *Administrare* ohne Object: wirken, Hand anlegen; z. B. Caes. b. Gall. IV, 29, 2: *neque ulla nostris facultas aut administrandi aut auxiliandi dabatur*. *Virtus* handelnd, wie pro C. Rab. 8, 24: *virtus et honestas et pudor cum consulibus esse cogebat*.

pro meo iudicio] meinem Urtheil über diese Sache gemäss, d. i. nach meiner Ueberzeugung; de orat. III, 16, 59: *a re civili animi quodam iudicio abhorrere*.

decreto] Wie man von dem Senator, der bei der Berathung seine Meinung abgab, statt *censuit* auch sagte *decrevit* (s. zu I, 19, 6), so ist hier *decretum* das von Cato bei der Berathung über das dem Cicero zu bewilligende Dankfest abgegebene Votum.

Supplicationem decretam, si tu, qua in re nihil fortuito, sed 2
summa tua ratione et continentia rei publicae provisum est, diis
immortalibus gratulari nos quam tibi referre acceptum mavis,
gaudeo. Quod si triumphi praerogativam putas supplicationem
et idcirco casum potius quam te laudari mavis; neque supplicationem sequitur semper triumphus et triumpho multo clarius est
senatum iudicare potius mansuetudine et innocentia imperatoris
provinciam quam vi militum aut benignitate deorum retentam
atque conservatam esse. Quod ego mea sententia censebam. Atque haec ego idcirco ad te contra consuetudinem meam pluribus 3
scripsi, ut, quod maxime volo, existimes me laborare, ut tibi persuadeam me et voluisse de tua maiestate, quod amplissimum sim
arbitratus, et, quod tu maluisti, factum esse gaudere. Vale et nos
dilige et instituto itinere severitatem diligentiamque sociis et rei
publicae praesta.

EPISTOLA XVII.
(AD FAM. II, 18.)
M. CICERO IMP. S. D. Q. THERMO PROPRAET.

Officium meum erga Rhodonem ceteraque mea studia, quae 1

2. *qua in re nihil fortuito*] der weitere Begriff *factum est* ist aus dem folgenden engern *provisum est* zu ergänzen, wie umgekehrt der engere aus dem weitern II, 1, 2. Ueber das aus *nihil* zu entnehmende *omnia* s. zu II, 4, 2.

gratulari] Dank sagen, wie Quint. VI, prooem. 8: *quapropter illi dolori ... gratulor. — Referre acceptum*, nämlich *id quod provisum est.*

triumphi praerogativam] Praerogativa sc. centuria ist die jedesmal durch das Loos bestimmte Centurie, die in den Centuriatcomitien zuerst ihre Stimme abgiebt. Da ihrer Abstimmung gewöhnlich die übrigen Centurien folgten, so bekam praerogativa auch die Bedeutung Vorwahl; z. B. Liv. III, 51, 8: *Icilius ubi audivit tribunos militum in Aventino creatos, ne comitiorum militarium praerogativam urbana comitia iisdem tribunis plebis creandis sequerentur cet.*, oder auch Vorzeichen; z. B. Cic. in Verr. act. I, 9, 26: *qui quam isti sit amicus attendite; dedit enim praerogativam suae voluntatis.*

neque supplicationem] Anfang des Nachsatzes mit der gewöhnlichen Ellipse: so sage ich dir.

3. *quod amplissimum*] nämlich dass der Senat erklären sollte, dass die Erfolge allein Ciceros Tüchtigkeit, nicht dem Zufall zu danken seien.

quod tu maluisti] das Dankfest.

EPISTOLA XVII.

Von Laodicea, wo sich Cicero nach dem Feldzuge aufgehalten hatte, gedachte er Non. Maiis 50 wieder nach Cilicien zu reisen (ad Att. VI, 2, 6). Um diese Zeit ist der Brief geschrieben. Q. Minucius Thermus war Proprätor von Asien. Er hatte seine Provinz, wie Cicero, im vorigen Jahre ex lege Pompeia auf ein Jahr erhalten. Wann er Prätor gewesen ist, wissen wir nicht.

1. *Rhodonem*] ein Freund des

tibi ac tuis praestiti, tibi, homini gratissimo, grata esse vehementer gaudeo, mihique scito in dies maiori curae esse dignitatem tuam, quae quidem a te ipso integritate et clementia tua sic amplificata est, ut nihil addi posse videatur. Sed mihi magis magisque cotidie de rationibus tuis cogitanti placet illud meum consilium, quod initio Aristoni nostro, ut ad me venit, ostendi, graves te suscepturum inimicitias, si adolescens potens et nobilis a te ignominia affectus esset. Et hercule sine dubio erit ignominia; habes enim neminem honoris gradu superiorem. Ille autem, ut omittam nobilitatem, hoc ipso vincit viros optimos hominesque innocentissimos, legatos tuos, quod et quaestor est et quaestor tuus. Nocere tibi iratum neminem posse perspicio; sed tamen tres fratres summo loco natos, promptos, non indisertos te nolo habere iratos, iure praesertim; quos video deinceps tribunos pl. per triennium fore. Tempora autem rei publicae qualia futura sint quis scit? Mihi quidem turbulenta videntur fore. Cur ego te velim incidere in terrores tribunicios? praesertim cum sine cuiusquam reprehensione quaestoriis legatis quaestorem possis anteferre. Qui si dignum se maioribus suis praebuerit, ut spero et opto, tua laus ex aliqua parte fuerit. Sin quid offenderit, sibi totum, nihil tibi offenderit.

Quae mihi veniebant in mentem, quae ad te pertinere arbitrabar, quod in Ciliciam proficiscebar, existimavi me ad te oportere scribere. Tu quod egeris, id velim dii approbent. Sed, si me audies, vitabis inimicitias et posteritatis otio consules.

Thermus, der Geschäfte in Cilicien gehabt hatte und von Thermus dem Cicero empfohlen worden war.
2. *de rationibus tuis*] Dem abgehenden Statthalter stand, wenn der Nachfolger noch nicht angelangt war, das Recht zu die interimistische Verwaltung der Provinz irgend einem zu übertragen. Thermus gedachte sie einem seiner Legaten zu übertragen, nicht, wie es gewöhnlich war, seinem Quästor.
Aristoni] ein Freund des Thermus, der bei Cicero gewesen war.
superiorem] Der Quaestor stand im Range über den Legaten, weil er magistratus populi Romani war. Waren die Legaten, wie das häufig vorkam, gewesene Aedilen oder Prätoren (aedilicii oder praetorii), so wurde jener Rangunterschied dadurch ausgeglichen; die Legaten des Thermus hatten aber auch nur die Quästur verwaltet.
tres fratres] M. Antonius, der nachherige Triumvir, C. Antonius, L. Antonius. Der zweite war der Quästor des Thermus. M. Antonius war Tribun 49, L. Antonius 44, C. Antonius hat das Amt nicht bekleidet.
3. *offenderit*] s. zu II, 2, 5.
nihil tibi] Dich trifft keine Schuld, weil du vollkommen gesetzlich verfahren bist.
posteritatis otio] *Posteritas* die Zukunft, nicht bloss die Zeit nach unsrem Tode. Cic. in Cat. I, 9, 22: *tametsi video, si mea voce perterritus ire in exsilium animum indu-*

EPISTOLA XVIII.
(AD FAM. II, 19.)

M. TULLIUS M. F. M. N. CICERO IMP. S. D. C. CAELIO L. F. C. N. CALDO QUAEST.

Cum optatissimum nuntium accepissem, te mihi quaestorem 1 obtigisse, eo iucundiorem mihi eam sortem sperabam fore, quo diutius in provincia mecum fuisses. Magni enim videbatur interesse ad eam necessitudinem, quam nobis sors tribuisset, consuetudinem quoque accedere. Postea, cum mihi nihil neque a te ipso neque ab ullo alio de adventu tuo scriberetur, verebar, ne ita caderet, quod etiam nunc vereor, ne, antequam tu in provinciam venisses, ego de provincia decederem. Accepi autem a te missas litteras in Cilicia, cum essem in castris, a. d. x Kal. Quintiles, scriptas humanissime, quibus facile et officium et ingenium tuum perspici posset. Sed neque unde nec quo die datae essent aut quo tempore te exspectarem significabant, nec is, qui attulerat, a te acceperat, ut ex eo scirem quo ex loco aut quo tempore essent datae. Quae cum essent incerta, existimavi tamen faciun- 2 dum esse, ut ad te statores meos et lictores cum litteris mitterem; quas si satis opportuno tempore accepisti, gratissimum mihi feceris, si ad me in Ciliciam quam primum veneris. Nam quod ad me Curius, consobrinus tuus, mihi, ut scis, maxime necessarius, quod item C. Virgilius, propinquus tuus, familiarissimus noster, de te accuratissime scripsit, valet id quidem apud me multum, sicuti debet hominum amicissimorum diligens commendatio; sed tuae litterae, de tua praesertim dignitate et de nostra coniunctione, maximi sunt apud me ponderis. Mihi quaestor optatior obtingere

xeris, quanta tempestas invidiae, si minus in praesens tempus, recenti memoria scelerum tuorum, at in posteritatem impendeat. Caes. b. civ. I, 13, 1: *habeat rationem posteritatis et periculi sui.*

EPISTOLA XVIII.

Ciceros Quästor in Cilicien war L. Mescinius Rufus; C. Caelius Caldus, an welchen dieser Brief gerichtet ist, war dessen Nachfolger. Der Brief ist bald nach X Kal. Quint. 50 geschrieben.

M. F. M. N.] Marci filius, Marci nepos.

1. *ad eam necessitudinem*] Cic. div. in Caec. 19, 61: *sic enim a maioribus nostris accepimus, praetorem quaestori suo parentis loco esse oportere, nullam neque iustiorem neque graviorem causam necessitudinis posse reperiri quam coniunctionem sortis, quam provinciae, quam officii, quam publici muneris societatem.*

ne, antequam] schliesst sich an *verebar* an, als stände *ne ita caderet* gar nicht da. S. zu I, 2, 9.

nemo potuit. Quamobrem quaecunque a me ornamenta ad te proficiscentur, ut omnes intellegant a me habitam esse rationem tuae maiorumque tuorum dignitatis. Sed id facilius consequar, si ad me in Ciliciam veneris, quod ego et mea et rei publicae et maxime tua interesse arbitror.

EPISTOLA XIX.
(AD FAM. III, 11.)
CICERO AP. PULCHRO, UT SPERO, CENSORI S. D.

1   Cum essem in castris ad fluvium Pyramum, redditae mihi sunt uno tempore a te epistolae duae, quas ad me Q. Servilius Tarso miserat. Earum in altera dies erat adscripta Nonarum Aprilium; in altera, quae mihi recentior videbatur, dies non erat. Respondebo igitur superiori prius, in qua scribis ad me de absolutione maiestatis. De qua etsi permultum ante certior factus eram litteris, nuntiis, fama denique ipsa; — nihil enim fuit cla-

2. *quaecunque a me ornamenta*] *Quicunque*, was bei Cicero ausser in *quacunque ratione* und *quocunque modo* fast immer Relativum ist und so ein Verbum bei sich hat, steht hier wie *quilibet*. Ebenso ad Att. IX, 6, 4: *cum Pompeio qualicunque consilio uso;* ad Q. fr. II, 10, 1: *non mehercule quisquam μουσοπάτακτος libentius sua recentia poemata legit, quam ego te audio quacunque de re;* ad fam. IV, 8, 2: *si libertatem sequimur, qui locus hoc dominatu vacat? sin qualemcunque locum, quae est domestica sede iucundior?* Caes. b. G. VI, 23, 9: *qui quacunque de causa ad eos venerunt, ab iniuria prohibent.*

EPISTOLA XIX.
Am 5. Juni 50 kam Cicero nach Tarsus. Von dort aus besuchte er das Lager am Flusse Pyramus. Er war im Lager am 22. Juni (ad fam. II, 19) und bereits wieder in Tarsus am 17. Juli. Der Brief wird also wohl Ende Juni geschrieben sein. Appius (s. II, 6) war in Rom und bewarb sich um die Censur. Er hat dies Amt verwaltet mit L. Calpurnius Piso Caesoninus, Caesars Schwiegervater.

1. *de absolutione maiestatis*] Gleich nach seiner Rückkehr war Appius von Dolabella, der um dieselbe Zeit Ciceros Tochter heirathete, de maiestate angeklagt worden, weil er ausserhalb seiner Provinz, in Asien, Hoheitsrechte ausgeübt und auch wohl sonst noch seine Vollmachten überschritten hatte.

permultum ante] statt *permulto*, wie bei Liv. III, 15, 2: *quantum iuniores patrum plebi se magis insinuabant.* Vgl. ad Att. VIII, 14, 1: *quae* (loca) *a Brundisio absunt propius quam tu biduum.*

nihil enim fuit clarius] Es wurde viel besprochen, nicht als ob es anders erwartet worden wäre; aber über berühmte Männer kann nichts gemeldet werden, ohne dass es überall bekannt wird und Aufsehen erregt. (Gegensatz: *obscure*.)

rius; non quo quisquam aliter putasset, sed nihil de insignibus ad laudem viris obscure nuntiari solet; — tamen eadem illa laetiora fecerunt mihi tuae litterae, non solum quia planius loquebantur et uberius quam vulgi sermo, sed etiam quia magis videbar tibi gratulari, cum de te ex te ipso audiebam. Complexus 2 igitur sum cogitatione te absentem; epistolam vero osculatus etiam ipse mihi gratulatus sum. Quae enim a cuncto populo, a senatu, a iudicibus ingenio,' industriae, virtuti tribuuntur, quia mihi ipse adsentior fortasse, cum ea esse in me fingo, mihi quoque ipsi tribui puto. Nec tam gloriosum exitum tui iudicii exstitisse, sed tam pravam inimicorum tuorum mentem fuisse mirabar. De ambitu vero quid interest, inquies, an de maiestate? Ad rem nihil; alterum enim non attigisti, alteram auxisti. Verumtamen ea est maiestas, et sic Sulla voluit, ut in quemvis impune declamari liceret. Ambitus vero ita apertam vim habet, ut aut accusetur improbe aut defendatur, quod nec facta nec non facta largitio ignorari potest. Tuorum autem honorum cursus cui suspectus unquam fuit? Me miserum, qui non affuerim! quos ego risus excitassem! Sed de maiestatis iudicio duo mihi illa ex tuis litteris iucundissima fuerunt: unum, quod te ab ipsa re publica defensum scribis, quae quidem etiam in summa bonorum et fortium civium

sed etiam quia] Vorher hatte er sich gefreut, weil die gerechte Sache gesiegt hatte; jetzt wurde er lebhaft daran erinnert, dass dieser Triumph der Gerechtigkeit zugleich auch ein grosses Glück für seinen Freund war.

2. *quia mihi ipse*] weil es leicht geschehen kann, dass, wenn ich einmal denke, ich besässe diese Vorzüge, ich selbst daran glaube.

sed tam pravam] Ich dachte nicht, dass deine Feinde so schlecht sein würden, dich gerade dieses Verbrechens anzuklagen. Du wirst sagen: aber was ist denn für ein Unterschied, ob sie mich de ambitu oder de maiestate anklagen? Der Sache nach keiner; denn du bist keines dieser Verbrechen schuldig. Aber das Verbrechen laesae maiestatis hat seit Sulla einen so weiten Umfang, dass man es ungestraft jedem Schuld geben kann, wogegen beim ambitus Schuld oder Unschuld nothwendig zu Tage kommen muss. Cic. de inv. II, 17, 53: *maiestatem minuere est de dignitate aut amplitudine aut potestate populi aut eorum, quibus populus potestatem dedit, aliquid derogare.*

alteram auxisti] Weit entfernt des crimen minutae maiestatis schuldig zu sein, hast du vielmehr durch deine Amtsführung die maiestas des römischen Volkes erhöht.

ita apertam vim] = *naturam.* Der ambitus hat, wenn er versucht wird, etwas so Offenkundiges; nicht: das Wort ambitus hat eine so klare, scharf umgränzte Bedeutung; denn eines noch so scharf definirten Verbrechens kann man recht wohl einen Unschuldigen in gutem Glauben anklagen.

3. *Sed de maiestatis*] Sed zur Wiederaufnahme des abgebrochenen Hauptgedankens: aber, um wieder darauf zu kommen.

copia tueri tales viros deberet, nunc vero eo magis, quod tanta penuria est in omni vel honoris vel aetatis gradu, ut tam orba civitas tales tutores complecti debeat; alterum, quod Pompeii et Bruti fidem benevolentiamque mirifice laudas. Laetor virtute et officio cum tuorum necessariorum, meorum amicissimorum, tum alterius omnium saeculorum et gentium principis, alterius iam pridem iuventutis, celeriter, ut spero, civitatis. De mercenariis testibus a suis civitatibus notandis, nisi iam factum aliquid est per Flaccum, fiet a me, cum per Asiam decedam.

4   Nunc ad alteram epistolam venio. Quod ad me quasi formam communium temporum et totius rei publicae misisti expressam, prudentia litterarum tuarum valde mihi est grata. Video enim et pericula leviora quam timebam et maiora praesidia, si quidem, ut scribis, omnes vires civitatis se ad Pompeii ductum applicaverunt; tuumque simul promptum animum et alacrem perspexi ad defendendam rem publicam mirificamque cepi voluptatem ex hac tua diligentia, quod in summis tuis occupationibus mihi tamen rei publicae statum per te notum esse voluisti. Nam augurales libros ad commune utriusque nostrum otium serva; ego enim, a te cum tua promissa per litteras flagitabam, ad urbem te otiosissimum esse arbitrabar. Nunc tamen, ut ipse polliceris, pro auguralibus libris orationes tuas confectas omnes exspectabo.

5   D. Tullius, cui mandata ad me dedisti, non convenerat me, nec erat iam quisquam mecum tuorum praeter omnes meos, qui sunt omnes tui. Stomachosiores meas litteras quas dicas esse non in-

deberet] hypothetisch, etiam si summa copia esset.

quod tanta penuria] *Eo — quo* zeigen an, dass das eine in demselben Masse zu- oder abnimmt als das andere. Steht *quod* oder *quia* nach *eo*, so heisst *eo* deswegen, und es wird der Grund angegeben, warum das eine mehr als sonst gilt. Wir könen in diesem Falle auch um so sagen.

cum tuorum necessariorum] nicht bloss weil sie deine Verwandten sind, sondern auch weil der eine von ihnen u. s. w. Von Appius Töchtern war die eine an Brutus, die andere an den älteren Sohn des Pompeius vermählt.

iuventutis] nämlich *principis*.

per Flaccum] vielleicht einer aus Ciceros Begleitung, der von ihm nach Asien geschickt war, um die Bestrafung der falschen Zeugen zu veranlassen.

4. *Nam augurales libros*] Appius hatte ein Buch über das Auguralrecht angefangen und es Cicero gewidmet. Der Zusammenhang ist: ich bin vollkommen zufrieden mit deinem Schreiben über den Zustand des Staates; denn das versprochene Buch kann ich jetzt nicht verlangen.

5. *D. Tullius*] ein sonst unbekannter Vertrauter des Appius, nicht zu verwechseln mit L. Tullius, dem Legaten Ciceros in Cilicien.

Stomachosiores] Appius Benehmen bei der Uebergabe der Provinz war nicht ganz ordnungsgemäss gewesen. Aber auch er klagte, dass

tellego. Bis ad te scripsi me purgans diligenter, te leviter accusans in eo, quod de me cito credidisses. Quod genus querellae mihi quidem videbatur esse amici; sin tibi displicet, non utar eo posthac. Sed si, ut scribis, eae litterae non fuerunt disertae, scito meas non fuisse. Ut enim Aristarchus Homeri versum negat, quem non probat, sic tu, — libet enim mihi iocari — quod disertum non erit, ne putaris meum. Vale et in censura, si iam es censor, ut spero, de proavo multum cogitato tuo.

EPISTOLA XX.
(AD FAM. XV, 6.)
M. CICERO S. D. M. CATONI.

Laetus sum laudari me, inquit Hector, opinor apud Naevium, 1 *abs te, pater, a laudato viro.* Ea est enim profecto iucunda laus, quae ab his proficiscitur, qui ipsi in laude vixerunt. Ego vero vel gratulatione litterarum tuarum vel testimoniis sententiae dictae nihil est quod me non assecutum putem. Idque mihi cum

sein Ruhm durch Ciceros Anordnungen beeinträchtigt wäre.

de proavo] Appius Claudius Caecus, Censor 312 v. Chr., derselbe, der 279 v. Chr. die berühmte Rede gegen den Pyrrhus hielt.

EPISTOLA XX.

Wie wenig Cicero mit Catos Benehmen zufrieden war, ersieht man aus ad Att. VII, 2, 7: *aveo scire Cato quid agat; qui quidem in me turpiter fuit malevolus. Dedit integritatis, iustitiae, clementiae, fidei mihi testimonium, quod non quaerebam; quod postulabam, negavit. Itaque Caesar iis litteris, quibus mihi gratulatur et omnia pollicetur, quomodo exsultat Catonis in me ingratissimi iniuria!* In unserem Briefe an den Cato verbirgt Cicero seine Unzufriedenheit, giebt ihm aber nicht undeutlich zu verstehen, dass es ihm sehr lieb sein würde, wenn Cato für seinen Triumph stimmen wollte. Die Nachricht von der Bewilligung des Dankfestes erhielt Cicero noch vor seinem Abgang aus Cilicien, welcher III Non. Sext. Statt fand (ad Att. VI, 6 und 7; ad fam. III, 12). Der Brief wird also Anfang Juli geschrieben sein.

1. *Laetus sum*] ein Tetrameter trochaicus catalecticus aus Naevius Tragödie, Hector proficiscens. Der Vers wird auch Tusc. IV, 31, 67 citirt. Cn. Naevius, ein älterer Zeitgenosse des Plautus, kämpfte mit im ersten punischen Kriege und starb in der Verbannung in Utica, weil er in seinen Gedichten die Aristokratie beleidigt hatte. Er hat sich besonders durch seine Komödien berühmt gemacht. Hor. ep. II, 1, 53: *Naevius in manibus non est et mentibus haeret paene recens.*

Ego vero] *quod ego putem me —, nihil est;* was mich aber betrifft, so giebt es nichts u. s. w.

testimoniis sententiae dictae] S. zu I, 2, 2.

amplissimum tum gratissimum est, te libenter amicitiae dedisse,
quod liquido veritati dares. Et, si non modo omnes, verum etiam
multi Catones essent in civitate nostra, in qua unum exstitisse
mirabile est, quem ego currum aut quam lauream cum tua lau-
datione conferrem? Nam ad meum sensum et ad illud sincerum
ac subtile iudicium nihil potest esse laudabilius quam ea tua ora-
2 tio, quae est ad me perscripta a meis necessariis. Sed causam
meae voluntatis, non enim dicam cupiditatis, exposui tibi superioribus litteris; quae etiam si parum iusta tibi visa est, hanc
tamen habet rationem, non ut nimis concupiscendus honos, sed
tamen, si deferatur a senatu, minime aspernandus esse videatur.
Spero autem illum ordinem pro meis ob rem publicam susceptis
laboribus me non indignum honore, usitato praesertim, existimaturum. Quod si ita erit, tantum ex te peto, quod amicissime
scribis, ut, cum tuo iudicio, quod amplissimum esse arbitraris,

amicitiae dedisse] dare oder con-
donare aliquid veritati, etwas ein-
räumen, weil es wahr ist, *amicitiae*
aus Freundschaft. So ad fam. XII,
16, 1: *noli putare me hoc auribus
tuis dare;* Tusc. I, 45, 109: *quantum consuetudini famaeque dandum
sit, id curent vivi.* Also: es ist ehrenvoll und erfreulich für mich,
dass du das, was du mit voller Ueberzeugung sagen konntest, auch
gern gesagt hast; denn die Freundschaft mit einem Cato weiss ich zu
schätzen.

*non modo omnes, verum etiam
multi*] *Non modo — verum etiam,*
wodurch gewöhnlich ein Aufsteigen
zu etwas höherem bezeichnet wird,
ist hier wie *non modo — sed* (ohne
etiam) gebraucht: ich will nicht
sagen — sondern nur. Der Sinn
ist: wer da weiss, was wahre Ehre
ist, dem steht ein Lob von dir höher
als jeder Triumph, wie er jetzt ertheilt wird. Auch ich würde nichts
weiter wünschen, aber nach dem
Schlage, den ich durch das Exil erlitten habe, muss ich dahin streben
meine alte Stellung wieder zu erlangen auch in den Augen der Menge, und diese weiss eben nicht wahre
Ehre zu schätzen.

ad illud sincerum] *Illud* wie ad
fam. VIII, 6, 1: *si ad illam summam
veritatem legitimum ius exegeris.*
2. *causam meae voluntatis*] warum ich den Triumph wünsche. S.
II, 15, 13.

hanc tamen habet rationem] Der
Beweggrund, der mich veranlasst,
einen Triumph zu wünschen, darf
mich allerdings nicht bewegen nach
dieser Ehre eifrig zu streben; aber
er hat doch insoweit seinen ver-
nünftigen Grund, seine Berechtigung,
dass es unverständig sein würde,
die Ehre zurückzuweisen, wenn sie
angeboten würde.

tantum ex te peto] Ich bitte nicht
darum, dass du für meinen Triumph
stimmst, sondern nur darum, dass du
dich freust, wenn er mir bewilligt
wird. Ich bitte dich darum, weil ich
weiss, dass du ebenso bei meiner
supplicatio gehandelt hast.

quod amicissime scribis] nämlich
te facturum esse. S. zu I, 6, 4.

cum tuo iudicio] Vergleiche ad
Att. VII, 1, 7: *de ipso triumpho,
quem video, nisi rei publicae tempora impedient,* εὐπόριστον. *Iudico
autem cum ex litteris amicorum
tum ex supplicatione, quam qui non
decrevit, plus decrevit, quam si om-*

mihi tribueris, si id, quod maluero, acciderit, gaudeas. Sic enim
fecisse te et sensisse et scripsisse video, resque ipsa declarat tibi
illum honorem nostrum supplicationis iucundum fuisse, quod
scribendo adfuisti. Haec enim senatus consulta non ignoro ab
amicissimis eius, cuius de honore agitur, scribi solere. Ego, ut
spero, te propediem videbo, atque utinam re publica meliore
quam timeo.

nes decresset triumphos. Damit stimmt schlecht, was Cicero ad Att. VII, 2, 7 in der oben angeführten Stelle schreibt.

quod scribendo adfuisti] S. zu I. 2, 4.

Drittes Buch.

Der Krieg zwischen Caesar und Pompeius.

EPISTOLA I.
(AD FAM. XIV, 5.)
TULLIUS S. D. TERENTIAE SUAE.

Si tu et Tullia, lux nostra, valetis, ego et suavissimus Cicero valemus. Pridie Idus Octobres Athenas venimus, cum sane adversis ventis usi essemus tardeque et incommode navigassemus. De nave exeuntibus nobis Acastus cum litteris praesto fuit uno et vicesimo die, sane strenue. Accepi tuas litteras, quibus intellexi te vereri, ne superiores mihi redditae non essent. Omnes sunt redditae diligentissimeque a te perscripta sunt omnia; idque mihi gratissimum fuit. Neque sum admiratus hanc epistolam, quam Acastus attulit, brevem fuisse; iam enim me ipsum exspectas sive nos ipsos, qui quidem quam primum ad vos venire cupiamus, etsi in quam rem publicam veniamus intellego. Cognovi enim ex multorum amicorum litteris, quas attulit Acastus, ad arma rem spectare, ut mihi, cum venero, dissimulare non liceat quid sentiam. Sed, quoniam subeunda fortuna est, eo citius dabimus operam ut veniamus, quo facilius de tota re deli-

1

EPISTOLA I.
Der Brief ist geschrieben am 18. October 50 in Athen, wohin Cicero auf der Rückreise von Cilicien mit seinem Sohne am 14. October gekommen war. Seine Gemahlin Terentia und seine Tochter Tullia hielten sich damals in Rom auf.

1. *suavissimus Cicero*] Ein Adjectivum bei Eigennamen findet sich besonders häufig in Anreden, aber auch wie hier; z. B. ad fam. VI, 18, 5: *Lepta suavissimus;* ad Att. 1, 18, 1: *cum uxore et filiola et mellito Cicerone*. Gewöhnlich wird bei Eigennamen die Eigenschaft durch einen Genit. oder Ablat. qualitatis; z. B. Liv. XXI, 1, 4: *Hannibal annorum ferme novem,* — oder durch ein Adjectivum mit Hinzufügung von *homo, puer* und dgl. ausgedrückt.

sane strenue] Ein andermal brauchte ein Brief, der ungewöhnlich lange unterwegs war, nach Athen 46 Tage; ad fam. XVI, 21, 1.

cupiamus] *Qui* hat hier die Bedeutung von *cum;* ad Att. II, 16, 2: *qui quidem etiam istuc adduci potuerit*, da er sogar dahin hat gebracht werden können.

beremus. Tu velim, quod commodo valetudinis tuae fiat, quam longissime poteris, obviam nobis prodeas.

2 De hereditate Preciana, quae quidem mihi magno dolori est, — valde enim illum amavi, — sed hoc velim cures, si auctio ante meum adventum fiet, ut Pomponius, aut, si is minus poterit, Camillus nostrum negotium curet; nos cum salvi venerimus, reliqua per nos agemus. Sin tu iam Roma profecta eris, tamen curabis, ut hoc ita fiat. Nos, si dii adiuvabunt, circiter Idus Novembres in Italia speramus fore. Vos, mea suavissima et optatissima Terentia, si nos amatis, curate ut valeatis. Vale. Athenis a. d. xv Kalendas Novembres.

EPISTOLA II.
(AD FAM. XVI, 1.)

TULLIUS TIRONI SUO S. P. D. CICERO MEUS ET FRATER ET FRATRIS F.

1 Paullo facilius putavi posse me ferre desiderium tui, sed plane non fero; et quamquam magni ad honorem nostrum interest quam primum ad urbem me venire, tamen peccasse mihi videor, qui a te discesserim. Sed quia tua voluntas ea videbatur esse, ut prorsus nisi confirmato corpore nolles navigare, approbavi tuum consilium neque nunc muto, si tu in eadem es sententia. Sin autem, postea quam cibum cepisti, videris tibi posse

2. *De hereditate Preciana*] Der Rechtsgelehrte Precianus hatte Cicero zum Erben eingesetzt.

sed hoc velim] Ueber *sed* s. II, 19, 3.

Camillus] ad fam. V, 20, 3: *de Volusio quod scribis, non est id rationum; docuerunt enim me periti homines, in his cum omnium peritissimus tum mihi amicissimus C. Camillus, ad Volusium transferri nomen a Valerio non potuisse, praedes Valerianos teneri.*

Vos] Terentia und Tullia.

EPISTOLA II.

M. Tullius Tiro, früher Sklave, dann Freigelassener des Cicero und diesem durch seine Treue und Gelehrsamkeit sehr werth, war in Patrae in Achaia krank zurückgeblieben. Der Brief ist am 3. November 50 geschrieben; am Tage vorher war Cicero aus Patrae abgereist. Wie hier in *Cicero meus* findet sich die erste Person auch in der Ueberschrift zu ad fam. III, 11: *Cicero Appio Pulchro, ut spero, censori s. d.*

1. *ad honorem nostrum*] die Ehre des Triumphs, die Cicero noch vor dem Anfang des Bürgerkriegs zu erlangen hoffte.

neque nunc muto] nämlich *tuum consilium*; ich ändere deinen Entschluss nicht, d. i. ich billige ihn.

cibum cepisti] nicht: du hast etwas Speise zu dir genommen, sondern: dein Magen hat die Speise angenommen.

me consequi, tuum consilium est. Marionem ad te eo misi, ut aut tecum ad me quam primum veniret, aut, si tu morarere, statim ad me rediret. Tu autem hoc tibi persuade, si commodo va- **2** letudinis tuae fieri possit, nihil me malle quam te esse mecum; si autem intelleges opus esse te Patris convalescendi causa paullum commorari, nihil me malle quam te valere. Si statim navigas nos Leucade consequere; sin te confirmare vis, et comites et tempestates et navem idoneam ut habeas diligenter videbis. Unum illud, mi Tiro, videto, si me amas, ne te Marionis adventus et hae litterae moveant. Quod valetudini tuae maxime conducet, si feceris, maxime obtemperaris voluntati meae. Haec pro **3** tuo ingenio considera. Nos ita te desideramus, ut amemus; amor, ut valentem videamus, hortatur, desiderium, ut quam primum. Illud igitur potius. Cura ergo potissimum, ut valeas; de tuis innumerabilibus in me officiis erit hoc gratissimum. III Nonas Novembres.

EPISTOLA III.
(AD FAM. XVI, 9.)
TULLIUS ET CICERO TIRONI SUO S. P. D.

Nos a te, ut scis, discessimus a. d. IV Non. Novembr., Leu- **1** cadem venimus a. d. VIII Idus Novembr., a. d. VII Actium. Ibi

Marionem] ein Sklave des Cicero; ad fam. XVI, 5.

2. *commodo valetudinis*] der ablativus modi; ad fam. I, 1, 3: *tibi decernit, ut regem reducas, quod commodo rei publicae facere possis;* IV, 2, 4: *tu, quod tuo commodo fiat, quam primum velim venias.*

si autem intelleges] im Vordersatze eines Bedingungssatzes in der indirecten Rede ausnahmsweise der Indicativ, wie ad fam. XVI, 2: *tantum scribo, et tibi et mihi maximae voluptati fore, si te firmum quam primum videro;* ad Att. VII, 3, 11: *puto enim, in senatu si quando praeclare pro re publica dixero, Tartessium istum tuum mihi exeunti* (dicturum esse); ad Att. VIII, 12, C: *nolito commoveri, si audieris me regredi, si forte Caesar ad me veniet;* ad fam. V, 12, 3: *rogo, gratiam, si me tibi vehementius commendabit, ne aspernere.* S. zu I, 2, 4; II, 2, 4.

Leucade] Leucas, eine Stadt in Akarnanien auf der Leukadischen Halbinsel.

3. *pro tuo ingenio*] überlege es reiflich, wie es bei deiner Einsicht nicht anders zu erwarten ist.

Nos ita te desideramus] ita beschränkend: nur so, nur so weit.

EPISTOLA III.
Der Brief ist in Brundisium wahrscheinlich am 28. November 50 geschrieben. In den ersten Tagen des December reiste Cicero weiter nach Rom.

propter tempestatem a. d. vi Idus morati sumus. Inde a. d. v Idus Corcyram bellissime navigavimus. Corcyrae fuimus usque a. d. xvi Kalend. Decembr. tempestatibus retenti. A. d. xv Kalend. in portum Corcyraeorum ad Cassiopen stadia cxx processimus. Ibi retenti ventis sumus usque a. d. ix Kalendas. Interea, qui cupide profecti sunt, multi naufragia fecerunt. Nos eo die caenati solvimus. Inde austro lenissimo caelo sereno nocte illa et die postero in Italiam ad Hydruntem ludibundi pervenimus; eodemque vento postridie,— id erat a. d. vii Kalend. Decembr.— hora quarta Brundisium venimus; eodemque tempore simul nobiscum in oppidum introiit Terentia, quae te facit plurimi. A. d. v Kalend. Decembr. servus Cn. Plancii Brundisii tandem aliquando mihi a te exspectatissimas litteras reddidit datas Idibus Novembr., quae me molestia valde levarunt. Utinam omnino liberassent! Sed tamen Asclapo medicus plane confirmat propediem te valentem fore. Nunc quid ego te horter, ut omnem diligentiam adhibeas ad convalescendum? Tuam prudentiam, temperantiam, amorem erga me novi; scio te omnia facturum, ut nobiscum quam primum sis; sed tamen ita velim, ut ne quid properes. Symphoniam Lysonis vellem vitasses, ne in quartam hebdomada incideres. Sed quoniam pudori tuo maluisti obsequi quam valetudini, reliqua cura. Curio misi, ut medico honos

2. *postridie, id erat*] *Id erat* ist hier gebraucht wie *id est*. Gewöhnlich wird gesagt *is erat:* ad Att. IV, 1, 5: *postridie in senatu, qui fuit dies Non. Sept.;* in Cat. I, 3, 7: *certo die, qui dies futurus esset a. d. VI Kal. Nov.;* Caes. bell. Gall. I, 6: *is dies erat a. d. V Kal. Apr.*

3. *Nunc quid ego te horter*] Was soll ich dich unter solchen Umständen noch ermahnen achtsam zu sein auf deine Gesundheit? Ich kenne ja deine Klugheit; ich weiss auch u. s. w. Indessen das wünschte ich doch, dass du nichts übereiltest. Auch hätte ich es gern gesehen u. s. w.

Symphoniam Lysonis] ein musikalisches Gastmahl, wozu Lyso, ein Gastfreund Ciceros in Patrae, Tiro eingeladen hatte. Auch die Römer hatten bei grossen Gastmäblern Musik und hielten eigens hierzu Sclaven, die symphoniaci hiessen.

in quartam hebdomada] Die Römer hatten nicht siebentägige Wochen. Der Ausdruck *hebdomas* wurde von Astronomen und Aerzten gebraucht und bezeichnete bei den letzteren eine Krankheitsperiode; denn der siebente Tag galt für einen kritischen. Censor. de die natali 14: *ut in morbis dies septimi suspecti sunt ac κρίσιμοι dicuntur, ita per omnem vitam septimum quemque annum periculosum et velut κρίσιμον esse et κλιμακτηρικὸν vocari.* Gellius N. A. III, 10, 14: *discrimina periculorum in morbis maiore vi fieri putat in diebus, qui conficiuntur ex numero septenario, eosque dies omnium maxime, ita ut medici appellant, κρισίμους (. Cui) videri primam hebdomadam et secundam et tertiam.*

pudori tuo] deinem Zartgefühl.

Curio misi] Mittere, melden; ad Att. II, 25, 1: *ei te hoc scribere a*

haberetur et tibi daret, quod opus esset; me, cui iussisset, curaturum. Equum et mulum Brundisii tibi reliqui. Romae vereor ne ex Kal. Ian. magni tumultus sint. Nos agemus omnia modice. Reliquum est, ut te hoc rogem et a te petam, ne temere naviges. 4 Solent nautae festinare quaestus sui causa. Cautus sis, mi Tiro. Mare magnum et difficile tibi restat. Si poteris, cum Mescinio; caute is solet navigare: si minus, cum honesto aliquo homine, cuius auctoritate navicularius moveatur. In hoc omnem diligentiam si adhibueris teque nobis incolumem stiteris, omnia a te habebo. Etiam atque etiam, noster Tiro, vale. Medico, Curio, Lysoni de te scripsi diligentissime. Vale, salve.

EPISTOLA IV.
(AD ATT. VII, 3.)
CICERO ATTICO S.

A. d. VIII Id. Decembr. Aeculanum veni et ibi tuas litteras 1

me tibi esse missum sane volo; XIII, 10, 3: *hodie Spintherem exspecto; misit enim Brutus ad me.*

me, cui iussisset, curaturum] nämlich *pecuniam solvendam;* also: ich würde das ausgelegte Geld an den zahlen lassen, den er auf mich anweisen würde.

ex Kal. Ian.] *ex* gewöhnlich von der Vergangenheit seit, hier von der Zukunft von da an. S. zu II, 14, 5.

4. *Cautus sis*] Gewöhnlich wird die zweite Person coniunct. praes. nur dann für den Imperativ gebraucht, wenn das Subject unbestimmt (man) ist; aber in den Briefen finden sich viele Abweichungen von dieser Regel; z. B. ad Att. V. 10, 5: *cum primum poteris, tua consilia ad me scribas;* VI, 9, 5: *tu mihi, ut polliceris, de Tulliola perscribas;* XII, 29, 2: *cum his communices quanto opere et quare velim hortos;* IX, 18, 3: *tu, malum, inquies, actum ne agas;* XIII, 23, 3: *ne existimes, eos, qui non debita consectari soleant, quod debeatur, remissuros.*

cum Mescinio] sc. *naviga.* Q. Mescinius Rufus war Ciceros Quästor in Cilicien gewesen.

incolumem stiteris] ad Att. X, 16, 6: *tu, quoniam quartana cares, ... te vegetum nobis in Graecia siste. Sistere* in der Gerichtssprache: einen zu einem Termin stellen: pro Quint. 7, 29: *ita tum disceditur, ut Idibus Sept. P. Quinctium sisti Sex. Alfenus promitteret.*

EPISTOLA IV.

Den Brief hat Cicero auf der Reise von Brundisium nach Rom geschrieben am 9. December 50 auf dem Trebulanum, einem Gute seines Freundes Pontius in Samnium.

1. *Aeculanum*] ein Ort östlich von Benevent im Lande der Hirpiner an der via Appia. Diese schönste Kunststrasse der Römer war in der Strecke von Rom nach Capua vom Censor Appius Claudius Caecus ums Jahr 312 v. Ch. erbaut worden. Später wurde sie verlängert erst nach Benevent und dann über Venusia und Tarent nach Brundisium.

legi, quas Philotimus mihi reddidit. E quibus hanc primo adspectu voluptatem cepi, quod erant a te ipso scriptae; deinde earum accuratissima diligentia sum mirum in modum delectatus. Ac primum illud, in quo te Dicaearcho assentiri negas, etsi cupidissime expetitum a me sit et approbante te, ne diutius anno in provincia essem, tamen non est nostra contentione perfectum. Sic enim scito, verbum in senatu factum esse nunquam de ullo nostrum, qui provincias obtinuimus, quo in iis diutius quam ex senatus consulto maneremus; ut iam ne istius quidem rei culpam sustineam, quod minus diu fuerim in provincia quam fortasse
2 fuerit utile. Sed, QUID SI HOC MELIUS? saepe opportune dici videtur, ut in hoc ipso. Sive enim ad concordiam res adduci potest sive ad bonorum victoriam, utriusvis rei me aut adiutorem velim esse aut certe non expertem. Sin vincuntur boni, ubicunque essem, una cum iis victus essem. Quare celeritas nostri reditus ἀμεταμέλητος debet esse. Quodsi ista nobis cogitatio de triumpho iniecta non esset, quam tu quoque approbas, nae tu haud multum requireres illum virum, qui in VI libro infor-

---

Um diese Zeit war sie schon vollendet; ad Att. VIII, 11, C: *censeo, via Appia iter facias et celeriter Brundisium venias.*

a te ipso scriptae] du also wieder gesund bist.

Dicaearcho] Dicaearchus, ein Schüler des Aristoteles, (*peripateticus magnus et copiosus* Cic. de off. II, 5) hielt es für die Pflicht des Weisen in öffentlichen Aemtern dem Staate zu dienen. *Illud*, erklärt durch *ne diutius* cet., das Fernbleiben von den Staatsgeschäften, was Dicaearch missbilligt, Atticus aber mit Epicur billigt.

de ullo nostrum] d. i. von denen, welche im J. 51 nach der lex Pompeia durch einen Senatsbeschluss Provinzen auf ein Jahr erhalten hatten. S. II, 6. 1; II, 10, 4.

ne istius quidem rei] Da der Senat mir die Provinz ausdrücklich auf ein Jahr verliehen und in dieser Sache seitdem nichts weiter beschlossen hat, so ist es nicht meine Schuld, dass ich die Provinz nicht noch ein zweites Jahr verwaltet habe. Selbst darin kann ich nicht getadelt werden, dass ich nicht einmal den Nachfolger abgewartet habe, denn, wenn ich es gethan hätte, würde ich gegen den Senatsbeschluss gehandelt haben. Früher, als die lex Cornelia de provinciis galt, war das anders; denn damals wurde das imperium ertheilt, *donec successum esset.*

2. *Quid si hoc melius?*] eine sprüchwörtliche Redensart; ad fam. XIII, 47: *illa nostra scilicet ceciderunt. Utamur igitur vulgari consolatione: Quid si hoc melius?* Wer weiss, ob es nicht so besser ist, dass ich die Provinz verlassen habe, obgleich meine Anwesenheit dort wegen des drohenden parthischen Krieges von Nutzen sein konnte.

haud multum requireres] Dann würde ich selbst ein solcher Mann sein, wie ich ihn im 6. Buche de re publica aufgestellt habe; denn ich würde frei über die Republik reden können und nicht zu flirchten brauchen bei irgend einem damit anzustossen.

matus est. Quid enim tibi faciam, qui illos libros devorasti? Quin nunc ipsum non dubitabo rem tantam abiicere, si id erit rectius. Utrumque vero simul agi non potest, et de triumpho ambitiose et de re publica libere. Sed ne dubitaris, quin, quod honestius, id mihi futurum sit antiquius. Nam quod putas utilius esse, vel mihi quod tutius sit, vel etiam ut rei publicae prodesse possim, me esse cum imperio; id coram considerabimus 3

Quid enim tibi faciam] denn warum sollte ich dir es jetzt thun, d. i. das Bild eines solchen Mannes noch einmal entwerfen. *Facio* drückt die Thätigkeit, die vorher durch das eigentliche Wort bezeichnet worden ist, allgemein aus und nimmt dann den Casus dieses Wortes zu sich, wie Cic. de fin. II, 24, 79: *vadem te ad mortem tyranno dabis pro amico, ut Pythagoreus ille Siculo fecit tyranno?*

nunc ipsum] = *hoc ipso tempore*. So ad Att. VIII, 9, 2, XII, 16: *nunc ipsum;* de fin. II, 20, 65: *tum ipsum, cum.*

de re publica libere] nämlich *loqui*. In den Briefen werden häufig die Verba weggelassen, wenn der Empfänger sie leicht ergänzen kann entweder aus dem Zusammenhange oder aus der Lage der Dinge, von denen die Rede ist; z. B. ad Att. VIII, 9, 2: *sed apertius* (loquor), *quam proposueram;* X, 12, 2: *sed satis lacrimis* (datum est); XI, 4, 1: *cetera Celer* (narrabit): ad fam. IX, 18, 4: *satius est hic cruditate quam istic fame* (perire): ad Att. XIII, 2, 1: *Pisonem sicubi* (poteris, conveni, ut) *de auro* (conficias); XIII, 21, 2: *quid possum de Torquato, nisi aliquid a Dolabella? Quod simulac, continuo scietis;* — oder aus dem Briefe, der beantwortet wird: ad Att. VI, 9, 5: *quo die, ut scribis, Caesar Placentiam legiones quattuor* (adducturus erat); VIII, 9, 2: *siquidem vos duo tales ad quintum miliarium* (Caesari obviam ituri estis), — oder endlich wenn es eine bekannte Redensart ist; z. B. ad Att. XVI, 12: *sed*

quid tibi dicam? Bonum animum (habeamus); XVI, 14, 3: *sed, ut aliud ex alio* (mihi occurrit), *mihi non est dubium, quin, quod Graeci καθῆκον, nos officium;* XV, 20, 3: *sed acta missa* (faciamus); XIII, 52: *rationes, opinor, cum Balbo* (putavit).

3. *vel mihi*] zu *quod tutius sit* zu ziehen. Es ist sehr gewöhnlich, dass in Nebensätzen mehrere Wörter vor der Conjunction stehen; z. B. ad fam. II, 16, 5: *in urbe dum fuit;* VI, 8, 1: *ut hoc mihi darent, tibi in Sicilia, quoad vellemus, esse uti liceret;* ad Att. XIII, 18: *in Tusculano cum essem;* XV, 12, 1: *ut non dubitares, essent quin otiosi futuri;* XVI, 15, 5: *cum tanta reliqua sint, ne Terentiae quidem adhuc quod solvam, expeditum est.*

me esse cum imperio] Die Proconsuln verloren das Imperium, sobald sie die Stadt betraten; es stand also bei Cicero, ob er das Imperium noch behalten oder es niederlegen wollte; ad Att. VII, 7, 4: *de honore nostro* (Triumph), *nisi quid occulte Caesar per suos tribunos molitus erit, cetera videntur esse tranquilla. Tranquillissimus autem animus meus, qui totum istuc aequi boni facit, et eo magis, quod iam a multis audio constitutum esse Pompeio et eius consilio in Siciliam me mittere, quod imperium habeam. Id est Ἀβδηριτικόν. Nec enim senatus decrevit nec populus iussit me imperium in Sicilia habere. Sin hoc res publica ad Pompeium defert, qui me magis quam privatum aliquem mittat? Itaque, si hoc impe-*

quale sit; habet enim res deliberationem, etsi ex parte magna tibi assentior. De animo autem meo erga rem publicam, bene facis, quod non dubitas; et illud probe iudicas, nequaquam satis pro meis officiis, pro ipsius in alios effusione illum in me liberalem fuisse, eiusque rei causam vere explicas, et eis, quae de Fabio Caninioque acta scribis, valde consentiunt. Quae si secus essent totumque se ille in me profudisset, tamen illa, quam scribis, custos urbis me praeclarae inscriptionis memorem esse cogeret nec mihi concederet, ut imitarer Volcatium aut Servium, quibus tu es contentus, sed aliquid nos vellet nobis dignum et sentire et defendere. Quod quidem agerem, si liceret, alio modo ac nunc

4 agendum est. De sua potentia dimicant homines hoc tempore periculo civitatis. Nam, si res publica defenditur, cur ea consule isto ipso defensa non est? cur ego, in cuius causa rei publicae salus consistebat, defensus postero anno non sum? cur imperium illi aut cur illo modo prorogatum est? cur tantopere pugnatum est, ut de eius absentis ratione habenda x tr. pl. ferrent?

rium mihi molestum erit, utar ea porta, quam primam videro.

illum] Caesarem. Was über dessen Legaten C. Fabius (Caes. bell. Gall. V, 24) und C. Caninius Rebilus (ib. VII, 83) in dieser Zeit verhandelt worden ist, ist unbekannt.

se ille in me profudisset] wenn er sich auch ganz zu meinen Gunsten verausgabt hätte. Aehnlich de orat. II, 78, 317: *nihil est in natura rerum omnium, quod se universum profundat et quod totum repente evolet.* Gewöhnlich sagt man *pecuniam profundere in aliquam rem* und *se profundere* entweder allein in der Bedeutung hervorstürzen oder mit *in questus* u. dgl. in Klagen ausbrechen.

custos urbis] Bei seinem Abgang in die Verbannung hatte Cicero im Tempel des Juppiter auf dem Capitol eine kleine Bildsäule der Minerva aufgestellt mit der Inschrift *custos urbis*. Die andere Inschrift, der er jetzt eingedenk sein will, kennen wir nicht.

Volcatium aut Servium] L. Volcatius Tullus cos. 66 und Ser. Sulpicius Rufus cos. 51 hielten sich damals noch zu den Optimaten, erklärten sich aber nicht entschieden gegen Caesar, um für alle Fälle gesichert zu sein.

4. *res publica defenditur*] nämlich von Pompeius. Vergleiche zu der ganzen Stelle III, 9, 3.

consule isto ipso] in Caesars Consulate, wo der Grund zu allen diesen Verwirrungen gelegt wurde. Im Jahre nach Caesars Consulat war Cicero verbannt worden.

illo modo prorogatum est] Durch ein mit Gewalt durchgebrachtes Gesetz der Consuln Pompeius und Crassus war im Jahre 55 dem Caesar das imperium, das er im J. 59 durch die lex Vatinia auf 5 Jahre, d. i. bis zum ersten März 54, erhalten hatte, auf weitere 5 Jahre verlängert worden, d. i. bis zum ersten März 49.

ut de eius absentis] Cicero meint das unter Pompeius Mitwirkung zu Stande gekommene Gesetz der 10 Tribunen vom J. 52. Suet. Caes. 26: *cum senatus unum consulem nominatimque Cn. Pompeium fieri censuisset, egit* (Caesar) *cum tribunis plebis collegam se Pompeio destinantibus, id potius ad populum fer-*

His ille rebus ita convaluit, ut nunc in uno civi spes ad resistendum sit, qui mallem tantas ei vires non dedisset, quam nunc tam valenti resisteret. Sed quoniam res eo deducta est, non quae- 5 ram, ut scribis, ποῦ σκάφος τὸ τῶν Ἀτρειδῶν; Mihi σκάφος unum erit, quod a Pompeio gubernabitur. Illud ipsum, quod ais, 'Quid fiet, cum erit dictum: DIC M. TULLI'? — Σύντομα, CN. POMPEIO ASSENTIOR. Ipsum tamen Pompeium separatim ad concordiam hortabor. Sic enim sentio, maximo in periculo rem esse. Vos scilicet plura, qui in urbe estis. Verumtamen hoc video, cum homine audacissimo paratissimoque negotium esse, omnes damnatos, omnes ignominia affectos, omnes damnatione ignominiaque dignos illac facere, omnem fere iuventutem, omnem illam urbanam ac perditam plebem, tribunos valentes addito C. Cassio, omnes, qui aere alieno premantur, quos plures esse intellego quam putaram — causam solum illa causa non habet, ceteris rebus abundat —; hic omnia facere omnes, ne

rent, ut absenti sibi quandoque imperii tempus expleri coepisset petitio secundi consulatus daretur, ne ea causa maturius et imperfecto adhuc bello decederet.
5. ποῦ σκάφος] wo ist das Schiff der Atriden? d. i. der sicherste Platz.
Illud ipsum] als wenn fortgefahren werden sollte: wird keine Schwierigkeiten haben, denn ich werde sagen. Aber die dazwischen tretende Frage bewirkt, dass Cicero die angefangene Construction fallen lässt. Ebenso ad fam. IX, 7, 2: *istuc ipsum de Baiis, nonnulli dubitant, an per Sardiniam veniat.* Häufiger steht in diesem Falle freilich *de illo*; z. B. ad Att. V, 4, 2: *de illo, quod Chaerippus; o provincia! etiamne hic mihi curandus est?* Indessen weit härter ist doch noch die Structur Tusc. IV, 36, 77: *ira, quae, quamdiu perturbat animum, dubitationem insaniae non habet, cuius impulsu exsistit etiam inter fratres tale iurgium* cet.; denn hier fehlt nicht nur auch das Prädicat zu *ira*, sondern es folgt auch die Fortsetzung des unterbrochenen Gedankens erst im

3. Paragraph darauf.
illac facere] Wie *stare* und *esse ab aliquo*, kann man auch sagen *facere ab aliquo*, auf Jemandes Seite sein. Da nun *qua, hac, illac* gleich sind *in hac via* oder *parte* und manchmal auch *ab hac parte*, so kann man auch sagen *illac facere*, auf jener Seite stehen.
tribunos valentes] namentlich M. Antonius und Q. Cassius Longinus, die nachher in Sklavenkleidern zum Caesar entflohen und ihm so den erwünschten Vorwand zum Bürgerkrieg gaben. Von C. Cassius Longinus, der ebenfalls Tribun war, nahm man auch an, er werde es mit dem Caesar halten, aber er trat auf die Seite des Pompeius.
hic omnia facere omnes] abhängig von *video; hic* auf der Seite der Pompeianer. Allerdings klagt Cicero oft, die Pompeianer suchten den Krieg; z. B. ad fam. IX, 6, 2: *vidi enim nostros amicos cupere bellum, hunc autem* (Caesarem) *non tam cupere quam non timere;* XVI, 12, 2: *equidem ut veni ad urbem, non destiti omnia et sentire et dicere et facere, quae ad concordiam pertinerent; sed mirus invaserat furor non so-*

armis decernatur, quorum exitus semper incerti, nunc enimvero in alteram partem magis timendi. Bibulus de provincia decessit, Veientonem praefecit, in decedendo erit, ut audio, tardior. Quem cum ornavit Cato, declaravit iis se solis non invidere, quibus nihil aut non multum ad dignitatem posset accedere.

6   Nunc venio ad privata. Fere enim respondi tuis litteris de re publica et iis, quas in suburbano, et iis, quas postea scripsisti. Ad privata venio. Unum etiam de Caelio. Tantum abest, ut meam ille sententiam moveat, ut valde ego ipsi, quod de sua sententia decesserit, paenitendum putem. Sed quid est, quod ei
7 vici Lucceii sint addicti? Hoc te praetermisisse miror. De Philotimo faciam equidem, ut mones. Sed ego mihi ab illo non rationes exspectabam, quas tibi edidit, verum id reliquum, quod

lum improbis, sed etiam iis, qui boni habentur, ut pugnare cuperent, me clamante nihil esse bello civili miserius; indessen nicht selten schiebt er auch die Schuld den Krieg gesucht zu haben lediglich auf die Caesarianer; z. B. ad Att. VII, 6, 2: *de re publica valde timeo nec adhuc fere inveni, qui non concedendum putaret, quod postularet, potius quam depugnandum.*

in alteram partem] *exitus in alteram partem*, ein günstiger Ausgang des Kampfes für Caesar. *Magis timendi* bedeutet nicht: der Sieg Caesars ist mehr zu fürchten als der des Pompeius, sondern: es ist mehr Grund vorhanden, einen Sieg Caesars zu fürchten, als einen glücklichen Ausgang des Streits für Pompeius zu hoffen. *Timere aliquid* kann eben sowohl bedeuten: ich fürchte etwas, d. h. dass es mir Nachtheil bringen wird, als auch: ich fürchte, dass etwas, was mir nachtheilig ist, eintreten wird. So heisst ad fam. I, 5 A, 2: *in eiusmodi perturbatione rerum omnia sunt metuenda* nicht: alles, was geschieht, ist zu fürchten; sondern: es ist zu fürchten, dass alles mögliche Unheil geschieht.

Veientonem praefecit] Veiento, dem die interimistische Verwaltung Syriens anvertraut wurde, war Legat des Bibulus. Gewöhnlich erhielt dies Geschäft der Quästor; aber der Quästor Sallustius war im Begriff abzugehen, und sein Nachfolger Marius war noch nicht angekommen; s. ad fam. II, 17.

Quem cum ornavit Cato] Cato hatte dafür gestimmt, dass für die Siege des Bibulus ein zwanzigtägiges Dankfest angeordnet würde. Bei Cicero hatte er gegen die supplicatio gestimmt, wie Cicero annahm, aus Neid.

non invidere quibus] Cato beneidet nur die nicht, die immer unbedeutend bleiben, auch wenn sie mit Ehren überhäuft werden.

6. *Unum etiam de Caelio*] eins noch; nämlich was sich auf die öffentlichen Angelegenheiten bezieht. Ter. Eun. V, 8, 54: *unum etiam vos oro, ut cet.* Caelius war zum Caesar übergegangen.

vici Lucceii sint addicti] Etwas Näheres darüber ist nicht bekannt.

7. *id reliquum*] *Reliquum*, öfter *reliqua*, der nach dem Abschluss der Rechnung bleibende Bestand, der Ueberschuss; ad Att. XVI, 15, 5: *cum enim tanta reliqua sint, ne Terentiae quidem adhuc quod solvam, expeditum est.* Philotimus, ein Freigelassener der Terentia, dem Cicero die Verwaltung seines Ver-

ipse in Tusculano me referre in commentarium mea manu voluit quodque idem in Asia mihi sua manu scriptum dedit. Id si praestaret, quantum mihi aeris alieni esse tibi edidit, tantum et plus etiam ipse mihi deberet. Sed in hoc genere, si modo per rem publicam licebit, non accusabimur posthac; neque hercule antea neglegentes fuimus, sed amicorum multitudine occupati. Ergo utemur, ut polliceris, et opera et consilio tuo nec tibi erimus, ut spero, in eo molesti. De serperastris cohortis meae nihil est 8 quod doleas. Ipsi enim se collegerunt admiratione integritatis meae. Sed me moverat nemo magis quam is, quem tu neminem putas. Idem et initio fuerat et nunc est egregius. Sed in ipsa decessione significavit sperasse se aliquid; et id, quod animum induxerat paullisper, non tenuit, sed cito ad se rediit meisque honorificentissimis erga se officiis victus pluris ea duxit quam omnem pecuniam. Ego a Curio tabulas accepi, quas mecum 9 porto. Hortensii legata cognovi. Nunc aveo scire quid hominis sit et quarum rerum auctionem instituat. Nescio enim cur, cum portam Flumentanam Caelius occuparit, ego Puteolos non meos faciam.

Venio ad *Piraeea,* in quo magis reprehendendus sum, quod 10 homo Romanus *Piraeea* scripserim, non *Piraeum*, — sic enim omnes nostri locuti sunt, — quam quod *in* addiderim. Non enim hoc ut oppido praeposui, sed ut loco; et tamen Dionysius

mögens während seiner Abwesenheit unter der Oberaufsicht des Atticus übertragen hatte, hatte bei Atticus eine viel ungünstigereRechnung eingereicht, als Cicero nach dem bei seiner Abreise vorhandenen Ueberschusse erwarten konnte. Nach Cicero war dieser so gross, dass die Schulden, welche nach Philotimus Rechnung vorhanden waren, mehr als gedeckt wurden.

8. *De serperastris*] *serperastra, orum* sind Knieschienen zum Geraderichten der krummen Beine bei Kindern. Der Sinn ist: über die scharfen Zügel, die ich meinem Gefolge angelegt habe, (nämlich um ihre Habsucht zu bändigen,) brauchst du dir keine Sorge zu machen; denn die Leute selbst haben sie unnöthig gemacht.

9. *a Curio tabulas accepi*] ad Att. VII, 2, 3: *eius* (Curii) *testamentum deporto trium Ciceronum signis obsignatum cohortisque praetoriae; fecit palam te ex libella, me ex teruncio.*

Hortensii legata] Die Legate, die Hortensius zu zahlen hat, der Sohn des berühmten Redners, welcher Mitte Juni 50 gestorben war.

Puteolos non meos faciam] Cicero wollte zu seinem Puteolanum das Landgut des Hortensius ebendaselbst zukaufen. Er meint: wenn Caelius, der aus Puteoli gebürtig ist, die porta Flumentana (vielleicht die oben erwähnten vici Lucceii) in seinen Besitz bringen kann, warum sollte ich nicht mich Puteolis bemächtigen.

10. *et tamen*] ich würde sehr zu tadeln sein, wenn ich den Piraeus für eine Stadt gehalten und *in* hin-

noster, qui est nobiscum, et Nicias Cous non rebatur oppidum esse Piraeea. Sed de re videro. Nostrum quidem si est peccatum, in eo est, quod non ut de oppido locutus sum, sed ut de loco, secutusque sum, non dico Caecilium,
 Mane ut ex portu in Piraeum,
— malus enim auctor Latinitatis est, — sed Terentium, cuius fabellae propter elegantiam sermonis putabantur a C. Laelio scribi,
 Heri aliquot adolescentuli coimus in Piraeum,
et idem,
 Mercator hoc addebat, captam e Sunio.
Quod si δήμους oppida volumus esse, tam est oppidum Sunium quam Piraeus.

Sed, quoniam grammaticus es, si hoc mihi ζήτημα persol-

zugefügt hätte; aber ich meinte, es wäre ein Bezirk, eine Gemeinde (δῆμος, deren es 174 in Attika gab). Das mag ein Irrthum sein, indessen u. s. w. Ebenso *in Piraeea* hat Cicero geschrieben ad Att. VI, 9, 1. Dionysius war der Lehrer von Ciceros Sohn, Nicias Curtius aus Cos war ein Grammatiker, erst im Gefolge des Pompeius, nachher besonders vertraut mit Dolabella, Ciceros Schwiegersohn.

Sed de re videro] Das Futurum exactum setzt man in Hauptsätzen, um anzuzeigen, dass die Handlung vollendet sein wird vor oder gleichzeitig mit einer anderen zukünftigen Handlung. Diese andere liegt entweder in einem eignen Satze oder in einem Satztheile oder kann aus dem Zusammenhange ergänzt werden; z. B. Cic. ad Att. V, 1, 3: *tu invita mulieres, ego accivero pueros;* Liv. XXVI, 43, 3: *in una urbe universam ceperitis Hispaniam.* Hier: ich werde die Sache untersuchen und, wenn wir wieder einmal davon reden, werde ich im Reinen damit sein. Zwei Futura exacta, eins im Haupt-, eins im Nebensatze, werden gesetzt, wenn die Nebenhandlung zwar vor der Hauptbandlung angefangen hat, diese aber in demselben Moment, wo jene, oder doch gleich darauf vollendet ist; z. B. ad fam. XIII, 65, 2: (*si Ilisponem ornaris*), *et ex sociorum gratia maximum fructum capies* (nämlich nach und in Folge jener That) *et me summo beneficio afficeris* (eben mit der That); ad fam. X, 14, 2: *quod si erit factum, et rem publicam divino beneficio afficeris et ipse aeternam gloriam consequere;* ad Att. II, 24, 5: *respiraro, si te videro.*

Caecilium] Caecilius Statius, ein ausgezeichneter Komödiendichter, gestorben 168 v. Chr. Cic. Brut. 74, 258: *Caecilium et Pacuvium male locutos videmus;* de opt. gen. oratorum 1, 2: *itaque licet dicere et Ennium summum epicum poetam, si cui ita videtur, et Pacuvium tragicum et Caecilium fortasse comicum.* P. Terentius Afer, gestorben 159, der bekannte Komödiendichter, von dem wir noch sechs Stücke besitzen. Bei Terenz lauten die von Cicero aus dem Gedächtniss angeführten Stellen: Eunuch. III, 4, 1: *heri aliquot adolescentuli coimus in Piraeo,* und ebenda I, 2, 34 u. 35: *Mercator hoc addebat, e praedonibus, unde emerat, se audisse abreptam e Sunio.*

ζήτημα *persolveris*] Persolvere scherzhaft statt *dissolvere,* weil es eine Geldfrage betraf. Cicero hatte nämlich von Caesar 800000 Sestertien geliehen und fürchtete nun,

veris, magna me molestia liberaris. Ille mihi litteras blandas **11**
mittit. Facit idem pro eo Balbus. Mihi certum est ab honestissima
sententia digitum nusquam. Sed scis illi reliquum quantum
sit. Putasne igitur verendum esse, ne aut obiiciat id nobis aliquis,
si languidius, aut repetat, si fortius? Quid ad haec reperis?
Solvamus, inquis. Age, a Caelio mutuabimur. Hoc tu tamen
consideres velim; puto enim, in senatu si quando praeclare pro
re publica dixero, Tartessium istum tuum'mihi exeunti: iube
sodes nummos curare. Quid superest? Etiam. Gener est suavis **12**
mihi, Tulliae, Terentiae; quantum vis vel ingenii vel humanitatis,
satis est. Reliqua, quae nosti, ferenda. Scis enim quos appetierimus;
qui omnes praeter eum, de quo per te egimus, reum
me facerent; ipsis enim expensum nemo ferret. Sed haec coram;
nam multi sermonis sunt. Tironis reficiendi spes est in M'. Cu-

dass dieser sie zurückfordern möchte, wenn er gegen ihn spräche.

11. *digitum nusquam*] nämlich *discedere*. S. oben § 2.

reliquum quantum sit] wieviel Caesar noch zu fordern hat.

aut obiiciat] einer von den Optimaten; *repetat*, Caesar.

a Caelio mutuabimur] ein Banquier, der sehr hohe Zinsen nahm. Zusammenhang: du sagst, wir wollen zahlen. Wir können nicht, denn wir müssten von Caelius borgen. Dennoch musst du darauf denken, wie wir zahlen können; denn es ist sehr wahrscheinlich, dass das Capital gekündigt werden wird.

dixero] Ueber den Indicativ s. zu III, 2, 2.

Tartessium istum] L. Cornelius Balbus, der Freund und Geschäftsträger des Caesar, war aus Gades gebürtig, weshalb er von Cicero verächtlich der Gaditaner oder der Tartessier genannt wird.

curare] Der blosse Infinitiv nach *iubere*, wie Caes. bell. civ. I, 61, 4: *naves conquirere iubent;* II, 25, 6: *Curio pronuntiare iubet;* ad Att. XVI, 15, 5: *desperatis Hippocrates vetat adhibere medicinam*, u. sonst oft.

12. *Quid superest? Etiam*] Was ist nun noch übrig? habe ich nun noch etwas zu schreiben? Doch. *Etiam* in der bejahenden Antwort so ad Att. II, 6, 2: *aliud quid? etiam;* I, 13, 6: *novi tibi quidnam scribam? quid? etiam;* ad Q. fr. III, 1, 7: *quid praeterea? quid? etiam.*

Gener] P. Cornelius Dolabella; er war geistreich und angenehm, zugleich aber liederlich und tief in Schulden.

est suavis mihi] Der neue Schwiegersohn gefällt mir, seiner Frau und seiner Schwiegermutter. Was man von Geist und Liebenswürdigkeit verlangen mag, hat er in vollem Masse. Die Höhe der Mitgift, zu der ich mich habe entschliessen müssen, muss man sich gefallen lassen. Du weisst, welchen Freiern ich nachgetrachtet habe; sie würden alle mit Ausnahme dessen, über den du die Unterhandlung geführt hast (ad Att. VI, 1, 10), sich wegen des Geldes an mich halten; denn ihnen selbst hätte Niemand etwas geborgt. Also ist Dolabella in dieser Beziehung so gut wie ein Anderer. — Dass *reum facere* recht eigentlich bloss von der finanziellen Verpflichtung (*reus debendi*) gesagt wird, ist bekannt. Th. Mommsen.

rio, cui ego scripsi tibi eum gratissimum facturum. Dat. v Id. Decembr. a Pontio ex Trebulano.

EPISTOLA V.
(AD ATT. VII, 9.)
CICERO ATTICO S.

1 Cotidiene, inquis, a te accipiendae litterae sunt? Si habebo, cui dem, cotidie. At iam ipse ades. Tum igitur, cum venero, desinam. Unas video mihi a te non esse redditas, quas L. Quintius, familiaris meus, cum ferret, ad bustum Basili vulneratus et spoliatus 2 est. Videbis igitur numquid fuerit in his, quod me scire opus sit, et simul tu hoc διευκρινήσεις πρόβλημα sane πολιτικόν: cum sit necesse aut haberi Caesaris rationem illo exercitum vel per senatum vel per tribunos plebis obtinente, — aut persuaderi Caesari, ut tradat provinciam atque exercitum et ita consul fiat, —

EPISTOLA V.
Der Brief ist in den letzten Tagen des Jahres 50 geschrieben in Formianum. Cicero kam dahin VI Kal. Jan.; er gedachte von dort pridie Kal. nach Terracina zu reisen, dann IV Non. Ian. im Albanum des Pompeius und III Non., an seinem Geburtstage, vor Rom zu sein; nachher verschob er aber diese Termine um einen Tag, so dass er pridie Non. vor Rom anlangte.

1. *Cotidiene*] und *at iam ipse ades*, Worte des Atticus.

ad bustum Basili] Asconius zur Miloniana p. 50 Or.: *via Appia est prope urbem monumentum Basili, qui locus latrociniis fuit perinfamis.*

2. *cum sit necesse*] Der Nachsatz folgt erst bei *quod horum malorum* cet. Nach Cicero sind fünf verschiedene Fälle möglich, und der fünfte, der Bürgerkrieg, kann sich verschieden gestalten, je nach der Zeit, wo Caesar die Waffen ergreift, und dem Rechtsgrund, den er für sich geltend macht, und dem Kriegsplan, den die Optimaten verfolgen. Weil dieses mögliche Modificationen des fünften Falles sind, heisst es *illum autem initium facere*, dass dann aber jener; weil ferner *illum autem initium facere — et ire ad arma — et suscepto bello* wegen der Länge der einzelnen Sätze undeutlich sein würde, wird jeder einzelne Satz unmittelbar mit *autem* an den fünften Fall angeschlossen. Dass endlich *tenenda sit* unmittelbar an *cum* angeschlossen und so *necesse sit* in Vergessenheit gekommen ist, ist bei der übergrossen Länge des Satzes nicht auffallend.

haberi Caesaris rationem] Caesars Imperium endete am 1. März 49, und die Consulwahl fand gewöhnlich am Ende des Quintilis Statt. Mit Beibehaltung des Heeres konnte Caesar also nur dann zum Consul gewählt werden, wenn entweder der Senat ihm keinen Nachfolger schickte oder die Tribunen durch ein besonderes Gesetz ihm das Imperium verlängerten.

aut, si id ei non persuadeatur, haberi comitia sine illius ratione illo patiente atque obtinente provinciam, — aut, si per tribunos plebis non patiatur, tamen quiescat, rem adduci ad interregnum, — aut, si ob eam causam, quod ratio eius non habeatur, exercitum adducat, armis cum eo contendere, — illum autem initium facere armorum aut statim nobis minus paratis, aut tum, cum comitiis amicis eius postulantibus, ut e lege ratio habeatur, impetratum non sit, — ire autem ad arma aut hanc unam ob causam, quod ratio non habeatur, aut addita causa, si forte tribunus plebis senatum impediens aut populum incitans notatus aut senatus consulto circumscriptus aut sublatus aut expulsus sit dicensve se expulsum ad illum confugerit, — suscepto autem bello aut tenenda sit urbs aut ea relicta ille commeatu et reliquis copiis intercludendus: — quod horum malorum, quorum aliquod certe subeundum est, minimum putes. Dices profecto persuaderi illi, **3** ut tradat exercitum et ita consul fiat. Est omnino id eiusmodi, ut, si ille eo descendat, contra dici nihil possit; idque eum, si non obtinet, ut ratio habeatur retinentis exercitum, non facere miror. Nobis autem, ut quidam putant, nihil est timendum magis quam ille consul. At sic malo, inquies, quam cum exercitu. Certe; sed istud ipsum, dico, magnum malum putat aliquis neque

illo patiente] Ablativi absoluti, obgleich das Subject im Hauptsatz vorkommt, um den Inhalt des Participialsatzes schärfer vom Hauptsatz zu sondern. Dergleichen Abl. absol. finden sich namentlich bei Caesar sehr häufig, aber auch bei Cicero nicht selten; z. B. pro Rosc. Amer. 2, 6: *sese hoc incolumi non arbitratur huius innocentis patrimonium posse obtinere;* pro Deiot. 5, 13: *te Alexandrinum bellum gerente utilitatibus tuis paruit;* pro Sest. 24, 54: *spirante etiam re publica ad eius spolia detrahenda advolaverunt;* pro Cael. 4, 10: *fuit assiduus mecum praetore me.*

per tribunos plebis non patiatur] Die Tribunen konnten vermöge ihres ius intercedendi die Abhaltung der Wahlcomitien verhindern.

e lege] S. zu III, 4, 4.

notatus] *notare* = *reprehendere* oder *ignominia notare;* es geschah, wenn der Senat erklärte, *ea quae facta essent, contra rem publicam facta esse. Circumscribere*, einen in der Ausübung seiner Amtsgewalt beschränken; es geschah, wenn der Senat im Voraus erklärte, *si quis aliter fecisset, eum contra rem publicam facturum* oder *in hostium numero esse habendum. Sublatus* und *expulsus* wurde ein Tribun durch das Decret *videant consules* cet. Vgl. Phil. II, 21, 52: *tum contra te* (Antonium) *dedit arma hic ordo consulibus reliquisque imperiis et potestatibus, quae non effugisses, nisi te ad arma Caesaris contulisses*, und vorher *in te id decrevit senatus, quod in hostem togatum decerni est solitum more maiorum.*

3. *si non obtinet*] S. zu III, 2, 2. *ipsum, dico*] *Dico* eingeschoben, wie *inquam*, kommt öfter vor; z. B. ad Att. VI, 1, 3: *quem etiam amare coeperam, sed, dico, revocavi me;* XIII, 25, 3: *id facile patior teneri; sed, etiam atque etiam dico, tuo*

ei remedium est ullum. Cedendum est, si id volet. Vide consulem illum iterum, quem vidisti consulatu priore. At tum imbecillus plus, inquit, valuit quam tota res publica. Quid nunc putas? Et eo consule Pompeio certum est esse in Hispania. O rem miseram! si quidem id ipsum deterrimum est, quod recusari non potest, et quod ille si faciat, iam iam a bonis omnibus 4 summam ineat gratiam. Tollamus igitur hoc, quo illum posse adduci negant; de reliquis quid est deterrimum? Concedere illi, quod, ut idem dicit, impudentissime postulat. Nam quid impudentius? Tenuisti provinciam per decem annos, non tibi a senatu, sed a te ipso per vim et per factionem datos; praeteriit tempus non legis, sed libidinis tuae, fac tamen legis; ut succedatur decernitur; — impedis et ais: Habe meam rationem. Habe

periculo fiet. Ebenso kann eingeschoben werden *credo, puto* und sogar *scio*; z. B. ad fam. V, 9, 1; ad Att. IX, 9, 3; VIII, 15 A, 3.

putut aliquis] wie nachher bei *inquit* und *ut idem dicit*, Pompeius.

Vide consulem] Lass dir Caesars zweites Consulat gefallen, sieh es mit an. Der Einwand des Atticus *cedendum est* bis *priore* wird widerlegt mit den Worten *at tum bis gratiam.* Die Widerlegung beginnt mit einem Ausspruch des Pompeius.

quid nunc putas?] nämlich *eum valiturum esse. Nunc* im zweiten Consulat.

Pompeio certum est] Caesar wird als Consul übermächtig sein, und Pompeius ist entschlossen dann in seine Provinz zu gehen. Das würde aber die Gutgesinnten dem Caesar gegenüber ganz wehrlos machen.

quod ille si faciat] wofür er, wenn er es thun sollte. Das Relativum ist dem dem Relativsatze untergeordneten Nebensatz eingefügt, wie ad fam. VI, 6, 5: (ea suasi Pompeio), *quibus ille si paruisset,* .... (Caesar) *tantas opes ... non haberet,* und sonst oft. *Iam* und *iam iam* bei Handlungen in der Zukunft: bald, sogleich, im nächsten Augenblick; ad Att. XII, 5, 4: *cum Romae essem et te iam iamque visurum me putarem;* XIV, 22, 1: *ipse iam iamque adero;* XVI, 9: *iam iamque video bellum.*

4. *Tollamus igitur hoc*] nämlich *ut tradat exercitum et ita consul fiat.*

impudentissime postulat] nämlich Verlängerung des Imperiums.

Tenuisti provinciam] Caesars Imperium reichte bis zum ersten März 49, und es war vorauszusehen, dass der Senat in den ersten Tagen des Januar ihm für diesen Termin einen Nachfolger designiren und Caesar diesem Beschluss seine Anerkennung versagen würde. Diesen Fall nimmt Cicero als eingetreten an und sagt *decernitur,* obgleich noch nichts beschlossen war, und *tenuisti provinciam per decem annos,* obgleich dies erst am 1. März der Fall war.

non tibi a senatu] S. zu I, 2, 9.

Habe meam rationem] Caesar konnte sagen: mir ist zwar das Imperium durch die lex Pompeii et Crassi nur bis zum 1. März 49 gegeben; da mir aber durch die lex decem tribunorum das Recht gegeben ist mich abwesend um das Consulat zu bewerben, und da ich gehindert worden bin dies Recht in den letzten Comitien geltend zu machen, so fordert es die Billigkeit, dass ihr mir bis zur Consulwahl das Imperium verlängert. Ueber *meam* s. III, 8, 3.

nostrum. Exercitum tu habeas diutius, quam populus iussit, invito senatu? Depugnes oportet, nisi concedis. Cum bona quidem spe, ut ait idem, vel vincendi vel in libertate moriendi. Iam si pugnandum est, quo tempore, in casu, quo consilio, in temporibus situm est. Itaque te in ea quaestione non exerceo. Ad ea, quae dixi, affer, si quid habes; equidem dies noctesque torqueor.

EPISTOLA VI.
(AD FAM. XVI, 11.)
TULLIUS ET CICERO, TERENTIA, TULLIA, Q. Q. TIRONI
S. PLUR. DIC.

Etsi opportunitatem operae tuae omnibus locis desidero, 1

nostrum] nicht partitiv, wie ad Att. VII, 13 A, 3: *splendor vestrum;* in Cat. III, 12, 29: *custodem huius urbis ac vestrum;* IV Phil. 1, 1: *frequentia vestrum incredibilis.*

EPISTOLA VI.
Der Brief ist geschrieben am 12. Januar 49, in welcher Zeit Cicero als Proconsul vor der Stadt um den Triumph sich bewarb. Q. Q. in der Ueberschrift bedeutet Q. frater, Q. filius. Am 1. Januar war ein Schreiben Caesars im Senat verlesen worden, worin er sich erbot sein Heer zu entlassen und sich in Person um das Consulat zu bewerben, wenn Pompeius und die Optimaten auch entwaffnen würden. Hierauf hatte der Senat beschlossen, Caesar sollte vor einem bestimmten Tage (1. März 49) sein Heer entlassen, widrigenfalls er für einen Feind der Republik angesehen werden würde. Am 2. Januar war über den Einspruch, den die Tribunen M. Antonius und Q. Cassius gegen den Beschluss eingelegt hatten, verhandelt worden, und man hatte beschlossen, es sollte mit den Tribunen über die Zurücknahme der Intercession unterhandelt werden. Den 3. und 4. Januar hatte Pompeius zur Vorbereitung entscheidender Massregeln verwendet. Am 5. und 6. Januar waren die entscheidenden Verhandlungen gewesen; man hatte das Decret gegen Caesar bestätigt, die beiden Tribunen für Feinde des Staats erklärt und den Magistraten unbeschränkte Vollmacht gegeben alles zu thun, was sie zur Rettung des Staats für erforderlich halten würden. In Folge hiervon waren Antonius und Cassius am 7. Januar zu Caesar entflohen.

1. *opportunitatem operae*] Cicero vermisst nicht die ihm günstige Beschaffenheit der Dienste, sondern die Dienste selbst, die ihm so förderlich sind, also *opportunam operam*. S. II, 15, 12. Aber im Lateinischen stehen oft Substantiva für Adiectiva, wenn das dabei stehende Substantivum ohne diese Eigenschaft seine Stelle im Satze entweder gar nicht oder doch nicht so gut behaupten kann. Cic. de divin. II, 72, 148: *superstitio .... hominum imbecillitatem occupavit;* Phil. X, 8, 16: *horum alter nondum ex longinquitate gravissimi morbi recreatus;* ad Att. VIII, 12, 5: *tristitiam illorum temporum non subissem;* Caes. b.

Ciceros ausgew. Briefe. 2. Aufl.

tamen non tam mea quam tua causa doleo te non valere. Sed quoniam in quartanam conversa vis est morbi, sic enim scribit Curius, spero te diligentia adhibita etiam firmiorem fore. Modo fac, id quod est humanitatis tuae, ne quid aliud cures hoc tempore, nisi ut quam commodissime convalescas. Non ignoro quantum ex desiderio labores, sed erunt omnia facilia, si valebis. Festinare te nolo, ne nauseae molestiam suscipias aeger et periculose hieme naviges.

2   Ego ad urbem accessi pridie Nonas Ianuar. Obviam mihi sic est proditum, ut nihil possit fieri ornatius. Sed incidi in ipsam flammam civilis discordiae vel potius belli; cui cum cuperem mederi et, ut arbitror, possem, cupiditates certorum hominum — nam ex utraque parte sunt, qui pugnare cupiant — impedimento mihi fuerunt omnino. Et ipse Caesar, amicus noster, minaces ad senatum et acerbas litteras miserat et erat adhuc impudens, qui exercitum et provinciam invito senatu teneret, et Curio meus illum incitabat. Antonius quidem noster et Q. Cassius nulla vi expulsi ad Caesarem cum Curione profecti erant, posteaquam senatus consulibus, praetoribus, tribunis plebis et

---

civ. I, 64, 4: *etsi timebat tantae magnitudini fluminis exercitum obiicere.*

2. *ad urbem*] Da das Imperium der Proconsuln erlosch, sobald sie in die Thore Roms eintraten, und da sie ohne Imperium nicht triumphiren konnten, so verweilten die, welche sich um einen Triumph bewarben, vor der Stadt, *ad urbem.*

ex utraque parte sunt] Weil das, was wir sehen, gewissermassen von dem Orte ausgeht, wo wir es sehen, so wird in gewissen Verbindungen *unde* und *inde* für *ubi*, *a* und *ex* für *in* gesetzt; z. B. Liv. VII, 3, 5 : *fixa fuit* (lex vetusta) *dextro lateri aedis Iovis optimi maximi*, *ex qua parte Minervae templum est*; XLIV, 40, 5 : *duae cohortes a parte Romanorum erant.*

adhuc impudens] nicht: bis dahin, wo Cicero schrieb, sondern = *eatenus* in so weit, dass er. Aehnlich Caelius ad fam. VIII, 11, 3 : *in unam causam omnis contentio coniecta est, de provinciis; in quam*

adhuc incubuisse cum senatu Pompeius videtur, *ut Caesar Id. Novembr. decedat.*

Antonius quidem] *Quidem* zur Hervorhebung des voranstehenden Wortes: was unsern Antonius betrifft.

nulla vi expulsi] setzt Cicero hinzu, weil es im Interesse der Optimaten lag, dass Caesar nicht, wie er es nachher wirklich that, die widerrechtliche Vertreibung der Tribunen als Rechtsgrund für seine Empörung anführen könnte.

posteaquam senatus] posteaquam mit dem Plusquamperfectum, obgleich eine unmittelbare Folge und nicht eine nach Verlauf einiger Zeit eingetretene Handlung bezeichnet wird, wegen des Plusquamperfectums im Hauptsatze; auch ohne diesen Grund Cic. in Verr. IV, 24, 54: *posteaquam tantam multitudinem collegerat emblematum, ut ne unum quidem cuiquam reliquisset*, und Caelius ad fam. VIII, 8, 5 (II, 14). Zur Sache vgl. Caes. bell. civ. I, 5: *de-*

nobis, qui proconsules sumus, negotium dederat, ut curaremus, ne quid res publica detrimenti caperet. Nunquam maiore in periculo civitas fuit; nunquam improbi cives habuerunt paratiorem ducem. Omnino ex hac quoque parte diligentissime comparatur. Id fit auctoritate et studio Pompeii nostri, qui Caesarem sero coepit timere.

Nobis inter has turbas senatus tamen frequens flagitavit triumphum; sed Lentulus consul, quo maius suum beneficium faceret, simul atque expedisset, quae essent necessaria de re publica, dixit se relaturum. Nos agimus nihil cupide, eoque est nostra pluris auctoritas. Italiae regiones descriptae sunt, quam quisque partem tueretur. Nos Capuam sumpsimus. Haec te scire volui. Tu etiam atque etiam cura, ut valeas litterasque ad me mittas, quotienscunque habebis, cui des. Etiam atque etiam vale. D. pridie Idus Ian.

curritur ad illud extremum atque ultimum senatusconsultum, quo, nisi paene in ipso urbis incendio atque in desperatione omnium salutis, latorum audacia nunquam ante descensum est: dent operam consules, praetores, tribuni plebis quique pro consulibus sint ad urbem, ne quid res publica detrimenti capiat.
et nobis] Ueber et s. zu II, 15, 14.
3. *Omnino*] zur Bekräftigung der Aussage: gewiss wird auch von unserer Seite eifrig gerüstet. Auch ironisch; z. B. in Verr. II, 61, 149: *omnino praeclare te habes, cum is ordo atque id genus hominum, quod optimum atque honestissimum est, tibi est inimicissimum;* auch bei einem Zugeständniss, allerdings; z. B. Acad. II, 26, 84: *pugnas omnino, sed cum adversario facili.*
flagitavit triumphum] Die Senatoren hatten nicht das Recht einen Antrag zu stellen, konnten aber von den Magistraten, welchen das ius referendi zustand, d. i. von den Consuln, Prätoren und Volkstribunen,

verlangen, dass einer von ihnen eine Sache zum Vortrag brächte.
quo maius suum beneficium faceret] um nachher einen desto glänzenderen Triumph dem Cicero zu gewähren.

quam quisque partem] Das Beziehungswort kann im Relativsatz wiederholt oder durch ein anderes Wort ersetzt werden; z. B. Caes. b. Gall. I, 6: *erant omnino itinera duo, quibus itineribus domo exire possent;* Liv. XXIX, 12, 1: *Philippus Aetolos desertos ab Romanis, cui uni fidebant auxilio, subegit;* Cic. ad fam. XV, 4, 9: *in agris vastandis, quae pars eius montis meac provinciae est, id tempus omne consumpsimus.*

Nos Capuam sumpsimus] ad Att. VII, 11, 5: *ego negotio praesum non turbulento. Vult enim me Pompeius esse, quem tota haec Campania et maritima ora habeat ἐπίσκοπον, ad quem dilectus et summa negotii referatur.*

EPISTOLA VII.
(AD ATT. VII, 10.)
CICERO ATTICO S.

Subito consilium cepi, ut, antequam luceret, exirem, ne qui conspectus fieret aut sermo lictoribus praesertim laureatis. De reliquo neque hercule quid agam nec quid acturus sim scio; ita sum perturbatus temeritate nostri amentissimi consilii. Tibi vero quid suadeam, cuius ipse consilium exspecto? Gnaeus noster quid consilii ceperit capiatve nescio; adhuc in oppidis coartatus et stupens. Omnes, si in Italia consistat, erimus una; sin cedet, consilii res est. Adhuc certe, nisi ego insanio, stulte omnia et incaute. Tu, quaeso, crebro ad me scribe vel quod in buccam venerit.

EPISTOLA VIII.
(AD FAM. XVI, 12.)
TULLIUS S. D. TIRONI S.

1   Quo in discrimine versetur salus mea et bonorum omnium

EPISTOLA VII.

Am 8. und 9. Januar hatte der Senat die zur Kriegsführung erforderlichen Beschlüsse gefasst, die theilweise im vorigen Briefe erwähnt sind. Es war den Consuln und dem Pompeius Vollmacht gegeben worden in Italien bis auf 130000 Mann auszuheben; es war ferner ihnen der Staatsschatz zur Verfügung gestellt und das Recht gegeben worden Kriegssteuern auszuschreiben und Anleihen zu contrahiren, bis zu welcher Höhe ihnen gut scheinen würde; es waren endlich die Provinzen nach der lex Pompeia neu vertheilt worden an Leute, auf welche die Optimatenpartei sich verlassen konnte. Auf die Kunde von diesen Beschlüssen hatte Caesar am 13. Januar den Rubico überschritten und in den nächsten Tagen Ariminum, Pisaurum, Ancona und Arretium besetzt. Diese Massregeln Caesars erregten solchen Schrecken in Rom, dass am 19. Januar die Pompeianer die Stadt verliessen. Am Morgen dieses Tages ist der Brief geschrieben: Atticus befand sich auf einem seiner Landgüter.

lictoribus praesertim laureatis] Cicero machte Anspruch auf einen Triumph; deshalb hatten seine Lictoren mit Lorbeer umwundene Fasces.

amentissimi consilii] der Entschluss der Pompeianer Rom zu verlassen.

coartatus] von der Menge der Pompeianer, die sich in den Städten Campaniens zusammendrängten.

EPISTOLA VIII.

Der Brief ist geschrieben am 29.

atque universae rei publicae ex eo scire potes, quod domos nostras et patriam ipsam vel diripiendam vel inflammandam reliquimus. In eum locum res deducta est, ut, nisi qui deus vel casus aliquis subvenerit, salvi esse nequeamus. Equidem ut veni 2 ad urbem, non destiti omnia et sentire et dicere et facere, quae ad concordiam pertinerent; sed mirus invaserat furor non solum improbis, sed etiam iis, qui boni habentur, ut pugnare cuperent, me clamante nihil esse bello civili miserius. Itaque cum Caesar amentia quadam raperetur et oblitus nominis atque honorum suorum Ariminum, Pisaurum, Anconam, Arretium occupavisset, urbem reliquimus; quam sapienter aut quam fortiter nihil attinet disputari. Quo quidem in casu simus vides. Feruntur omnino conditiones ab illo, ut Pompeius eat in Hispaniam; dilectus, 3 qui sunt habiti, et praesidia nostra dimittantur; se ulteriorem Galliam Domitio, citeriorem Considio Noniano — his enim obtigerunt — traditurum; ad consulatus petitionem se venturum neque se iam velle absente se rationem haberi suam, se praesentem trinum nundinum petiturum. Accepimus conditiones, sed

---

Januar in Capua. Cicero hielt sich nach der Flucht aus Rom meistens auf seinem Formianum auf. Jetzt war er nach Capua gegangen, um Theil zu nehmen an der Berathung, die dort über Caesars neueste Vergleichsvorschläge abgehalten wurde.

2. *improbis*] Dies ist die einzige Stelle bei Cicero, wo *invadere* mit dem Dativ construirt wird. Sonst lässt er immer *in* mit dem Accusativ folgen.

3. *Feruntur omnino conditiones*] Am 17. oder 18. Januar waren L. Caesar und der Prätor Roscius zum Caesar geschickt worden, um ihm die Senatsbeschlüsse zu notificiren und ihm vertraulich mitzutheilen, dass Pompeius geneigt wäre auf Unterhandlungen einzugehen. Am 25. war L. Caesar mit Caesars Vergleichsvorschlägen auf der Rückreise von Ariminum in Minturnae angelangt. Die Vorschläge sind uns auch von Caesar selbst bell. civ. I, 9, 5 überliefert: *proficiscatur Pompeius in suas provincias, ipsi* (die Consuln und übrigen Magistrate) *exercitus dimittant, discedant in Italia omnes ab armis, metus e civitate tollatur, libera comitia atque omnis res publica senatui populoque Romano permittatur.* Am 1. Januar hatte Caesar gefordert, alle, Pompeius nicht ausgenommen, sollten ihre Heere entlassen; jetzt ist er damit zufrieden, wenn dies nur mit den Truppen in Italien geschieht, und wenn Pompeius in seine Provinz geht.

absente se] S. III, 5, 2.

rationem haberi suam] Das Pronomen possessivum und andere Adjectiva stehen zuweilen auch für den Genitivus objectivus; z. B. Cic. off. I, 39, 139: *habenda ratio non sua solum, sed etiam aliorum;* in Verr. I, 48, 126: *debere eum aiebat suam quoque rationem ducere;* ad Att. VIII, 11 D, 7: *duxi meam rationem;* pro Cluentio 28, 77: *invidia senatoria*, der Hass gegen den Senat; ad fam. V, 12, 3: *amor noster*, die Liebe zu uns.

trinum nundinum] ursprünglich ein Genitivus pluralis, nachher ein

ita, ut removeat praesidia ex his locis, quae occupavit, ut sine
4 metu de his ipsis conditionibus Romae senatus haberi possit. Id
ille si fecerit, spes est pacis, non honestae — leges enim imponuntur —; sed quidvis est melius quam sic esse, ut sumus. Sin
autem ille suis conditionibus stare noluerit, bellum paratum est,
eiusmodi tamen, quod sustinere ille non possit, praesertim cum
a suis conditionibus ipse fugerit; tantummodo ut eum intercludamus, ne ad urbem possit accedere, quod sperabamus fieri
posse. Dilectus enim magnos habebamus putabamusque illum
metuere, si ad urbem ire coepisset, ne Gallias amitteret, quas
ambas habet inimicissimas praeter Transpadanos, ex Hispaniaque

Substantivum neutrius generis und auch *trinundinum* geschrieben, bezeichnet die Zeit zwischen drei Markttagen (*nundinae*), also, da die römische Woche 8 Tage hatte, eine Zeit von 17 Tagen. Alles, was mit dem Volke verhandelt werden sollte, sowohl Wahlen, als Gesetze, als Processe, musste ein trinundinum vorher angekündigt werden (*promulgare*).

Accepimus conditiones] Am 27. Januar wurde eine Versammlung der Führer der Pompeianischen Partei, jedoch ohne Pompeius, in Capua abgehalten, und hier wurden alle Forderungen Caesars bereitwilligst zugestanden, jedoch mit einer Bedingung, die das Zugeständniss nichtig machte, nämlich dass Caesar, noch bevor die Forderungen erfüllt würden, aus den eroberten Städten die Besatzungen zurückziehen sollte. Caes. bell. civ. I, 10 u. 11: *mandatorum haec erat summa: Caesar in Galliam reverteretur, Arimino excederet, exercitus dimitteret; quae si fecisset, Pompeium in Hispaniam iturum. Interea, quoad fides esset data, Caesarem facturum, quae polliceretur, non intermissuros consules Pompeiumque dilectus. Erat iniqua conditio postulare, ut Caesar Arimino excederet atque in provinciam reverteretur, ipsum et provincias et legiones alienas tenere; exercitum Caesaris velle dimitti, dilectus habere; polliceri se in provinciam iturum neque, ante quem diem iturus sit, definire, ut, si peracto consulatu Caesaris non profectus esset, nulla tamen mendacii religione obstrictus videretur.* Deshalb verwarf Caesar den Antrag und schon am 5. Februar war dies in Capua allgemein bekannt.

4. *eiusmodi tamen*] Wenn Caesar das thut, haben wir Frieden: wenn er es nicht thut, haben wir zu unserm Leidwesen Krieg, einen solchen jedoch u. s. w.

tantummodo ut] nicht: er wird besiegt werden, wenn wir ihn nur von der Stadt fern halten können; sondern: er wird sicherlich besiegt werden. Gebe nur Gott, dass wir ihn von der Stadt fern halten können. Ebenso ad Att. IX, 10, 4: *deinde* VIII *Kal. Febr.* (scribis): *Tantummodo Gnaeus noster ne, ut urbem* ἀλογίστως *reliquit, sic Italiam relinquat*, und hier weiter unten *modo ut*. Beide Partikeln stehen hier nicht, wie sonst oft für *dummodo*, sondern *ut* steht für *utinam*, und *modo ist* das *modo*, das oft dem Imperativ und auffordernden Coniunctiv beigesetzt wird: z. B. Hor. sat. I, 9, 54: *velis tantummodo; quae tua virtus, expugnabis.*

Transpadanos] Die Cispadaner hatten das Bürgerrecht schon vor Sullas Dictatur erhalten; den Transpadanern hatte es Caesar verspro-

sex legiones et magna auxilia Afranio et Petreio ducibus habet a tergo. Videtur, si insaniet, posse opprimi, modo ut urbe salva. Maximam autem plagam accepit, quod is, qui summam auctoritatem in illius exercitu habebat, T. Labienus, socius sceleris esse noluit; reliquit illum et nobiscum est multique idem facturi esse dicuntur. Ego adhuc orae maritimae praesum a Formiis. Nul- 5 lum maius negotium suscipere volui, quo plus apud illum meae litterae cohortationesque ad pacem valerent. Sin autem erit bellum, video me castris et certis legionibus praefuturum. Habeo etiam illam molestiam, quod Dolabella noster apud Caesarem est. Haec tibi nota esse volui; quae cave ne te perturbent et impediant valetudinem tuam. Ego A. Varroni, quem cum amantissi- 6 mum mei cognovi tum etiam valde tui studiosum, diligentissime te commendavi, ut et valetudinis tuae rationem haberet et navigationis et totum te susciperet ac tueretur. Quem omnia facturum confido; recepit enim et mecum locutus est suavissime. Tu quoniam eo tempore mecum esse non potuisti, quo ego maxime operam et fidelitatem desideravi tuam, cave festines aut committas, ut aut aeger aut hieme naviges. Nunquam sero te venisse putabo, si salvus veneris. Adhuc neminem videram, qui te postea vidisset quam M. Volusius, a quo tuas litteras accepi. Quod non mirabar; neque enim meas puto ad te litteras tanta hieme perferri. Sed da operam, ut valeas, et, si valebis, cum recte navigari poterit, tum naviges. Cicero meus in Formiano erat, Terentia et Tullia Romae. Cura, ut valeas. iv Kalendas Febr. Capua.

chen, und sie erhielten es, als er Dictator geworden war.

sex legiones] Cicero meint hier das ganze Pompeianische Heer, das unter den Legaten Afranius und Petreius und Varro in Spanien stand. Es bestand aus 7 Legionen (Caes. bell. civ. I, 38), aber die 7. Legion war erst in Spanien ausgehoben (Caes. a. a. O. I, 85). Varro wird hier nicht erwähnt, weil er die Provinz hüten sollte, während die anderen beiden Legaten mit Caesar kämpften.

Videtur, si] Dieser Satz zeigt, dass oben *dilectus enim magnos habebamus* cet. nicht auf *quod sperabamus fieri posse*, sondern auf *eiusmodi tamen quod sustinere ille non possit* zu beziehen ist.

T. Labienus] der bedeutendste unter den Legaten Caesars im Gallischen Kriege.

6. *A. Varroni*] A. Terentius Varro, ein Freund des Cicero, der sich damals wahrscheinlich in Griechenland aufhielt. Cicero wird ihn auf der Reise gesprochen haben. Er wird noch erwähnt ad fam. XIII, 22 und Caes. bell. civ. III, 19.

EPISTOLA IX.
(AD ATT. VIII, 3.)
CICERO ATTICO S.

1 Maximis et miserrimis rebus perturbatus sum. Coram te cum mihi potestas deliberandi non esset, uti tamen tuo consilio volui. Deliberatio autem omnis haec est, si Pompeius Italia excedat, quod eum facturum esse suspicor, quid mihi agendum putes. Et quo facilius consilium dare possis, quid in utramque 2 partem mihi in mentem veniat explicabo brevi. Cum merita Pompeii summa erga salutem meam familiaritasque, quae mihi cum eo est, tum ipsa rei publicae causa me adducit, ut mihi vel consilium meum cum illius consilio vel fortuna cum fortuna coniungenda esse videatur. Accedit illud: si maneo et illum comitatum optimorum et clarissimorum civium desero, cadendum est in unius potestatem, qui etsi multis rebus significat se nobis esse amicum — et ut esset, a me est, tute scis, propter suspicionem huius impendentis tempestatis multo ante provisum —, tamen utrumque considerandum est, et quanta fides ei sit habenda et, si maxime exploratum sit eum nobis amicum fore, sitne viri fortis et boni civis esse in ea urbe, in qua cum summis honoribus imperiisque usus sit, res maximas gesserit, sacerdotio sit amplissimo praeditus, non futurus sit idem idemque periculum sit

EPISTOLA IX.
Cicero hatte von Pompeius die Aufforderung erhalten (ad Att. VIII, 11, C) zu ihm nach Apulien zu kommen und war am 17. Februar dahin abgereist. Weil aber der Weg durch Caesars Truppen unsicher gemacht wurde, kehrte er wieder nach Formiae um und schrieb diesen Brief unterwegs im Gebiete von Cales, einer campanischen Stadt, vor dem 22. Februar, an welchem Tage er bereits wieder in Formiae war.

2. *vel consilium meum*] Ich will meine Einsicht mit Pompeius Einsicht, oder, wenn du meinst, das Glück regiere die menschlichen Dinge, mein Glück mit dem seinigen vereinigen für die Sache der Republik. Die Wörter *cum fortuna* fehlen in allen Handschriften.

sacerdotio] Im Jahre 53 war Cicero an Crassus Stelle zum Augur erwählt worden.

non futurus sit idem] Die Stelle ist, wie es scheint, unheilbar verderbt. Sie lautet in allen Handschriften *non futurus subeundumque periculum sit cum aliquo fore docere;* nur in dem Einen weicht die erste Hand im Mediceus ab, dass statt *sub eundemque* bietet für *subeundumque*. Die Editio princeps Jensoniana vom Jahre 1470 schiebt nach *non futurus* ein *sit sui iuris* und verändert *fore* in *forte;* Lambin will für dieses *fortasse* lesen und Jacob Gronov statt der ersten Aenderung *nomen futurus subeundumque* cet. Die oben in den Text aufgenommene Lesart giebt den an dieser Stelle erforderlichen Sinn, ohne darauf Anspruch zu machen eine Herstellung von Ciceros Worten zu sein. Sie hätte auch lauten können *nihil* oder *nullus futurus subeundumque*

cum maiore dedecore, si quando Pompeius rem publicam recuperarit. In hac parte haec sunt. Vide nunc quae sint in altera. 3 Nihil actum est a Pompeio nostro sapienter, nihil fortiter; addo etiam, nihil nisi contra consilium auctoritatemque meam. Omitto illa vetera, quod istum in rem publicam ille aluit, auxit, armavit; ille legibus per vim et contra auspicia ferendis auctor; ille Galliae ulterioris adiunctor; ille gener; ille in adoptando P. Clodio augur; ille restituendi mei quam retinendi studiosior; ille provinciae propagator; ille absentis in omnibus adiutor. Idem etiam tertio consulatu, postquam esse defensor rei publicae coepit, contendit, ut decem tribuni plebis ferrent, ut absentis ratio haberetur, quod idem ipse sanxit lege quadam sua; Marcoque Marcello consuli

periculum sit cum maiore dedecore. Vgl. ad fam. VII, 3, 4: *veni domum, non quo optima vivendi conditio esset, sed tamen, si esset aliqua forma rei publicae, tamquam in patria ut essem, si nulla, tamquam in exilio. Mortem mihi cur consciscerem, causa non visa est; cur optarem, multae causae. Vetus est enim: ubi non sis, qui fueris, non esse cur velis vivere;* pro Lig. 3, 7: *ad me ex Aegypto litteras misit, ut essem idem, qui fuissem.*

3. *ille legibus per vim*] Apposition zu *ille aluit, auxit, armavit,* indem er war u. s. w. Die Gesetze, welche Caesar in seinem Consulat auf ungesetzlichem Wege durchsetzte, wurden von Pompeius eifrig befürwortet. *Auctorem esse* heisst nicht bloss rathen, sondern zugleich auch: vermöge überlegener Einsicht oder Macht einstehen für den Erfolg. Gewöhnlich sagt man: *auctor alicui sum alicuius rei* oder *alicuius rei suscipiendae* oder *ut;* aber man setzt auch den Dativ des Zweckes hinzu, wie hier, oder *ad,* wie ad Att. IX, 11 A, 2: *ceteris auctor* (fui) *ad te adiuvandum.*

Galliae ulterioris adiunctor] Durch die *lex Vatinia* hatte Caesar nur Gallia citerior erhalten; Gallia ulterior wurde vom Senat hinzugefügt durch den Einfluss des Pompeius.

in adoptando P. Clodio augur]

Um Tribun werden zu können, hatte sich der Patricier Clodius im J. 59 von dem Plebejer P. Fonteius adoptiren lassen. Es konnte aber die Adoption von Bürgern, die schon sui iuris waren (arrogatio), nur in Curiatcomitien vorgenommen werden, und diese konnten nur auspicato gehalten werden.

quod idem ipse] Das mit Zustimmung des Consuls Pompeius im Jahre 52 dem Caesar gegebene Privilegium, sich abwesend um das Consulat bewerben zu dürfen, wurde nichtig durch eine nachher· in demselben Jahre erlassene lex Pompeia de iure magistratuum, wodurch die Bewerbung Abwesender ohne Ausnahme verboten wurde; denn, quod postremum populus iusserat, id ius erat ratumque. Aber auf die Klage der Caesarianer verstand sich Pompeius dazu in das bereits angenommene Gesetz die Clausel einzufügen, dass das Gesetz auf Caesar keine Anwendung haben sollte. Freilich konnten, da er nicht befugt war eigenmächtig ein Gesetz zu ändern, die Pompeianer immer noch behaupten, dem Caesar sei sein Privilegium wieder entzogen worden.

Marcoque Marcello] Der Consul M. Marcellus beantragte im Jahre 51 im Senat, dass dem Caesar am 1. März 50 ein Nachfolger geschickt werden sollte; Pompeius stimmte

finienti provincias Gallias Kalendarum Martiarum die restitit. Sed, ut haec omittam, quid foedius, quid perturbatius hoc ab urbe discessu sive potius turpissima nequissima fuga? Quae conditio non accipienda fuit potius quam relinquenda patria? Malae conditiones erant, fateor; sed numquid hoc peius? At recuperabit
4 rem publicam. Quando? aut quid ad eam spem est parati? Non ager Picenus amissus? non patefactum iter ad urbem? non pecunia omnis et publica et privata adversario tradita? Denique nulla causa, nullae vires, nulla sedes, quo concurrant, qui rem publicam defensam velint. Apulia delecta est, inanissima pars Italiae et ab impetu huius belli remotissima; fuga et maritima opportunitas visa quaeri desperatione. Non recepi Capuam, non quo munus illud defugerem, sed sane causam, in qua nullus esset ordinum, nullus apertus privatorum dolor, bonorum autem esset aliquis, sed hebes, ut solet, et, ut ipse sensi, esset multitudo et infimus quisque propensus in alteram partem, multi mu-

dagegen, weil er noch nicht zum Kriege gerüstet war und weil er Caesar nicht einen gerechten Grund zur Klage geben wollte. *Finire*, wie bei Liv. I, 17, 6: *quinum dierum spatio finiebatur imperium.*

turpissima nequissima] Cic. Tusc. III, 17, 36: *quid est nequius aut turpius effeminato viro.* Ueber das Asyndeton s. zu II, 12, 2.

numquid hoc peius] als das Aufgeben Italiens.

4. *nulla causa*] wie ad Att. VII, 3, 5 auch von Caesars Partei gesagt wird: *causam solum illa causa non habet.* Das Programm der Pompeianer war nicht der Art, dass die Freunde des Vaterlandes sich dafür begeistern konnten. Ad Att. VIII, 11, 2: *dominatio quaesita ab utroque est, non id actum, beata et honesta civitas ut esset. Nec vero ille urbem reliquit, quod eam tueri non posset, nec Italiam, quod ea pelleretur; sed hoc a primo cogitavit, omnes terras, omnia maria movere, reges barbaros incitare, gentes feras armatas in Italiam adducere, exercitus conficere maximos. Genus illud Sullani regni iam pridem appetitur, multis, qui una sunt, cu-*pientibus. *An censes nihil inter eos convenire, nullam pactionem fieri potuisse? Hodie potest. Sed neutri* σκοπός *est ille, ut nos beati simus, uterque regnare vult.*

Non recepi Capuam] Anfangs hatte Cicero nur die Aufsicht über die campanische Küste: ad fam. XVI, 12, 5: *ego adhuc orae maritimae praesum a Formiis;* ad Att. VIII, 11, B: *si teneri posse putas Tarracinam et oram maritimam, in ea manebo.* Nachher sollte er auch die Aushebung in Capua selbst leiten, wies aber diesen Auftrag zurück; ad Att. VII, 11, D, 5: *a me Capuam reiiciebam, quod feci non vitandi oneris causa, sed quod videbam teneri illam urbem sine exercitu non posse.*

sed sane causam] d. i. *quia defugi causam.* Aehnlich ad fam. II, 5, 2: *non quo verear, ne tua virtus opinioni hominum non respondeat, sed, mehercule, (quia vereor) ne, cum veneris, non habeas iam, quod cures.* Ich wollte mich nicht entschieden mit einer Partei einlassen, in welcher weder die Stände noch die Privatpersonen lebhafte Theilnahme zeigen.

tationis rerum cupidi. Dixi ipsi me nihil suscepturum sine praesidio et sine pecunia. Itaque habui nihil omnino negotii, quod ab initio vidi nihil quaeri praeter fugam. Eam si nunc sequor, quonam? Cum illo non; ad quem cum essem profectus, cognovi in his locis esse Caesarem, ut tuto Luceriam venire non possem. Infero mari nobis incerto cursu hieme maxima navigandum est. Age iam, cum fratre an sine eo cum filio? an quomodo? In utraque enim re summa difficultas erit, summus animi dolor. Qui autem impetus illius erit in nos absentes fortunasque nostras? Acrior quam in ceterorum, quod putabit fortasse in nobis violandis aliquid se habere populare. Age iam, has compedes, fasces inquam hos laureatos, efferre ex Italia quam molestum est! Qui autem locus erit nobis tutus, — ut iam placatis utamur fluctibus — antequam ad illum venerimus? Qua autem aut quo, nihil sciemus. At si restitero et fuerit nobis in hac parte locus, idem fecero, quod in Cinnae dominatione Philippus, quod L. Flaccus, quod Q. Mucius, quoquo modo ea res huic quidem cecidit, qui tamen ita dicere solebat, se id fore videre, quod factum est, sed malle quam armatum ad patriae moenia accedere. Aliter Thrasybulus, et fortasse melius. Sed est certa quaedam illa Mucii ratio atque sententia; est illa etiam Philippi, et, cum sit ne-

5. *cum essem profectus*] Cicero hatte bloss die Reise angetreten. So am Schluss *reverti Formias*, ich habe die Rückreise nach Formiae angetreten.

cum fratre an] Soll ich mit dem Bruder reisen oder ohne ihn bloss mit meinem Sohne? Oder wie soll ich es machen? Denn beides fällt mir sehr schwer: den Bruder hier zu lassen, weil ich mich nicht gern von ihm trenne; ihn mitzunehmen, weil ihm Caesar heftiger als anderen zürnen wird, da er sein Legat gewesen ist und von ihm Wohlthaten empfangen hat. Ad Att. IX, I, 4: *fratrem socium huius fortunae esse non erat aequum, cui magis etiam Caesar irascetur.*

se habere populare] Von der Catilinarischen Verschwörung her war Cicero unpopulär. Ad Att. VIII, 11, D, 7: *ut mea persona semper ad improborum civium impetus aliquid videretur habere populare.*

fasces inquam] Cicero konnte, wenn er wollte, die Lictoren entlassen; ad Att. IX, 1, 3: *inde ad mare superum remotis sive omnino missis lictoribus;* aber er hoffte noch immer den Triumph zu erlangen.

6. *Philippus*] Die drei ausgezeichneten Consularen blieben, als Cinna und Marius sich der Stadt bemächtigten, in Rom, und Q. Mucius Scaevola büsste dies mit dem Tode.

certa quaedam] Prädicat: vollkommen begründet. *Quidam* bei einem Adjectivum zeigt an, dass dasselbe in seinem ganzen und vollen Sinne zu nehmen ist. Nägelsbach Stilistik, § 82, 3.

est illa etiam Philippi] Mucius blieb in Rom, weil er lieber sterben als gegen das Vaterland kämpfen wollte, Philippus, um in Sicherheit eine bessere Gelegenheit abzuwarten. Es ebenso wie dieser zu machen wurde dem Cicero durch die Lictoren erschwert.

cesse, servire tempori et non amittere tempus, cum sit datum.
Sed in hoc ipso habent tamen eidem fasces molestiam. Sit enim
nobis amicus, quod incertum est; sed sit; deferet triumphum.
Non accipere, ne periculosum sit, invidiosum ad bonos? O rem,
inquis, difficilem et inexplicabilem! Atqui explicanda est. Quid
enim fieri potest? Ac ne me existimaris ad manendum esse propensiorem, quod plura in eam partem verba fecerim; potest fieri,
quod fit in multis quaestionibus, ut res verbosior haec fuerit,
illa verior. Quamobrem ut maxima de re aequo animo deliberanti, ita mihi des consilium velim. Navis et in Caieta est parata
7 nobis et Brundisii. Sed ecce nuntii scribente me haec ipsa noctu
in Caleno, ecce litterae, Caesarem ad Corfinium, Domitium Corfinii cum firmo exercitu et pugnare cupiente. Non puto etiam
hoc Gnaeum nostrum commissurum, ut Domitium relinquat, etsi
Brundisium Scipionem cum cohortibus duabus praemiserat, legionem Fausto conscriptam in Siciliam sibi placere a consulibus
duci scripserat ad consules. Sed turpe Domitium deserere erit
implorantem eius auxilium. Est quaedam spes, mihi quidem

Non accipere] *Non = nonne*, wie
ad fam. IX, 17: *non tu homo ridiculus es, qui cet.?* *Ne* gesetzt
dass nicht, wie Tuscul. II, 5, 14:
*quare ne sit sane summum malum
dolor, malum certe est.* Zur Sache
vergl. ad Att. IX, 2, 1: *et de triumpho erit, inquis, integrum. Quid, si
hoc ipso premar? Accipiam? Quid
foedius? Negem? Repudiari se totum, magis etiam quam olim in
XX viratu putabit.*

Quid enim fieri potest] Denn was
kann geschehen, was mich dieser
Nothwendigkeit überhöbe?

in Caieta] *in*, wie ad Att. XIV, 7,
1, weil die Villa des Cicero bei
Caieta, dem heutigen Gaeta, gemeint ist, die auch ad Att. I, 4, 3,
Caieta nicht *Caietanum* genannt
wird: *quae mihi antea signa misisti, ea nondum vidi. In Formiano
sunt, quo ego nunc proficisci cogitabam. Illa omnia in Tusculanum
deportabo. Caietam, si quando
abundare coepero, ornabo.*

7. *Domitium Corfinii*] Der Pompeianer L. Domitius Ahenobarbus,
der zum Nachfolger Caesars in
Gallia transalpina bestimmt war,
hielt in Corfinium, der Hauptstadt
der Peligner, 7 Tage lang dem Caesar Stand, vom 14. bis 21. Februar.

Domitium relinquat] Domitius
wurde doch im Stich gelassen und
es bestätigte sich auch nicht, dass
Caesars Legaten Trebonius und Fabius eine Schlappe erlitten hatten.

Fausto conscriptam] Bei Cicero
kann der Dativ bei Passivis statt *a*
mit dem Ablativ fast überall mit
dem Dativus commodi erklärt werden, z. B. ad Att. VI, 2, 6: *annuae
mihi operae . . . . emerentur*, was
dasselbe bedeutet, wie VI, 5, 3: *annuum tempus emeritum habebamus.*
Es kommen jedoch ausser unserer
Stelle noch einige vor, wo das nicht
angeht; z. B. ad Att. VIII, 12, D:
*qui ex delectibus conscripti sunt
consulibus;* ad fam. XII, 13, 4: *te
volo bene sperare et rem publicam,
ut vos istic expedistis, ita pro nostra parte celeriter nobis expediri
posse confidere;* ad Att. XIII, 24:
ego enim audita tibi putaram.

non magna, sed in his locis firma, Afranium in Pyrenaeo cum Trebonio pugnasse, pulsum Trebonium, etiam Fabium tuum transisse cum cohortibus; summa autem, Afranium cum magnis copiis adventare. Id si est, in Italia fortasse manebitur. Ego autem, cum esset incertum iter Caesaris, quod vel ad Capuam vel ad Luceriam iturus putabatur, Leptam ad Pompeium misi et litteras; ipse, ne quo inciderem, reverti Formias. Haec te scire volui scripsique sedatiore animo, quam proxime scripseram, nullum meum iudicium interponens sed exquirens tuum.

EPISTOLA X.
(AD ATT. VIII, 12, C.)
CN. MAGNUS PROCOS. S. D. L. DOMITIO PROCOS.

Litteras abs te M. Callenius ad me attulit a. d. xiiii Kal. Mart., 1 in quibus litteris scribis tibi in animo esse observare Caesarem, et, si secundum mare ad me ire coepisset, confestim in Samnium ad me venturum, sin autem ille circum istaec loca commoraretur, te ei, si propius accessisset, resistere velle. Te animo magno et forti istam rem agere existimo; sed diligentius nobis est videndum, ne distracti pares esse adversario non possimus, cum ille magnas copias habeat et maiores brevi habiturus sit. Non enim pro tua prudentia debes illud solum animadvertere, quot in praesentia cohortes contra te habeat Caesar, sed quantas brevi tempore equitum et peditum copias contracturus sit. Cui rei testimonio sunt litterae, quas Bussenius ad me misit, in quibus scribit, id quod ab aliis quoque mihi scribitur, praesidia Curionem, quae in Umbria et Tuscis erant, contrahere et ad Caesarem iter facere. Quae si copiae in unum locum fuerint coactae, ut pars exercitus ad Albam mittatur, pars ad te accedat; ut non

Leptam] Q. Lepta war praefectus fabrum bei Cicero in Cilicien gewesen und blieb auch nachher mit ihm in freundschaftlichen Beziehungen.

EPISTOLA X.
Der Brief ist am 16. Februar von Cn. Pompeius in Luceria geschrieben an L. Domitius Ahenobarbus, als dieser Corfinium vertheidigte.
1. *Cui rei*] nämlich dass er bald grössere Streitkräfte zusammenziehen wird.

ad Albam] Caesar kam von Norden; bei Alba, das westwärts von Corfinium lag, war wahrscheinlich Curios Lager; auch der Stadt Sulmo, die im Süden lag, bemächtigten sich die Caesarianer.

ut non pugnet] gesetzt, dass er nicht angreift. *Ut non* concessiv, wie III, 9, 6 *ne*; Tusc. I, 8, 16: *ut enim non efficias, quod vis, tamen* cet.

pugnet, sed locis suis repugnet, haerebis neque solus cum ista copia tantam multitudinem sustinere poteris, ut frumentatum eas. Quamobrem te magnopere hortor, ut quam primum cum omni copia huc venias. Consules constituerunt idem facere. Ego M. Tuscilio ad te mandata dedi, providendum esse, ne duae legiones sine Picentinis cohortibus in conspectum Caesaris committerentur. Quamobrem nolito commoveri, si audieris me regredi, si forte Caesar ad me veniet; cavendum enim puto esse, ne implicatus haeream. Nam neque castra propter anni tempus et militum animos facere possum neque ex omnibus oppidis contrahere copias expedit, ne receptum amittam. Itaque non amplius XIII cohortes Luceriam coegi. Consules praesidia omnia deducturi sunt aut in Siciliam ituri. Nam aut exercitum firmum habere oportet, quo confidamus perrumpere nos posse, aut regiones eiusmodi obtinere, e quibus repugnemus; id quod neutrum nobis hoc tempore contigit, quod et magnam partem Italiae Caesar occupavit et nos non habemus exercitum tam amplum neque tam magnum quam ille. Itaque nobis providendum est, ut summae rei publicae rationem habeamus. Etiam atque etiam te hortor, ut cum omni copia quam primum ad me venias. Possumus etiam nunc rem publicam erigere, si communi consilio negotium administrabimus; si distrahemur, infirmi erimus. Mihi hoc constitutum est. His litteris scriptis Sicca a te mihi litteras attulit et mandata. Quod me

ut frumentatum] *ita sustinere poteris, ut.*

2. *cum omni copia*] Auch von Cicero wird *copia* in dieser Bedeutung im Singular gebraucht; z. B. ad Att. XIII, 52, 2: *omnis armatorum copia;* pro Murena 37, 78: *non usque eo L. Catilina rem publicam despexit atque contempsit, ut ea copia, quam secum eduxit, se hanc civitatem oppressurum arbitraretur.*

ne duae legiones] die beiden Legionen, die man im vorigen Jahre Caesar entzogen hatte, angeblich um sie gegen die Parther zu gebrauchen. Die Picentinischen Cohorten, die von L. Vibullius Rufus und C. Lucilius Hirrus für Pompeius zusammengebracht waren, wurden von Domitius in Corfinium zurückgehalten. Nach Pompeius Angabe ad Att. VIII, 12, A waren es 19, nach Caesar b. civ. I, 15 13 Cohorten.

ad me veniet] Ueber den Indicativ s. zu III, 2, 2. *Ad* in der Bedeutung gegen, wie oben § 1: *si secundum mare ad me ire coepisset*; Caes. b. Gall. VII, 70, 6: *veniri ad se confestim existimantes ad arma conclamant.*

3. *id quod neutrum*] statt *quorum neutrum*, wie Caes. b. G. II, 16: *his utrisque persuaserant*; Sall. Catil. 5, 7: *agitabatur animus ferox inopia rei familiaris et conscientia scelerum, quae utraque* (statt *quarum utramque*) *his artibus auxerat*; und wie Caesar das Pronomen possessivum partitiven Adjectiven oder Zahlwörtern in gleichem Casus beizufügen pflegt; z. B. b. Gall. I, 52, 5: *reperti sunt complures nostri milites, qui in phalangas insilirent.*

Sicca] Der Name ist in den Hand-

hortare, ut istuc veniam, id me facere non arbitror posse, quod non magnopere his legionibus confido.

EPISTOLA XI.
(AD ATT. IX, 6, A.)
CAESAR IMP. S. D. CICERONI IMP.

Cum Furnium nostrum tantum vidissem neque loqui neque audire meo commodo potuissem, properarem atque essem in itinere praemissis iam legionibus; praeterire tamen non potui, quin et scriberem ad te et illum mitterem gratiasque agerem, etsi hoc et feci saepe et saepius mihi facturus videor, ita de me mereris. In primis a te peto, quoniam confido me celeriter ad urbem venturum, ut te ibi videam, ut tuo consilio, gratia, dignitate, ope omnium rerum uti possim. Ad propositum revertar; festinationi meae brevitatique litterarum ignosces. Reliqua ex Furnio cognosces.

EPISTOLA XII.
(AD ATT. IX, 11, A.)
CICERO IMP. S. D. CAESARI IMP.

Ut legi tuas litteras, quas a Furnio nostro acceperam, quibus mecum agebas, ut ad urbem essem, te velle uti consilio et dignitate mea, minus sum admiratus; de gratia et de ope quid significares mecum ipse quaerebam, spe tamen deducebar ad

schriften corrumpirt. Nach der Aenderung wäre es der Freund Ciceros, der sich ihm in der Verbannung hülfreich erwies. S. ad Att. III, 2 u. 4. (I, 12 und 10).

EPISTOLA XI.
Der Brief ist geschrieben vor dem 9. März, an welchem Tage die Belagerung von Brundisium begann. Cicero hat den Brief am 11. oder 12. März empfangen.
Furnium] C. Furnius, ein Freund von Cicero, war im vorigen Jahre Tribun gewesen und hatte sich schon da Caesars Sache günstig gezeigt;

ad fam. VIII, 10, 3.
meo commodo] nach meiner Bequemlichkeit. S. zu III, 2, 2.
ad urbem] S. zu III, 6, 2.
Ad propositum revertar] Ich werde jetzt zu meinem Vorhaben, zu meinem Geschäft zurückkehren, d. i. ich werde jetzt schliessen.

EPISTOLA XII.
Diese Antwort auf Caesars Brief hat Cicero am 18. März in seinem Formianum geschrieben.
1. *spe tamen*] Caesar wünschte die verfassungswidrigen Massregeln, die er in Rom zu treffen gedachte,

eam cogitationem, ut te pro tua admirabili ac singulari sapientia
de otio, de pace, de concordia civium agi velle arbitrarer, et ad
eam rationem existimabam satis aptam esse et naturam et per-
2 sonam meam. Quod si ita est et si qua de Pompeio nostro tu-
endo et tibi ac rei publicae reconciliando cura te attingit, magis
idoneum, quam ego sum, ad eam causam profecto reperies neminem; qui et illi semper et senatui, cum primum potui, pacis
auctor fui nec sumptis armis belli ullam partem attigi iudicavi-
que eo bello te violari, contra cuius honorem populi Romani beneficio concessum inimici atque invidi niterentur. Sed ut eo tempore non modo ipse adiutor dignitatis tuae fui, verum etiam ceteris auctor ad te adiuvandum, sic me nunc Pompeii dignitas vehementer movet. Aliquot enim sunt anni, cum vos duo delegi,
quos praecipue colerem et quibus essem, sicut sum, amicissimus.
3 Quamobrem a te peto vel potius omnibus te precibus oro et obtestor, ut in tuis maximis curis aliquid impertias temporis huic
quoque cogitationi, ut tuo beneficio bonus vir, gratus, pius denique esse in maximi beneficii memoria possim. Quae si tantum
ad me ipsum pertinerent, sperarem me a te tamen impetraturum;
sed, ut arbitror, et ad tuam fidem et ad rem publicam pertinet,
me e paucis et ad utriusque vestrum et ad civium concordiam
per te quam accommodatissimum conservari. Ego, cum antea
tibi de Lentulo gratias egissem, cum ei saluti, qui mihi fuerat,
fuisses, tamen lectis eius litteris, quas ad me gratissimo animo

durch Ciceros Ansehen zu decken.
Cicero weicht geschickt aus.

2. *cum primum potui*] nach der
Rückkehr aus Cilicien.

populi Romani beneficio] das Gesetz der 10 Tribunen, wonach sich
Caesar abwesend um das Consulat
bewerben durfte. S. zu III, 4, 4.

adiutor] wie pro Flacco 1, 1: *sperabam, iudices, honoris potius L.
Flacci me adiutorem futurum quam
miseriarum deprecatorem.* Der cod.
Med. hat *auctor*.

3. *beneficii memoria*] Ohne Pompeius Zustimmung wäre Ciceros
Zurückberufung aus der Verbannung nicht durchzusetzen gewesen.

ad tuam fidem] Caesar hatte oft
erklärt, dass er den Frieden wollte,
seine Gegner ihn aber zum Kriege
zwängen.

conservari] Aehnlich in Cat. III,
10, 25: *ita me gessi, ut salvi omnes
conservaremini*, und weiter hin: *et
urbem et cives integros incolumes-
que servavi.* Wurde Cicero genöthigt im Senat gegen Pompeius zu
stimmen, so wurde er diesem verhasst. Den Frieden vermitteln
konnte aber nur einer, der zu beiden Parteien in freundschaftlichen
Beziehungen stand.

de Lentulo] Lentulus Spinther,
dem Cicero seine Zurückberufung
aus dem Exil am meisten zu danken
hatte, war von Caesar in Corfinium
gefangen genommen und entlassen
worden.

tamen lectis] Obgleich ich dir für
Lentulus Begnadigung schon vorher

de tua liberalitate beneficioque misit, eandem me salutem a te accepisse putavi quam ille. In quem si me intellegis esse gratum, cura, obsecro, ut etiam in Pompeium esse possim.

EPISTOLA XIII.
(AD ATT. IX, 13, A.)
BALBUS CICERONI IMP. SALUT. DIC.

Caesar nobis litteras perbreves misit, quarum exemplum 1 subscripsi. Brevitate epistolae scire poteris eum valde esse distentum, qui tanta de re tam breviter scripserit. Si quid praeterea novi fuerit, statim tibi scribam.

CAESAR OPPIO, CORNELIO S.

A. d. vii Id. Mart. Brundisium veni; ad murum castra posui. Pompeius est Brundisii; misit ad me N. Magium de pace. Quae visa sunt, respondi. Hoc vos statim scire volui. Cum in spem venero de compositione aliquid me conficere, statim vos certiores faciam.

---

sehr dankbar war, hat sich meine Dankbarkeit doch noch gesteigert, seitdem ich seinen Brief gelesen habe.

EPISTOLA XIII.
Diesen Brief des L. Cornelius Balbus, des Vertrauten von Caesar, hat Cicero am 24. März dem Atticus übersandt.
1. *nobis*] nämlich dem L. Cornelius Balbus und C. Oppius, einem anderen Freunde des Caesar.
A. d. VII Id. Mart.] Am 13. Januar überschritt Caesar den Rubico, vom 15. bis 21. Februar belagerte er Corfinium, vom 9. bis 17. März Brundisium und noch vor dem 1. April war er wieder in Rom.
N. Magium] N. Magius, ein praefectus fabrum des Pompeius, war bei Corfinium von Caesar gefangen genommen und von ihm mit Friedensvorschlägen an Pompeius abgesandt worden. Nach Caesar b. civ. I, 26 schickte Pompeius den Magius nicht zurück und wies auch neue Vorschläge des Caesar kurz ab. Als Vorname des Magius wird hier im cod. Med. und bei Caes. b. civ. I, 24 in den codices *Cn.* angegeben; ad Att. IX, 13, 8 steht im cod. Med. von erster Hand *nostrum magnum*, von zweiter *Cn. Magium;* ad Att. IX, 7, C, 2 hat der cod. Med. *N. Magnum Pompeium* und nachher corrigirt *Pompei;* nach Plut. vit. Pomp. 63 war der Vorname *Numerius*.

aliquid me conficere] Wenn ich hoffen darf, dass meine bereits begonnenen Friedensunterhandlungen guten Erfolg haben. Der Inf. praes. steht nach *sperare*, wenn man hofft, dass eine Handlung, von der man noch nicht Kenntniss hat, bereits begonnen hat und noch währt; z. B. ad Att. V, 21, 1: *non spero te istic iucunde hiemare;* ad fam. I, 6, 2: *ut sperem te mihi ignoscere;* V, 1, 2: *te tam mobili in me meosque esse animo non sperabam;* IX, 1, 1: *in*

2   Quomodo me nunc putas, mi Cicero, torqueri, postquam rursus in spem pacis veni, ne qua res eorum compositionem impediat? Namque, quod absens facere possum, opto. Quod si una essem, aliquid fortasse proficere possem videri. Nunc exspectatione crucior.

EPISTOLA XIV.
(AD ATT. IX, 15, A.)
MATIUS ET TREBATIUS CICERONI IMP. S.

Cum Capua exissemus, in itinere audivimus Pompeium Brundisio a. d. xvi Kalend. April. cum omnibus copiis, quas habuit, profectum esse, Caesarem postero die in oppidum introisse, contionatum esse, inde Romam contendisse; velle ante Kalend. esse ad urbem et pauculos dies ibi commorari, deinde in Hispanias proficisci. Nobis non alienum visum est, quoniam de adventu Caesaris pro certo habebamus, pueros ad te remittere, ut id tu quam primum scires. Mandata tua nobis curae sunt eaque, ut tempus postularit, agemus. Trebatius Scaevola facit, ut antece-

spem venio appropinquare tuum adventum. Bei Caes. b. civ. III, 8, 3: *magnitudine poenae reliquos terreri sperans* ist das Zweifelhafte das, ob die Strafe schreckeneinflössend ist: bei *territum iri* würde zweifelhaft sein, ob die Strafe, die allerdings sonst Schrecken einflösst, auch diesmal diese Eigenschaft bewähren werde. Ueber den Inf. perf. nach *spero* s. zu II, 13, 3.

2. *Namque, quod absens*] Ich fürchte sehr für das Zustandekommen des Friedens. Denn das brauche ich wohl nicht weitläufig auseinander zu setzen, dass ich nichts dafür thun kann. Was ich thun kann, das thue ich; ich hege die besten Wünsche. *Namque* steht also hier in der occupatio, wie es sonst nicht vorkommt. Vgl. Seyffert Schol. Lat. I, § 22.

EPISTOLA XIV.
Cicero empfing diesen Brief am 25. März. C. Matius war ein römischer Ritter von feiner Bildung und edlem Charakter, ein treuer und uneigennütziger Freund des Caesar. C. Trebatius Testa war ein junger Rechtsgelehrter, der in Folge von Ciceros Empfehlung in Gallien unter Caesar gedient hatte und seitdem der Gunst desselben sich erfreute. Später war Trebatius ein Freund des Horaz: vgl. Sat. II, 1, 78.

Cum Capua exissemus] Die beiden Freunde des Caesar reisten ihm entgegen. Matius war am 19. März bei Cicero in Formiae, am 20. in Minturnae und wahrscheinlich am 22. in Capua.

pueros ad te remittere] Cicero hatte Sklaven mitgeschickt, die ihm die Neuigkeiten möglichst bald überbringen sollten.

Scaevola] Die Familie der Mucii Scaevolae war durch ihre Rechtskenntniss berühmt; daher gab Matius zum Scherz dem Trebatius die-

dat. Epistola conscripta nuntiatum est nobis Caesarem a. d. viii Kal. Capuae, a. d. vi Sinuessae. Hoc pro certo putamus.

EPISTOLA XV.
(AD ATT. IX, 16.)
CICERO ATTICO S.

Cum quod scriberem ad te nihil haberem, tamen, ne quem diem intermitterem, has dedi litteras. A. d. vi Kal. Caesarem Sinuessae mansurum nuntiabant. Ab eo mihi litterae redditae sunt a. d. vii Kalend., quibus iam opes meas, non, ut superioribus litteris, opem exspectat. Cum eius clementiam Corfiniensem illam per litteras collaudavissem, rescripsit hoc exemplo: 1

CAESAR IMP. CICERONI IMP. S. D.

Recte auguraris de me, bene enim tibi cognitus sum, nihil a me abesse longius crudelitate. Atque ego cum ex ipsa re ma- 2

sen Beinamen.
ut antecedat] er eilt dem Matius voraus dem Caesar entgegen.
Sinuessae] zu ergänzen *futurum esse*. Aehnlich ad Att. XI, 19, 2: *Philotimus dicitur Id. Sext.* (affuturus esse); X, 8, 10: *Tullia te non putabat hoc tempore ex Italia;* XIII, 21, 6: *de Caesaris adventu scripsit ad me Balbus, non ante Kal. Sextiles;* XIII, 51: *narro tibi, Quintus cras;* XIII, 52, 2: *ego paullisper hic, deinde in Tusculanum.* Cratander schiebt nach *a. d. VIII Kal.* ein: *April. Beneventi mansurum, a. d. VII.*

EPISTOLA XV.
Der Brief ist am 26. März in Formiae geschrieben.
1. *quod scriberem*] *non habeo = nescio* hat *quid* nach sich, *non habeo = mihi deest* hat *quod*.
opes meas] Caesar hatte geschrieben ad Att. IX, 6, A: *in primis a te peto, quoniam confido me celeriter ad urbem venturum, ut te ibi videam, ut tuo consilio, gratia, digni-*
tate, ope omnium rerum uti possim. Caesar wünscht beide Male Ciceros Unterstützung; da aber der Plural auch das Vermögen bedeutet, so nimmt Cicero zum Scherz an, Caesar beanspruche schon sein Vermögen.
hoc exemplo] *Exemplum litterarum* ist das Concept eines Briefes; z. B. ad fam. IX, 26, 1: *accubueram hora nona, cum ad te harum exemplum in codicillis exaravi,* oder auch eine Abschrift; z. B. ad fam. VI, 8, 3: *earum litterarum exemplum infra scriptum est. Litterae hoc exemplo,* ein Brief dieses Inhalts, von diesem Wortlaut; z. B. ad Att. IX, 6, 3: *Litterae sunt allatae hoc exemplo. Binae litterae eodem exemplo,* zwei Briefe desselben Inhalts, denen dasselbe Concept zu Grunde liegt; z. B. ad fam. IV, 4, 1: *accipio excusationem tuam, qua usus es, cur saepius ad me litteras uno exemplo dedisses;* ad fam. X, 5, 1: *binas a te accepi litteras eodem exemplo.*

13 *

gnam capio voluptatem, tum meum factum probari abs te triumpho gaudio. Neque illud me movet, quod ii, qui a me dimissi sunt, discessisse dicuntur, ut mihi rursus bellum inferrent; nihil enim malo quam et me mei similem esse et illos sui. Tu velim mihi ad urbem praesto sis, ut tuis consiliis atque opibus, ut consuevi, in omnibus rebus utar. Dolabella tuo nihil scito mihi esse iucundius. Hanc adeo habebo gratiam illi; neque enim aliter facere poterit; tanta eius humanitas, is sensus, ea in me est benevolentia.

EPISTOLA XVI.
(AD ATT. IX, 18.)
CICERO ATTICO S.

Utrumque ex tuo consilio; nam et oratio fuit ea nostra, ut bene potius ille de nobis existimaret quam gratias ageret, et in eo mansimus, ne ad urbem. Illa fefellerunt, facilem quod putaramus. Nihil vidi minus. Damnari se nostro iudicio, tardiores fore reliquos, si nos non venerimus, dicere. Ego dissimilem illorum esse causam. Cum multa: Veni igitur et age de pace. Meone, inquam, arbitratu? An tibi, inquit, ego praescribam?

2. *triumpho gaudio*] wie pro Cluent. 5, 14: *palam exsultare laetitia, triumphare gaudio coepit*.

3. *Dolabella*] Ciceros Schwiegersohn.

Hanc adeo] sogar dies, dass du nach Rom kommst, werde ich jenem zu danken haben. So de fin. II, 20, 66 *hic dolor* statt *huius rei dolor*. Vielleicht ist jedoch *debebo* hier zu lesen.

EPISTOLA XVI.
Auf der Rückreise von Brundisium nach Rom kam Caesar am 25. März nach Capua, am 27. nach Sinuessa und noch vor dem 1. April nach Rom. Ciceros Unterredung mit ihm in Formiae, von der dieser Brief handelt, wird also am 28. März Statt gefunden haben, und an diesem Tage oder dem folgenden wird der Brief geschrieben sein.

1. *Utrumque*] dass ich Caesar nicht gegen mich aufgebracht habe und dass ich gleichwohl dabei geblieben bin, nicht nach Rom kommen zu wollen.

dicere] Infinitivus historicus.

dissimilem illorum] weil sie dem Pompeius nicht so viel zu verdanken hätten und auch nicht eine solche Stellung einnähmen, wie er durch die Dienste, die er dem Staate geleistet hätte. Cic. ad Att. VIII, 9, 3: *Lepido quidem nunquam placuit ex Italia exire, Tullo multo minus....Sed me illorum sententiae minus movebant; minus multa dederant illi rei publicae pignora*.

An tibi] *An* steht nach einer Frage, wenn der Gefragte eine motivirte Antwort giebt, wie hier: gewiss, oder sollte ich? — oder wenn der Fragende durch eine Muthmassung

Sic, inquam, agam, senatui non placere in Hispanias iri nec exercitus in Graeciam transportari; multaque, inquam, de Gnaeo deplorabo. Tum ille: Ego vero ista dici nolo. Ita putabam, inquam; sed ego eo nolo adesse, quod aut sic mihi dicendum est multaque, quae nullo modo possem silere, si adessem, aut non veniendum. Summa fuit, ut ille, quasi exitum quaerens: ut deliberarem. Non fuit negandum. Ita discessimus. Credo igitur hunc me non amare. At ego me amavi, quod mihi iam pridem usu non venit. Reliqua, o dii! qui comitatus! quae, ut tu soles 2 dicere, *νέκυια*! in qua erat area sceleris! O rem perditam! o copias desperatas! Quid quod Servii filius, quod Tulli in his castris fuerunt, quibus Pompeius circumsederetur! Sex legiones. Multum vigilat, audet. Nullum video finem mali. Nunc certe promenda tibi sunt consilia. Hoc fuerat extremum. Illa tamen 3 *κατακλείς* illius est odiosa, quam paene praeterii: si sibi consiliis nostris uti non liceret, usurum, quorum posset, ad omniaque esse descensurum. Vidisti igitur virum, ut scripseras. Ingemuisti? Certe. Cedo reliqua. Quid? Continuo ipse in Peda-

die Antwort vorwegnimmt; z. B. ad Att. II, 5, 1: *quid enim nostri optimates, si qui reliqui sunt, loquentur? an* (nonne loquentur) *me aliquo praemio de sententia esse deductum*.

in Hispanias] Caesar sollte weder Pompeius Legaten in Spanien noch Pompeius selbst in Griechenland angreifen.

me amavi] ich bin mit mir zufrieden. S. zu II, 9, 3.

2. *Reliqua, o dii*] Caesar hat eine Schaar verzweifelter Menschen um sich, dazu so viele Söhne von Gutgesinnten, sechs Legionen, er selbst ist wachsam und kühn; wahrlich ich sehe kein Ende der Uebel.

νέκυια] das Todtenreich, lauter durch Schwelgerei und Schulden zu Grunde gerichtete Menschen. Atticus Worte finden sich ad Att. IX, 10, 7: *si M'. Lepidus et L. Volcatius remanent, manendum puto, ita ut, si salvus sit Pompeius et constiterit alicubi, hanc νέκυιαν relinquas et te in certamine vinci cum illo facilius patiaris, quam cum hoc in ea, quae perspicitur futura, col-*

luvie regnare.

area sceleris!] Tummelplatz des Verbrechens; es findet sich jedoch keine Stelle, wo das Wort in dieser Bedeutung gebraucht wäre.

Servii filius] ad Att. X, 3, A, 2: *facile patior, quod scribit* (Caesar), *secum Tullum et Servium questos esse, quia non idem sibi, quod mihi, remisisset. Homines ridiculos! qui cum filios misissent ad Cn. Pompeium circumsidendum, ipsi in senatum venire dubitarent;* ad Att. IX, 9, 1: *Titinii filius apud Caesarem est.*

Sex legiones] nämlich *sunt cum Caesare.*

3. *κατακλείς*] Clausel in der Metrik; hier der Schluss von Caesars Rede.

Vidisti igitur] und was folgt, *cedo reliqua*, Worte des Atticus: du hast es also doch wahr gemacht, was du mir schriebst; du bist einer Unterredung nicht ausgewichen.

Pedanum] Pedum, eine frühzeitig verfallene latinische Stadt an der via Lavicana. Wahrscheinlich hatte

num, ego Arpinum. Inde exspecto equidem πλαταγεῦσαν illam tuam. Tu, malum, inquies, actum ne agas. Etiam illum ipsum, 4 quem sequimur, multa fefellerunt. Sed ego tuas litteras exspecto. Nihil est enim iam, ut antea: videamus hoc quorsum evadat. Extremum fuit de congressu nostro; quo quidem non dubito quin istum offenderim. Eo maturius agendum est. Amabo te, epistolam et πολιτικήν. Valde tuas litteras nunc exspecto.

EPISTOLA XVII.
(AD ATT. X, 9, A., AD FAM. VIII, 16.)
CAELIUS CICERONI S.

1 Exanimatus tuis litteris, quibus te nihil nisi triste cogitare ostendisti neque id quid esset perscripsisti neque non tamen

Caesar im ager Pedanus ein Landgut.

Inde exspecto] *Inde* für *ibi*, wie Liv. VIII, 6, 13: *comparant inter se, ut ab utra parte cedere Romanus exercitus coepisset, inde se consul devoreret pro populo Romano Quiritibusque.* S. zu III, 6, 2.

πλαταγεῦσαν] Der cod. Med. hat hier *AAITEACAN* und ad Att. X, 2, wo das Wort noch einmal vorkommt, *MMTEYCA*. Bosius liest λαλαγεῦσαν und versteht das von der Schwalbe, die den Frühling verkündet, die Zeit, wo Cicero seine Seereise antreten kann. Πλαταγεῦσα (epistola) könnte ein Brief sein, der von Cicero als ein Orakel für sein Verhalten betrachtet wird; die Blume πλαταγώνιον diente als Liebesorakel; vergl. Theocr. III, 29. So nennt Cicero ad Att. IX, 10, 5 einen Brief des Atticus χρησμός. Auch παταγεῦσαν könnte man schreiben; denn nach dem Sprüchwort καλὰ δὴ παταγεῖς, du triffst ins Schwarze, könnte παταγεῦσα (epistola) ein entscheidender, den Ausschlag gebender Brief sein. Indessen es ist unmöglich hier etwas Sicheres zu finden, da Cicero auf etwas anspielen kann, was vielleicht schon damals nur ihm und dem Atticus bekannt war.

actum ne agas] Sprüchwort: Gethanes thun, zu spät kommen; Cic. Lael. 22, 85: *praeposteris utimur consiliis et acta agimus, quod vetamur vetere proverbio.* Du wirst sagen: es ist nun zu spät: du hast es einmal mit deinem Zögern beim Pompeius verdorben. Keineswegs; auch Pompeius hat sich oft geirrt und wird mir deshalb meinen Fehler nicht so hoch anrechnen. Aber, wie gesagt, ich erwarte deinen Brief.

EPISTOLA XVII.

Cäsar hatte nach seiner Rückkehr vom 1. April an drei Tage lang fruchtlos mit dem Senate verhandelt und reiste dann wenige Tage später nach Spanien. Caelius begleitete ihn und schrieb diesen Brief wahrscheinlich, gleich nachdem er Rom verlassen hatte, also in den ersten Tagen des April. Ueber Caelius s. zu II, 8.

1. *id quid esset*] Das Subject des Nebensatzes ist in den Hauptsatz gezogen, ein griechischer Sprachge-

quale esset, quod cogitares, aperuisti, has ad te ilico litteras scripsi. Per fortunas tuas, Cicero, per liberos te oro et obsecro, ne quid gravius de salute et incolumitate tua consulas. Nam deos hominesque amicitiamque nostram testificor, me tibi praedixisse neque temere monuisse, sed, postquam Caesarem convenerim sententiamque eius, qualis futura esset parta victoria, cognorim, te certiorem fecisse. Si existimas eandem rationem fore Caesaris in dimittendis adversariis et conditionibus ferendis, erras. Nihil nisi atrox et saevum cogitat atque etiam loquitur; iratus senatui exiit; his intercessionibus plane incitatus est. Non mehercule erit deprecationi locus. Quare, si tibi tu, si filius unicus, 2 si domus, si spes tuae reliquae tibi carae sunt; si aliquid apud te nos, si vir optimus, gener tuus, valemus; eorum fortunam non debes velle conturbare, ut eam causam, in cuius victoria salus nostra est, odisse aut relinquere cogamur aut impiam cupiditatem contra salutem tuam habeamus. Denique illud cogita, quod offensae fuerit, in ista cunctatione te subisse. Nunc te

brauch, den Caelius auch weiter unten *sententiamque eius, qualis* cet. und ad fam. VIII, 10, 3: *nosti Marcellum, quam tardus sit,* anwendet. Auch bei Caes. b. Gall. I, 39, 6 findet er sich: *rem frumentariam, ut satis commode supportari posset, timere dicebant,* und bei Cicero zuweilen, z. B. ad Att. XIV, 21, 2: *nosti virum, quam tectus.* Dagegen schreibt Cic. ad fam. IV, 1, 2: *res vides quomodo se habeat.*

parta victoria] Ablativ.

eandem rationem fore] Caesar wird fernerhin bei der Entlassung der Gegner und bei den Friedensunterhandlungen sich nicht mehr so mild und gemässigt zeigen, wie bisher.

iratus senatui exiit] nämlich aus Rom. So kommt *exire* häufig vor; z. B. ad fam. VII, 5, 1: *C. Trebatium cogitaram, quocunque exirem, mecum ducere;* Caes. bell. civ. I, 6, 6: *paludati votis nuncupatis exeunt.* Zur ganzen Stelle vergleiche Caes. b. civ. I, 33, 3: *sic triduum disputationibus excusationibusque extrahitur. Subiicitur etiam L. Metellus, tribunus plebis, ab inimicis*

Caesaris, qui hanc rem distrahat reliquasque res, quascunque agere instituerit, impediat. Cuius cognito consilio Caesar frustra diebus aliquot consumptis, ne reliquum tempus amittat, infectis iis, quae agere destinaverat, ab urbe proficiscitur atque in ulteriorem Galliam pervenit.

2. *valemus*] Das Verbum im Plural nach zwei Subjecten, die mit Wiederholung der Conjunction oder eines anderen Wortes (Anaphora) neben einander gestellt sind, ist selten, findet sich aber auch ad Att. II, 17, 1: *Quid ista repentina affinitatis coniunctio, quid ager Campanus, quid effusio pecuniae significant?* und de fin. II, 22, 73: *si pudor, si modestia, si pudicitia, si uno verbo temperantia poenae aut infamiae metu coercebuntur,* in welcher Stelle der Plural auffallender ist, weil die ersten Subjecte zuletzt in einen Begriff vereinigt sind.

quod offensae] Den Anstoss, den du überhaupt dem Pompeius geben kannst, hast du ihm schon gegeben, dadurch dass du bis jetzt gezögert

contra victorem Caesarem facere, quem dubiis rebus laedere noluisti, et ad eos fugatos accedere, quos resistentes sequi nolueris, summae stultitiae est. Vide, ne, dum pudet te parum optimatem
3 esse, parum diligenter quid optimum sit eligas. Quod si totum tibi persuadere non possum, saltem, dum quid de Hispaniis agamus scitur, exspecta; quas tibi nuntio adventu Caesaris fore nostras. Quam isti spem habeant amissis Hispaniis nescio. Quod porro tuum consilium sit ad desperatos accedere non medius
4 fidius reperio. Hoc, quod tu non dicendo mihi significasti, Caesar audierat ac simul atque, have, mihi dixit, statim quid de te audisset exposuit. Negavi me scire; sed tamen ab eo petivi, ut ad te litteras mitteret, quibus maxime ad remanendum commoveri posses. Me secum in Hispaniam ducit. Nam, nisi ita faceret, ego, priusquam ad urbem accederem, ubicunque esses, ad te percucurrissem et hoc a te praesens contendissem atque omni
5 vi te retinuissem. Etiam atque etiam, Cicero, cogita, ne te tuosque omnes funditus evertas, ne te sciens prudensque eo demittas, unde exitum vides nullum esse. Quod si te aut voces optimatium commovent aut nonnullorum hominum insolentiam et iactationem ferre non potes, eligas, censeo, aliquod oppidum vacuum a bello, dum haec decernuntur, quae iam erunt confecta. Id si feceris, et ego te sapienter fecisse iudicabo et Caesarem non offendes.

hast zu ihm zu gehen.

Nunc te] Der accus. c. inf. nach *summae stultitiae est*, wie ad fam. I, 7, 4: *est et tuae et nostri imperii dignitatis te cum classe atque exercitu proficisci Alexandream.*

3. *Quod si totum*] dass du dich entschliessest überhaupt nicht zum Pompeius zu gehen.

quid de Hispaniis] was wir in Betreff Spaniens ausrichten.

Quod porro] wie beschaffen dein Entschluss ist, d. i. welche Ueberlegung ihm zu Grunde liegt; z.B. Phil. I, 1, 1: *exponam vobis breviter consilium et profectionis et reversionis meae*; ad Q. fr. III, 8, 1: *te rogo, ut recordere consilium nostrum quod fuerit profectionis tuae. Ad desperatos accedere* Apposition zu *tuum consilium*; de nat. deor. III,

24, 63: *magnam molestiam suscepit Zeno, commenticiarum fabularum reddere rationem;* Liv. III, 4, 9: *ut alteri consulum negotium daretur videre, ne quid res publica detrimenti caperet.* S. zu II, 2, 9.

4. *Hoc, quod tu*] hoc, dass du zu Pompeius gehen willst. *Non dicendo aliquid significare*, der Ablativ des Gerundiums zur Bezeichnung der Art und Weise: etwas zu verstehen geben, ohne es auszusprechen. S. oben *neque non tamen quale esset, quod cogitares, aperuisti.* Vgl. I, 19, 6.

5. *iam erunt*] iam, bald, sogleich. Cic. Brut. 46, 171: *id tu, Brute, iam intelleges, cum in Galliam reneris*; ad Att. IV, 2, 3: *nuntiat iam populo*; in Verr. II, 23, 57: *attendite, iam intellegetis.*

EPISTOLA XVIII.
(AD FAM. II, 16.)
M. CICERO IMP. S. D. M. CAELIO.

Magno dolore me affecissent tuae litterae, nisi iam et ratio 1 ipsa depulisset omnes molestias et diuturna desperatione rerum obduruisset animus ad dolorem novum. Sed tamen quare acciderit, ut ex meis superioribus litteris id suspicarere, quod scribis, nescio. Quid enim in illis fuit praeter querellam temporum, quae non meum animum magis sollicitum habent quam tuum? Nam non eam cognovi aciem ingenii tui, quod ipse videam, te id ut non putem videre. Illud miror, adduci potuisse te, qui me penitus nosse deberes, ut existimares aut me tam improvidum, qui ab excitata fortuna ad inclinatam et prope iacentem desciscerem, aut tam inconstantem, ut collectam gratiam florentissimi hominis effunderem a meque ipse deficerem et, quod initio semperque fugi, civili bello interessem. Quod est igitur meum triste 2 consilium? Ut discederem fortasse in aliquas solitudines. Nosti

EPISTOLA XVIII.
Diese Antwort Ciceros auf den vorigen Brief ist wahrscheinlich kurz nach dem Empfang desselben geschrieben worden, um den Caelius noch zu erreichen, der nach Spanien reiste.

1. *ratio ipsa*] das Nachdenken; ad fam. VI, 1, 4: *simus igitur ea mente, quam ratio et veritas praescribit, ut nihil in vita nobis praestandum praeter culpam putemus, eaque cum careamus, omnia humana placate et moderate feramus.*
obduruisset] ad fam. IV, 5, 2: *in illis rebus exercitatus animus callere iam debet*; IX, 2, 3: *consuetudo diuturna callum iam obduxit stomacho meo*; ad Att. XIII, 2, 1: *sed iam ad ista obduruimus et humanitatem omnem exuimus.*
sollicitum habent] S. zu III, 21, 1.
non eam cognovi] constr. *ut non putem te id videre, quod ipse videam.*

2. *Ut discederem*] Wenn ein Substantivum, das in die Vergangenheit gehört, wie hier *meum con-silium*, durch einen Satz mit dass explicirt oder umschrieben wird und ein für die Gegenwart gültiges Prädicat erhält, so steht in jenem Satze mit dass das Imperfectum, da dieser Satz von dem Verbum im Präsens nicht abhängig ist. Cic. pro Rosc. Amer. 33, 92: *video igitur causas esse permultas, quae istum impellerent*, Beweggründe, die jenen damals bestimmen konnten, lassen sich viele denken; ad fam. XIV, 4, 4: *ceterorum servorum ea causa est, ut, si res a nobis abisset, liberti nostri essent*, die gegenwärtige Lage der übrigen Sclaven ist noch die alte, dass sie u. s. w.; pro Sulla 20, 57: *iam vero illud quam incredibile, quam absurdum, qui Romae caedem facere, qui hanc urbem inflammare vellet, eum familiarissimum suum dimittere.* Auch so, dass ein Substantivum zu ergänzen ist; pro Sest. 14, 32: *parumne est, Piso, ut neglegeres auctoritatem senatus?*

Nosti enim] Worin besteht denn also der beklagenswerthe Ent-

enim non modo stomachi mei, cuius tu similem quondam habebas, sed etiam oculorum in hominum insolentium indignitate fastidium. Accedit etiam molesta haec pompa lictorum meorum nomenque imperii, quo appellor. Eo si onere carerem, quamvis parvis Italiae latebris contentus essem. Sed incurrit haec nostra laurus non solum in oculos, sed iam etiam in voculas malevolorum. Quod cum ita esset, nil tamen unquam de profectione nisi vobis approbantibus cogitavi. Sed mea praediola tibi nota sunt. In his mihi necesse est esse, ne amicis molestus sim. Quod autem in maritimis facillime sum, moveo nonnullis suspicionem, velle me navigare; quod tamen fortasse non nollem, si

---

schluss, den ich zu erkennen gegeben haben soll? Höchstens doch darin, dass ich, wenn die Verhältnisse sich so gestalten sollten, entschlossen war, nach irgend welchem einsamen Orte mich zurückzuziehen; und das kannst du mir nicht verdenken, denn du kennst ja u. s. w.

quondam] als Caelius noch auf der Seite der Optimaten stand. Cic. Brut. 79, 273: *Caelius quamdiu auctoritati meae paruit, talis tribunus plebis fuit, ut nemo contra civium perditorum popularem turbulentamque dementiam a senatu et a bonorum causa steterit constantius.*

haec pompa lictorum] S. zu III, 9, 5. Cicero hätte seine Lictoren, die mit Lorbeer umwundene Fasces führten, entlassen und auf den Triumph verzichten können; aber er hielt dies jetzt für schimpflich, da er sich einmal um den Triumph beworben hatte und da er das Imperium nicht mehr ordnungsmässig, d. i. durch seinen Einzug in die Stadt niederlegen konnte.

nomenque imperii] Cicero war von seinen Soldaten als Imperator begrüsst worden.

in voculas] *Vocula* Deminutivum von *vox*, wie *specula* von *spes*; s. weiter unten § 5. *Voculae* in der Bedeutung das Gerede kommt sonst nicht vor, wohl aber *voces*; z. B. Caes. b. Gall. I, 39, 1: *ex percontatione nostrorum vocibusque* *Gallorum tantus subito timor omnem exercitum occupavit.*

de profectione nisi] *Nisi vobis approbantibus* gehört zu *profectio*, nicht zu *cogitavi*: an eine Abreise ohne eure Bewilligung habe ich nicht gedacht. Wie Casus von Substantiven mit oder ohne Präposition häufig die Stelle von Attributen vertreten; z. B. Cic. Tusc. II, 3, 7: *lectionem sine ulla delectatione neglego*; de or. II, 5, 20: *et tot locis sessiones*; so geschieht dies hier durch Ablativi absoluti. Ebenso Sall. Iug. 10, 1: *parvum ego, Iugurtha, te amisso patre, sine spe, sine opibus in meum regnum accepi*; Caes. b. civ. II, 14, 6: *reliquos infecta re in oppidum repulerunt*; b. G. II, 4, 2: *qui patrum nostrorum memoria omni Gallia vexata Teutonos Cimbrosque intra fines suos ingredi prohibuerint.*

facillime sum] am liebsten; ad Att. XII, 34, 1: *ego hic vel sine Sicca facillime possem esse, ut in malis*; XIII, 26, 2: *locum habeo nullum, ubi facilius esse possim quam Asturae*; de off. II, 19, 66: *diserti hominis et facile laborantis beneficia et patrocinia late patent.*

quod tamen] In *moveo suspicionem* cet. liegt: ich will nicht reisen. Also: obgleich ich nicht reisen will, könnte ich mich vielleicht doch dazu entschliessen, wenn u. s. w. Die Gedanken sind lose anein-

possem ad otium. Nam ad bellum quidem qui convenit? praesertim contra eum, cui spero me satisfecisse, ab eo, cui iam satisfieri nullo modo potest? Deinde sententiam meam tu facillime perspicere potuisti iam ab illo tempore, cum in Cumanum mihi obviam venisti. Non enim te celavi sermonem T. Ampii. Vidisti quam abhorrerem ab urbe relinquenda, cum audissem. Nonne tibi affirmavi quidvis me potius perpessurum, quam ex Italia ad bellum civile exiturum? Quid ergo accidit, cur consi- 3

andergefügt; man erwartet: was ich, wenn ich es auch vielleicht wollte, wenn es zum Frieden führte, dennoch niemals thun werde, um am Kriege theilzunehmen. Vielleicht sollte *fortasse non nollem* cet. als Parenthese eingeschoben werden und dies veranlasste dann, dass die mit *quod tamen* angefangene Construction nicht fortgesetzt wurde.

ab eo] auf der Seite des Pompeius, der ihm sein Zögern niemals vergeben würde. *Ab aliquo* auf der Seite eines, zu Gunsten eines; de inv. I, 3, 4: *a mendacio contra verum stare;* pro Cluent. 34, 93: *non modo dicendi ab reo sed ne surgendi quidem potestas erat.* So hier: *ad bellum gerendum contra Caesarem a Pompeio,* in welcher Verbindung allerdings *a* in dieser Bedeutung nicht vorkommt.

3. *obviam venisti*] als Cicero aus Cilicien zurückkehrte.

Non enim te celavi] Du kennst meine Ansicht; denn erstens habe ich dir die Unterredung mit Ampius nicht verschwiegen; zweitens hast du gesehen, wie sehr ich dagegen war, dass die Stadt verlassen würde, als ich davon hörte; drittens habe ich dir oft versichert, ich würde nicht aus Italien gehen. — T. Ampius Balbus, tr. pl. 63 (Vell. II, 40), vor Lentulus Spinther (s. zu II, 2) Proprätor von Cilicien (ad fam. I, 3, 2), war jetzt eifriger Pompeianer; ad Att. VIII, 11, B, 2: *vidi T. Ampium dilectum habere diligentissime.* Nach dem Siege Caesars wurde er auf die Verwendung Ciceros begnadigt (ad fam. VI, 12).

quidvis me potius] Madvig de fin. IV, 8, 20 lehrt, nach *potius quam* stehe immer der Conjunctiv; man könne in der directen Rede nicht sagen *potius pugnabo quam abibo,* sondern müsse sagen *abeam,* und deshalb heisse es in der indirecten auch nicht *dixit se potius pugnaturum quam abiturum,* sondern *quam abiret.* Etwas anderes sei es mit *prius quam;* z. B. bei Caes. b. civ. III, 49: *prius se ... victuros quam ... dimissuros.* Denn bei *prius* ständen wenigstens scheinbar zwei zukünftige Handlungen so neben einander, dass die eine nur eher wäre; bei *potius* dagegen würde eine wirklich eintretende Handlung von einer andern geschieden, die gar nicht wirklich würde. Von dieser Regel weicht unsere Stelle ab. Vgl. Brut. 91, 314: *quodvis potius periculum mihi adeundum quam a sperata dicendi gloria discedendum putavi;* de nat. deorum I, 30, 84: *quam bellum erat, Vellei, confiteri potius nescire, quod nescires, quam ista effutientem nauseare;* ad fam. IV, 3, 1: *doleo te sapientia praeditum prope singulari non tuis bonis delectari potius quam alienis malis laborare;* Caes. b. civ. I, 35, 1: *debere eos Italiae totius auctoritatem sequi potius quam unius hominis voluntati obtemperare.*

Quid ergo accidit] Ich habe dir bestimmt erklärt, ich würde Italien nicht verlassen. Also müsste, wenn das Gerede begründet sein sollte,

lium mutarem? Nonne omnia potius, ut in sententia permanerem? Credas hoc mihi velim, quod puto te existimare, me ex his miseriis nihil aliud quaerere, nisi ut homines aliquando intellegant me nihil maluisse quam pacem, ea desperata nihil tam fugisse quam arma civilia. Huius me constantiae puto fore ut nunquam paeniteat. Etenim memini in hoc genere gloriari solitum esse familiarem nostrum, Q. Hortensium, quod nunquam bello civili interfuisset. Hoc nostra laus erit illustrior, quod illi tribuebatur
4 ignaviae, de nobis id existimari posse non arbitror. Nec me ista terrent, quae mihi a te ad timorem fidissime atque amantissime proponuntur. Nulla est enim acerbitas, quae non omnibus hac orbis terrarum perturbatione impendere videatur; quam quidem ego a re publica meis privatis et domesticis incommodis libentissime vel istis ipsis, quae tu me mones ut caveam, rede-
5 missem. Filio meo, quem tibi carum esse gaudeo, si erit ulla res publica, satis amplum patrimonium relinquam in memoria nominis mei; sin autem nulla erit, nihil accidet ei separatim a reliquis civibus. Nam quod rogas, ut respiciam generum meum, adolescentem optimum mihique carissimum; an dubitas, cum

etwas vorgefallen sein, was mich bestimmen könnte meinen Entschluss zu ändern. Was ist denn das?

nihil aliud quaerere] Das einzige Gute, was diese Uebel für mich haben, ist das, dass ich zeigen kann u. s. w.

Q. Hortensium] Ciceros Nebenbuhler in der Beredtsamkeit. Er war das Jahr vorher gestorben.

illi tribuebatur ignaviae] wie Nepos Timoleon 4: *neque hoc illi quisquam tribuebat superbiae.*

4. *redemissem*] Redimere loskaufen, entweder mit dem Accusativ dessen, was man von einem ihm drohenden Uebel befreit; z. B. pro Mil. 32, 87: *pecunia se a iudicibus palam redemerat;* Plancus ad fam. X, 8, 1: *non enim praeteritam culpam videri volo redemisse;* Sall. Cat. 14, 3: *alienum aes grande conflaverat, quo flagitium aut facinus redimeret;* — oder mit dem Accusativ des Uebels, das beseitigt wird, und dem Ablativ mit *a* von dem, was befreit wird, wie hier und in Verr. V, 44, 117: *metum virgarum pretio redemit.* Uebrigens heisst *redimere* auch kaufen; z. B. Caes. bell. Gall. I, 44, 12: *quorum omnium gratiam atque amicitiam eius morte redimere posset.*

5. *in memoria*] wie Liv. XXVI, 43, 3: *in una urbe universam ceperitis Hispaniam.* Derselbe Gedanke de domo 58, 147: *liberis nostris satis amplum patrimonium paterni nominis ac memoriae nostrae relinquemus;* de off. I, 33, 121: *optima hereditas a patribus traditur liberis omnique patrimonio praestantior gloria virtutis rerumque gestarum.*

Nam quod rogas] Nam in der Occupatio: ich habe bisher nur von mir und meinem Sohne gesprochen, denn was den Dolabella betrifft u. s. w. Cicero will dem Einwurf begegnen: warum sprichst du nicht von Dolabella? Vgl. Tusc. IV, 26, 57: *nam quod aiunt nimia resecari oportere, naturalia relinqui; quid tandem potest esse naturale, quod idem nimium esse possit?*

an dubitas] Vor *an* ist zu ergän-

scias quanti cum illum tum vero Tulliam meam faciam, quin ea me cura vehementissime sollicitet? et eo magis, quod in communibus miseriis hac tamen oblectabar specula, Dolabellam meum vel potius nostrum fore ab his molestiis, quas liberalitate sua contraxerat, liberum. Velim quaeras quos ille dies sustinuerit, in urbe dum fuit, quam acerbos sibi, quam mihimet ipsi socero non honestos. Itaque neque ego hunc Hispaniensem casum exspecto, de quo mihi exploratum est ita esse, ut tu scribis, neque quicquam astute cogito. Si quando erit civitas, erit profecto nobis locus; sin autem non erit, in easdem solitudines tu ipse, ut arbitror, venies, in quibus nos consedisse audies. Sed ego fortasse vaticinor et haec omnia meliores habebunt exitus. Recordor enim desperationes eorum, qui senes erant adolescente me. Eos ego fortasse nunc imitor et utor aetatis vitio. Velim ita sit. Sed tamen! Togam praetextam texi Oppio puto te audisse. Nam 7

zen *respicio,* wie *nos ita non dicimus* zu ergänzen ist Tusc. I, 36, 87: *sed hoc ipsum concedatur, bonis rebus homines morte privari; ergo etiam carere mortuos vitae commodis idque esse miserum? Certe ita dicant necesse est. An potest is, qui non est, re ulla carere?*

hac tamen] Das *etsi* zu *tamen* liegt in *in communibus miseriis.* Ebenso weiter unten § 7 *tamen in stomacho.*

specula] Das Deminutivum von *spes* ist gebraucht, nicht als ob die Hoffnung schwach gewesen wäre, dass Dolabella von seinen Schulden befreit werden würde, denn das liess sich von Caesars Freundschaft für Dolabella mit Sicherheit hoffen; sondern weil dieser Vortheil in Ciceros Augen sehr gering war im Vergleich zu dem Unglück der Republik, durch welches seine Erlangung möglich wurde.

6. *neque quicquam astute*] Ich warte nicht auf den Ausfall des Feldzugs in Spanien, um darnach mein Betragen einzurichten und denke überhaupt nicht auf etwas Hinterlistiges. Ueber das Adverbium s. zu III, 19, 3.

vaticinor] = *hallucinor,* wie pro Sest. 10, 23: *eos autem, qui dicerent dignitati esse serviendum .... vaticinari atque insanire dicebat.*

Sed tamen!] Aber ich habe einmal meine Besorgniss. Sehr gewöhnliche Aposiopese, namentlich bei *verumtamen;* z. B. ad Att. XII, 17: *quamquam quid ad me? Verumtamen;* XIV, 12, 1: *multa illis Caesar, neque me invito, etsi Latinitas erat non ferenda. Verumtamen;* ad fam. XVI, 23, 1: *tu vero conficeprofessionem, si potes, etsi haec pecunia ex eo genere est, ut professione non egeat. Verumtamen.*

7. *Togam praetextam*] C. Oppius (s. III, 12) und Curtius (ad Att. IX, 2, A, 3: *Postumus Curtius venit nihil nisi classes loquens et exercitus; eripiebat Hispanias* cet.; XII, 49, 1: *o tempora! fore, cum dubitet Curtius consulatum petere*), zwei Freunde des Caesar, die in gewöhnlichen Zeiten schwerlich zu Ehrenstellen gelangt sein würden, jetzt aber auf die höchsten sich Rechnung machten. Oppius wünschte ein Staatsamt, Curtius das Augurat. *Nam* in der Occupatio: den Curtius nenne ich nicht als einen, der ein Staatsamt erhalten wird,

Curtius noster dibaphum cogitat; sed eum infector moratur. Hoc aspersi, ut scires me tamen in stomacho solere ridere. Dolabellae, quod scripsi, suadeo videas, tamquam si tua res agatur. Extremum illud erit: nos nihil turbulenter, nihil temere faciemus. Te tamen oramus, quibuscunque erimus in terris, ut nos liberosque nostros ita tueare, ut amicitia nostra et tua fides postulabit.

EPISTOLA XIX.
(AD FAM. IV, 2.)
M. CICERO S. D. SER. SULPICIO.

1   A. d. III Kal. Maias cum essem in Cumano, accepi tuas litteras; quibus lectis cognovi non satis prudenter fecisse Philotimum, qui, cum abs te mandata haberet, ut scribis, de omnibus rebus, ipse ad me non venisset, litteras tuas misisset, quas intellexi breviores fuisse, quod eum perlaturum putasses. Sed tamen, postquam tuas litteras legi, Postumia tua me convenit et Servius noster. His placuit, ut tu in Cumanum venires, quod etiam mecum ut ad te scriberem egerunt.

2   Quod meum consilium exquiris, id est tale, ut capere facilius ipse possim quam alteri dare. Quid enim est, quod audeam suadere tibi, homini summa auctoritate summaque prudentia?

---

denn u. s. w.

dibaphum] ein doppelt gefärbtes Purpurkleid, das Amtskleid der Augurn; ad Att. II, 9, 2: *Vatinii strumam sacerdotii διβάφῳ vestiant*. Vgl. Servius zu Verg. Aen. IV, 262.

suadeo videas] *videre = providere, curare*; ad Att. V, 1, 3: *antecesserat Statius, ut prandium nobis videret*.

EPISTOLA XIX.

Servius Sulpicius Rufus, ein berühmter Rechtsgelehrter, Consul 51 mit M. Marcellus. Im Consulat trat er seinem zum Kriege drängenden Collegen entgegen; nach dem Ausbruch des Krieges suchte er sich möglichst neutral zu halten; war jedoch, wenigstens auf kurze Zeit, im Lager des Pompeius (XIII Phil. 14, 29); später trat er entschieden auf Caesars Seite und wurde Proconsul von Achaia. Er starb 43 auf einer Gesandtschaftsreise zum Antonius nach Mutina. Der Brief ist im Cumanum in den letzten Tagen des April geschrieben.

Philotimum] ein Freigelassener des Cicero.

venisset, litteras] Asyndeton adversativum.

Sed tamen] beschränkend und berichtigend, wie unser indessen, im Sinne von: indessen das hat nichts zu sagen, denn u. s. w. Ebenso ad fam. XVI, 4, 1: *ius enim dandum tibi non fuit, cum κακοστόμαχος esses; sed tamen et ad illum scripsi accurate et ad Lysonem*.

Postumia] Servius Gemahlin; *Servius noster* sein Sohn.

Si quid rectissimum sit quaerimus, perspicuum est, si quid maxime expediat, obscurum; sin ii sumus, qui profecto esse debemus, ut nihil arbitremur expedire, nisi quod rectum honestumque sit, non potest esse dubium quid faciendum nobis sit.

Quod existimas meam causam coniunctam esse cum tua, **3** certe similis in utroque nostrum, cum optime sentiremus, error fuit. Nam omnia utriusque consilia ad concordiam spectaverunt; qua cum ipsi Caesari nihil esset utilius, gratiam quoque nos inire ab eo defendenda pace arbitrabamur. Quantum nos fefellerit et quem in locum res deducta sit vides. Neque solum ea perspicis, quae geruntur quaeque iam gesta sunt, sed etiam, qui cursus rerum, qui exitus futurus sit. Ergo aut probare oportet ea, quae fiunt, aut interesse, etiam si non probes; quarum altera mihi turpis, altera etiam periculosa ratio videtur. Restat, ut **4** discedendum putem. In quo reliqua videtur esse deliberatio, quod consilium in discessu, quae loca sequamur. Omnino cum miserior res nunquam accidit, tum ne deliberatio quidem difficilior; nihil enim constitui potest, quod non incurrat in magnam aliquam difficultatem. Tu, si videbitur, ita censeo facias, ut, si habes iam statutum quid tibi agendum putes, in quo non sit coniunctum consilium tuum cum meo, supersedeas hoc labore itineris; sin autem est, quod mecum communicare velis, ego te

2. *si quid maxime*] *sin* ist nicht nöthig, denn in kurzen Gegensätzen steht oft *si — si*; s. II, 2, 5. Es würde sogar stören, weil der dritte Satz den Gegensatz bildet zu den beiden ersten. Wenn wir das Gute und das Nützliche sondern, ist die Sache zweifelhaft; wenn wir nur das Gute für nützlich halten, ist sie klar. Vgl. ad fam. V, 19, 2: *quid rectum sit apparet, quid expediat obscurum est, ita tamen, ut, si nos ii sumus, qui esse debemus, id est studio digni ac litteris nostris, dubitare non possimus, quin ea maxime conducant, quae sunt rectissima.*

3. *cum optime sentiremus*] als wir das Beste wollten, die beste Gesinnung hatten. So heisst *bene narrare* nicht bloss **gut erzählen**, sondern auch eine **gute Nachricht bringen**; z. B. ad Att. XIII, 33, 2: *Othonem quod speras posse vinci, sane bene narras;* — ferner *sperare bene* **Gutes hoffen**; z. B. ad fam. IV, 13, 7: *sperabis omnia optime;* — ferner *benigne polliceri* auf eine zuvorkommende Weise versprechen; z. B. Liv. VI, 6, 16: *cunctis in partes muneris sui benigne pollicentibus operam;* und auch Freundliches versprechen; z. B. in Verr. II, 4, 12: *aliis, si laudarent, benignissime polliceri.* Natürlich kann auch das Adjectivum stehen; z. B. in Cat. III, 2, 5: *qui omnia de re publica praeclara atque egregia sentirent;* ad Att. X, 3: *feceris igitur commode mihique gratum, si* cet.

Quantum nos fefellerit] impersonell wie ad Att. XIV, 12, 2: *sed nos, nisi me fallit, iacebimus;* de off. II, 7, 25: *nec eum fefellit.*

Ergo aut probare] nämlich wenn wir in Italien bleiben. Das Subject *nos* ist ausgelassen; s. zu I, 6, 2.

exspectabo. Tu, quod tuo commodo fiat, quam primum velim venias, sicut intellexi et Servio et Postumiae placere. Vale.

EPISTOLA XX.
(AD ATT. X, 8.)
CICERO ATTICO S.

1   Et res ipsa monebat et tu ostenderas et ego videbam, de iis rebus, quas intercipi periculosum esset, finem inter nos scribendi fieri tempus esse. Sed, cum ad me saepe mea Tullia scribat orans, ut quid in Hispania geratur exspectem, et semper adscribat idem videri tibi, idque ipse etiam ex tuis litteris intellexerim, non puto esse alienum me ad te quid de ea re sentiam
2   scribere. Consilium istud tunc esset prudens, ut mihi videtur, si nostras rationes ad Hispaniensem casum accommodaturi essemus; quod fieri nequit. Necesse est enim aut, id quod maxime velim, pelli istum ab Hispania aut trahi id bellum aut istum, ut confidere videtur, apprehendere Hispanias. Si pelletur, quam gratus aut quam honestus tum erit ad Pompeium noster adventus, cum ipsum Curionem ad eum transiturum putem? Sin trahitur bellum, quid exspectem aut quam diu? Relinquitur, ut, si vincimur in Hispania, quiescamus. Id ego contra puto; istum

---

EPISTOLA XX.

Nach der Zusammenkunft mit Caesar in Formiae ging Cicero nach seinem Arpinum und blieb dort bis zum 3. April. Nachher reiste er nach seinem Cumanum und verweilte hier, bis er Italien verliess. Im Cumanum ist dieser Brief am 2. Mai geschrieben.

2. *tunc esset prudens*] Weil durch einen bedingenden Satz sehr oft nicht bloss der Eintritt einer anderen Handlung, sondern auch die Zeit des Eintritts bedingt wird, so steht im Nachsatz statt *ita, ita demum* auch bei Cicero häufig *tum, tum denique, tum demum*, selbst wenn eine Zeitbedingung nicht vorliegt; z. B. de fin. I, 19, 64: *quidquid porro animo cernimus, id omne oritur a sensibus; qui si omnes veri erunt, ut Epicuri ratio docet, tum denique poterit aliquid cognosci et perspici*; pro Mil. 2, 6: *si illius insidiae clariores hac luce fuerint, tum denique obsecrabo obtestaborque vos;* ad fam. VI, 11, 2: *quae ipsa tum esset iucundior, si ulla res esset publica. Tunc* in diesem Sinne kommt sonst nur bei nicht classischen Schriftstellern vor.

pelli istum] nämlich Caesar, der damals in Spanien gegen Pompeius Legaten, Afranius und Petreius, Krieg führte.

Id ego contra puto] *Contra* adverbiell anders, gerade umgekehrt; z. B. ad fam. XII, 18, 2: *utrumque contra accidit. Contra est* es ist ganz anders, es findet das Gegentheil Statt; z. B. pro Cluentio 31, 84: *in stultitia contra est.* Auch

enim victorem magis relinquendum puto quam victum et dubitantem magis quam fidentem suis rebus. Nam caedem video, si vicerit, et impetum in privatorum pecunias et exulum reditum et tabulas novas et turpissimorum honores et regnum non modo Romano homini, sed ne Persae quidem cuiquam tolerabile. Tacita esse poterit indignitas nostra? pati poterunt oculi me cum Gabinio sententiam dicere? et quidem illum rogari prius? praesto esse clientem tuum Clodium? Catcli Plaguleium? ceteros? Sed cur inimicos colligo? qui meos necessarios a me defensos nec **3**

mit Auslassung von *esse* de off. II, 2, 7: *alia probabilia, contra alia dicimus*, und hier: ich glaube, dass dies gerade umgekehrt ist; ich glaube, dass wir nicht ruhen müssen. Dasselbe bedeuten die Formeln *id secus est, quod est longe aliter;* z. B. ad Att. XI, 12, 3: *quod utinam ita esset! sed longe aliter esse intellego.*

et dubitantem magis] nicht coordinirt dem vorangehenden *victorem magis*, sondern mit *victum* zu verbinden: *quam cum victus sit magisque dubitet quam fidat suis rebus.* — *Magis* bei *relinquendum* hat die Bedeutung von *potius*, denn es wird das eine vorgezogen und das andere verworfen. Ebenso Liv. III, 53, 7: *irae vestrae magis ignoscendum quam indulgendum est*; XXI, 5, 3: *ea gens in parte magis quam in dicione Carthaginiensium. erat.*

tabulas novas] Χρεῶν ἀποκοπαί, gänzliche oder theilweise Aufhebung der bestehenden Schuldverträge, so genannt, weil dann die Hausbücher, die jeder wohlhabende Römer führte, geändert werden mussten. In diesen codices accepti et expensi wurde jede geliehene und ausgeliehene Summe eingetragen; die nicht eingetragenen unbedeutenden hiessen *pecuniae extraordinariae.* Zum besseren Beweise wurde die Schuld noch in den Büchern der argentarii, mensularii (s. zu I, 17, 2) bemerkt; dies hiess *per alterius tabulas pecuniam expensam ferre.*

3. *indignitas*] = *indignatio*, wie häufig bei Livius; z. B. V, 45, 5: *inde primum miseratio sui, deinde indignitas atque ex ea ira animos cepit.*

cum Gabinio] Cicero fürchtet, dass die Verbannten von Caesar zurückgerufen werden möchten und führt nun einige an, die ihm besonders verhasst waren. Gabinius hatte in seinem Consulate 58 viel dazu beigetragen, dass Cicero verbannt wurde, und war nach seinem Proconsulat in Syrien 54 wegen Erpressungen verurtheilt worden. Sextus Clodius war eins der thätigsten Werkzeuge des Clodius gewesen; 52 war er de vi belangt und verurtheilt worden. Der sonst unbekannte Plaguleius wird de domo 33, 89 als Helfershelfer des P. Clodius erwähnt. In wie fern Sextus Clodius Client des Atticus genannt werden konnte, wissen wir nicht; indessen wird auch P. Clodius ad Att. II, 9, 3 *tuus sodalis* genannt. Wer der Patron des Plaguleius gewesen ist, ist ebenfalls unbekannt; der Name scheint corrumpirt zu sein.

rogari prius] Es war eine Ehre, im Senat unter den Ersten gefragt zu werden; ad Att. I, 13, 2: *primum igitur scito primum me non esse rogatum sententiam praepositumque esse nobis pacificatorem Allobrogum* ...... *Tertius est Catulus, quartus, si etiam hoc quaeris, Hortensius.* Waren consules designati da, so wurden diese immer zuerst gefragt.

videre in curia sine dolore nec versari inter eos sine dedecore potero. Quid? si ne id quidem est exploratum, fore, ut mihi liceat; — scribunt enim ad me amici eius me illi nullo modo satisfecisse, quod in senatum non venerim; — tamenne dubitemus an ei nos etiam cum periculo venditemus, quicum coniuncti
4 ne cum praemio quidem volumus esse? Deinde hoc vide, non esse iudicium de tota contentione in Hispaniis; nisi forte iis amissis arma Pompeium abiecturum putas. Cuius omne consilium Themistocleum est; existimat enim, qui mare teneat, eum necesse esse rerum potiri. Itaque quoniam nunquam id egit, ut Hispaniae per se tenerentur, navalis apparatus ei semper antiquissima cura fuit. Navigabit igitur, cum erit tempus, maximis classibus et ad Italiam accedet. In qua nos sedentes quid erimus? Nam medios esse iam non licebit. Classibus adversabimur igitur? Quod maius scelus aut tantum denique? quid turpius? An invadentis in absentes solus tuli scelus; eiusdem
5 cum Pompeio et cum reliquis principibus non feram? Quod si iam misso officio periculi ratio habenda est; ab illis est periculum, si peccaro, ab hoc, si recte fecero, nec ullum in his malis

sine dolore] weil die Zurückberufung der Verbannten auf ungesetzlichem Wege durchgesetzt werden sollte; *sine dedecore*, weil Cicero durch seine Anwesenheit diese Ungesetzlichkeit gewissermassen sanctionirte.
tamenne dubitemus an] *Dubito an* ich zweifle ob nicht mit Hinneigung zur Bejahung. Soll ich denn, obgleich das so ist, immer noch ungewiss sein, ob ich mich nicht lieber verkaufe?
4. *Classibus adversabimur*] Soll ich denn gegen die Flotten des Pompeius kämpfen? Was könnte verbrecherischer oder auch nur so verbrecherisch sein? was ehrloser? *Aut denique* = *aut omnino*; z. B. Livius VIII, 21, 6: *an credi posse ullum populum aut hominem denique in ea conditione, cuius eum paeniteat, diutius quam necesse sit mansurum?* Ueber *turpe* neben *scelus* vergl. Cic. de off. II, 22, 77: *habere enim quaestui rem publicam non modo turpe est, sed sceleratum etiam et nefarium.* — Der cod. Med. hat hier

quod malus scilicet tantum denique.
An invadentis] Cicero hatte es gewagt dem Caesar zu widersprechen oder wenigstens ihm seine Mitwirkung zu verweigern, als dieser nach der Rückkehr von Brundisium Anträge gegen die abwesenden Pompeianer durchzusetzen gedachte. S. III, 16. Hierauf bezieht sich diese Stelle. Caesars Zorn habe ich Stand gehalten, als ich allein war; wie sollte ich es nicht können, wenn Pompeius und die übrigen Häupter des Staats mit mir sind? *Ferre aushalten* wie bei Caes. b. Gall. III, 19, 3: *ut ne unum quidem nostrorum impetum ferrent.* *An* im Argumentum ex contrario mit coordinirtem ersten Gliede, wie Tusc. V, 32, 90: *An Scythes Anacharsis potuit pro nihilo pecuniam ducere; nostrates philosophi facere non poterunt?* Oder sollten unsere Philosophen nicht, da doch der Scythe u. s. w. — Der cod. Med. hat *animal dehic in absentis solus tuli scelus* und von der zweiten Hand *an invalde* und sonst ebenso.

consilium periculo vacuum inveniri potest; ut non sit dubium, quin turpiter facere cum periculo fugiamus, quod fugeremus etiam cum salute. Non simul cum Pompeio mare transiimus. Omnino non potuimus; exstat ratio dierum. Sed tamen — fateamur enim, quod est, — ne contendimus quidem, ut possemus. Fefellit ea me res, quae fortasse non debuit, sed fefellit: pacem putavi fore. Quae si esset, iratum mihi Caesarem esse, cum idem amicus esset Pompeio, nolui; senseram enim quam iidem essent. Hoc verens in hanc tarditatem incidi. Sed assequor omnia, si propero; si cunctor, amitto. Et tamen, mi Attice, 6 auguria quoque me incitant quadam spe non dubia, nec haec collegii nostri ab Attio, sed illa Platonis de tyrannis. Nullo enim modo posse video stare istum diutius, quin ipse per se etiam languentibus nobis concidat; quippe qui florentissimus ac novus VI, VII diebus ipsi illi egenti ac perditae multitudini in odium acerbissimum venerit, qui duarum rerum simulationem tam cito ami-

5. *ut non sit dubium, quin*] so dass ich gar nicht ungewiss darüber bin, wie ich das nicht vermeiden sollte, nämlich das *turpiter facere cum periculo*. Auch sonst kommt *non dubito* ich trage kein Bedenken mit *quin* vor; z. B. Cic. de imp. Cn. Pompei 23, 68: *nolite dubitare, quin huic uni credatis omnia;* pro Mil. 23, 63: *arbitrabantur non dubitaturum fortem virum, quin cederet aequo animo legibus;* Caes. b. civ. III, 37, 2: *Domitius sibi dubitandum non putavit, quin productis legionibus proelio decertaret*.

Non simul] ein Einwand, den sich Cicero macht, um den Vorwurf zu beseitigen, den man ihm machen konnte, dass er bisher nicht nach dem ausgesprochenen Grundsatze gehandelt hätte.

exstat ratio dierum] Cic. ad Att. IX, 2 A, 2: *quod negas te dubitare, quin magna in offensa sim apud Pompeium hoc tempore, non video causam, cur ita sit, hoc quidem tempore. Qui enim amisso Corfinio denique certiorem me sui consilii fecit, is queretur Brundisium me non venisse, cum inter me et Brundi-*

sium Caesar esset?

quam iidem essent] Cicero hatte es empfunden, wie sehr sie eines Sinnes waren, als er auf Anstiften Caesars mit Zustimmung des Pompeius verbannt wurde.

6. *ab Attio*] Attius Navius, der berühmte Seher, den Tarquinius Priscus auf die Probe stellte (Liv. I, 36) und den Manche, wenn auch mit Unrecht, für den Urheber der Auguralwissenschaft bei den Römern hielten. Cic. de div. II, 38, 80: *Etrusci habent exaratum puerum auctorem disciplinae suae. Nos quem? Attiumne Navium? At aliquot annis antiquior Romulus et Remus, ambo augures, ut accepimus.*

VI, VII diebus] in den wenigen Tagen, die Caesar vor seiner Abreise nach Spanien in Rom zubrachte. Vergl. Hor. epist. I, 1, 57: *sed quadringentis sex septem milia desint, plebs eris.*

duarum rerum] Der Tribun L. Metellus hatte nicht zugeben wollen, dass Caesar sich des Staatsschatzes bemächtigte und war deshalb von ihm mit dem Tode bedroht worden.

serit, mansuetudinis in Metello, divitiarum in aerario. Iam, quibus utatur vel sociis vel ministris, si ii provincias, si ii rem publicam regent, quorum nemo duo menses potuit patrimonium 7 suum gubernare? Non sunt omnia colligenda, quae tu acutissime perspicis; sed tamen ea pone ante oculos; iam intelleges id regnum vix semestre esse posse. Quod si me fefellerit, feram, sicut multi clarissimi homines in re publica excellentes tulerunt; nisi forte me Sardanapali vicem in suo lectulo mori malle censueris quam exilio Themistocleo. Qui cum fuisset, ut ait Thucydides, *τῶν μὲν παρόντων δι' ἐλαχίστης βουλῆς κράτιστος γνώμων, τῶν δὲ μελλόντων ἐπὶ πλεῖστον τοῦ γενησομένου ἄριστος εἰκαστής*, tamen incidit in eos casus, quos vitasset, si

7. *Quod si me fefellerit*] Caesars Herrschaft wird nicht von Dauer sein. Sollte ich mich irren, so werde ich die Folgen meines Irrthums, nämlich eine längere Verbannung, zu ertragen wissen, *feram* (s. oben § 4). Du wirst mir das zutrauen; du müsstest mich denn für einen Weichling halten. Indessen ich irre mich gewiss nicht. — Genau genommen müsste es heissen *nisi forte malo* ohne *censueris*. Mit *nisi forte* wird etwas beigebracht, das, wenn es richtig wäre, die vorangehende Behauptung umstossen würde, das aber durch *nisi forte* negirt wird und so jene Behauptung stützt. Es wird aber Ciceros Behauptung *feram* nicht umgestürzt, wenn Atticus ihn für einen Weichling hält, sondern wenn er einer ist. Indessen dergleichen Ungenauigkeiten kommen nicht selten vor; z. B. Cic. de senect. 6, 17: *non viribus aut velocitatibus aut celeritate corporum res magnae geruntur, sed consilio, auctoritate, sententia, quibus non modo non orbari, sed etiam augeri senectus solet; nisi forte ego vobis . . . . . cessare nunc videor, cum bella non gero.*

multi clarissimi] *multi* ohne *et*, weil *clarissimi homines* zusammen einen Begriff bilden. Ebenso ad fam. V, 17, 3: *multis fortissimis atque optimis viris*; IV, 9, 3: *patriam multis claris viris orbatam.*

Sardanapali vicem] Ueber diesen durch Weichlichkeit und Ueppigkeit berüchtigten assyrischen König weichen die Angaben der Alten sehr von einander ab. Nach den meisten verbrannte er sich selbst mit seinen Weibern und Schätzen, als ein Aufstand ausgebrochen war; nach einigen starb er im Alter eines natürlichen Todes. — *Sardanapali vicem in suo lectulo mori* ist zusammen Object zu *malle*, das Sterben im eigenen Bett nach Art des Sardanapal. Man kann sagen *turpe est in suo lectulo mori*, ebenfalls *turpe puto cet.*; warum sollte dafür nicht auch *nolo* stehen können. Vgl. Cic. de nat. deor. I, 30, 84: *quam bellum erat, Vellei, confiteri potius nescire quod nescires, quam ista effutientem nauseare atque ipsum sibi displicere?*

τῶν μὲν παρόντων] Bei Thucydides I, 138 steht dafür *τῶν τε παραχρῆμα* und *καὶ τῶν μελλόντων* für *τῶν δὲ μελλόντων*. Zu construiren *εἰκαστὴς τοῦ γενησομένου τῶν μελλόντων*. Nepos Them. 1 übersetzt die Stelle so: *quod et de instantibus, ut ait Thucydides, verissime iudicabat et de futuris callidissime coniiciebat.* In der folgenden Stelle steht bei Thucydides *τό τε ἄμεινον ἢ χεῖρον.*

eum nihil fefellisset. Etsi is erat, ut ait idem, qui τὸ ἄμεινον καὶ τὸ χεῖρον ἐν τῷ ἀφανεῖ ἔτι προεώρα μάλιστα, tamen non vidit nec quomodo Lacedaemoniorum nec quomodo suorum civium invidiam effugeret nec quid Artaxerxi polliceretur. Non fuisset illa nox tam acerba Africano, sapientissimo viro, non tam dirus ille dies Sullanus callidissimo viro C. Mario, si nihil utrumque eorum fefellisset. Nos tamen hoc confirmamus illo augurio, quo diximus, nec nos fallit nec aliter accidet. Corruat iste necesse est aut per adversarios aut ipse per se, qui quidem sibi est adversarius unus acerrimus. Id spero vivis nobis fore, quamquam tempus est nos de illa perpetua iam, non de hac exigua vita cogitare. Sin quid acciderit maturius, haud sane mea multum interfuerit utrum factum videam an futurum esse multo ante viderim. Quae cum ita sint, non est committendum, ut iis paream, quos contra me senatus, ne quid res publica detrimenti acciperet, armavit. 8

Tibi sunt omnia commendata; quae commendationis meae 9 pro tuo in nos amore non indigent. Nec hercule ego quidem reperio quid scribam; sedeo enim πλουδοκῶν. Etsi nihil unquam tam fuit scribendum quam nihil mihi unquam ex plurimis

quid Artaxerxi] Themistokles soll dem Artaxerxes versprochen haben ihm Griechenland zu unterwerfen.
illa nox] in welcher der jüngere Scipio Africanus ermordet wurde; *ille dies*, an welchem Marius vor Sulla aus Rom flüchten musste.
8. *Sin quid acciderit*] Ich hoffe Caesars Sturz zu erleben, obgleich ich nicht mehr lange zu leben habe. Stösst mir aber früher etwas zu, so kömmt es auf eins heraus, ob ich dies wirklich eintreten sehe oder ob ich mit Sicherheit lange vorausgesehen habe, dass es eintreten wird.
quos contra me senatus] = contra quos, wie pro Mur. 4, 9: *quem contra veneris*. Zur Sache vgl. ad fam. XVI, 11, 3: *senatus consulibus, praetoribus, tribunis plebis et nobis, qui proconsules sumus, negotium dederat, ut curaremus, ne quid res publica detrimenti caperet*.
9. πλουδοκῶν] wartend auf gutes Wetter zur Einschiffung.

Etsi nihil] *Etsi* wird in Ciceros Briefen nicht selten gebraucht, wie *quamquam*, für unser doch, indessen; z. B. ad Att. IX, 10, 2: *do, do poenas temeritatis meae. Etsi quae fuit illa temeritas?* IX, 19, 1: *ego meo Ciceroni Arpini potissimum togam puram dedi, idque municipibus nostris fuit gratum. Etsi omnes et illos et, qua iter feci, maestos afflictosque vidi;* IX, 19, 2: *etiam equidem senatus consulta facta quaedam iam puto; utinam in Volcatii sententiam! Sed quid refert? est enim una sententia omnium. Sed erit immitissimus Servius, qui filium misit ad effligendum Cn. Pompeium aut certe capiendum cum Pontio Titiniano. Etsi hic quidem timoris causa; ille vero?* IX, 7, 5: *noli putare tolerabiles horum insanias nec unius modi fore. Etsi quid te horum fugit?* und weiterhin: *abeamus igitur inde qualibet navigatione. Etsi id quidem, ut tibi videbitur. Sed certe abeamus.*

tuis iucunditatibus gratius accidisse, quam quod meam Tulliam suavissime diligentissimeque coluisti. Valde eo ipsa delectata est, ego autem non minus. Cuius quidem virtus mirifica. Quomodo illa fert publicam cladem! quomodo domesticas tricas! quantus autem animus in discessu nostro! Est στοργή, est summa
10 σύντηξις, tamen nos recte facere et bene audire vult. Sed hac super re nimis, ne meam ipse συμπάθειαν iam evocem. Tu, si quid de Hispaniis certius et si quid aliud, dum adsumus, scribes, et ego fortasse discedens dabo ad te aliquid, eo etiam magis, quod Tullia te non putabat hoc tempore ex Italia. Cum Antonio item est agendum, ut cum Curione, Melitae me velle esse, huic bello nolle interesse. Eo velim tam facili uti possem et tam bono in me quam Curione. Is ad Misenum VI Nonas venturus dicebatur, id est hodie; sed praemisit mihi odiosas litteras hoc exemplo:

A.
ANTONIUS TRIB. PL. PRO PR. CICERONI IMP. S.

1 Nisi te valde amarem et multo quidem plus quam tu putas, non extimuissem rumorem, qui de te prolatus est, cum praesertim falsum esse existimarem. Sed quia te nimio plus diligo, non possum dissimulare mihi famam quoque, quamvis sit falsa, magni esse. Trans mare credere non possum, cum tanti facias

Cuius quidem] Zuweilen kommt es vor, dass das Relativum sich nicht auf das zunächst stehende Substantivum bezieht; z. B. Cic. Tusc. I, 1, 3: *Livius fabulam dedit.... anno ante natum Ennium, qui* (Livius) *fuit maior natu quam Plautus et Naevius;* Caes. b. G. VII, 59, 2: *Bellovaci autem, defectione Haeduorum cognita, qui* (Bellovaci) *ante erant per se infideles;* Sall. Cat. 48, 1: *plebes coniuratione patefacta, quae primo cupida rerum novarum nimis bello favebat;* Liv. XXI, 26, 2: *C. Atilium .... auxilium ferre Manlio iubent, qui* (Atilius) *sine ullo certamine Tannetum pervenit.* Aehnlich unten § 10: *is ad Misenum* cet.

domesticas tricas] Dolabella, ihr Gemahl, war in Schulden gerathen, und verlangte nun von Cicero die Auszahlung der Mitgift.

10. *Sed hac super re*] *Super* mit dem Ablativ in der Bedeutung von *de* findet sich bei Cicero nur in den Briefen und auch hier nur selten; z. B. ad Att. XIV, 22, 2: *scribas ad me velim simulque cogites quid agendum nobis sit super legatione votiva.*

si quid] zu ergänzen *audieris.*

ex Italia] zu ergänzen *profecturum esse.* S. zu III, 14.

A.

trib. pl. pro pr.] Bei seiner Abreise nach Spanien hatte Caesar dem Volkstribun M. Antonius den Oberbefehl in Italien mit dem Titel eines Propraetor übertragen.

1. *Trans mare*] zu ergänzen *te iturum.* Vgl. ad fam. XVI, 7: *nec mirabamur nihil a te litterarum,*

Dolabellam, Tulliam tuam, feminam lectissimam, tantique ab omnibus nobis fias; quibus mehercule dignitas amplitudoque tua paene carior est quam tibi ipsi. Sed tamen non sum arbitratus esse amici non commoveri etiam improborum sermone, atque eo feci studiosius, quod iudicabam duriores partes mihi impositas esse ab offensione nostra, quae magis a ζηλοτυπίᾳ mea quam ab iniuria tua nata est. Sic enim volo te tibi persuadere, mihi neminem esse cariorem te excepto Caesare, Caesarem maxime in suis M. Ciceronem reponere. Quare, mi Cicero, te 2 rogo, ut tibi omnia integra serves, eius fidem improbes, qui tibi, ut beneficium daret, prius iniuriam fecit, contra ne profugias, qui te, etsi non amabit, quod accidere non potest, tamen salvum amplissimumque esse cupiet. Dedita opera ad te Calpurnium, familiarissimum meum, misi, ut mihi magnae curae tuam vitam ac dignitatem esse scires.

Eodem die a Caesare Philotimus attulit hoc exemplo:

B.
CAESAR IMP. CICERONI IMP. SAL. D.

Etsi te nihil temere, nihil imprudenter facturum iudicaram; 1 tamen permotus hominum fama scribendum ad te existimavi et pro nostra benevolentia petendum, ne quo progredereris procli-

und noch härtere Ellipsen ad Att. XIII, 21, 2: *Quid possum de Torquato, nisi aliquid a Dolabella? Quod simulac, continuo scietis;* XIII, 2, 1: *Pisonem sicubi, de auro,* sobald du den Piso triffst, rede mit ihm wegen des Goldes.

Tulliam] Asyndeton in der unterbrochenen Aufzählung; s. zu I, 4, 8; II, 12, 2.

feci studiosius] Ich muss die Pflicht der Freundschaft um so eifriger erfüllen, weil unsere Beziehungen, seitdem ich mich mit dir um das Augurat beworben habe, sich etwas gelockert haben und so aus jeder Nachlässigkeit von meiner Seite leicht der Verdacht entstehen kann, mir läge die Freundschaft mit dir nicht so am Herzen, als es in der That der Fall ist.

2. *prius iniuriam fecit*] Deine Verbannung war Pompeius Werk, deine Rückberufung auch; er hat also nur wieder gut gemacht, was er dir früher geschadet hat und du schuldest ihm keinen Dank.

etsi te non amabit] auch wenn er dich nicht lieben wird, was aber niemals eintreten kann. *Etsi – etiamsi*, wie ad Att. VII, 3, 1: *ac primum illud, etsi cupidissime expetitum a me sit, tamen non est nostra contentione perfectum*; Liv. XXI, 19, 4: *quamquam, etsi priore foedere staretur, satis cautum erat Saguntinis.*

hoc exemplo] S. zu III, 15, 1. Zu ergänzen *litteras*.

B.

1. *proclinata iam re*] jetzt, wo die Sache sich zum Falle, zu einem schlimmen Ausgang neigt. Vergl. Caes. b. G. VII, 42, 4: *adiuvat rem proclinatam Convictolitavis.*

nata iam re, quo integra etiam progrediendum tibi non existimasses. Namque et amicitiae graviorem iniuriam feceris et tibi minus commode consulueris, si non fortunae obsecutus videberis, — omnia enim secundissima nobis, adversissima illis accidisse videntur — nec causam secutus, — eadem enim tum fuit, cum ab eorum consiliis abesse iudicasti — sed meum aliquod factum condemnavisse, quo mihi gravius abs te nil accidere potest. 2 Quod ne facias, pro iure nostrae amicitiae a te peto. Postremo quid viro bono et quieto et bono civi magis convenit quam abesse a civilibus controversiis? Quod nonnulli cum probarent, periculi causa sequi non potuerunt. Tu explorato et vitae meae testimonio et amicitiae iudicio neque tutius neque honestius reperies quicquam quam ab omni contentione abesse. xv Kal. Maias ex itinere.

EPISTOLA XXI.
(AD FAM. XIV, 7.)
TULLIUS TERENTIAE SUAE S. P.

1 Omnes molestias et sollicitudines, quibus et te miserrimam habui, id quod mihi molestissimum est, et Tulliolam, quae nobis nostra vita dulcior est, deposui et eieci. Quid causae autem fuerit postridie intellexi quam a vobis discessi. Χολὴν ἄκρα-

---

abesse iudicasti] *iudicare = decernere* mit dem blossen Infinitiv, wie ad fam. VII, 33, 2: *mihi iudicatum est deponere illam iam personam.*
2. *Quod nonnulli*] In anderen Bürgerkriegen konnten es manche nicht, weil der Führer der Gegenpartei grausam war und sie ihm verhasst; du kannst es, weil ich mild bin und dein Freund.
testimonio] das Zeugniss, das mein bisheriges Leben mir giebt, und das Urtheil, das die Freundschaft fällt.
EPISTOLA XXI.
Der Brief ist geschrieben am 7. Juni 49 in Cajeta an Bord des Schiffes, das den Cicero zu Pompeius nach Griechenland führte.

1. *miserrimam habui*] wodurch ich dich so lange unglücklich gemacht habe. *Habere* mit dem Partic. Perf. Pass. oder mit einem Adjectivum legt dem Object einen bleibenden Zustand bei, der durch das Subject herbeigeführt ist oder wenigstens ihm nicht gleichgültig ist; z. B. ad fam. VII, 3, 1: *sollicitum te habebat cogitatio*; XV, 4, 6: *Ariobarzanes, cuius salutem a senatu te auctore commendatam habebam* (er ist empfohlen worden und ich respectire die Empfehlung); ad Att. XVI, 1, 3: *mare infestum habere*, das Meer unsicher machen; Liv. XXIX, 23, 7: *dum accensum recenti amore Numidam habet*; Tac. Ann. II, 65: *nihil aeque Tiberium anxium habebat.*

τον noctu eieci. Statim ita sum levatus, ut mihi deus aliquis medicinam fecisse videatur. Cui quidem tu deo, quemadmodum soles, pie et caste satisfacies [id est Apollini et Aesculapio]. Navem spero nos valde bonam habere; in eam simulatque conscendi, haec scripsi. Deinde conscribam ad nostros familiares multas epistolas, quibus te et Tulliolam nostram diligentissime commendabo. Cohortarer vos, quo animo fortiores essetis, nisi vos fortiores cognoscem quam quemquam virum. Et tamen eiusmodi spero negotia esse, ut et vos istic commodissime sperem esse et me aliquando cum similibus nostri rem publicam defensuros. Tu primum valetudinem tuam velim cures; deinde, si tibi videbitur, villis iis utere, quae longissime aberunt a militibus. Fundo Arpinati bene poteris uti cum familia urbana, si annona carior fuerit. Cicero bellissimus tibi salutem plurimam dicit. Etiam atque etiam vale. D. VII Id. Iun.

EPISTOLA XXII.
(AD FAM. IX, 9.)
DOLABELLA S. D. CICERONI.

S. V. G. V. et Tullia nostra recte V. Terentia minus belle 1

id est Apollini et Aesculapio] wahrscheinlich die Randbemerkung eines Lesers, die nachher in den Text gekommen ist.

2. *Et tamen*] obgleich ich also unsere Lage für nicht unbedenklich halte, denke ich doch u. s. w.

defensuros] und dass ich einst mit den Gleichgesinnten die Republik retten werde. *Defendere*, mit Erfolg vertheidigen, wie Sall. Iug. 54, 8: *qui sua loca defendere nequiverat, in alienis bellum gerere*; Liv. XXVI, 27, 4: *aedes Vestae vix defensa est*; Caes. b. Gall. VII, 23, 5: *ab incendio lapis et ab ariete materia defendit, quae neque perrumpi neque distrahi potest.*

EPISTOLA XXII.
Der Brief ist geschrieben, als Pompeius in Dyrrhachium eingeschlossen war, nach Caes. b. civ. III,

49: *iam frumenta maturescere incipiebant*, also etwa Ende Juni 48. Cicero befand sich im Lager des Pompeius, und dass Dolabella, Ciceros Schwiegersohn, damals im Lager des Caesar war, ergiebt sich aus den Worten unseres Briefs *pulsus his quoque locis.*

1. *S. V. G. V.*] si vales, gaudeo. Valeo.

Tullia nostra] Dolabella theilt dies dem Cicero mit, weil es sehr leicht sein konnte, dass seine Nachrichten aus Rom von späterem Datum waren, als die, welche Cicero hatte.

minus belle habuit] se ausgelassen, wie Cic. pro Mur. 6, 14: *bene habet: iacta sunt fundamenta defensionis;* Liv. VI, 35, 8: *bene habet, inquit Sestius: quandoquidem tantum intercessionem pollere placet, isto ipso telo tutabimur plebem.*

habuit; sed certum scio iam convaluisse eam. Praeterea rectissime sunt apud te omnia. Etsi nullo tempore in suspicionem tibi debui venire partium causa potius quam tua tibi suadere, ut te aut cum Caesare nobiscumque coniungeres aut certe in otium referres, praecipue nunc, iam inclinata victoria, ne possum quidem in ullam aliam incidere opinionem, nisi in eam, in qua scilicet tibi suadere videar, quod pie tacere non possim. Tu autem, mi Cicero, sic haec accipies, ut, sive probabuntur tibi sive non probabuntur, ab optimo certe animo ac deditissimo tibi
2 et cogitata et scripta esse iudices. Animadvertis Cn. Pompeium nec nominis sui nec rerum gestarum gloria neque etiam regum ac nationum clientelis, quas ostentare crebro solebat, esse tutum; et hoc etiam, quod infimo cuique contigit, illi non posse contingere, ut honeste effugere possit, pulso Italia, amissis Hispaniis, capto exercitu veterano, circumvallato nunc denique; quod nescio an nulli unquam nostro acciderit imperatori. Quamobrem

certum scio] Dass *certum* in den oft vorkommenden *certum scio* und *certum nescio* Adverbium ist, ersieht man aus Cic. pro Scauro § 34 ed. Beier: *qui sive patricius sive plebeius esset, nondum enim certum constituerat;* Hor. serm. II, 6, 27: *postmodo, quod mi obsit, clare certumque locuto;* II, 5, 100 *certum vigilans* ganz wachend.

Etsi nullo tempore] Wenn du schon sonst nicht argwöhnen durftest, ich riethe dir aus Parteirücksichten, du möchtest dich mit Caesar verbinden, so ist es jetzt, wo der Sieg sich zu uns neigt, nicht einmal möglich, dass man eine andere Meinung von mir hat, als u. s. w. *Etsi* bezeichnet hier dasselbe, was sonst durch *cum — tum* oder das einfache *si* ausgedrückt wird: z. B. ad Att. III, 8, 2: *itaque cum meus me maeror cotidianus lacerat et conficit, tum vero haec addita cura vix mihi vitam reliquam facit.*

inclinata victoria] da der Sieg den Pompeianern schon halb verloren ist. *Inclinari* oder *se inclinare* heisst sich zum Untergang neigen, wenn das, wohin sich etwas neigt, nicht hinzugesetzt ist; z. B.

ad fam. II, 16, 1: *ab excitata fortuna ad inclinatam et prope iacentem desciscere;* I, 1, 3: *inclinata res est,* die Sache ist halb verloren.

in ullam aliam] *Incidere in opinionem* kann heissen auf die Ansicht kommen, nach Cic. Acad. pr. II, 45, 138: *vos autem mihi veremini, ne labar ad opinionem et aliquid asciscam et comprobem incognitum;* und in den Ruf kommen, wie ad fam. VIII, 10, 2: *in eam opinionem Cassius veniebat finxisse bellum.* Bei beiden Erklärungen ist das folgende *in qua scilicet* auffallend. Die Handschriften haben *in qua scilicet te tibi.*

pie] ohne die Verwandtenpflicht zu verletzen.

2. *nulli unquam nostro*] Das Pronomen possessivum mit oder ohne Substantivum wird partitiven Adjectiven oder Zahlwörtern statt im Genitiv oder mit einer Präposition oft im gleichen Casus beigefügt, besonders häufig von Caesar; z. B. b. Gall. I, 52, 5: *reperti sunt complures nostri milites;* b. civ. III, 96, 4: *paucos suos ex fuga nactus;* I, 46, 4: *nostri circiter septuaginta ceciderunt.*

quid aut ille sperare possit aut tu animum adverte pro tua prudentia; sic enim facillime, quod tibi utilissimum erit consilii, capies. Illud autem te peto, ut, si iam ille evitaverit hoc periculum et se abdiderit in classem, tu tuis rebus consulas et aliquando tibi potius quam cuivis sis amicus. Satisfactum est iam a te vel officio vel familiaritati; satisfactum etiam partibus et ei rei publicae, quam tu probabas. Reliquum est, ubi nunc est res publica, ibi simus potius quam, dum illam veterem sequamur, simus in nulla. Quare velim, mi iucundissime Cicero, si forte Pompeius pulsus his quoque locis rursus alias regiones petere cogatur, ut tu te vel Athenas vel in quamvis quietam recipias civitatem. Quod si eris facturus, velim mihi scribas, ut ego, si ullo modo potero, ad te advolem. Quaecunque de tua dignitate ab imperatore erunt impetranda, qua est humanitate Caesar, facillimum erit ab eo tibi ipsi impetrare; et meas tamen preces apud eum non minimum auctoritatis habituras puto. Erit tuae quoque fidei et humanitatis curare, ut is tabellarius, quem ad te misi, reverti possit ad me et a te mihi litteras referat. 3

te peto] ungewöhnliche Construction für *a te peto*.

ei rei publicae] derjenigen Verfassung der Republik.

3. *Reliquum est*] *Ut* ist häufig ausgelassen nach den Verben ermahnen und fordern und nach *fac* und *volo*, seltner nach *permitto*; z. B. Liv. XXIV, 16, 17: *Gracchus ita permisit, in publico epularentur omnes*; nach *reliquum est* hier und ad fam. XV, 21, 5: *reliquum est, tuam profectionem amore prosequar*.

Quod si eris facturus] *quod si facies* würde heissen: schreib es mir, wenn du es thust.

tibi ipsi] zu *facillimum erit* zu ziehen, nicht zu *impetrare*.

et meas tamen] indessen glaube ich, dass auch meine Bitten u. s. w. Sonst wird *tamen etiam* gebraucht, wenn das im Vordersatz Gesagte im höheren oder auch im höchsten Grade gilt und daneben doch auch das im Nachsatz Gesagte als gültig erscheinen soll; z. B. Cic. de off. II, 14, 49: *iudiciorum ratio duplex est. Nam ex accusatione et defensione constat; quarum etsi laudabilior est defensio, tamen etiam accusatio probata persaepe est*; ad Q. fr. II, 6, 7: *quamquam te ipsum scilicet maxime, tamen etiam litteras tuas ante exspecto*.

reverti possit] Der Bote konnte leicht in Pompeius Lager zurückgehalten werden.

EPISTOLA XXIII.
(AD ATT. XI, 5.)
CICERO ATTICO S.

1 Quae me causae moverint, quam acerbae, quam graves, quam novae, coegerintque impetu magis quodam animi uti quam cogitatione, non possum ad te sine maximo dolore scribere; fuerunt quidem tantae, ut id, quod vides, effecerint. Itaque nec quid ad te scribam de meis rebus nec quid a te petam reperio. Rem et summam negotii vides. Equidem ex tuis litteris intellexi, et his, quas communiter cum aliis scripsisti, et his, quas tuo nomine, quod etiam mea sponte videbam, te subdebilitatum no-
2 vas rationes tuendi mei quaerere. Quod scribis placere, ut propius accedam iterque per oppida noctu faciam; non sane video quemadmodum id fieri possit. Neque enim ita apta habeo deversoria, ut tota tempora diurna in his possim consumere; neque ad id, quod quaeris, multum interest, utrum me homines in oppido videant an in via. Sed tamen hoc ipsum, sicut alia, considerabo, quemadmodum commodissime fieri posse videatur.
3 Ego propter incredibilem et animi et corporis molestiam

EPISTOLA XXIII.
Als nach der Aufhebung der Belagerung von Dyrrhachium im Juli 48 Pompeius mit seinem Heere nach Thessalien zog, blieb Cicero in Dyrrhachium zurück. Nach der am 9. August erfolgten Schlacht bei Pharsalus, ging er mit andern Pompeianern nach Corcyra. Hier wurde ihm als dem Höchsten im Range der Oberbefehl über die Pompeianischen Streitkräfte angeboten: aber er wollte nicht weiter sich an dem Kriege betheiligen und ging nach Brundisium, um seinen Frieden mit Caesar zu machen. In Brundisium ist er Ende October angekommen und gleich nach der Ankunft hat er diesen Brief geschrieben.

1. *Quae me causae moverint*] nämlich die Partei der Optimaten zu verlassen.

tantae ut] Cicero war ohne Caesars Erlaubniss nach Brundisium gekommen und befand sich in einer sehr schlimmen Lage. Er konnte nicht mit Sicherheit auf Caesars Verzeihung rechnen und hatte das Schlimmste zu befürchten, wenn die Pompeianer doch noch die Oberhand behielten. Auf jeden Fall aber hatte er das Gerede der Menschen über seinen Kleinmuth zu fürchten.

2. *iterque per oppida*] Cicero sollte versuchen sich Rom zu nähern, ohne dass es die Caesarianer erführen. Dies schien möglich zu sein, wenn er durch die Städte immer des Nachts reiste.

ita apta] Die Absteigequartiere, die Cicero zu Gebote standen, waren nicht so beschaffen, dass er da ganze Tage hätte zubringen können, und das wäre doch nöthig gewesen, wenn er die Städte hätte des Nachts passiren wollen.

3. *corporis molestiam*] Cicero konnte das Klima von Brundisium

conficere plures litteras non potui; his tantum rescripsi, a quibus acceperam. Tu velim et Basilo et quibus praeterea videbitur, etiam Servilio, conscribas, ut tibi videbitur, meo nomine. Quod tanto intervallo nihil omnino ad vos scripsi, his litteris profecto intellegis rem mihi deesse, de qua scribam, non voluntatem. Quod de Vatinio quaeris; neque illius neque cuiusquam 4 mihi praeterea officium deesset, si reperire possent qua in re me iuvarent. Quintus aversissimo a me animo Patris fuit. Eodem Corcyra filius venit. Inde profectos eos una cum ceteris arbitror.

EPISTOLA XXIV.
(AD ATT. XI, 6.)
CICERO ATTICO S. DICIT.

Sollicitum esse te cum de tuis communibusque fortunis, 1 tum maxime de me ac de dolore meo sentio; qui quidem meus dolor non modo non minuitur, cum socium sibi adiungit dolorem tuum, sed etiam augetur. Omnino pro tua prudentia sentis qua consolatione levari maxime possim; probas enim meum consilium negasque mihi quicquam tali tempore potius faciendum

nicht vertragen; ad Att. XI, 22, 2: *iam enim corpore vix sustineo gravitatem huius caeli, quae mihi laborem affert in dolore.*
Basilo] L. Minutius Basilus, ein gewesener Praetor, damals ein eifriger Anhänger des Caesar, nachher einer von seinen Mördern.
Servilio] P. Servilius Vatia Isauricus war in diesem Jahre Consul mit Caesar.
his litteris] gewöhnlicher *ex his litteris*. Ebenso ad Att. IV, 1, 4: *cognovi litteris Quinti fratris;* ad fam. XV, 4, 7: *interea cognovi multorum litteris.*
4. *de Vatinio*] P. Vatinius hatte als Volkstribun 59 das Gesetz beantragt, wodurch Caesar die Provinz Gallia cisalpina erhielt; 56 war er in dem Process des Sestius als Belastungszeuge aufgetreten und von Cicero mit der noch vorhandenen interrogatio in Vatinium heftig angegriffen worden; 54 war er von Licinius Macer angeklagt und auf Caesars Verwendung von Cicero vertheidigt worden. Jetzt war er Caesars Legat und befehligte in Brundisium.
Quintus] Cicero hatte geäussert, die Seinen hätten ihn veranlasst zu Pompeius zu gehen, und Caesar glaubte, Quintus wäre der Anstifter gewesen. Deswegen war Quintus gegen seinen Bruder aufgebracht.
profectos] nämlich nach Asien zu Caesar, um ihn um Verzeihung zu bitten.
EPISTOLA XXIV.
Der Brief ist am 28. November 48 zu Brundisium geschrieben.

fuisse. Addis etiam — quod, etsi mihi levius est quam tuum iudicium, tamen non est leve — ceteris quoque, id est, qui pondus habeant, factum nostrum probari. Id si ita putarem, levius
2 dolerem. Crede, inquis, mihi. Credo equidem; sed scio quam cupias minui dolorem meum. Me discessisse ab armis nunquam paenituit; tanta erat in illis crudelitas, tanta cum barbaris gentibus coniunctio, ut non nominatim, sed generatim proscriptio esset informata, ut iam omnium iudicio constitutum esset omnium vestrum bona praedam esse illius victoriae. Vestrum, plane dico; nunquam enim de te ipso nisi crudelissime cogitatum est. Quare voluntatis me meae nunquam paenitebit; consilii paenitet. In oppido aliquo mallem resedisse, quoad accerserer. Minus sermonis subissem, minus accepissem doloris, ipsum hoc me non angeret. Brundisii iacere in omnes partes est molestum; propius accedere, ut suades, quomodo sine lictoribus, quos populus dedit, possum, qui mihi incolumi adimi non possunt? Quos ego nunc paullisper cum bacillis in turbam conieci
3 ad oppidum accedens, ne quis impetus militum fieret. Reliquo

2. *in illis*] die Pompeianer.

omnium vestrum] *nostrum* und *vestrum* nicht partitiv bei *omnium*.

plane dico] *dico* eingeschoben wie *inquam*; s. zu III, 5, 3.

Quare voluntatis] *Voluntas* der Entschluss, der nur das Ziel ins Auge fasst; *consilium* der wohldurchdachte Plan, der auch die Mittel das Ziel zu erreichen nicht unberücksichtigt lässt. Also ist der Sinn: nicht der Entschluss, aber wohl die Art der Ausführung. Vergl. ad fam. VI, 1, 5: *quo quidem tempore non ego causam nostram, sed consilium improbabam.*

In oppido aliquo] nämlich ausserhalb Italiens, fern von dem Kriegsschauplatz und den Umtrieben der Parteien.

ipsum hoc] was mich jetzt quält; nämlich der Gedanke, dass ich einen falschen Weg eingeschlagen habe (consilii paenitet).

mihi incolumi] so lange mir das Imperium nicht abrogirt ist. Ueber die Lictoren s. zu III, 9, 5.

cum bacillis] Um Aufsehn zu vermeiden, gab Cicero seinen Lictoren statt der Fasces Stecken, wie sie die Lictoren der Municipalbeamten trugen. Cic. de lege agr. II, 34, 93: *anteibant* (duumviris Capuae) *lictores, non cum bacillis, sed, ut hic praetoribus anteeunt, cum fascibus duobus.*

3. *Reliquo tempore*] Die Handschriften sind an dieser Stelle sehr verderbt: der cod. Med. hat *recipio tempore me domo te nunc ad oppidum et quoniam his placeret modo propius accedere ut hac de re considerarent*. Lambin streicht *recipio tempore me domo* als Glosse und liest dann: *tu nunc ad Balbum et Oppium, quoniam iis placeret me propius accedere* cet.: Bosius schlägt vor: *Recipio tempore me domo. Δρομόθεν nunc ad Oppium, Cornelium: iis* cet; Th. Mommsen will lesen: *Recipio tempore meo modoque. Nunc ad Oppium et Balbum, quonam his placeret modo propius accedere, ut hac de re considerarent.* Die oben versuchte Aenderung giebt wenigstens einen dem Zu-

tempore me domi tenui ad oppidum, eo quoniam displiceret modo propius accedere, ut hac de re considerarent. Credo fore auctores. Sic enim recipiunt Caesari non modo de conservanda, sed etiam de augenda mea dignitate curae fore meque hortantur, ut magno animo sim, ut omnia summa sperem; ea spondent, confirmant, quae quidem mihi exploratiora essent, si remansissem. Sed ingero praeterita. Vide, quaeso, igitur ea, quae restant, et explora cum istis et, si putabis opus esse et si istis placebit, quo magis factum nostrum Caesar probet quasi de suorum sententia factum, adhibeantur Trebonius, Pansa, si qui alii, scribantque ad Caesarem me, quidquid fecerim, de sua sententia fecisse.

sammenhange angemessenen Sinn. Nach Rom gehen will ich nicht ohne meine Lictoren. Ich habe sie verstecken müssen, als ich nach Brundisium kam. Jetzt halte ich mich zu Hause, damit Caesars Vertraute, da es mir missfällt auf diese Weise, nämlich ohne Lictoren, mich der Stadt zu nähern, auch diese Sache in Ueberlegung nehmen. Ich glaube, sie werden meinen Entschluss billigen. — Die Stellung von *eo modo*, wie bei Caesar b. civ. I, 80, 1: *tali dum pugnatur modo*. Bei *considerarent, fore auctores, recipiunt* und weiter unten bei *explora cum istis* ist an Oppius und Balbus, Caesars Freunde zu denken, welche ebenfalls nicht näher bezeichnet sind ad Att. XI, 7, 1: *fac tu igitur, ut scribis, istis placere*; XI, 16, 3: *si recipior ab iis*; XII, 51, 2: *sed scis ita nobis esse visum, ut isti ante legerent*; XIII, 1, 3: *exspecto quid istis placeat de epistola ad Caesarem* und an anderen Stellen. — Vielleicht könnte man auch lesen: *ut, cum cum his placeret modo propius accedere, ut hac de re considerarem*. Jetzt halte ich mich zu Hause, um, da ich nur mit ihnen mich der Stadt nähern will, darüber zu Rathe zu gehen. Ich glaube, man wird es mir gestatten. Ueber das zweimal gesetzte *ut* s. zu I, 11.

de conservanda] *de* was betrifft; z. B. ad Att. XII, 49, 2: *de Tirone mihi curae est;* ad fam. X, 1, 1: *itaque mihi maximae curae est, non de mea quidem vita;* ad Q. fr. II, 13, 4: *me magis de Dionysio delectat*.

ea spondent, confirmant] Asyndeton, s. zu II, 12, 2.

Vide, quaeso] *Vide, videris aliquid* oder *de aliqua re* besorge, überlege etwas. So hier. Auch mit dem Nebengedanken: ich will nichts darüber bestimmen; z. B. ad Att. XIII, 23, 2: *de quibus libris scis me dubitasse; sed tu videris;* — ich kann doch nichts dazu thun: z. B. ad Att. VI, 4, 1: *sed haec fortuna viderit, quoniam consilio non multum uti licet;* — ich mag es nicht verantworten; z. B. Acad. II, 7, 19: *Epicurus hoc viderit et multa alia;* — mich trifft es nicht; z. B. ad fam. IX, 6, 4: *at in perturbata re publica vivimus. Quis negat? Sed hoc viderint ii, qui cet.*

quae restant] Aber die hochgespannten Hoffnungen wollen wir fallen lassen; sorge nur für das, was jetzt noch erreichbar ist. Jenes ist der Triumph und eine einflussreiche Stellung: dieses Rückkehr nach Rom ohne Gefahr und Schande.

Trebonius, Pansa] Vertraute des Caesar, welcher damals in Alexandria war. C. Trebonius tr. pl. 55, nachher Caesars Legat in Gal-

4 Tulliae meae morbus et imbecillitas corporis me exanimat, quam tibi intellego magnae curae esse, quod est mihi gratissi- **5** mum. De Pompeii exitu mihi dubium nunquam fuit; tanta enim desperatio rerum eius omnium regum et populorum animos occuparat, ut, quocunque venisset, hoc putarem futurum. Non possum eius casum non dolere. Hominem enim integrum et **6** castum et gravem cognovi. De Fannio consoler te? Perniciosa loquebatur de mansione tua. L. vero Lentulus Hortensii domum sibi et Caesaris hortos et Baias desponderat. Omnino haec eodem modo ex hac parte fiunt, nisi quod illud erat infinitum. Omnes enim, qui in Italia manserant, hostium numero habeban- **7** tur. Sed velim haec aliquando solutiore animo. Quintum fratrem audio profectum in Asiam, ut deprecaretur. De filio nihil audivi. Sed quaere ex Diochare, Caesaris liberto, quem ego non vidi, qui istas Alexandreas litteras attulit. Is dicitur vidisse euntem, an iam in Asia. Tuas litteras, prout res postulat, exspecto, quas velim cures quam primum ad me perferendas. IIII Kal. Decembr.

lien, später Theilnehmer an der Verschwörung gegen Caesar. C. Vibius Pansa, tr. pl. 51, führte später als Consul mit A. Hirtius den mutinensischen Krieg gegen Antonius.

5. *De Pompeii exitu*] Pompeius ist in Aegypten ermordet worden am 28. September 48.

ut, quocunque] dass ich vorhersah, es würde dies eintreten, wohin er auch immer sich wenden würde.

6. *De Fannio*] C. Fannius war Pompeianischer Propraetor von Asien; über seinen Tod ist sonst nichts weiter überliefert. L. Cornelius Lentulus Crus, Consul 49, wurde mit Pompeius in Aegypten getödtet: Caes. b. civ. III, 104.

nisi quod illud] *illud*, das Verfahren, welches die Pompeianer in dieser Beziehung beobachten wollten, wenn sie gesiegt haben würden.

7. *Alexandreas*] statt *Alexandrinas*, das Schreiben Caesars von Alexandria.

euntem, an iam] Einer unbedingt aufgestellten Behauptung kann mit *an*, oder vielleicht, nachträglich ein Zweifel angehängt werden, wo dann *an* wenig unterschieden ist von *aut*; z. B. ad Att. I, 3, 2: *nos hic te ad mensem Ianuarium exspectamus ex quodam rumore, an ex litteris tuis ad alios missis;* ad fam. XIII, 29, 4: *neque possum negare affuisse, sed non plus duobus, an tribus mensibus;* Brut. 23, 89: *paucis antequam mortuus est diebus, an mensibus.* Uebrigens haben die Handschriften in dieser letzten Stelle und in der unsrigen ein doppeltes *an*: *an diebus an mensibus* und *an euntem an iam in Asia.*

EPISTOLA XXV.
(AD FAM. XV, 15.)
M. CICERO S. D. C. CASSIO.

Etsi uterque nostrum spe pacis et odio civilis sanguinis **1**
abesse a belli necessaria pertinacia voluit, tamen, quoniam eius consilii princeps ego fuisse videor, plus fortasse tibi praestare ipse debeo quam a te exspectare. Etsi, ut saepe soleo mecum recordari, sermo familiaris meus tecum et item mecum tuus adduxit utrumque nostrum ad id consilium, ut uno proelio putaremus, si non totam causam, at certe nostrum iudicium definiri convenire. Neque quisquam hanc nostram sententiam vere unquam reprehendit praeter eos, qui arbitrantur melius esse deleri omnino rem publicam quam imminutam et debilitatam manere. Ego autem ex interitu eius nullam spem scilicet mihi proponebam; ex reliquiis magnam. Sed ea sunt consecuta, ut magis **2**

EPISTOLA XXV.
Als der Brief geschrieben wurde, war Cassius bei Caesar; s. § 3. Er scheint aber erst in Asien zu Caesar gekommen zu sein, denn noch prid. Id. Maias schreibt Cicero ad Att. XI, 15, 2: *C. Cassium aiunt consilium Alexandream eundi mutavisse*. Da nun Caesar VI Kal. April. 47 Alexandrien genommen hat (Kalendar. Maffaeiorum), und da Cicero III Non. Quint. Caesars Abreise von Alexandrien erfahren hat (ad Att. XI, 25, 2), so muss der Brief nach diesem letzteren Datum geschrieben sein. Er muss ferner vor den September gesetzt werden; denn in diesem Monat kehrte Caesar nach Italien zurück (ad Att. XI, 21). Cicero war, als er den Brief schrieb, noch immer in Brundisium und verliess diese Stadt erst nach Caesars Rückkehr. Kal. Octobr. war er in Venusia und an den Nonen oder den Tag darauf dachte er in seinem Tusculanum wieder einzutreffen.

1. *a belli necessaria pertinacia*] von der unvermeidlichen Hartnäckigkeit, d. i. würde der Krieg nun von uns fortgesetzt, so müsste er hartnäckig geführt werden, weil Verzeihung nicht zu hoffen wäre. *Belli* der Genitivus obiectivus, wie bei Iustin III, 4: *veriti, ne hac perseverantia belli gravius sibi quam Messeniis nocerent*.

praestare] *consilium*, einstehen für den Entschluss; das folgende *etsi* indessen; s. zu III, 20, 9. Mir kommt es zu unsern gemeinsamen Entschluss bei dir zu rechtfertigen. Indessen er bedarf der Rechtfertigung nicht. Denn unsern Vorsatz, unser Benehmen von dem Ausfall einer Hauptschlacht abhängig zu machen, konnte niemand tadeln; was aber nachher sich ereignet hat, konnte niemand vorhersehen.

scilicet] natürlich, wie sich von selbst versteht; z. B. Caesar ad Att. IX, 7, C, 2: *N. Magium, Pompeii praefectum, deprehendi. Scilicet meo instituto usus sum et eum statim missum feci*; ad fam. I, 6, 1: *me in summo dolore, quem in tuis rebus capio, maxime scilicet consolatur spes* cet.

2. *Sed ea sunt consecuta*] Caesars langer Aufenthalt in Alexandria und die dadurch möglich gewordene

mirum sit accidere illa potuisse, quam nos non vidisse ea futura nec, homines cum essemus, divinare potuisse. Equidem fateor meam coniecturam hanc fuisse, ut illo quasi quodam fatali proelio facto et victores communi saluti consuli vellent et victi suae, utrumque autem propositum esse arbitrarer in celeritate victoris. Quae si fuisset, eandem clementiam experta esset Africa, quam cognovit Asia, quam etiam Achaia, te, ut opinor, ipso legato ac deprecatore. Amissis autem temporibus, quae plurimum valent, praesertim in bellis civilibus, interpositus annus alios induxit, ut victoriam sperarent, alios, ut ipsum vinci contemnerent. Atque horum malorum omnium culpam fortuna sustinet. Quis enim aut Alexandrini belli tantam moram huic bello adiunctum iri aut nescio quem istum Pharnacem Asiae terrorem illaturum putaret?

3 Nos tamen in consilio pari casu dissimili usi sumus. Tu enim eam partem petisti, ut et consiliis interesses et, quod maxime curam levat, futura animo prospicere posses. Ego, qui festinavi, ut Caesarem in Italia viderem, — sic enim arbitrabamur — eum-

neue Schilderhebung der Pompeianer in Afrika.

coniecturam hanc fuisse ut . . . . . vellent] Verkürzung des Ausdrucks statt *ut putarem*. So heisst es ad fam. II, 10, 1: *non possum adduci, ut abs te nullas putem datas* (litteras); de fin. IV, 19, 55: *ipsa veritas clamabat non posse adduci, ut inter eas res, quas Zeno exaequaret, nihil interesset;* und ad Att. XI, 16, 2 auch: *ego non adducor quemquam bonum ullam salutem putare mihi tanti fuisse.* Beide Constructionen, wie hier, neben einander Tusc. V, 41, 119: *quorum ea sententia est, ut virtus per se ipsa nihil valeat omneque, quod honestum nos et laudabile esse dicamus, id illi cassum quiddam et inani vocis sono decoratum esse dicant.*

propositum esse] Ich gestehe, dass meine Ansicht damals diese war, dass beide Theile nach der Schlacht auf den Frieden bedacht sein würden und dass ich meinte, dies habe dem Sieger bei seiner Schnelligkeit als Ziel vorgeschwebt. Wenn diese Schnelligkeit geblieben wäre u. s. w.

Africa] *Africa, Asia, Achaia,* d. i. die Römer von der Pompeianischen Partei, die sich in diesen Provinzen aufhielten. *Etiam* bei *Achaia*, weil hier die Pompeianer wirklich gekämpft hatten.

ipso legato ac deprecatore] Vergl. ad Att. I, 11, 1: *habet quiddam profecto, quod magis in animo eius insederit, quod neque epistolae tuae neque nostra legatio tam potest facile delere* cet.; de imp. Cn. Pomp. 12, 35: *cum ad eum legatos deprecatoresque misissent.*

istum Pharnacem] Pharnaces, der Sohn des Mithridates, nach dessen Besiegung Caesar die bekannten drei Worte an die Freunde schrieb: veni, vidi, vici.

putaret] wer konnte damals glauben; der Conjunctivus potentialis der Vergangenheit.

3. *ut et consiliis interesses*] Cassius wurde Caesars Legat; ad fam. VI, 6, 10: *at nos quemadmodum est complexus! Cassium sibi legavit, Brutum Galliae praefecit.*

sic enim arbitrabamur] nämlich dass Caesar nach der Besiegung des Pompeius gleich nach Italien zu-

que multis honestissimis viris conservatis redeuntem ad pacem currentem, ut aiunt, incitarem, ab illo longissime et absum et afui. Versor autem in gemitu Italiae et in urbis miserrimis querellis; quibus aliquid opis fortasse ego pro mea, tu pro tua, pro sua quisque parte ferre potuisset, si auctor affuisset. Quare velim pro tua perpetua erga me benevolentia scribas ad me quid videas, quid sentias, quid exspectandum, quid agendum nobis existimes. Magni erunt mihi tuae litterae; atque utinam primis illis, quas Luceria miseras, paruissem! sine ulla enim molestia dignitatem meam retinuissem. 4

rückkehren würde.

currentem] *Currentem incitare* ist eine sprüchwörtliche Redensart; z. B. Cic. Phil. III, 8. 19: *quamquam ille non eguit consilio cuiusquam, sed tamen currentem, ut dicitur, incitavi;* ad Q. fr. I, 1, 45: *atque haec non eo dicuntur, ut te oratio mea dormientem excitasse, sed potius ut currentem incitasse videatur;* ad Att. XIII, 45, 2: *quod me hortaris, ut eos dies consumam in philosophia explicanda, currentem tu quidem.*

in gemitu Italiae] Liv. epit. 113: *cum seditiones Romae a P. Dolabella, tribuno plebis, legem ferente de novis tabulis excitatae essent et ex ea causa plebs tumultuaretur, inductis a M. Antonio, magistro equitum, in urbem militibus octingenti e plebe caesi sunt.* Ausserdem war in Campanien ein Soldatenaufstand ausgebrochen, der erst durch Caesar selbst beseitigt wurde.

si auctor affuisset] wenn der da gewesen wäre, der uns dazu hätte ermächtigen und mit seinem Ansehn decken können; nämlich Caesar.

4. *primis illis*] Dieser Brief muss geschrieben sein, als Cassius mit Pompeius auf dem Rückzug aus Italien begriffen war. Was er enthielt, wissen wir nicht.

ANHANG.

Das folgende Verzeichniss der Stellen, an welchen die Mediceischen Handschriften, Plut. XLIX Num. XVIII der Briefe ad Atticum und Plut. XLIX Num. IX der Briefe ad familiares von meinem Texte abweichen, ist angefertigt worden nach der von Herrn Th. Mommsen angestellten Vergleichung dieser beiden Handschriften, deren Benutzung mir mit grösster Liberalität gestattet und durch seinen Rath erleichtert worden ist. Die Abweichungen sind vollständig und genau angegeben; sie sind nur dann nicht bemerkt worden, wenn sie die Schreibart folgender und ähnlicher Wörter betrafen: *quotiens, cotidie, milia, querella, benevolentia, quicquam, paenitet, caena, contio, intellego, obsecro, Gnaeus*. In der Schreibart dieser Wörter bleiben sich die Handschriften nicht gleich; jedoch hat die der Briefe ad familiares fast immer *paenitet, intellego, opsecro, benivolentia*, und *Gnaeus* ist in beiden Handschriften gewöhnlich *Cnaeus* geschrieben.

Ferner ist der ursprüngliche Text der beiden Handschriften sorgfältig geschieden worden von den Verbesserungen, die nachträglich theils von derselben, theils von anderer Hand eingetragen sind. In der Handschrift der Briefe ad familiares scheinen die Verbesserungen theils von Petrarca, theils von Politianus herzurühren; in der Handschrift der Briefe ad Atticum, die zum grössten Theil von Petrarca selbst geschrieben ist, sind die Verbesserungen von zweiter Hand von Coluccius Pierius Salutatus, der nach Petrarcas Tode in den Besitz des Codex kam, und es finden sich auch noch Verbesserungen neueren Ursprungs. Wenn Abweichungen nur der einen oder der anderen Hand angegeben sind, so ist anzunehmen, dass die andere Hand mit dem Texte übereinstimmt; nur selten ist das noch ausdrücklich erwähnt.

Neben den Abweichungen des angegebenen Codex Med. der Briefe ad familiares sind zuweilen, wo es von Interesse zu sein schien, auch Lesarten aus zwei anderen Handschriften, ebenfalls nach Th. Mommsens Collation angegeben, nämlich aus Cod. Med. Plut. XLIX Num. VII, der von Petrarca angefertigten Abschrift des Cod. Med. N. IX (s. Orelli, Historia crit. epistolarum p. XV), und aus einer Pariser Handschrift Notre Dame 17S, welche die ersten Bücher enthält bis zu den Worten *impediendi moram* ad fam. VIII, 8, 6.

In dem Cod. Med. der Briefe an Atticus ist im ersten Buche eine bedeutende Lücke; es fehlen fast ganz die Briefe 18 und 19. Desbalb sind für den 19. Brief die Abweichungen der Handschrift des Poggius, Cod. XXIV (s. Orelli a. a. O. p. XLII), gleichfalls nach Th. Mommsens Collation vollständig angegeben worden.

Bei den in den Text aufgenommenen Verbesserungen sind die Namen der Urheber dabei gesetzt, wenn die Verbesserung nach dem Erscheinen der ersten Orellischen Ausgabe gemacht worden ist; über die älteren Verbesserungen kann diese Ausgabe Auskunft geben.

Abkürzungen sind folgende angewandt: *P.* = Codex Parisinus Notre Dame 17S, *Petr.* = Cod. Med. Plut. XLIX Num. VII. *man.* 1 = erste Hand, *man.* 2 = zweite Hand, *man.* 3 = dritte Hand. Ausserdem ist zu bemerken, dass, wo im Codex vor Verbesserungen der zweiten oder dritten Hand l mit einem Strich durch, c mit einem Strich darüber, al, das l durchstrichen, steht, hier l. c. al. gedruckt ist. Das erste bedeutet *vel*, das zweite *corrige*, das dritte *alias*, d. i. anderswo wird gelesen.

ABWEICHUNGEN
DES CODEX MEDICEUS PLUT. XLIX NUM. XVIII ZU DEN BRIEFEN AN ATTICUS.

EP. AD ATT. I, 16 — LIB. I, EP. 4.

1. πρότερον] προτεπον ‖ 'Ομηρικῶς] ομηρικμς ‖ dii immortales] dei immortales ‖

2. Fufius tribunus] Fusius tribunus ‖ pugnavitque] pugnavique *man.* 1 ‖ notum] nouum *man.* 1 ‖ in infamia] in *weggelassen von man.* 1 ‖ ac sordibus] a sordibus *man.* 1 ‖ iugulatum iri] iugula iri *man.* 1 ‖

3. nequissimos] quis summos *man.* 1 ‖ frugalissimum] frugalissumum ‖ aerari quam *Meutzner*] aerati quam. *Das* quam *ist weggelassen von man.* 1 ‖ fugare] effugare ‖ potuerat] poterat *man.* 1 ‖

4. impetrabat] impetrarat ‖ advocatorum] advocatorem ‖ iurare] iurarent, nt *unterpunctirt.*

5. et una] e cuna *man.* 1 ‖ praesidio] prescio ‖ "Εσπετε νῦν] εσιτεηυν ‖ δὴ πρῶτον] λη πρατον, *über das* α *ist* ω *geschrieben* ‖ πῦρ ἔμπεσε] πεπεπεσε, *das zweite* π *ist unterpunctirt und* μ *darüber geschrieben* ‖ et eum] et cum *man.* 1 ‖ nonnullis] nonnullas *man.* 1 ‖

6. rerum] reum *man.* 1 ‖ coniunctione] coniunctionem *man.* 1 ‖ delere et] deleret, t *durchstrichen, man.* 1 ‖

7. plane] plena *man.* 1 ‖ libido] l. lubitudo *man.* 2, *aber wieder gestrichen* ‖ inusserat] innupserat *man.* 1 ‖

8. Idem] eidem *man.* 1 ‖ in ea] mea *man.* 1 ‖ idem] eidem ‖ neque venustatem] neque *ist hinzugefügt von man.* 2 ‖

9. aut metuendo ignavissimi, *weggelassen im Mediceus, zugefügt von Lambin aus den Memmianischen Handschriften.* ‖

10. appellas, inquam] inquam *zugefügt von man.* 2 ‖ Putes, inquam] putes quam ‖ Mihi vero, inquam, xxv iudices crediderunt] *zugefügt von man.* 2. ‖

11. melius nunc quam] melius nunquam *man.* 1; *von man.* 2 *ist zuerst*

geschrieben melius cuiquam, *dann wie im Text.* ‖ hirudo] trudo ‖ sumus] simus *man.* 1 ‖ usque eo, ut nostri isti comissatores] *so die man.* 2 *am Rande;* iisque isti nostri comissatores *man.* 1 ‖ iuvenes] tuens ‖ et ludis et gladiatoribus] et ludet si gladiatoribus *man.* 1, *dann verbessert* et ludis gladiatoribus ‖

12. ingens comitiorum] in comitiorum ‖ in quae] in qua ‖ cuius domi] cuiusmodi ‖ rem publicam] remi *man.* 1 ‖

13. insimulatus *Hofmann*] insimul cum ‖ ut legem] aut legem *man.* 1 ‖ comitia in ante diem vi Kal.] comicia madii K. *man.* 1, in a. d. vi *verbessert von man.* 2 ‖ in tribus] in tribu ‖ pronuntiare] pro una re *man.* 1 ‖ fabae hilum *Hofmann*] fabam minimum, ni *unterpunctirt* ‖ φιλοσοφητέον] φιλοσοφητεον ‖ non flocci facteon] noneloci facteon ‖

15. quae] qui *man.* 1 ‖ Chilius] chlylius *man.* 1, thlilyus *man.* 2 ‖ et Archias nihil de me scripserit] *zugefügt von man.* 2 ‖ Lucullis] Lucullus ‖ poeina] poetam *man.* 1 ‖

16. Manlio] Mallio ‖ quo darem] quoi darem ‖ valde] vale ‖

17. uno in loco] una iolo, *über* a *ist* o *geschrieben und das zweite* n *ist unterpunctirt* ‖

EP. AD ATT. I, 19 — LIB. I, EP. 5.

Dieser Brief fehlt im Mediceus bis zu den Worten am Schluss qualem esse cet. *Im Folgenden sind die Abweichungen des Textes von der Handschrift des Poggius (s. oben p.* 230) *nach Th. Mommsens Collation vollständig angegeben.*

1. vellem] velim ‖ quam] quod ‖ sino *Hofmann*] solo ‖ sine argumento] *So hatte die Handschrift anfangs; dann ist* sine *in* sino *verändert und* absque *untergeschrieben* ‖ pervenire] evenire ‖

2. Aedui] edues ‖ Helvetii palam *Th. Mommsen*] pueri in alam ‖ φακῇ] φληι ‖ Clodiani] Clodie ‖

3. queo] que, o *übergeschrieben* ‖

4. contiouis] conditionis ‖ pertinebant] pertinebat ‖ liberabam] liberarem ‖ Arretinos] Artemmos ‖ quae] quo, o *unterpunctirt und* e *übergeschrieben* ‖ et Pompeio] et *weggelassen* ‖ exhauriri] exhausi ‖ quid emerit] quidem erit, em *unterpunctirt und* est *übergeschrieben* ‖

6. destiti] dedisti, *nach* sti *ist* ti *übergeschrieben und* di *unterpunctirt* ‖

7. huius] suis ‖ me tanta] met tanta ‖

8. mitigata] mitigate ‖ tamen, etsi *Hofmann*] tametsi ‖ insusurret] insusurret Epicharmus ‖ Νᾶφε] ριφε ‖ ἀπιστεῖν] ωανιστειν ‖ ἄρθρα ταῦτα] ορορατυντα *man.* 1, ανδρα ταυτα *man.* 2 ‖ τᾶν] των ‖ vides] *Nach diesem Worte ist eingeschoben* ex ipso SCto intelligere *und übergeschrieben* vacat ‖

9. nunc non] non *übergeschrieben* ‖ celebrabantur] celebrantur ‖ Tu si] si *fehlt* ‖ a Sicyoniis] asityoniis, *über* a *übergeschrieben* an ‖
10. dixerat se] dixerat sed ‖ σόλοικα] soleta ‖ invito] inimico ‖ αἰνήσει] δινσει ‖ potius sit] potius si ‖ ἐγκωμιαστικά] σηκωμιαστικα ‖
11. nuntiarant] nuntiarunt *Med. man.* 2 ‖

EP. AD ATT. II, 16 — LIB. I, EP. 6.

1. Caenato] coenato ‖ primum ita] primo ita *man.* 1 ‖ familiari te illius] familiaritate illius ‖ hominum] homines *man.* 1 ‖ vectigal] vectigali ‖
2. σμικροῖσιν] σμεικροισιν *man.* 1, μικροισιν *man.* 2 ‖ αὐλίσκοις] αυαισκοις *man.* 1 ‖ φύσαισι] φισαισι *man.* 1, φυσεσι *man.* 2 ‖ adduci] addici ‖ se leges] si leges ‖ intercedi] intercedit ‖ necne sibi] nec ignes sibi *man.* 1 ‖ quaerendum non] um non *ist von man.* 2 *auf Rasur geschrieben* ‖ quid futurum] quicquid futurum ‖ si] sibi ‖ descendisset] discendisset ‖ te nobis] se nobis ‖
3. videatur] videbatur *man.* 1 ‖ eo unde] eo et unde, *doch ist* et *unterpunctirt* ‖
4. consilii] consulis *man.* 1 ‖ rescripseram] perscripseram *man.* 2 ‖ μή] MN *man.* 1 ‖ ne illud quidem] illud ne quidem. *Vielleicht ist zu lesen* illud nequicquam ‖

EP. AD ATT. II, 21 — LIB. I, EP. 7.

3. populi] publi *man.* 1 ‖
4. spectaculum] speculum *man.* 1 ‖ non item] non idem ‖ Archilochia] Archilodia *man.* 1 ‖ legunt] leguntur *man.* 1 ‖ nequeamus] *Vorher scheint in der Handschrift* nequeant *gestanden zu haben.* ‖ dileximus excruciant] dilexi nimis excruciant *man.* 2, *welche Lesart aus Versehen nicht in den Text aufgenommen ist.* ‖ pareat] parcat *man.* 1; pareat *giebt man.* 2, *aber es ist wieder ausgestrichen.* ‖
5. distulisset] detulisset *man.* 2, *aber ausgestrichen* ‖ ullius] nullius *man.* 2 ‖

EP. AD ATT. III, 1 — LIB. I. EP. 8.

interesse] interesset *man.* 1 ‖

EP. AD ATT. III, 2 — LIB. I, EP. 12.

in fundo] in fundum ‖ Siccae *nach ad fam.* XIV, 4, 6, *ad Att.* XII, 23, 3, XIV, 19, 4, XVI, 6, 1] Sicae ‖ si te haberem] se iter habere *ausgestrichen, dafür* si recte haberem; *beides von man.* 2. *Was die erste Hand geschrieben hat, ist nicht zu erkennen.* ‖ posse me] me *von man.* 2 *auf Rasur* ‖ nobis] nobilis *man.* 2, *aber ausgestrichen* ‖ Autronium] Antronium ‖ capiemus] capimus *man.* 2, *aber ausgestrichen* ‖

EP. AD ATT. III, 3 — LIB. I, EP. 9.

multis de causis] de *zugefügt von man.* 2 ‖   ac fuga] ac *zugefügt von man.* 2 ‖

EP. AD ATT. III, 4 — LIB. I, EP. 10.

correctum] confectum ‖   ultra] intra *man.* 2 ‖   Illo cum pervenire non liceret] illoc pervenirem non licere *man.* 1 ‖   Sicca] Sica ‖   et quod] *zugefügt von man.* 2 ‖

EP. AD ATT. III, 5 — LIB. I, EP. 11.

es Romae] esero me *man.* 1, Seroniae *man.* 2 *ausgestrichen* ‖   sin es in via] semel in via *man.* 1; *am Rande, aber ausgestrichen* sin es in via, al. senies in via, c. senties in via ‖   quoniam] l. cum *man.* 2, *aber ausgestrichen* ‖   idem] eidem *man.* 1 ‖

EP. AD ATT. III, 6 — LIB. I, EP. 13.

pertinuit; in eis] pertinuit meis *man.* 1, al. in eis *man.* 2, pertinuisset *man.* 3 ‖   Cyzicum] cuzicum *man.* 1 ‖

EP. AD ATT. III, 7 — LIB. I, EP. 14.

1. a. d. xiv Kal.] ad K. *man.* 1 ‖   Eo die] et eo die, *aber et unterpunktirt* ‖   et consilium] sed consilium ‖   sic itineris] sed itineris *man.* 2 ‖   deverterer] divorterer ‖   Autronio] antronio *man.* 1 ‖   quatridui] quadridui ‖   Nam] n͞a (*das ist* natura); *am Rande* namad, *aber wieder gestrichen* ‖   ibi sunt et] et *zugefügt von man.* 2 ‖   habemus et] habemus ne et, *aber* ne *unterpunktirt* ‖

2. meum maerorem] me eum merrorem *man.* 1 ‖   cuius] quoius ‖

3. accedemus] accedamus *man.* 1 ‖   quomodo] modo *man.* 1; *darüber geschrieben* ubi ‖   sim] sum ‖   dedi *Hofmann*] dat. ‖   Brundisii] Brundisi ‖

EP. AD ATT. III, 15 — LIB. I, EP. 16.

2. firma] infirma *man.* 1 ‖   quomodo] et quo modo ‖   aliorum] malorum *man.* 1 ‖   ceteros quod *Lambin nach dem Turnesianus*] ceteros quos ‖   purgati] probati *man.* 2, *aber ausgestrichen* ‖

3. Axius] auxius *man.* 1, anxius *man.* 2, *aber ausgestrichen* ‖   At] ac ‖

4. debuisses] debuisses ut *man.* 2, *aber* ut *wieder gestrichen* ‖   perferri] proferri *man.* 1 ‖   cogitares] cogitare (?) *man.* 1, cogitarem *man.* 2 ‖   id] si ‖   sed quisquam] *für* sed *ist vel gesetzt von man.* 2, *aber wieder gestrichen* ‖   aut occubuissem honeste] *am Rande zugefügt* ‖   quaero] que ‖

5. idem] eidem ‖

6. Multa] quo ipsa multa, *aber* quo ipsa *ist ausgestrichen* ‖   Ast]

Hier ist eine Rasur ‖   quos] quo ‖   in spem me vocas? Sin autem] spem me vocassem autem *man.* 1 ‖
  7. quoniamque] q̄m̄ quem *man.* 1; *man.* 2 *setzt* quom *für* quem ‖ iam erectam *Orelli*] in me erectam ‖   me meis] *am Rande* me meosque ‖ comiter] coiter. ‖   exitium] exitum *man.* 1 ‖
  8. omnia] *zugefügt von man.* 2 ‖

EP. AD ATT. III, 23 — LIB. I, EP. 18.

  1. Decembr.] septembr. ‖   putes] potest ‖   in me amore] immemore *man.* 1; *von derselben Hand verbessert* ‖
  2. ipsum abrogatur] ipsum abrogaretur ‖
  3. ita est *Bücheler*] ita sit ‖   plebisve scita] pl. ve. sc. ‖   quodve ei qui] quod vel qui ‖   abrogavit] *fehlt* ‖   obrogavit] *fehlt* ‖   multaeve] multae ut ‖   E. H. L. N. R.] EHINR ‖
  4. collegii] conlegii ‖   Quo maior] com auo res *man.* 1 ‖   alicuius] aliquoius ‖   praescriptum] perscriptum ‖   quo si *Hofmann*] quod si ‖   uti, mirum ut *Hofmann*] aut nimium aut ‖   scilicet] sive. *Vielleicht ist* iure *zu lesen* ‖   iidem] eidem *man.* 1, et iidem *man.* 2 ‖   fuerint] fuerunt ‖ Visellius] T. Visellius ‖   Sestii] sextii *man.* 1 ‖
  5. incumbas] incumbas et, *aber et unterpunktirt* ‖   spei] spes *man.* 1 ‖ quid eum] quidem ‖   cui] quo *man.* 1 ‖   tueare] tuere ‖

EP. AD ATT. IV, 1 — LIB. I, EP. 19.

  1. fuitque cui] fuitque qui *man.* 1, fuit cui *man.* 2 ‖   ut vere scribam] te vere scibam *man.* 1 ‖   me etiam *Hofmann*] nec etiam ‖   potius] totius ‖ timoris] rumoris ‖   discidium] dissidium, *aber verbessert am Rande* ‖
  2. ad cumulandum] accumulandum *man.* 1 ‖   nunquam] tum quam *man.* 1 ‖   fructus] fluctus *man.* 1. *Nach* fructus *ist* tuos *eingeschoben, scheint aber wieder ausgestrichen* ‖
  3. difficillime] difficile me ‖   forensem] forensium ‖   reliquias] reliquas *man.* 1 ‖
  4. ea scribam] ea inscribam ‖   Pridie Nonas] p. r. nonis ‖   tuae vicinae Salutis] vicinae salutis tuae, *aber es ist verbessert, wie es scheint, von man.* 1 ‖ gratulatione celebrata est] *fehlt; ist zugefügt am Rande der Ausgabe von Cratander vom J.* 1528 ‖   diem vi] dies sex ‖ legem] leges *man.* 1 ‖   feci] fecimus, *aber* mus *ist ausgestrichen* ‖
  5. ullius] illius *man.* 1 ‖   completi erant] competierant *man.* 1 ‖ et plausus] et *zugefügt von man.* 2 ‖   et in] *zugefügt von man.* 2 ‖
  6. ut id] vidi *man.* 1 ‖   feci et] faciet *man.* 1 ‖   Messallam] messalam ‖   Afranium] atranium *man.* 1 ‖   Factum] factus ‖   cum contio more] continuo more *man.* 1, continuo *ist von man.* 2 *getilgt und* cum *übergeschrieben* ‖   meo nomine recitando] *Es ist wohl* in *vorher ausgefallen* ‖ praetorem] p. r. *man.* 1 ‖   dederunt] decreverunt *man.* 2 ‖

7. nominavit] nominaverit *man.* 1 ‖   ad omnia] omnia ‖   Messius] messa is, *am Rande* messius *und* messala ‖   adiungit] adiunxit ‖   Messii] messe *man.* 1, messale *man.* 2 ‖   responderunt] responderant ‖   aream] aera in *man.* 1, eream *man.* 2, aream *am Rande* ‖   habebimus] habemus *man.* 1; *am Rande, wo die Worte* qui si bis *aliter von man.* 2 *wiederholt sind,* habebimus ‖

EP. AD ATT. IV, 2 — LIB. I, EP. 20.

1. neglegentiae meae] negligentia mea *man.* 1 ‖   adversis] advorsis ‖
2. nunquam alias] unquam alias ‖   doloris magnitudo] dolor et magnitudo ‖   iuventuti nostrae deberi] iubent ut nostre debere, *nach* ut *ist von man.* 2 in *eingeschoben* ‖
3. decressent] decrescent *man.* 1 ‖   populi iussu neque plebis scito is qui] populuus neque plebiscitius qui ‖   populi iussu aut plebis scito] populuus sua ut plebiscitii ‖   areae M. T.] arae emi ‖   dubitabat] dubitat ‖ Nuntiat] nuntiant ‖
4. Tum M.] c̄u. m. *Das* m *ist ausgestrichen* ‖   et collegas suos] *zugefügt von man.* 1 ‖   statuturos] statuos ‖   cupiit] cupit ‖   tres] tris ‖ Serranus intercessit. De intercessione] serranus intercessiorem *man.* 1, serranum intercessorem *man.* 2; de intercessione *fehlt* ‖   locari] locare ‖ quae vis] qua eius *man.* 1; e *von man.* 2 *gestrichen* ‖   tandem illi] tamen tibi *man.* 1, tamen sibi *man.* 2 ‖
5. consultum] consulto ‖   HS] sestercios, s *am Schluss gestrichen* ‖   vicies] vicis ‖   illiberaliter] in te liberaliter ‖   optimo] optumo ‖   reprehenditur] reprenditur ‖   mi] mei ‖   tui] tu *man.* 1 ‖
6. me a] mea *man.* 1 ‖   ut si *Hofmann*] aut si ‖   proximi] proxumi *man.* 2 ‖   petere possem *Meutzner*] petere possent ‖   sumpsissem *Meutzner*] sumpsisse ‖   lucorum] locorum ‖   petendi] pretendi ‖   alienum] alienorum *man.* 1 ‖
7. non facile] non *zugefügt von man.* 2 ‖   et praesentes *Hofmann*] praesentes ‖   per meos] per meo *man.* 1 ‖   nunc] hinc ‖   Te exspectamus] te *fehlt* ‖

EP. AD ATT. V, 15 — LIB. II, EP. 9.

1. Ex hoc die clavum anni movebis] ex hoc die clavom animo verbis. *Aus* clavom *hat man.* 1 clavo in *gemacht. Ueber* clavo in *ist von man.* 2 clavum *geschrieben; ausserdem über die ganze Stelle* al. vacat, *d. i. anderswo fehlt sie* ‖   cursus] cursum *man.* 1 ‖   cesset] *Es ist übergeschrieben* i. cessare faciat ‖   Ius] et iis ‖   A. Plotius] aplotius ‖
2. ut verear] aut verear *man.* 1 ‖   quod] que *man.* 1 ‖   permutavi] permulta vi ‖   refrico] reficio ‖
3. castra] castro ‖   Moeragene] Mofragine *man.* 1, al. Mofragene

man. 2 ‖ deciderem] decedere ‖ clitellae] clitelliae ‖ bovi sunt] bovis ut *man.* 1, sunt *man.* 2 am Rande ‖ plane nach *Ammian. Marcell. XVI,* 5, 10] illa *man.* 1, illane *man.* 2 ‖ Adsis tu ad] adsitua *man.* 1; *von man.* 2 *ist darüber geschrieben* verbum est, *d. h. wahrscheinlich: in* adsitua *steckt das Verbum; man.* 3 *am Rande* al. si tu ad tempus ‖ totum] *weggelassen von man.* 1 ‖ quod iam] iam *zugefügt von man.* 2 ‖ scribebam] scribam *man.* 1 ‖ reddituro] redituro, *am Rande* l. redditu ire ‖ per magistros] permagistris *man.* 1; *übergeschrieben von man.* 2. i. valde magris ‖ nostrarum dioecesium] et nostrarum diocesium ‖

EP. AD ATT. V. 16 — LIB. II, EP. 10.

1. spatii] pati *man.* 1 ‖ desiderant] se deserant ‖
2. venisse] invenisse ‖ moratos] moratus ‖ Apameae] apame ‖ ὠνὰς] onas ‖ hominis] homines ‖ omnino eos] omnium nos ‖
3. Iulia] iullia ‖ ne tectum] nec tectum ‖ ex domibus omnibus] ex noibus ex omnibus ‖ reviviscunt] revivescunt ‖ tui] tua *man.* 1 ‖
4. ne cogitabat] negociabat ‖

EP. AD ATT. VII, 3 — LIB. III, EP. 4.

1. Aeculanum] eculanum ‖ Philotimus] philotumus ‖ accuratissima] accuratissuma ‖ te Dicaearcho] de Dicaearcho ‖ approbante te] te *zugefügt von man.* 2 ‖
2. saepe] *fehlt, zugefügt von Lambin aus dem Cod. Turnesianus* ‖ utriusvis] utrumvis ‖ agi] ac *man.* 1 ‖
3. quod tutius] quo tutius ‖ prodesse] prodire *man.* 1 ‖ pro meis] pro me iis *man.* 1 ‖ in alios] alios in ‖ memorem] iis memorem, *aber* iis *ausgestrichen* ‖
4. ferrent] ferent ‖ spes] res ‖ qui mallem] quo mallem *man.* 2 ‖ tantas ei vires] tanta se iuris *man.* 1 ‖
5. cum erit] dum erit ‖ maximo] maxumo ‖ hoc] hec *man.* 1 ‖ paratissimoque] paratissumoque ‖ illac] *nach diesem Worte ist eine Rasur von ungefähr zwei Buchstaben* ‖ quos plures] quod plures *man.* 1 ‖ nunc enimvero *Hofmann*] nunc etiam vero ‖ Veientonem] velentonem ‖
6. scripsisti] scripsi *man.* 1 ‖ ei vici Lucceii] Euuci lucceis ‖
7. Philotimo] philotumo ‖ esse tibi] esse ibi ‖ posthac] posthanc *man.* 1 ‖ amicorum] et aicorum]
8. serperastris] serpirastris ‖ nihil est] est *zugefügt von man.* 2 ‖ integritatis] in te integritatis *man.* 1, vitae integritatis *am Rande* ‖ neminem] nemo ‖ meisque] in iisque *man.* 1 ‖ honorificentissimis] honorificentissumis ‖
9. aveo] habco ‖ auctionem] actionem; *am Rande ausgestrichen* rationem, *am Rande von neuer Hand* autionem ‖

10. Piraeea] pirea ‖ Piraeea] pire *man.* 1, pirea *man.* 2 ‖ Piraeum] pireum ‖ quam] cui *man.* 1 ‖ in] *fehlt* ‖ et Nicias] et *fehlt* ‖ non] noen *man.* 1, e *unterpunktirt*, noenu *man.* 2 ‖ Piraeea] pire *man.* 1, pirea *man.* 2 ‖ de re] de reo *man.* 1, l. de re *übergeschrieben*, de eo *man.* 2 ‖ non dico] *zugefügt von man.* 2 ‖ Mane] *vor diesem Worte steht von erster Hand* non, *es ist aber durchstrichen* ‖ Piraeum] pireum ‖ malus enim auctor] in aliis auctor *man.* 1 ‖ Heri aliquot adolescentuli coimus in Piraeum] *man.* 2 pireum, *sonst ebenso*; *man.* 1 heria cum imus in epireum ‖ e Sunio] ex iunio *man.* 1 ‖ Quod si] quod est *man.* 1 ‖ Sunium] sumium *man.* 1 ‖ Piraeus] pireus ‖

11. reperis] repereris *übergeschrieben von man.* 2 ‖ a Caelio] a *zugefügt von man.* 1 ‖ Hoc tu] tu *zugefügt von man.* 2 ‖

12. Quid] qui ‖ gener] genere *man.* 1 ‖ satis est Th. Mommsen] satis ‖ appetierimus Th. Mommsen] apierimus, p. *mit einem Strich durch* ‖ facerent Th. Mommsen] facere reutur ‖ ferret] offeret ‖ M' Curio] M. Curione ‖

EP. AD ATT. VII, 9 — LIB. III, EP. 5.

Die Ueberschrift fehlt.

1. spoliatus] *vor dem Worte ist* de *hinzugefügt, aber wieder gestrichen* ‖

2. et simul tu hoc] etsi multo hoc ‖ consul] eos *man.* 1 ‖ si id ei] ei *zugefügt von man.* 2 ‖ paratis] partis *man.* 1 ‖ impetratum] imperatum *man.* 1 ‖ aut ea] ut ea *man.* 1 ‖ quod] quid *man.* 3 ‖

3. ille consul] ille eos *man.* 1 ‖ dico] sic o ‖ ullum] al. stultum *man.* 2 *am Rande, aber ausgestrichen* ‖ consulem] eos *man.* 1 ‖ inquit] inquis *übergeschrieben von man.* 2 ‖ a bonis] a *fehlt* ‖

4. non legis] non legit, *am Rande* l. legitimum ‖ sed libidinis tuae, fac tamen legis] *diese Worte fehlen; sie stehen am Rande der Ausgabe des Cratander* ‖ impedis et] impedisset *man.* 1 ‖ meam] in eam *man.* 1 ‖ Habe nostrum] habet nostrum *man.* 1. *Vielleicht ist hier* nostram *zu lesen* ‖ casu] cāū ‖ in temporibus] sine temporibus *man.* 1 ‖

EP. AD ATT. VII, 10 — LIB. III, EP. 7.

nec] ne ‖ cuius] quoius ‖ coartatus] l. cohortatus *man.* 2, *aber ausgestrichen* ‖ et stupens] set stupens *man.* 1 ‖ consilii res est. Adhuc certe] consilia res est adhuc certa *man.* 1, consilii res est adhuc incerti *man.* 2 ‖

EP. AD ATT. VIII, 3 — LIB. III, EP. 9.

1. esset] est sed *übergeschrieben von man.* 2, *aber wieder ausgestrichen* ‖ uti] ut ita *man.* 1 ‖ Italia excedat] italiam accedat *man.* 1 ‖ quid in] quod in *man.* 1 ‖

2. cum fortuna] *weggelassen* ‖ sit idem idemque *Hofmann*] subeundemque *man.* 1, subeundumque *man.* 2 ‖ cum maiore dedecore *Kempf*] cum aliquo fore docere ‖

3. sapienter] saltenter *man.* 1 ‖ nisi] ni ‖ auctoritatemque] que auctoritatem *man.* 1 ‖ legibus per vim et contra] legibus servi mei contra *man.* 1 ‖ ille in] ille *zugefügt von man.* 2 ‖ adoptando] optando ‖ Idem] fidem *man.* 1 ‖ consuli] consule *man.* 1 ‖ Kalendarum Martiarum die *Hofmann*] K. Martis die ‖ hoc ab urbe] hoc *zugefügt von man.* 2 ‖ turpissima nequissima fuga *Hofmann*] turpissimamq; sum fuga (mq; sum *unterstrichen*) ‖ conditio non] condition *man.* 1 ‖

4. recuperabit] recuperavit *man.* 1 ‖ tradita] tradit *man.* 1 ‖ nullae vires] nulla viris *man.* 1 ‖ visa quaeri desperatione] vis aquari desperationem *man.* 1 ‖ Non recepi *Hofmann*] in te cepit *man.* 1, invite cepi *man.* 2 ‖ sane causam *Hofmann*] sine causa ‖ sensi esset *Orelli*] sensissem ‖ quisque] quis *weggelassen von man.* 1 ‖

5. habui] habuit ‖ negotii] negocio ‖ Eam si] meam. Si ‖ hieme] hiemein, in *unterstrichen* ‖ sine eo *Hofmann*] si nec *man.* 1, sine et *man.* 2 ‖ putabit] putauit ‖ laureatos] lauratos ‖ efferre] hec ferre ‖

6. Q. Mucius] que mucius *man.* 1 ‖ quidem cecidit] cecidit quidem, *aber mit Umstellungszeichen* ‖ fortasse] fortis se *man.* 1 ‖ certa] certe ‖ iidem] eidem ‖ Quid enim *Hofmann*] qui enim ‖ in eam partem] mea in parte, *aber in ist unterstrichen* ‖ Brundisii] brundusii ‖

7. Caleno] calleno ‖ a consulibus duci] ac consulibus ducis ‖ deserere erit] deserit *man.* 1 *und vorher* deterit ‖ Est quaedam] et quaedam ‖ Trebonio] petronio ‖ summa] suum ‖ et litteras] et *fehlt* ‖ sed exquirens] et exquirens *man.* 1 ‖

EP. AD ATT. VIII, 12, C — LIB. III. EP. 10.

1. ad me ire] admire *man.* 1 ‖ istaec] istic ‖ te ei] te et *man.* 1 ‖ ab aliis] ab illis ‖ Quae si] quasi *man.* 1 ‖ sed locis] ut locis *man.* 1 ‖ neque] ne qui *man.* 1 ‖ ut frumentatum] et frumentatum ‖

2. cum omni copia] cum omni copias *man.* 1, cum omnibus copiis *man.* 2 ‖ huc] hoc ‖ M. Tuscilio] metu stileo ‖

3. tam amplum] tam *zugefügt von man.* 2 ‖ summae] summam ‖

4. Sicca a te] sic adpoete ‖

EP. AD ATT. IX, 6, A — LIB. III, EP. 11.

meo commodo] me commodo ‖ potuissem] potuisset, *was übergeschrieben ist, ist wieder gestrichen* ‖ hoc et feci saepe] *so von neuer Hand am Rande,* hoc effecit saepe *man.* 1, hoc officium saepe, *übergeschrieben von man.* 2, *aber wieder gestrichen* ‖ Reliqua ex Furnio cognosces] *von zweiter Hand am Rande zugefügt* ‖

EP. AD ATT. IX, 11. A — LIB. III, EP. 12.

In der Ueberschrift hat man. 1 sed *statt* S. D.

1. et dignitate] et *von man.* 2 *getilgt* ‖ mea *zugefügt von man.* 2
2. auctor fui] auctore ut *man.* 1 ‖ belli ullam] bellis nullam, *aber* s *und* n *unterpunktirt* ‖ adiutor] auctor ‖ duo] al. duos *man.* 2 ‖ quos] quo *man.* 1 ‖
3. omnibus te precibus] omnibus et precibus ‖ impertias] imperitas *man.* 1 ‖ pius] plus *man.* 1 ‖ esse in] essem *man.* 1 ‖ maximi] maxime, *aber* e *unterpunktirt und* i *übergeschrieben* ‖ sperarem] separarem *man.* 1 ‖ impetraturom] imperaturom *man.* 1 ‖ et ad] sed ad *man.* 1 pertinet] pertinent, *aber das letzte* n *ist unterpunktirt* ‖ me e paucis et ad utriusque] me et pacis et utriusque ‖ conservari] conversari *man.* 1 ‖ putavi] *fehlt* ‖ ille] iiii *man.* 1 ‖ esse gratum] sese gratum *man.* 1 ‖ cura] cur *man.* 1 ‖

EP. AD ATT. IX, 13, A — LIB. III, EP. 13.

1. scire] scripsi *man.* 1 ‖ N. Magium] cn. magnum *man.* 1, cn. magium *man.* 2 ‖ Cum] qui *man.* 1 ‖
2. proficere possem videri] proficiscere possum videre *man.* 1 ‖

EP. AD ATT. IX. 15, A — LIB. III, EP. 14.

in itinere] *zugefügt von man.* 2 ‖ audivimus] audimus *man.* 1 ‖ Pompeium] *zugefügt von man.* 2 ‖ habuit] huit ‖ pauculos] paulos *man.* 1 ‖ visum est] visus est *man.* 1 ‖ pueros] pueros tuos *am Rande* ‖ curae sunt] curas ne ne *man.* 1 ‖ eaque] ea q̄ (?) *man.* 1 ‖ Scaevola] scevola ‖ Caesarem a. d. viii Kal. Capuae, a. d. vi Sinuessae] cesarem ad viii K. capue ad vi sinuessae, capue ad vi *ist von man.* 2 *zugefügt* ‖ hoc] hec ‖

EP. AD ATT. IX, 16 — LIB. III, EP. 15.

1. quod scriberem] quid scriberem ‖ Sinuessae] *so auf Rasur* ‖ Ab eo] *auf Rasur* ‖ exspectat] exspecto *man.* 1 ‖
2. auguraris] auguraturi ‖ triumpho gaudio] triumpho gaudeo *man.* 1, triumpho et gaudeo *man.* 2 ‖ quod ii] quod dii *man.* 1 ‖ a me] ad me *man.* 1 ‖ discessisse] dicessisse se, se *unterpunktirt* ‖ sui] sui is, is *unterpunktirt.*

EP. AD ATT. IX, 18 — LIB. III, EP. 16.

1. nam et] amet *man.* 1 ‖ ad urbem] ab urbe *man.* 1 ‖ fefellerunt] fefelleret *man.* 1 ‖ reliquos si nos] belli quos si in his *man.* 1; *über* si in his *ist von man.* 2 *geschrieben* l. sinus ‖ pace] pacem, m *unterpunktirt* ‖ Meone inquam] eorum quam *man.* 1 ‖ in Hispanias iri] in

hispania sibi *man.* 1 || de Gnaeo] digne eo || ista] est a *man.* 1 || est multaque] *so am Rande. Von man.* 1 *ist das weiter unten folgende* aut uon veniendum *nach* est *eingeschoben* || possem] possim || me amavi] meam aut *man.* 1, me amabo *man.* 2 || usu] usum m *unterpunktirt* ||
2. area sceleris] ero sceleri *man.* 1, aero sceleri *man.* 2 || Quid quod] quod *fehlt* || quod Tulli in *Kempf*] quot ut in || Sex legiones] sed legionis ||
3. κατακλεὶς *Lambin nach dem Turnesianus*] KATAKIC || nostris nostri iis *man.* 1 || liceret] licere *man.* 1 || esse] esset, t *unterpunktirt* || ut scripseras] aut scripseras, a *in* aut *unterpunktirt* || ipse] *zugefügt von* man. 2 || Pedanum] pelanum || ego] *zugefügt von man.* 2 || Arpinum] arpino, o *unterpunktirt und* ū *übergeschrieben* | πλαταγεῦσαν *Hofmann*] ΑΛΛΤΕΛCAN || malum] male *man.* 2 ||
4. quorsum] cursum *man.* 1 || congressu nostro] congressu non nostro, non *unterpunktirt* || offenderim] offenderem, *das letzte* e *unterpunktirt und* i *übergeschrieben* || maturius] marius *man.* 1 || Amabo] togam amabo, *aber* togam *ist unterpunktirt* || πολιτιχήν] πολειτιχην || exspecto] exspecto agendi, *aber* agendi *ist unterpunktirt* ||

EP AD ATT. X, 8 — LIB. III, EP. 20.

1. de his] denis *man.* 1 || esset] esse *man.* 1 [Tullia] Tulia || adscribat] adscribam *man.* 1 ||
2. nostras] n̄r̄e || ad Hispaniensem] ad *zugefügt von man.* 2 || quod fieri nequit *Koch*] quod fieri || Necesse est enim] nec est enim *man.* 1, necesse est *ohne* enim *man.* 2 || ab Hispania] ad hispaniam *man.* 1 || trabi] tradi, *aber schon von man.* 1 *verbessert* || sin trahitur] si cumtrahitur || aut quam diu] ut quam diu *man.* 1 ||
3. poterit indignitas] poterit id indignitas *man.* 1, poterit in id dignitas *man.* 2 || poterunt] potuerint || Clodium] cloelium, *wie sehr oft bei diesem Namen* || sine dedecore] sine *zugefügt von man.* 2 || quidem] quid || senatum] senatu || venerim] venirem *man.* 1 || an ei nos] an et nos || venditemus] vendicemus || coniuncti ne] coniunctione ||
4. nisi forte iis amissis] *so man.* 2 *am Rande,* misi sorteus malis sis *man.* 1 || necesse esse] esse *fehlt* || Itaque quoniam *Hofmann*] itque quem *man.* 1, itaque quem *man.* 2 || navalis] navatis (?) *man.* 1 || ei semper] et semper *man.* 1 || cura] *zugefügt von man.* 2 || Navigabit] navigavit *man.* 1 || adversabimur] adversauimur *man.* 1 || Quod maius scelus aut tantum denique *Hofmann*] quod malus scilicet t̄m denique; *am Rande steht* l. maius vel malum || An invadentis in absentes *Hofmann*] aninval dehic in absentis *man.* 1, an invalde hic *man.* 2 *am Rande* ||
5. salute] salutem || transiimus *Nipperdey*] transierimus || Omnino non] non *fehlt* || contendimus *Nipperdey*] condimus || possemus

Nipperdey) possimus ∥ ea me res] eam res *man.* 1, ea res *man.* 2 ∥ debuit sed] debuisset *man.* 1 ∥ iratum] rata ∥ amicus esset] amicus esse *man.* 1 ∥ iidem] idem ∥ essent] esse *man.* 1 ∥ verens] vereris *man.* 1 ∥ incidi. Sed] incidisset *man.* 1 ∥ assequor] assequar ∥

6. mi Attice] me attice ∥ ab Attio] ab attico ∥ istum] iste *man.* 1 ∥ concidat] concidant *man.* 1 ∥ florentissimus] florentis ∥ novus vi, vii diebus] novos ut uti diebus ∥ egenti] egentia, a *unterpunktirt* ∥ perditae] perditi (?) ∥ venerit] veniret ∥ tam] tā *man.* 1 ∥ aerario] afranio ∥ ministris] ministeris, *das zweite s übergeschrieben* ∥ ii provinciam] ii *zugefügt von man.* 2 *und wieder ausgestrichen* ∥ ii rem] ii *zugefügt von man.* 2 ∥

7. intelleges id] intelligent *ohne* id *man.* 1 ∥ malle] male *man.* 1 ∥ censueris] censuerant ∥ exilio] ex illo ∥ Themistocleo] themistocle *man.* 1 ∥ Thucydides] chydides, *vorn von man.* 2 *übergeschrieben* tu ∥ τῶν μὲν παρόντων] ΤΟΝΜΕΜΠΑΡΟΝΤΑ ∥ ἐλαχίστης] ΕΑΧΙСΤΟΙ ∥ κράτιστος γνώμων] ΠΑΤΕΙΣΘΥСΤΝΩΑΙ ∥ μελλόντων ἐπὶ πλεῖστον] ΜΕΑΩΝΕСΠΑΕΙСΤΩ ∥ γενησομένου] ΤΕΝΙСΩΝΕΝΟΥ ∣ ἄριστος] *das letzte* ς *fehlt* ∥ ἄμεινον] ΑΜΙΝΟΝ ∥ καὶ] ΚΑΤ ∥ τῷ] ΤΟΙ ∥ ἔτι] ΣΤΙ ∥ προεώρα] προ *fehlt* ∥ μάλιστα] ΜΑΜΣΤΑ ∥ Artaxerxi] artaxersi ∥ polliceretur] pollicetur (?) *man.* 1 ∥ fuisset illa nox] fuisse et illa uox *man.* 1, fuisset et illa nox *man.* 2 ∥ Sullanus] sullanos *man.* 1 ∥ si nihil] se nihil *man.* 1 ∥ accidet] accidit ∥

8. iste] ista *man.* 1 ∥ qui quidem] qui *zugefügt von man.* 2 ∥ cogitare. Sin] cogitares in *man.* 1 ∥ haud] aut *man.* 1 ∥ factum videam] factum fiat videam *man.* 1 ∥ paream] *so man.* 1, *ebenso man.* 2, *welche erst* pareamus *geschrieben, dann wieder ausgestrichen hat.* ∥

9. Nec hercule *Hofmann*] ne hercule ∥ mihi unquam] minus quam *man.* 1 ∥ accidisse] accidisset *man.* 1 ∥ Est στοργή, est] sit СΤΟΡΤΗС sit ∥

10. re nimis] remis ∥ συμπάθειαν] sim παειαν iam ∥ Hispaniis] hispanis ∥ Antonio] anio ∥ Curione] curionem *man.* 1 ∥ velle] vellet ∥ huic bello] huic libello ∥ uti possem] ut possem ∥ Curione. Is] curionis *man.* 1, curio. is *man.* 2 ∥

BEILAGE A ZU AD ATT. X, 8.

1. falsa magni] falsam agnosco magno; agnosco *unterpunktirt, ebenso* o *in* magno *und* i *übergeschrieben; am Rande* inaiō esse, ∥ lectissimam] letissimam *man.* 1 ∥ fias] fiat *man.* 1 ∥ dignitas] designatas *man.* 1 ∥ commoveri etiam] commoverit iam *man.* 1 ∥ ζηλοτυπία] zelotipla *man.* 1 ∥ excepto Caesare Caesarem] Caesarem *zugefügt von man.* 2 *am Rande. Am Rande der Cratandrischen Ausgabe ist nach* Caesare *eingeschoben* meo meque illud una indicare ∥

2. serves] servis *man.* 1 ‖ Dedita] dedit *man.* 1 ‖ familiarissimum meum] familiarissimumque eum *man.* 1 ‖ Philotimus] *nach diesem Worte ist von man.* 2 *litteras eingeschoben, aber wieder gestrichen* ‖

BEILAGE B ZU AD ATT. X, 8.
In der Ueberschrift hat man. 2 cic. imp. sal. d., *man.* 1 sal. *statt* Ciceroni imp. s.

1. quo integra] qua integra, *aber vorher war* quo ‖ videberis] ut deberes, am Rande videbere ‖ iudicasti] iudicastis, *das letzte* s *unterpunktirt* ‖ abs te] obficut *man.* 1 ‖ nil] nihil *man.* 2 ‖ peto] puto *man.* 1 ‖

2. cum probarent] comprobarent *man.* 1 ‖ periculi causa] pericula causam *man.* 1 ‖ Tu explorato] quo et plorato *man.* 1 ‖ omni] omē *man.* 1 ‖ contentione] contentionem *man.* 1 ‖

EP. AD ATT. X, 9, A, AD FAM. VIII, 16 — LIB. III, EP. 17.
In diesem Briefe ist der Cod. Med. zu den Briefen ad Atticum mit A, der zu den Briefen ad familiares mit F bezeichnet.

1. Exanimatus] exanimatus sum *F* ‖ te nihil nisi triste] te nihil triste *A man.* 1, te nonnihil triste *A man.* 2 ‖ quid esset] quod esset et, et *unterpunktirt A* ‖ perscripsisti neque non] perscripsi non *F* ‖ quale esset quod cogitares] qualis esset quod cognita res *F* ‖ ilico] *so F immer,* illico *A* ‖ et obsecro] et *fehlt in F* ‖ praedixisse] praedixi *F* ‖ Caesarem] caesare *F* ‖ convenerim] convenirem *A man.* 1 ‖ futura] fuerat *F* ‖ parta victoria] partha victa victoria *F* ‖ cognorim] cognoverim *F* ‖ existimas] existimans *A man.* 1 ‖ fore] forte *A* ‖ Caesaris] caesar *F* ‖ exiit: his] exilit his *F*, exithes *A*, he *unterpunktirt und* u *übergeschrieben* ‖ mehercule] *fehlt in F*, mehercules *A* ‖ deprecationi] deprecatio *F* ‖

2. valemus eorum] valet quorum *F* ‖ velle] vel *A man.* 1 ‖ cuius] quoius. *F* ‖ odisse] odiose *A man.* 1 ‖ offensae] defense *A* ‖ fuerit] fuerint *A* ‖ subisse] subesse *A* ‖ victorem Caesarem] Caesarem *fehlt in F* ‖ quem] quam *F* ‖ quos] quod *F und A man.* 1 ‖ resistentes] resistentis *F und A man.* 1 ‖ optimatem] adoptatim *F* ‖ quid] quod *A* ‖

3. saltem] salte *F* ‖ Hispaniis] hispanis *A* ‖ Hispaniis] hispanii *F*, hispanis *A man.* 1 ‖ Quod porro] quid porro *A* ‖

4. mihi] me *A man.* 1 ‖ ac] hac *F* ‖ Negavi] negavit *F* ‖ sed tamen] sed *fehlt in A* ‖ ubicunque esses] ubicunque esse *F* ‖ ad te] a te *A man.* 1 ‖ percucurrissem] percurrissem *F*, pervicurissem *A man.* 1 ‖ vi te retinuissem] vitae retinuissem *F*, utteret inuissem *A man.* 1 ‖

5. ne te] ne ne *A man.* 1 ‖ omnes] omnis *F* ‖ ne te sciens] nec te sciens *A man.* 2 ‖ demittas unde] demitta sum de *F*, dimittas unde de, *aber* de *unterpunktirt, A* ‖ exitum vides] exitu invides *A man.* 1 ‖ iacta-

tionem] iactatione *F* || potes] potest *F* || quae iam erunt confecta. Id si feceris] quae tam erunt confeceris *F* ||

EP. AD ATT. XI, 5 — LIB. III, EP. 23.

1. impetu magis] impetum agis *man.* 1 || quodam] coram || tantae, ut] tanta. Fuit || effecerint] effecerunt || reperio. Rem] *so man.* 2, *man.* 1 *hat schlecht interpunktirt* || te subdebilitatum] te subidebilitatum, i *nach* sub *unterpunktirt. Am Rande der Cratandrischen Ausgabe steht* te subita re quasi debilitatum ||

2. deversoria] devorsoria || tota] tuta *man.* 2, *aber ausgestrichen* ||

3. Basilo] basilio || intervallo] in vallo *man.* 1 || scripsi, bis litteris *Wesenberg*] scriptis litteris || deesse de qua] des sede quam *man.* 1 ||

4. deesset] deest || qua in] quam in *man.* 1 || Quintus] que || Corcyra] corcyram ||

EP. AD ATT. XI, 6 — LIB. III, EP. 24.

1. ac de dolore] accede dolore *man.* 1 || sibi] tibi *man.* 1 || quicquam] *so man.* 2, *die zuerst* for(tasse) que *schrieb, aber wieder durchstrich,* huicquam *man.* 1 || dolerem] dolorem *man.* 1 ||

2. Credo] credo *man.* 1 || minui] minus *man.* 1 || est. Quare] si. quare *man.* 1, sensi. quare *man.* 2, siqua re, *was auch von man.* 2 *geschrieben ist, ist ausgestrichen* || ego nunc] ego non ||

3. Reliquo tempore me domi tenui ad oppidum, eo quoniam displiceret modo *Hofmann*] recipio tempore me domo te nunc ad oppidum et quoniam his placeret modo || Credo] cedo || quae quidem] que equidem *man.* 1, *aber von derselben Hand verbessert* || et si istis] et *von man.* 1 *in* ut *verändert* || quo magis] quod magis || adbibeantur] adbibentur, *von man.* 1 n *unterpunktirt und* a *übergeschrieben* || Pansa] pausa || quidquid] qui quid ||

4. exanimat] examinat *man.* 1 ||

7. Quintum] q̄ *man.* 1, quintum *man.* 2 || qui istas] quis istas, *aber* s *in* quis *unterpunktirt* || euntem] an euntem ||

ABWEICHUNGEN
DES CODEX MEDICEUS PLUT. XLIX NUM. IX ZU DEN BRIEFEN AD FAMILIARES.

EP. AD FAM. I, 7 — LIB. II, EP. 2.

Die Ueberschrift fehlt, aber die Anfangsworte Legi *bis* tibi *sind roth geschrieben* ‖

1. is] his, *aber verbessert von derselben Hand* ‖
2. dictu] dictum, m *unterpunktirt* ‖ virtutis] virtutes, e *unterpunktirt und* i *übergeschrieben* ‖ officii maiorem] officio maiorum, *aber es ist verbessert* ‖
3. officii] auficii *man.* 1 ‖ a me] a *fehlt* ‖ periucundae fuerunt] periucun defuerint ‖ devinctum] de devinctum ‖ te ab se abalienatum] tuae ab se abalienatum, *nach* se *ist* te *übergeschrieben. Petr. hat* tue ab ste ab alienatum; e *in* tue *und das zweite* ab *sind unterpunktirt* ‖
4. sic] si ‖ senatus] senatum *man.* 1 ‖ consultum] consultu ‖ adempta sit] adempta sint ‖ Alexandream atque] Alexandre amat que ‖ Ptolemaide] Ptolomaidae ‖ aliquo] alico ‖ Alexandream] Alexandriam ‖ Ptolemaeus] ptolomeus ‖
5. et optamus] ut optamus ‖ dicturos] dicituros, *das zweite* i *unterpunktirt* ‖ iudicare) iudicari ‖
6. qui] quis, s *unterpunktirt* ‖ provinciam] provintiā ‖ imperium tuum pecunias] imperii tui provincias ‖ praestitisset] praestetisset ‖ ferat] fuerat, u *unterpunktirt* ‖ oportere] optere ‖
7. de vetere] de devertere ‖ obliti] oblitis, s *unterpunktirt* ‖ consularibus] consularivus *man.* 1 ‖
8. quia *nach Schol. Bobiens. p.* 288 *ed. Orelli*] qui ‖ quae] qui: *übergeschrieben ist* ae *von einer neuern Hand* ‖ favisti *nach Schol. Bob. a. a. O.*] praefuisti *auf Rasur, von erster Hand nur* .... ti. *Petr. im Text* virtuti, *am Rand von einer neueren Hand* praefuisti ‖ paeniteret] paeniteret *mit einer Rasur zwischen* p *und* a; *Petr.* peniteret *verbessert in* preniteret ‖ quam] quem *man.* 1 ‖

9. beneficiis] beneficentiis ‖ aliquantum] aliquam tum ‖ sentiasque] sententiasque *man.* 1 ‖ Quae quidem] qui quidem *man.* 1 ‖ movit] movet ‖ reliqua] re qua *man.* 1 ‖

10. profecisse] perfecisse ‖ tantum] tn̄, *d. i.* tamen *man.* 1 ‖ se assequi] sed ad se qui ‖ cognovi; tu tuis] cognovit. Utuis *man.* 1 ‖

11. summa virtute] *Dies scheint die ursprüngliche Lesart des Mediceus, die dann in* summae virtutis *geändert ist. Ebenso Petr.* ‖ erit] erat, *über a ist* i *geschrieben.*

EP. AD FAM. II, 4 — LIB. II, EP. 3.

In der Ueberschrift fehlt M. *im Text und in dem dem Codex beigefügten Index der Briefe;* C. *fehlt im Index;* c . . . . . . *der Text.*

1. certiores] certioris ‖˙ absentes] absentis ‖ si quid] si quod ‖ At huius Hofmann] in huius ‖ generis] *nach diesem Worte ist von man.* 3 sententias *hinzugefügt* ‖ tuarum enim] domesticarum enim tuarum enim, *aber die beiden ersten Worte sind ausgestrichen* ‖ intellego] intellegat *man.* 1 ‖ neque ea quae sentio] *weggelassen* ‖

2. laudum] laudem, *aber verbessert von derselben Hand* ‖ in his esse laborandum] in hiis esse laboramdum *man.* 1, in hiis esse elaborandum *man.* 3 ‖

EP. AD FAM. II, 5 — LIB. II, EP. 4.

In der Ueberschrift fehlt M. *sowohl im Text als im Index. Weiterhin steht* Consulem Curioni, *aber* onsulem *ist ausradirt. Der Index hat* Curioni. C.

1. epistola] epistolae *man.* 1 ‖ es ut] est ut *man.* 1 ‖ abes] habes *man.* 1 ‖ sita est] sita sit ‖ obscuro] abscuro *man.* 1 ‖ et una] et una et una ‖ omnium] omniaim ‖

2. mehercule] mercule ‖ ac prope] iam prope *man.* 1, iam prope et *man.* 2 ‖ rectene] recte non *man.* 1 ‖

EP. AD FAM. II, 6 — LIB. II, EP. 5.

1. Sex. Villium] *so man.* 1, servillium *man.* 2, sex iullium *Petr.* ‖ Milonis] Milones, *aber von derselben Hand verbessert* ‖ cito] scito, s *unterpunktirt* ‖ perferri] perferre ‖ si qua magna] *so man.* 2, si quae magnae *man.* 1 ‖

2. ingenui] ingenu *man.* 1 ‖ innumerabilia] *am Rande von einer anderen Hand zugefügt* beneficia, *aber wieder ausgestrichen* ‖ tuam quam *Hofmann nach P*] tam quam *man.* 1, tanquam *Petr. man.* 1, tantam quam *man.* 2 *und Petr. man.* 2. *Petr. man.* 2 *hat vorher* tam *getilgt, diesen Verbesserungsvorschlag aber wieder zurückgenommen* ‖ cumulandoque] cumulando atque *man.* 1, cumulare atque *man.* 3 ‖

3. tantae] tanta *man.* 1 ǁ quantae] quanti ǁ gratiosam] gratiosum ǁ

4. moderator] moderatur *man.* 1 ǁ a te] ad te, d *unterpunktirt* ǁ et huic] ut huic ǁ benevolentiaeque] benevolentiaequae ǁ

5. cum ad te haec scriberem] *so man.* 2, in te *man.*1 *u. Petr.* ǁ quantum] quantus *man.* 1 ǁ sic] si *man.* 1 ǁ Miloni] moloni, *aber von derselben Hand verbessert* ǁ unius tuo] tuo, *aber von derselben Hand verbessert in* tui, *was aus Versehen im Texte geändert ist.* ǁ

EP. AD FAM. II, 16 — LIB. III, EP. 18.

1. habent *Klotz*] haberet ǁ desciscerem] descisserem ǁ florentissimi] forentissimi, o *unterpunktirt* ǁ

2. voculas] voculus *man.* 1 ǁ malevolorum] malevorum ǁ facillime sum] *So man.* 1 *und P.*; sum facillime *man.* 2 ǁ eum] euum ǁ

3. abhorrerem] aborrerem ǁ civile] civilem ǁ existimari] existimare ǁ

4. hac orbis] hoc orbis *man.* 1 ǁ domesticis] modesticis ǁ

5. satis] satris ǁ adolescentem] adulescentem ǁ cum scias] quin scias, *verbessert von einer neueren Hand* ǁ mihimet ipsi *Orelli*] mihi fuit ipsi ǁ

6. et haec] ut haec ǁ meliores] melioris ǁ adolescente me] adolescentea, *über dem letzten* e *ein Strich*, a *unterpunktirt; alles von derselben Hand* ǁ

7. Dolabellae] *so man.* 2; Dolabella *man.* 1 *und Petr.* ǁ nostra] nostram, *aber von derselben Hand verbessert.* ǁ

EP. AD FAM. II, 18 — LIB. II, EP. 17.

In der Ueberschrift ist Q. *im Index weggelassen; für* PROPRAET. *hat der Index* PRO, *der Text des Codex* propter, *in welchem Worte alle Buchstaben ausser das erste* p *unterpunktirt sind.*

1. Rhodonem] rodonem ǁ praestiti tibi] praestitistibi *man.* 1 ǁ

2. rationibus tuis] rationibus studiis *man.* 1 ǁ graves] gavis *man.* 1 ǁ sine] si *man.* 1 ǁ hoc ipso] hoc ipse *man.* 1 *und Petr.* ǁ

3. quaestoriis] quaestoris ǁ dignum se] se *weggelassen.* ǁ

EP. AD FAM. II, 19 — LIB. II, EP. 18.

Die Ueberschrift und der Anfang lautet im Mediceus so: Marcus tullius marcellus (arcellus *unterpunktirt*) f ..... (*Rasur*) cicero imperator salutem dicit consule coelio lentulo filio gneus caldo quecum optatissimum.

1. accepissem] accipissem ǁ sors] fors ǁ accedere] accidere ǁ postea cum *nach P.*] postea quam ǁ a. d.] ad ǁ aut quo tempore *nach P.*]

atq tempora |; nec is] nec his, h *unterpunktirt* || aut quo] atquo, *aber von derselben Hand verbessert* |;

2. ad me *nach P.*] ad *fehlt* || Curius] curis || C. Virgilius] consul Virgilius || proficiscentur] *am Rande ist hinzugefügt* elaborabo. *Madvig opusc. priora p.* 397 *will lesen:* proficisci poterunt, proficiscentur. | maiorumque] maioremque, *aber verbessert von derselben Hand* |;

EP. AD FAM. III, 2 — LIB. II, EP. 6.

In der Ueberschrift ist IMP. *erst nachträglich von der ersten Hand hinzugefügt worden.*

1. a te] a te *ist von man.* 1 *verändert in* at te, *welche Lesart besser zu sein scheint* |; humanitate] humanite, *aber verbessert von man.* 1 ||

2. senatus] senatu *man.* 1 || expeditissimam] expeditissumam || ad te] a te, *aber verbessert von derselben Hand* |; capturum] *von einer alten Hand zugefügt* Vale. ||

EP. AD FAM. III, 3 — LIB. II, EP. 7.

1. Fabius Vergilianus] Fabianus |; quae] quem, m *unterpunktirt und* e *mit Häkchen versehen* |; firmiore opus] firmioribus, *verbessert von einer alten Hand* || itaque fecimus] itaque quae fecimus, quae *unterpunktirt* || benevolentiori] bevolentiori, *im Uebergang zu einer andern Zeile* ||

2. idem demonstravit] eidem ..... demonstravit *mit einer Rasur,* eidem dem. *Petr.* | istas] ista *man.* 1 |; senatus consulta] senatocousulto *man.* 1, senatusconsulto *man.* 2 | C. Pomptinum] consul pomitinum |; Brundisium] brundium *man.* 1 || arbitrabar] *von einer alten Hand verändert in* arbitror |,

EP. AD FAM. III, 11 — LIB. II, EP. 19.

1. Q.] que |; ante] a te || aliter] alter || obscure] obscura |;

2. a cuncto] a *weggelassen* |; mentem] mente || ea est] est || et sic *nach P.*] et si |, ne] ut |; nec facta *Hofmann*] enim facta |;

3. re publica] rei publice || eo magis] eos magis || tanta] tuante || honoris] oneris || tales] talis ; laudas] laudat || cum tuorum] quam tuorum *man.* 1, cum tuorum *P.* || saeculorum] seclorum || mercenariis] mercenuariis |;

4. temporum] tempus eorum || rei publicae] rei *zweimal geschrieben im Uebergang zu einer andern Zeile* |' per te] perite |; augurales] auguralis |, commune] communem |' omnes] omnis ||

5. D. Tullius *nach P.*] dicit Tullius |; disertae] desertae || disertum] desertum L es censor] est censor |;

EP. AD FAM. IV, 2 — LIB. III, EP. 19.

Ser. Sulpicio] servilio suspicio, *aber im Index richtig* ∥
1. breviores] brevioris ∥
2. meum] mecum ∥ capere] caperes ∥ homini] homini ∥
3. qua cum] quam qum, *aber* qum *in* cum *verbessert von einer alten Hand* ∥ gratiam *nach P.*] gratia ∥ ergo] erogo, ego *P.* ∥ quarum] quorum ∥
4. miserior res] miseriores, *aber von einer alten Hand verbessert* ∥ tum] tunc ∥ statutum] statum ∥

EP. AD FAM. V, 1 — LIB. I, EP. 1.

1. bene est] benest ∥ absentem] absente ∥
2. nostrorum] n̄r̄m̄ ∥ te tam mobili] ettammobili ∥

EP. AD FAM. V, 2 — LIB. I, EP. 2.

1. bene est] benest ∥ senatu] senatum, m *punktirt* ∥ ut ea] ut eas ∥ intestino] testino ∥ labefactatam] lare facta tam ∥ timuissent] timuisset ∥ ne qua *nach P.*] neque ∥
2. exponeretur] *nach diesem Worte cum a me wiederholt* ∥ est risus] et risus ∥ errorem meum] errorem metum ∥
3. levior] lenior ∥
5. gratia] *ausgelassen, was leicht geschehen konnte nach dem Worte, welches vorhergeht,* n̄r̄a̅ ∥ imminuta est] imminutast ∥
6. restiterim *nach P.*] restituerim ∥ Cn.] gn ∥
7. certo scio] certo. Scio *steht in P. und im Mediceus kann es beim Uebergang auf die andere Seite leicht ausgefallen sein* ∥ in infimo] in animo ∥
8. communes] communis ∥ qui in] quin ∥ dicendi] adiciendi ∥ egregium] aegrium ∥ quicquam] quisquam ∥ quacunque] quicunque ∥ virtute] virtutem *man.* 1 ∥
9. intellegis] intellegit ∥ appellanda est] appellandast ∥ acerbissima] aceruissima ∥ animi] animo ∥ nulla est] nullast ∥ pro mea] pro me ∥
10. utendum *nach P.*] ut est dum ∥

EP. AD FAM. V, 7 — LIB. I, EP. 3.

In der Ueberschrift gn *für* Cn.
1. quantum] quam ∥ veteres hostes] veteris hostis ∥
2. conciliatura] conciliatur ∥
3. vererere] verere, verebare *P.* ∥ maiori] maiore ∥ me non multo minorem] ame non multo minore ∥

EP. AD FAM. V, 12 — LIB. II, EP. 1.

1. reprehendenda] reprendenda vehementer] vementer exspectatum] exispectatum celerrime] celerrume ac spes quaedam *Hofmann*] ad spem quandam suavitate] avitate *von einer neueren Hand am Rande und auf Rasur, wo vorher irgend ein kürzeres Wort gestanden hat. Petr. weicht nicht ab.*

2. deesse] desse cogitares] cogitare Phocicum *Westermann*] Troicum seiungeres. Equidem] seiungere se quidem ad nostram] ut nostram impudenter] imprudenter

3. fines] finis vehementius] vementius suavissime] suavissume flecti] effecti; deflectum *P.* demonstras] demonstrans: demonstramus *P.* vehementius] vementius mihi] mbi

4. quoddam] quodam vehementer] vementer in legendo tuo scripto retinere *Orelli*] in legem dote scripto retinere: in legendo te scriptore tenere *P.*

5. qui tum] quintum aequo] aeque tenetur] retinetur, *was von mir aus Versehen nicht in den Text aufgenommen ist* annalium] an alium notabili] uotabili concluduntur] excluduntur, *aber von einer alten Hand verbessert.*

6. hac] haec mutationesque *Madvig*] multasque actiones quadam] quaddam cum] quam qui quid sis] quid sis

7. Spartiates Agesilaus] Spatiates hagesilaus fictam] fictam tam fuerit] fueri Timaeo] teimaeo Sigeum] sigetum

8. quicquam] quicum si quid est] si quod est reprehendendum] reprendendum reprehendant] reprendant

9. mirere] merere

EP. AD FAM. VIII, 1 — LIB. II, EP. 8.

1. et ad litteras] ut ad litteras cuius] quoius animadvertere] animatvertere edicta] dictae exhibeam] exeahibea

2. possint] possit spes sit] spes est tenuissimam] tenuissem accepi] accipi fuerunt] *so der Mediceus, aber undeutlich geschrieben; Petr.* fuerant nos essemus] non essemus, *aber verbessert von derselben Hand*

3. visus sit] visus sis ostenderit] ostenderet quid cupiat] ut quid cupiat

4. eo rumores] eorum mores equitem] equidem fictum] factum Bellovacos] beluacos Neque adhuc] neque athuc man. 1 incerta tamen] tamen *fehlt in P.* at Domitius] aut Domitius capiti sit] capiti sint, *verderbt aus* siet perisse: unde urbe *Baiter*] perisseur de-urbe te a Q.] atque ἐμετικήν] embaeneticam esuriei] esurire

impenderent ut defungeremur] impenderet vide fungeremur ‖ Plancus) plangus ‖ vigent *nach P*.] vigens ‖

EP. AD FAM. VIII, 8 — LIB. II, EP. 14.

1. Qua quaeris in causa *C. F. Hermann*] quaeris an causa ‖ deferre differre ‖ Tuccium] tuncium ‖ si quid iniuriis suum esset *Hofmann*] si quod iniuriis suis esset ‖

2. nec quod] ne quod ‖ quicquam *nach dem Vaticanus*] quoiquam ‖ maximaque] maximequae ‖ invidia] invidiae ‖ praetor] praetorae ‖ Q. Pilius *Madvig*] q' Pilius ‖ de repetundis) repetundis ‖ indicaret pecuniam] inpicet depecuniam ‖ pervenisse] pervenis ‖ causa] causam ‖ stultissimasque] stultissimas qui ‖ de patre *nach P*.] de patris ‖

3. lites] litis ‖ pronuntiavit] pronuntiabit ‖ coeptus est] coetus legis *Hofmann*] legesque. *P*. hat legens *ohne* que ‖ iudicum] iudicium ‖ id ios ratumque] idus iuratumque ‖ Postulante rursus] postulanter usus ‖ cum cum *nach dem Vaticanus*] cum ‖ de repetundis] de repetendis ‖ emissario Sex. Tettio] emissa rustelio ‖

4. publicam] publica ‖ Martias] Martis ‖ consultum] consultus ‖

5. consultum] consultus ‖ Auctoritates) auctoritas ‖ Cn. F. Fab.] cn. f. fabius ‖ Q. Caecilius) quintus caelius ‖ Fab.] fabius ‖ Villius] inl. ‖ Lucilius *Nipperdey*] lucius ‖ Ter.] *Nach diesem Worte ist* Sal. *so eingeschoben, als finge hier ein neuer Brief an. Uebrigens sind die Namen so geschrieben, dass die einzelnen Personen durch Striche geschieden sind.* ‖ L. Paullus] C. Paulus ‖ coss.] cos ‖ o. d. ex Kal. *Hofmann*] a. d. X Kal. ‖ futurae] futura ‖ consularibus] consulatibus ‖ ex Kal. Mart.] ex kal. martis ‖ neve quid coniunctim, utique *Hofmann*] neve quis coniunctim de ea re referrentur a consiliis utique ‖ haberent] baberes ‖ senatusque consultum facerent] sane tumque cons. faceret ‖ referrent ut a *Hofmann*] referrentur a ‖ qui senatorum *Hofmann*] qui eorum ‖ eos abducere] ses adducere ‖ de ea re] de. r., *aus dem Compendium* D. E. R. *entstanden* ‖ plebemve lato opus] pl. velatopus ‖ M.] marcus *zweimal geschrieben* ‖ populum plebemve] p. pl. ve ‖ ad populum plebemve ferrent] adp. pl. veferrent ‖ Cen. *Th. Mommsen*] i. u. ‖

6. Scrib.] scripta ‖ Cn. F. Fab. Ahenobarbus] cn. fab. athenobarbus ‖ Q. Caecilius Q. F. Fab. Metellus Pius Scipio] q. metellus q. f. plus scipio ‖ Villius] iulius ‖ Pop.] pom. ‖ Ateius] Atilius ‖ Oppius] eppius; oppius *P.* ‖ V. F.] ut ‖ de R. P. P. R. Q.] de repub. Q. P. ‖ referri] referre ‖ senatique] senatique de, *wonach zu schreiben scheint* sonatique d. e. r. ‖ possit) posse ‖ eum] tum ‖ existimare] existimari ‖ C.] consultus ‖ referri] referre ‖ C.] consultus ‖ Vinicius] vicinius ‖ Cornelius] corn. ‖

7. stipendia emerita] stipendiae merita ‖ referri] referre ‖ C.] consultus ‖ de ea re ad hunc] de ea republica adhuc ‖ S. C.] senato. c. ‖ C. Caelius] caelius ‖ tribuni] tribunus ‖

8. in provinciam] in proviniam ‖ S. C.] senatu consultu ‖ oporteret] oportere ‖ quos ex S. C.] ex *fehlt* ‖ praetorum] p. r. ‖ quoad is] quod ais ‖ C.] consultus ‖ Caelius] a *unterpunktirt und* o *übergeschrieben* ‖ tribuni] tribunus ‖

9. inquit] inquis ‖ At ille] ad ille ‖ effecit] efficit ‖

10. advectae] advecti ‖ supersederi] supersedere ‖ quoniam] q̄ū ‖ istuc] istoc ‖

EP. AD FAM. XIV, 2 — LIB. I, EP. 17.

1. longiores] longioris ‖
2. subleventur] sublevantur ‖ mea culpa] me culpa ‖
3. facienda est] faciendast ‖ partem te] parte ‖ misera proiicies] miseras proices ‖ sine] et sine ‖ omnes] omnis ‖
4. quoniam] quam ‖

EP. AD FAM. XIV, 4 — LIB. I, EP. 15.

1. fuissemus] fuisse ‖ reciperandi] recuperandi ‖ quoniam] q̄ū ‖
2. Laenium] lenium ‖
3. profecti sumus] profectissimus ‖ a. d. II] a. d. v ‖ mihi deest] mihi est ‖ quid aget? Iste vero sit] quid agetis te vero sit ‖ iam] lam ‖
4. abisset] abesset ‖
5. reciperandae] recuperandae ‖ ferenda non sunt] non *fehlt* ‖
6. Sallustius] salustius ‖ vincit] vincet ‖ omnes. Pescennius] omnespes cennius ‖ carissima] karissima ‖

EP. AD FAM. XIV, 5 — LIB. III, EP. 1.

1. non] n̄, *eine sonst in dieser Handschrift nicht vorkommende Abkürzung* ‖ redditae] reddite ‖ diligentissimeque] diligentissimequae ‖ idque] idquae ‖ Acastus] castus ‖ primum] primus ‖ vos] nos, *aber von derselben Hand verbessert* ‖ veniamus] venimus ‖ quoniam] q̄ū ‖ fortuna est] fortunast ‖ prodeas] propeas ‖
2. Preciana] praetiana ‖ adiuvabunt] adiuvabant ‖

EP. AD FAM. XV, 1 — LIB. II, EP. 13.

1. a M. Bibulo] ambibulo ‖ paene] poene ‖
2. Pacorum] parcorem ‖ Iamblicho] iamblico ‖ iisdem] isdem ‖
3. mansuetudinem] consuetudinem ‖ amiciores populo Romano] amicioris p. r. ‖
4. Nos] vos ‖

5. provincias] provicias || bae] beae || nulla est] nullast | permisissetis] permisistis ||
6. dignitati] dignitate, *aber verbessert von derselben Hand* ||

EP. AD FAM. XV, 4 — LIB. II, EP 15.

1. auctoritas] actoritas, *aber verbessert von derselben Hand* || res eas] reaeas, *aber von derselben Hand verbessert* || gessissem] gessisse |
2. Laodiceae] laodiciae || quatriduum] quadriduum || Philomelium] philomeleum || M. Anneio] m. manneio ||
3. firmam] firma || regumque] regnumque |'
4. reliqua] requa, *aber von derselben Hand verbessert* || demisissem] demisissem || clam amici] etiam amici || Cybistra] cibystra ||
5. egi ei] egi et ||
6. Cybistra] cibystra || exsilio] consilio, *verbessert von man.* 2 || in maxima *Hofmann*] maxima || et totus *Hofmann*] et toto || discederet] discreret ||
7. et Arabum] et *fehlt* || ab equitum] ab equitatum, m *ausgestrichen*.
8. discedere] discere, *von einer alten Hand verbessert* || Pomptinus] pomitinus || M. Anneius] mamneius || Tullius] tulleius || autem] a *auf Rasur, aber von man.* 1 || Sepyram] sepiram || Pomptino] pomitino || tenenti *Hofmann*] tenente || cepimus] *zweimal geschrieben* || vi *Madvig*] sex ||
9. quatriduum] quadriduum || reliquiis] reliquis |
10. iisque] biisque   regibus] geribus || adventum] adventu || ad existimationem] ad *fehlt* || vineis] viniis || partibus] s *auf Rasur von einer neuern Hand, aber Petr. weicht nicht ab* || Q.] que || pacatis] patis ||
11. de his] de iis || mihi] tibi ||
12. tempestates] tempestatis || paratissimus] paratisimus || ut facile] ut *von einer neueren Hand hinzugefügt* || quis enim in te] in *fehlt*, de *von einer neueren Hand übergeschrieben* || non modo iis] non *weggelassen, aber von einer neueren Hand ergänzt* ||
13. inani] inane, *verbessert von einer neueren Hand* ||
14. vis] ius || vehementer] vementer || paribus] partibus, t *von alter Hand gestrichen* || firmissimum] firmissimus m. || ex alienissimis] ex *von alter Hand hinzugefügt* || infidelissimis] infidelissimos *man.* 1 ||
15. iustiores] iustioris || maiores] maioris ||
16. communis] commune ||

EP. AD FAM. XV, 5 — LIB. II, EP. 16.

1. et res publica me] *zweimal geschrieben* || hortatur] hortatus || administrare] administrari ||

2. casum] casu ‖ clarius] clarior, *aber von derselben Hand u über o gesetzt.*

EP. AD FAM. XV, 6 — LIB. II, EP. 20.

1. ad me] a me, *aber verbessert von derselben Hand* ‖ a meis] a miis ‖

2. parum iusta] *nach parum ist eingeschoben* tibi iussa est; *es ist aber unterpunktirt* ‖ nimis] minus ‖ de honore] honore ‖ meliore] meliorem ‖

EP. AD FAM. XV, 7 — LIB. II, EP. 11.

C. Marcello] M. Marcello ‖

EP. AD FAM. XV, 12 — LIB. II, EP. 12.

M. Cicero Procos. *Hofmann*] M. Cicero Imp. ‖

2. quoniam] quō ‖ annuum] annum ‖ cumulus] cumules ‖

EP. AD FAM. XV, 15 — LIB. III, EP. 25.

1. spe] spes ‖ necessaria] *unterpunktirt von alter Hand, vielleicht von man.* 1. *Es ist wohl zu streichen.* ‖ quoniam] quō ‖ exspectare] exispectare ‖ reprehendit] reprendit ‖ praeter eos] praetereo ‖ imminutam] immunitam ‖ reliquiis] reliquis ‖

2. homines cum essemus] homines cum hominessemus, *aber verbessert von man.* 1 ‖ quasi] quase ‖ consuli] consule ‖ arbitrarer *Hofmann*] arbitrari ‖

3. interesses et] interesse sed ‖ arbitrabamur] arbitramur ‖ auctor] actor ‖

EP. AD FAM. XVI, 1 — LIB. III, EP. 2.

1. ad honorem] et honorem ‖ si tu] si tui ‖ es sententia] essentia ‖ videris] videres ‖

2. hoc tibi] hoc tibi hoc ‖

EP. AD FAM. XVI, 9 — LIB. III, EP. 3.

D. *in der Ueberschrift und* Nos *hat man.* 1 *zusammengezogen in* dignos ‖ Actium] actum ‖ Cassiopen] cassiodem ‖ ventis] vens ‖

2. facit] fecit, *aber verbessert von derselben Hand* ‖ tandem] tautendem ‖

3. Nunc quid] nunc quidem ‖ vellem] velim ‖ incideres] incederes ‖ quoniam] quō ‖ Equum] ecum ‖

4. stiteris] steteris ‖

EP. AD FAM. XVI, 11 — LIB. III, EP. 6.

1. quoniam] q̄uō ‖
2. minaces] minacis ‖
3. descriptae] discriptae *man.* 1 ‖   quotienscunque] quotiescunque ‖

EP. AD FAM. XVI, 12 — LIB. III, EP. 8.

1. salus] saluus ‖;   deducta est] deductast ‖   qui deus] quideius, *das zweite i unterpunktirt* ‖
2. destiti] destituti ‖   iis] is ‖
4. stare] istare ‖   Petreio] preio, *aber verbessert von derselben Hand* ‖   Videtur] videbitur ‖   nobiscum est] est *fehlt* ‖
5. quod] quem ‖
6. quem cum] quem quam ‖   quoniam] q̄uō.

REGISTER ZU DEN ANMERKUNGEN.

Die Zahlen bezeichnen die Seite.

A.

A, ab, bei personificirten Begriffen 97.
    beim Gerundivum 144.
    ab aliquo auf jemandes Seite 203.
Abesse bidui 65.
Abit res ab aliquo, Bedeutung 68.
Ablativ des Gerundiums zur Bezeichnung der Umstände und der Art und Weise 85. 200.
    modi, *meo commodo* 163.
    Eo biduo, zwei Tage nachher 83.
Ablativi absoluti, obgleich ihr Subject im Hauptsatz vorkommt 175. 181.
    mit zu ergänzendem Subject 143.
    als Attribut 202.
Abrogare legem 79.
Ac, atque, sondern 97.
    bei drei und mehr Wörtern zwischen den beiden letzten 146.
Accusativ, doppelter, bei den Wörtern, die eine Aufforderung bezeichnen 148.
Accusativus cum infin. mit ausgelassenem Subject 40. 53.
    nach *summae stultitiae est* 200.
Actum ne agas, Sprüchwort 198.
Ad = *contra* 59. 190.
    geeignet zu 66.
    mit causaler und concessiver Bedeutung 130.
Ad tempus 59.
Desiderium ad 146.
Ad urbem 178.
Adhuc = *eatenus* 178.
Adjectivum bei Eigennamen 161.
    durch ein Substantivum ausgedrückt 177.
Adiutor honoris 192.
Admagetobriga, Schlacht 44.
Administrare ohne Object 149.
Adverbium bei *esse* 21. 33. 40.
    statt eines Adjectivums 207.
    Non dubie, Bedeutung 128.
    Recte, Bedeutung 112.
Aeculanum 165.
Aedui 44.
L. Aemilius Paullus 135.
Aerarii 34.
Affirmativer Ausdruck aus dem negativen zu ergänzen 112. 186.
L. Afranius 41. 44.
Alexandreus statt *Alexandrinus* 224.
Alexandria von Caesar erobert 225.
Aliquando = *tandem aliquando* 50.
Amaltheum 42.
Amanus 130. 142.
Amare unterschieden von *diligere* 126.

REGISTER.

aliquem in aliqua re 124. 197.
Amabo te = quaeso 124.
Ambitus, Senatsbeschlüsse v. J. 61
  dagegen 41.
Amittere aufgeben 130.
T. Ampius Balbus 203.
An nach einer Frage 196.
  zu erklären durch eine Ellipse 204.
  nach dubito 210.
  im Argumentum ex contrario 210.
  nach einer Behauptung zur Anhängung eines Zweifels 224.
Anakoluth 169. 174.
Anantapodoton 40.
T. Annius Milo 114. 115.
Antiochus Commagenus 129.
C. Antonius Hybrida 43.
M. Antonius 150. 169. 178. 214.
L. Antonius 150.
C. Antonius 150.
Apelles 99.
Arae Alexandri 143.
Archelaus 142.
Archias poeta 43.
Archilochus 58.

Area sceleris 197.
Argentarii 76.
Asyndeton adversativum 121. 207.
  summativum 27.
  bei zwei Begriffen, die zusammen einen höheren bilden 32.
  in der unterbrochenen Aufzählung 37. 91. 141. 215.
  zur Erklärung oder Steigerung 127.
Sex. Atilius Serranus 89.
T. Atius Labienus 183.
Attinet ausgelassen 121.
Attius Navius 211.
Auctorem esse, Gebrauch 185.
Auctoritas senatus 104. 134.
  legum dandarum 45.
  Legati cum auctoritate 45.
  Auctoritates praescriptae 25.
Augurales libri 154.
Augures, Amtskleid 206.
Aut denique = aut omnino 210.
  Si aut statt *aut si, ut aut – aut ut* 64.
P. Autronius Paetus 60. 63.
Axius 71.

B.

Bacilla, orum, die Fasces der Municipalmagistrate 222.
Baiae 39.
Bene narrare, sperare, Bedeutung 207.

Benigne polliceri, Bedeutung 207.
Bona Dea 31.
Brundisium, Belagerung 191.
Bustum Basili 174.
Buthrotum 64.

C.

Q. Caecilius Metellus Celer 21. 27. 44.
Q. Caecilius Metellus Nepos 21. 27. 77.
Q. Caecilius Metellus Numidicus 35.
L. Caecilius Metellus, tr. pl. 49, 211.
C. Caecilius Statius 172.
C. Caelius Caldus 151.
M. Caelius Rufus 119. 201.
Caieta, Ciceros Villa 188.
Calenderverwirrung 139.
Callisthenes 96.

M. Calpurnius Bibulus 52.
  Seine edicta Archilochia 58.
  Proconsul von Syrien 117. 126. 130.
Calumnia, Gebrauch 131. 134.
Candavia 66.
L. Caninius Gallus 104.
Capere cibum 162.
Cappadocia 129.
Caput, Bedeutung 22.
C. Cassius Longinus 225. 226.
Q. Cassius Longinus 169. 177.
Causa 186.
Causa unterschieden von *res* 115.

Causas cognoscere bei den Soldaten 137.
Certe 59.
Certus, Bedeutung 110.
  Certi homines 102.
Certum scio, certum nescio 218.
Cessare unterschieden von *requiescere* 102.
Chilius, der Dichter 43.
Cibaria 55.
Cilicia provincia 122.
Circumscribere 175.
Cistophorus 55.
Civitas, Bedeutung 88.
Clavum movere 122.
Appius Claudius Caecus 155.
Appius Claudius Pulcher 116. 152. 154.
C. Claudius Pulcher 132.
M. Claudius Marcellus 120. 134. 185.
C. Claudius Marcellus 135.
Clodia 26.
Sex. Clodius 209.
P. Clodius Pulcher,
  Process wegen incestus 31.
  Pulchellus 38.
  Seine Adoption 47. 185.
Codices accepti et expensi 209.
Coeptum est, es ist angefangen worden 133.
Cognoscere litteris statt *ex litteris* 221.
Collegia sodalicia 72.
Comana 142.
Commagene 129.
Commemoratio mit dem gen. subiect. 95.
Commodo, ablat. modi 163. 191.
Communicare de aliqua re 103.
Compulsus, in die Enge getrieben 144.

Conatus, Bedeutung 26.
Coniunctivus in Relativsätzen 30.
  Coniunct. Imperf. statt des Coniunct. Plusquamperf. 142.
  Coniunct. Imperf. nach einem Praesens 201.
  Zweite Pers. Coniunct. Praes. statt des Imperativs 68. 165.
  Coniunct. von *dicere* und *putare*, wenn der Inhalt des Gesagten indirect ist 84.
  Coniunct. in verwundernden Fragen 123.
  Coniunct. nach *quod*, was das betrifft, dass 145.
Conservare aliquem salvum 192.
Consilium iudicum 35.
  Consilium der Statthalter 54.
Constans, Bedeutung 57.
Constituere aliquem in auctoritate 142.
Contio, Bedeutung 85. 88.
Contionem habere, Bedeutung 26.
Contra puto, contra est 208.
Contra dem Relativ nachgestellt 213.
Copia im Singular, Truppen 190.
Corfinium, Belagerung 188. 189. 190.
P. Cornelius Lentulus Sura 38.
P. Cornelius Lentulus Spinther 77. 107. 144. 192.
  Proconsul von Cilicien 102.
L. Cornelius Balbus 173. 193.
P. Cornelius Dolabella 173.
L. Cornelius Lentulus Crus 224.
Creber, Bedeutung 44.
Cum interea mit dem Coniunctiv 140.
Currentem incitare 227.
Cyprus 147.
Cyzicus 68.

D.

Dare aliquid veritati 156.
  Ut se initia dederint 81.
Dativ bei Passivis statt *a* 188.
De, was betrifft 223.
Debere, schuldig bleiben 87.
Decedere, Bedeutung 119.
Decernere, von einem einzelnen Senator gesagt 84. 145.
Decretum, das Votum eines Senators 148.
Defendere, mit Erfolg vertheidigen 217.
Deferre unterschieden von *referre* 35.

REGISTER. 259

Defungi, Bedeutung 122.
Deiotarus 131.
Deprecari, Bedeutung 119.
Derogare legi 79.
Desertus, Gebrauch 29.
Devium 65.
Dicaearchus 53. 166.
Dico eingeschoben 175.
Dies rogationis 61.
   Dies Nonarum oder *dies Nonae* 63.
   Diem dicendo consumere 88.
   Dies comitiales 135.

Diligere unterschieden von *amare* 126.
Discedere, Bedeutung 55.
Discessio im Senat 28.
Divinatio, Bedeutung 134.
L. Domitius Ahenobarbus 41. 74. 121. 188.
Doppelfrage mit einem Comparativbegriff 96.
Dubito an 210.
   Non dubito quin, ich trage kein Bedenken 211.
Dyrrhachium, Belagerung 217. 220.

E.

Elaborare unterschieden von *laborare* 111.
Eleutherocilices 144.
Ellipse — so sage ich 101. 149.
   bei *attinet* 121.
   bei *ut scribis* 54. 156.
   des Verbums in den Briefen 167. 195. 214.
Enim im Uebergang von der Disposition zur Auseinandersetzung 32.
Eo - quo und *eo - quod* 154.
Epanalepsis 97. 137.
Epicharmus 49.
Ἐπιχείρημα 125.
Epistola unterschieden von *litterae* 29.
Equidem mit der dritten Person 60.
Escendere in contionem 88.
Esse ausgelassen 56.
Etenim in der Occupatio 98.
Etiam ohne Comparativ noch 140.

in der bejahenden Antwort 173.
Etsi wie *quamquam* doch 213.
   gleich *etiamsi* 215.
   für *si* 218.
Et ut statt *ut et* 64.
   Ne et — statt *et ne* 62.
   Et, sondern 97. 125.
   Et bei drei Wörtern zwischen den beiden letzten 146.
Eventus im Singular auch nach der zweiten Declination 106.
Evocati 140.
Ex wie *pro* 127.
   von da an von der Zukunft 135. 165.
   auf die Frage wo? 178.
Exemplum litterarum 195. 215.
Exire = *Roma exire* 199.
Exprimere sermones 120.
Exspectatio mit dem Genitiv und mit *de* 71. 134.

F.

Facere für ein Verbum, das eine speciellere Thätigkeit bezeichnet 96. 167.
   Facere ab aliquo 169.
   Facere illuc 169.
Facile, gern 202.
Facteon 42.
Facultatem res habet 105.
T. Fadius Gallus 80.
Fallit impersonell 207.
Familia, Philosophenschule 54.
C. Fannius 224.

Fasti 98.
M. Favonius 65.
Ferrum, der Kampf 58.
Finire 186.
Forum agere 126.
Frater, Geschwisterkind 26.
   Fratres populi Romani 44.
Frequenter, Bedeutung 47.
C. Furnius 191.
Futurum exactum im Haupt- und Nebensatze 172.

17*

G.

A. Gabinius 209.
Galatia 131.
Genitivus subiectivus 23.
  obiectivus bei *benevolentia* 147.
  definitivus 53. 127.
  durch ein pronom. possess. der obiectivus ersetzt 181.
  bei *exspectatio* und *spes* 71. 134.
  Häufung der Genitive 82.
Gratulari, Dank sagen 149.

H.

Habere, wissen 36. 104.
  Von *habeo quid* oder *quod* 195.
  Habere mit Adjectivum oder Particip. Perfect. Pass. 201. 216.
Habet bene ohne *se* 217.
Hebdomas, Bedeutung 164.
Helvetii, ihr Einfall in Gallien 45.
Hercules am Scheidewege 97.
C. Herennius, trib. pl. 60, 47.
Hic, unter diesen Umständen. trotzdem 34.

Hic, haec, hoc von dem, was dem Redenden nahe ist 48. 112.
  Hic dolor statt *huius rei dolor* 199.
Hierosolymarius, Beiname des Pompeius 58.
Hilum 42.
Hirudo contionalis aerarii 40.
Q. Hortensius 32. 103. 171.
Huc = ad hanc rem 108.

I.

Iam in der zweiten Prämisse des Schlusses 23.
  Iam und *iam iam* sogleich 176. 200.
Idem bei einem anderen Pronomen 27.
  Idem gleichfalls u. gleichwohl 146.
Id erat wie *id est* 164.
Id quod, Stellung 28.
Ignarus mit passiver Bedeutung 99.
Ignoscere, Bedeutung 95.
Ignotus mit activer Bedeutung 99.
Ille 156.
  der bekannte 98.
Immo si 133.
Imperativ ersetzt durch die zweite Person Coniunct. Praes. 68. 165.
Imperium der Proconsuln 167.
In mit dem Accusativ bei *esse, habere* u. s. w. 137.
Incidere in opinionem 218.
Incitare se in aliquem 53.
Inclinari, sich zum Untergang neigen 218.
Inde für *ibi* 198.

Indicativ in Nebensätzen der indirecten Rede 25. 97. 105. 163. 173.
  in Relativsätzen 30.
Indignitas = indignatio 209.
Infirmi 88.
Iniuriis analog *ingratiis* 132.
Ipsum bei Partikeln 167.
Ita beschränkend 163.
Iubere mit dem blossen Infinitiv. 173.
Iudicare mit dem blossen Infinitiv. 216.
C. Iulius Caesar:
  Verhandlungen über seine Provinzen 120. 134. 137. 177. 180. 188.
  Dauer seines Imperiums 174.
  Caesars Recht bei dem Bürgerkriege 176.
  Uebergang über den Rubico 180.
  Vergleichsvorschläge nach dem Ausbruche des Krieges 181. 182.
  Caesar in Rom 198. 199.
Iurare construirt 134.
Ius agendi cum populo 136.
Iustus Bedeutung 147.

L.

Labienus s. T. Atius Labienus.
Laborare unterschieden von *elaborare* 111.
λαλαγεῦσα 198.
Lanista 34.
Laodicea 122.
Legari ab aliquo 90.
Legatio votiva 90.
Legati, verschiedene Arten derselben 45.
   wie ernannt 90.
Legi aliis = aliis recitari 37.
Q. Lepta 189.
Leucas 163.
Lex Sempronia de provinciis 24. 45.
   Aelia et Fufia 41.
   Aufidia de ambitu 41.
   Flavia agraria 46.
   Iulia agraria 51.
   Clodia in Ciceronem 59. 60. 61. 74. 77.
   Clodia de provinciis consularibus 60.
   Clodia de collegiis 72.
   octo tribunorum de Cicerone 77.
   Cornelia de Cicerone 83.
   consularis, tribunicia 85.
   Pompeia de provinciis 110. 166.
   Iulia repetundarum 125. 133.
   Plautia und Lutatia de vi 131.
   Aurelia iudiciaria 133.
   Pompeia de Caesaris imperio 134. 168.
   Popia 135.
   decem tribunorum de Caesare 139. 168.
   Cornelia de provinciis 166.
   Vatinia de Caesaris provinciis 185.
   Pompeia de iure magistratuum 185.
   Erschwerung der Aufhebung der Gesetze 78.
promulgare, abrogare, derogare, obrogare 79.
M. Licinius Crassus 36.
L. Licinius Lucullus 50. 103.
Lictores laureati 180. 187. 202.
Litterae unterschieden von *epistola* 29.
Loco = suo loco 88.
   ad locum an die gehörige Stelle 97.
L. Lucceius 95.
Ludi Romani 84. 131.
Q. Lutatius Catulus 36.
Lysippus 99.

M.

Magis für *potius* 209.
Magistratus, Niederlegung des Amtes 26.
Cn. Magius, ob Cn. oder N. 193.
Magnopere, Bedeutung 68. 120.
Maiestas 152.
Malle alicui oder *alicuius causa* 55.
Q. Marcius Rex 39.
C. Matius 194.
Meditari aliquid 26.
Mensae argentariorum 76.
Q. Mescinius Rufus 165.
C. Messius 85.
L. Minutius Basilus 221.
Q. Minucius Thermus 149.
Mittere, melden 164.
Monstrum 125.
Q. Mucius Scaevola 187. 194.
Mucia, Gemahlin des Pompeius 26.
Multi vor einem Adjectivum ohne *et* 212.
Multum statt *multo* 152.
T. Munatius Plancus 122.
Mutare 162.

N.

Cn. Naevius 155.
Nam beim Uebergang zur Auseinandersetzung 37.
   in der Occupatio 65. 103.
Name im officiellen Stil 135.
Namque in der Occupatio 194.

Attius Navius 211.
Ne und *ut non*, gesetzt dass nicht 188.
Nebensätze der indirecten Rede im Indicativ 25. 97. 105. 163. 173. 175.
   Fortsetzung des Hauptgedanken an den Nebensatz angeschlossen 28. 110. 151.
   in Frageform fortgesetzt 52.
   mehrere Wörter vor der Conjunction 167.
   Subject des Nebensatzes in den Hauptsatz gezogen 198.
Nebengedanke dem Hauptgedanken coordinirt 56. 81. 108. 123.
Nec nicht für *ne-quidem* 111.
Negotiatores 55.
Νέκυια 197.
Neuter nicht mit dem Genitiv des Pronomens 190.
Neutrum des Prädicats bei einer Person 99.
Nisi forte 212.

Nolle alicui oder *alicuius causa* 55.
Nomenclator 83.
Nominativ. cum Infinitiv. gegen die Regel 104.
Non, Stellung 145.
   bei einem Pronomen 28. 38. 176.
   bei zwei sich aufhebenden Negationen 71.
non = nonne 188.
non modo – sed ne-quidem 86.
non modo – sed omnino 120.
non modo – verum etiam absteigend 156.
Non dubie, Bedeutung 128.
Non quo ohne *sed quia* 120.
Nostri magistratus, die uns günstigen Magistrate 78.
Nostrum nicht partitiv 177. 222.
Notare 175.
Novitas 113.
Nunc ipsum 167.
Nunc, nunc vero, so aber 22.

O.

Obdurescere 201.
Object des einen Satzgliedes Subject im folgenden 126.
Obnuntiatio 41. 53.
Obrogare legi 79.
Offendere, Bedeutung 106.
Offensio, Bedeutung 106.
Omnino zur Bekräftigung der Aussage 179.
Opes, Bedeutung 195.
Oppidum von Rom und Athen 65.
Cn. Oppius Cornicinus 89.
C. Oppius 193.
Opus est ad construirt 117.

Opus est mit dem Ablativ des Partic. Perfect. Pass. 136.
Orator unterschieden von *legatus* 45.
Orbis rei publicae 56.
   circumagetur hic orbis 57.
   orbis ein Land 57.
Ordo annalium, ordines temporum 98.
Ornare aliquem ohne Ablativ 83.
Ornare provinciam 146.
Ort, von wo ein Brief datirt ist, im Genitiv 62.

P.

Partes die Gegend 63.
Pecuniae extraordinariae 209.
Pedarii senatores 49.
Pedum 197.
Per eos dies, um diese Zeit 84.
Peragere causam 132.
Peragere reum 132.
Pergere, Bedeutung 73.

Perhibere rühmlich erwähnen 100.
Permutare pecuniam 123.
Perpetuus, Bedeutung 96.
Perrogatio 28.
Persolvere ζήτημα 172.
Pertinacia belli 225.
Petere aliquem 219.

Pharnaces 226.
Pie 218.
Piraeus 171.
Piscinarii 47.
Πλαταγεῦσα, nämlich epistola 198.
A. Plotius 123.
Polybius 96.
Cn. Pompeius Magnus 30.
  Sampsiceramus 53.
  Hierosolymarius 58.
  bei Ciceros Verbannung 72.
  praefectus annonae 104.
  sein Heer in Spanien 183.
  ermordet 224.
Q. Pompeius Rufus 121.
C. Pomptinus 118.
M. Porcius Cato 41. 70. 139. 145. 147. 170.
Portoria 124.
  aufgehoben 52.
  Portorium circumvectionis 54.
Posse dürfen 52.
  potuit – oportuit 72.
  potest = potest fieri 107.
Posteaquam mit dem Plusquamperfectum 178.
Posteritas die Zukunft 150.
Potius quam nicht mit dem Conjunctiv 203.
Praecones ludorum 101.
Prädicat zu einer Person im Neutrum 99.
Präpositionen zur Verbindung von Substantiven 26.
Praerogativa, Bedeutung 149.
Praescriptio senatus consulti 25.
Praestare fidem 106.
Precianus 162.
Privilegium 73.
Pro eo ut, ac, quod, quanti 118.
Pro meo iudicio 148.
Pro tuo ingenio 163.
Profundere se in aliquem 168.

Promulgare legem 79.
Pronomina personalia, Gebrauch 24.
  Relativa mit dem Indicativ oder Conjunctiv 30.
  Zwei Relativsätze nicht durch *et* verbunden 53.
  Relativum beschränkend mit dem Indicativ 69.
  Relativsatz vor dem Demonstrativsatz 111.
  Relativum in den dem Relativsatz untergeordneten Nebensatz eingefügt 176.
  Das Beziehungswort durch ein andres Wort ersetzt 179.
  nicht auf das zunächststehende Substantivum bezogen 214.
  Das Possessivum für einen Genitiv. objectiv. 181.
  bei partitiven Wörtern in demselben Casus 218.
Propositum est, Bedeutung 226.
Provinzen, consularische im Jahre 63, 24.
  sortitio provinciarum 24. 45.
  provincia desponsa verschieden von *decreta* 37.
  per provinciam atque imperium 106.
  lex Sempronia 24. 45.
  lex Cornelia 166.
  lex Clodia 60.
  lex Pompeia 116. 166.
  provincia ornata 146.
  interimistische Verwaltung 150.
Ptolemaeus Auletes 52.
  seine Zurückführung nach Aegypten 103. 104.
Ptolemais 105.
Publicani 124.
  ihr Streit mit dem Senat a. 60, 47. 53.
M. Pupius Piso 32.

Q.

Quästor, Verhältniss zum Proconsul 151.
Quam nach dem Comparativ mit welchem Casus 31.
  mit einem Verbum 40.
Que = sed 125.

Quia = quod 128.
Quicunque wie *quilibet* ohne Verbum 152.
Quid quaeris, Bedeutung 34.
Quid si hoc melius? 166.
Quidam bei einem Adjectivum 187.

Quidem zur Hervorhebung des voranstehenden Wortes 178.
Quippe, Gebrauch 123.
Quod vor Conjunctionen 67.
    quod und *quod eius* beschränkend mit dem Indicativ 69. 117.
in quo = hoc loco 78.
Quod und *ut* in erklärenden Sätzen 109. 200.
Quo ea pecunia pervenerit 132.

R.

L. Racilius 103.
Ratio, Bedeutung 48. 141. 156. 199.
    Rationem suam habere 181.
Recipere unterschieden von *suscipere* 101.
Recte, Bedeutung 112.
Redimere construirt 204.
Referre de aliqua re 28.
    Referre und *deferre* unterschieden 35.
Ius referendi 74.
Regio = situs 107.
Reiectio iudicum 33.
Reliquum und *reliqua*, Bedeutung 170.
Res unterschieden von *causa* 115.
Reus extraordinarius 131.
    Reum facere bei einer Schuldklage 173.

S.

Salus, ihr Tempel 83.
Sampsiceramus 53.
Sanguinem mittere 40.
Sardanapalus 212.
Scilicet 225.
Scindere dolorem 70.
Scribere. In scripto statt *in scribendo* 44.
    scribendo adesse 25. 49. 157.
    quod scribis, ut scribis elliptisch 54. 156.
C. Scribonius Curio der Aeltere 39. 71.
    der Jüngere 110. 138.
Scriptura 124.
Secus est 209.
Sed zur Wiederaufnahme des abgebrochenen Hauptgedankens 153.
Sed etiam ohne *non modo* 73.
Sed tamen Aposiopese 205.
Sed tamen beschränkend und berichtigend 206.
Senatus consultum.
    scribendo adesse 25. 49.
    praescriptio senatus consulti 25.
    Schlussformel in den Senatusconsulten 136.
Senat. Form der Berathung 28. 88. 179. 209.
    diem consumere 88.
L. Sergius Catilina, seine Processe 38.
Sermo, Bedeutung 23.
Serperastra 171.
Servare de caelo 41. 52.
P. Servilius Vatia Isauricus 221.
P. Sestius 80.
Sex septem diebus 211.
Si statt *sin* 67. 106.
Sibylla 105.
Sic unter solchen Umständen 65.
Sicca 62. 190.
Sigeum 100.
Sive – sive, jedes mit einem Verbum und einem Nachsatze 60.
Sistere, Bedeutung 165.
Solvere per mensam, ex arca 76.
    versura 123.
Solum statt *solus* 113.
Soror Geschwisterkind 26.
Specula 205.
Spem confirmare 68.
    pertinet ad spem 77.
Sperare mit dem Infinitiv. Perfect. 129.
    mit dem Infin. Praes. 193.
Stellatis campus 51.

Subject des Nebensatzes in den Hauptsatz gezogen 198.
Subrostrani 121.
Subscriptor 132.
Subsortitio iudicum 33.
Substantiva verbunden durch Präpositionen 26. 145.
Substantivum statt eines Adjectivums 177.
Subtiliter genau 56.
Suburbanum 91.
Ser. Sulpicius Rufus 168. 197. 206.
Sum 90.
Summa res publica 37.
Super = de 214.
Superficies, Bedeutung 89.
Suscipere unterschieden von recipere 101.
Suus auf ein zum Infinitiv hinzuzudenkendes Subject zu beziehen 79.
suus für meus 212.
Schwur bei der Niederlegung des Amtes 26.
Symphonia 164.

T.

Tabellarius 118.
Tabula Valeria 76.
Tabulae novae 209.
Tamen ohne Vordersatz 33. 121. 205.
   tamen ut statt ut tamen 127.
   tamen etiam 219.
Tantummodo ut = utinam 182.
Tantus nur so viel 105.
Tarcondimotus 129.
Tempus im Briefstil 68. 187.
Tenere aliquem locum 63.
A. Terentius Varro 183.
M. Terentius Varro 69.
P. Terentius Afer 172.
Terentia, Ciceros Gemahlin 76. 91.
Themistocles Verbannung 98.
Theophrastus 54.
Thurii oder Thurium 62.
Timaeus 96.
Τίς πατέρ' αἰνήσει, Sprüchwort 50.
Τὸ ἐπὶ τῇ φακῇ μύρον, Sprüchwort 45.
Totus für das Adverbium 142.
Tralaticium caput in den Gesetzen 80.
Transpadani erhalten das Bürgerrecht 120. 182.
C. Trebatius Testa 194.
C. Trebonius 223.
Tribuere alicui ignaviae 204.
Tribuni aerarii 34.
Tribuni pl. vom Senat beschränkt 175.
Tributum capitis 125.
Trinum nundinum 181.
Triumphare gaudio 196.
M. Tullius Cicero. Sein Haus 39.
   Schriften über das Consulat 50. 101.
   Reise in die Verbannung 60. 61. 62. 64. 66.
   Oratio in Clodium et Curionem 71.
   Zurückberufung 89. 91.
   Rückkehr aus der Verbannung 84.
   Oratio cum senatui gratias egit 83.
   Zerstörung des Hauses 85. 86. 89.
   Oratio de domo ad pontifices 87.
   Oratio de provinciis consularibus 110.
   Proconsul von Cilicien 116. 117. 122.
   sein Heer in Cilicien 117. 140.
   Libri de re publica 122.
   Reisen in Cilicien 122. 128. 140. 142. 149. 152.
   sein Augurat 146. 184.
   Bewerbung um den Triumph 156. 187.
   Ankunft in Rom nach dem Proconsulat 174.
   Flucht von Rom 181.
   Cicero leitet die Aushebung in Campanien 179. 186.
   Zusammenkunft mit Caesar 196.
   Abreise zu Pompeius 216.
   Rückkehr nach Italien 220.

Q. Tullius Cicero 42.
   verheirathet mit Atticus Schwester 50.
   Proconsul von Asien 54. 81.
   im Bürgerkrieg 221.
Tullia verheirathet mit Piso 68. 75.
   mit Crassipes 110.

M. Tullius Tiro 162.
Tum zur Einführung des Nachsatzes 143.
Tum, tum demum nach einem bedingenden Satze 208.
Tunc nach einem bedingenden Satze 208.

U.

Unus = *unus* mit einem Superlativ 48.
Ut nach einem Zwischensatze wiederholt 62.
   ut und *quod* in erklärenden Sätzen 109. 137. 200.
   ausgelassen 219.

ut non concessiv 189.
ut in negativen Absichtssätzen 86.
ut vellent statt *ut putarem eos velle* 226.
Uterque nicht mit dem Genitiv des Pronomens 190.

V.

M. Valerius Messalla cos. 61, 31.
Vapulare 121.
Vaticinor = *hallucinor* 205.
P. Vatinius 221.
Vectigalia in den Provinzen 124. 125. 130.
Veiento 170.
Velle alicui oder *alicuius causa* 55.
Venditare 43.
Ventus, Bedeutung 115.
Verbum im Plural nach zwei Subjecten mit Anaphora 199.
Versuram facere 123.

Versura solvere 123.
C. Vestorius 132.
Via Appia 165.
C. Vibius Pansa 224.
Vicesima manumissionum 52.
Videre aliquid = *curare aliquid* 206.
Vide aliquid 223.
C. Visellius Varro 80.
Vix tandem 89.
Voculae das Gerede 202.
L. Volcatius Tullus 168. 197.
Voluntas 118.
   neben *consilium* 222.

W.

Wechsel der Construction nach demselben Worte 96.
Wortstellung 35.
   Parallele Satzglieder geschieden durch ein anderes Wort 25, durch ein zu beiden gehöriges Wort 28. 100.
   Zusammengehörige Satzglieder durch ein Wort geschieden 98. 107.
   Das regierende Wort zwischen den regierten 101.
   Voranstellung des Relativsatzes 111.
   eo quoniam displiceret modo 223.

X.

Xenocrates 35.
Xenophon, λόγος εἰς Ἀγησίλαον 100.

Z.

Zinsfuss zu Ciceros Zeit 139.

Verlag der Weidmannschen Buchhandlung (J. Reimer) in Berlin.

Druck von Carl Schultze in Berlin, Kommandanten-Strasse 72.

www.ingramcontent.com/pod-product-compliance
Lightning Source LLC
Chambersburg PA
CBHW031955230426
43672CB00010B/2160